지식재산 스타트 2.0

지식재산 스타트 2.0

지은이 송상엽
펴낸이 임상진
펴낸곳 (주)넥서스

초판 1쇄 인쇄 2014년 11월 15일
초판 3쇄 발행 2017년 9월 10일
2판 1쇄 발행 2018년 8월 10일
2판 2쇄 발행 2018년 9월 10일

출판신고 1992년 4월 3일 제311-2002-2호
10880 경기도 파주시 지목로 5 (신촌동)
Tel (02)330-5500 Fax (02)330-5555

ISBN 979-11-6165-397-6 13320

이 도서의 국립중앙도서관 출판예정도서목록(CIP)은
서지정보유통지원시스템 홈페이지(http://seoji.nl.go.kr)와
국가자료공동목록시스템(http://www.nl.go.kr/kolisnet)에서 이용하실 수 있습니다.
(CIP제어번호 : CIP2018018601)

본 책은 《지식재산 스타트》의 개정판입니다.

www.nexusbook.com

창업 · 벤처, 디자인 사고,
기술경영을 위한 출발점

지식재산
스타트 2.0

Intellectual
Property
Start 2.0

송상엽 지음

특허
PATENT

영업비밀
TRADE SECRET

디자인
DESIGN

저작권
COPYRIGHT

상표
TRADEMARK

IDEA

넥서스

'단 한 명의 혁신가'
'단 한 명의 창업자'에게 생기를 불어넣을 수 있다면

큰딸 수아(樹雅)와 산책하는 것은 삶의 커다란 기쁨이다. 누군가와 삶을 나누고 이야기하다 보면 생각은 더욱 선명해지고, 찾지 못했던 질문에 대한 해답을 찾기도 한다. 2017년 어느 가을 공원을 산책하던 중 수아는 물었다. "아빠, 삶의 비전이 뭐야?" 중학교 2학년 학생의 따뜻한 질문 앞에 주저 없이 대답했다. "지식재산을 세상에서 가장 쉽고 정확하게 전달하는 사람이 되는 거야. 아빠보다 더 많이 알고 더 깊은 지식을 가진 사람이 많겠지만, 누군가에게 지식재산을 전달하는 일만큼은 일등이고 싶어. 그것도 대한민국이 아닌 세계에서 말이야."

《지식재산 스타트 2.0》을 집필하면서 가장 많은 동기부여를 했던 것은《노인과 바다》와《성경》이다. 어니스트 헤밍웨이는《노인과 바다》로 1954년 노벨문학상을 받게 되었는데, 어떻게 이러한 명작을 저술할 수 있었는지 물어보는 기자들 질문 앞에 헤밍웨이는 이렇게 대답했다. "필요 없는 부분이 들어가지 않도록 하고, 꼭 필요한 부분이 빠지지 않도록 하는 것이 매우 중요하다." 헤밍웨이의 답을 듣는 순간〈요한계시록〉말씀이 떠올랐다. "만일 누구든지 이것들 외에 더하면 하나님이 이 책에 기록된 재앙들을 그에게 더하실 터이요, 만일 누구든지 이 책의 예언의 말씀에서 제하여 버리면 하나님이 이 책에 기록된 생명나무와 및 거룩한 성에 참여함을 제하여 버리시리라." 더하거나 빼지 말라는 말씀이다.

《지식재산 스타트 2.0》을《성경》이나《노인과 바다》와 견주는 것은 사실상 불가능하다. 글쓰기에 그다지 재능을 갖고 있지 못한 필자가 감히 하나님의 말씀이나 노벨문학상 작품을 언급하는 것 자체가 두렵지만, 다만 그 정신만큼은 본받고 싶다. 일반 대중과 혁신창업가에게 군더더기 없는 지식을 전달하고 싶은 마음이 간절하다. 이러한 마음 때문에 개정판은 100가지 테마라는 프레임에서 벗어났다. 100가지라는 틀에 내용을 맞추기보다는 필요한 내용이 빠지지 않았는지, 불필요한 부분이 들어가지는 않았는지 살펴보고 또 살펴보았다. 그 과정 속에서 10개의 테마가 신규로 소개되었고, 두 테마가 하나로 병합되었으며 43개 테마가 수정·보강되었다.

2014년도에 《지식재산 스타트》를 세상에 처음 소개할 때 필자의 마음은 벅찼고, 족히 수 만 권은 팔릴 것이라 생각하였다. 돌아보니 과도한 목표였고, 그다지 중요한 목표 설정도 아니었다. 필자의 처녀작인 《지식재산 스타트》가 3쇄에 들어갔고, 적지 않은 캠퍼스에서 활용하고 있으니 그것 자체가 기적이고 기쁨이지 않겠는가?

개정판을 내는 심정은 초판과 사뭇 다르다. 많은 사람에게 읽혀서 지식재산 대중화의 전진기지가 되는 것도 중요하겠지만, 정말 지식재산이 필요한 단 한 사람에게 용기를 줄 수 있다면 그 의미가 적지 않다고 생각된다.

에밀리 디킨슨이 로빈새를 바라보며,

"내가 만일 애타는 한 가슴을 달랠 수 있다면 내 삶은 헛되지 않으리.

내가 만일 한 생명의 고통을 덜어주거나 한 괴로움을 달래주거나

또는 힘겨워하는 로빈새를 도와서 보금자리로 돌아가게 해 줄 수 있다면

내 삶은 정녕 헛되지 않으리."

호소하지 않았던가?

《지식재산 스타트 2.0》이 만일 애타는 혁신가의 한 가슴을 달랠 수만 있다면

《지식재산 스타트 2.0》이 만일 지쳐 있는 창업자의 한 괴로움을 덜어줄 수만 있다면

또는 한 줄기 생기를 불어넣을 수만 있다면 이 책은 정녕 헛되지 않으리.

2018년 8월

테헤란로에서

송상엽

'돈만 드는 지식재산'에서
'돈 만드는 지식재산'으로

세종대왕은 마음이 답답하였다. 어리석은 백성이 뜻이 있어도 전달하지 못하고 억울한 사정에 처할 수밖에 없는 현실이 너무도 안타까웠다. 이러한 세종의 '애민정신'은 훈민정음을 창조하는 원동력이 되었고, 백성은 중국과 다른 언어를 사용하는 데에서 오는 불편함을 해소할 수 있었다. 마틴 루터 역시 답답한 마음을 가지고 있었다. "오직 의인은 믿음으로 말미암아 살리라"는 '성경정신'이 부패한 종교지도자에 의해 왜곡되어 전달되는 것이 안타까웠다. 그는 종교지도자들을 통하지 않고 국민이 직접 성경을 읽고 하나님을 만나도록 만들어야 되겠다는 결심을 하였고, '라틴어' 성경을 '독일어'로 번역하며 성공할 수 있었다. 세종대왕과 마틴 루터는 한글 창제와 성경 번역을 시대정신(zeitgeist)으로 이해했고, 언어에 대한 혁신을 통해 이를 강력히 추진할 수 있었던 것이다.

오늘날 '시대정신'은 지식재산이라고 이구동성으로 이야기한다. 이제는 '유형자산'으로부터 가치를 창출하는 일이 임계점에 다다랐고, '무형자산'이 새로운 가치를 만들어 내는 핵심동력임에 모두 동의하고 있는 것이다. 연구원들은 더 이상 '연구를 위한 연구'가 아닌 '지식재산 중심의 연구'가 필요함을 절실히 느끼고 있으며, 창업자, 경영자는 '지식재산'을 기업경영의 중심축으로 사용하고자 한다.

하지만 막상 '지식재산'을 경영 현장에 접목하려면 '가까이하기엔 너무 먼 지식재산'임을 토로하지 않을 수 없다. 멀리하기엔 너무 가까이에 있지만, 막상 가까이 가려 하면 너무 먼 '지식재산'인 것이다. 이러한 현상에는 여러 이유가 있겠지만 필자가 보기에는 무엇보다 '언어'의 괴리가 가장 커 보인다. 각종 법률용어로 꽉 채워진 자료들은 지식재산을 배워보겠다는 의지를 이내 압도하여 버리고, 다시 과거의 패러다임으로 돌아가게 만들고 만다. 언어의 순화가 필요한 이유가 바로 여기에 있다.

필자는 세계지식재산기구(WIPO)와 '지식재산파노라마(IP Panorama)'를 개발하고, KAIST 테크노경영대학원과 '지식재산 경영'을 개발하면서 '경영 현장'에 보다 가까이 가려는 시도를 여러 번 한 적이 있다. IP Panorama는 UN공용어버전을 포함한 전세계 20개 언어로 번역될 만큼 지식재산의 아이콘이 되었고, '지식재산 경영'은 여러 경영대학원에서 교재로 채택될 만큼 적지 않은 반향을 불러 일으킨 것도 사실이다. 하지만 필자의 마음속에는 '언어의 괴리'를 극복하지 못했다는 갈증이 여전히 남아 있었고, 그러한 목마름이 《지식재산 스타트》를 집필하는 모티브가 되었다.

《지식재산 스타트》는 '좋은 질문(killer questions)'을 개발하는 데 역점을 두었다. 많은 선행 자료들이 '좋은 답'을 주는 데 집중되었다면, 《지식재산 스타트》는 킬러퀘스천을 디자인하는 데 집중되어 있다. 하나하나의 질문은 연구 및 경영 현장에서 자주 청취되는 의문점들인데, 이는 PBL(Problem-based learning) 방식으로 전개했다. PBL 방식은 경영대학원, 의학대학원에서 사용하는 사례 위주의 학습 방법론인데, 필자는 이러한 방식을 《지식재산 스타트》에 적용했다. 질문과 함께 고민단계를 거쳐 해결방법에 도달하게 된다면 핵심원리를 뚜렷하게 이해할 수 있을 것이다.

《지식재산 스타트》가 역점을 둔 또 하나의 방향성은 '통합적 안목'이다. 기존에 소개된 자료들이 특허나 디자인, 저작권이나 상표를 각각 소개하는 데 그쳤거나 물리적으로 합친 데 불과하다면, 《지식재산 스타트》는 서로의 제도를 넘나들며 '통합적 관점'에서 기술하였다. 포기하지 않고 끝까지 읽어 내려가면 지금껏 각 제도가 불러왔던 '독창의 노래'가 멋진 화음과 함께 '합창의 노래'로 울려 퍼지고 있음을 알게 될 것이다.

이와 같이, 본서는 '언어 괴리 극복, 킬러 퀘스천, 통합적 안목' 이라는 뚜렷한 방향성을 갖고 설계되었으며, 필자의 18년 경험을 '머리'가 아닌 '가슴'으로 풀어 낸 글이다. 바라기는, 《지식재산 스타트》가 대학 캠퍼스와 창업기업, 연구개발자와 산학협력단, 디자이너와 브랜드 개발자 등에게 널리 활용되어 '돈만 드는 지식재산'을 '돈 만드는 지식재산'으로 만들어 가는 출발점이 되면 좋겠다.

마지막으로, 본서가 나오기까지 함께 읽어주고, 의견을 개진해 주었으며, 무엇보다 따뜻한 마음으로 후원을 아끼지 않은 아내(최현아, 崔賢娥)와 두 딸 수아(樹雅), 노아(路雅)에게 깊은 감사를 바치고 싶다.

2014년 11월
정부과천청사에서
송상엽

'질문의 힘'을 통해
지식재산 사고(IP Thinking)가 가능하도록

대한민국 하면 떠오르는 이미지를 물어보니 1등이 기술(technology), 2등이 삼성이라는 기사를 본 적이 있습니다. 외교부가 2014년도에 전 세계 17개 국가 6000명을 대상으로 조사한 결과인데, 삼성전자에서 12년 동안 대표이사로 일한 저에게 가슴 벅찬 내용이 아닐 수 없습니다.

저는 1997년 IMF 금융위기의 시작과 함께 삼성전자를 대표하게 되었는데, 선도기업을 빠르게 따라가는 '추격 전략'만으로는 초일류 삼성전자를 만들 수 없겠다고 판단했습니다. 세계와 싸워 승리하기 위해서는 '선도 전략'이 필요하다고 생각하고, '특허경영'이라는 비전도 다른 전략과 함께 제시했습니다. 'NO Patent No Future'라는 슬로건과 함께 8년 동안 '특허 경영'을 강도 높게 추진한 결과 삼성전자는 세계 최대의 특허를 보유한 초일류 기업 대열에 설 수 있었습니다.

저는 이러한 삼성전자에서의 경험을 대한민국 국가 전체로 전이(傳移)시켜 줄 것을 요청 받았고, 국가지식재산위원회 위원장으로 맡았었습니다. 의미 있는 지식재산을 창조하고, 이를 금융과 연계하여 부를 창출하며, 지식재산이 존중받는 문화를 만들어 가는 임무를 수행하고 있는데, 제 마음속의 변함없는 확신 하나는 결국 '인재(人材)'가 답이라는 것입니다. 작은 아이디어에 의미를 부여하고, 이를 지식재산으로 만들어 내는 인재야말로 국가 지식재산 전략의 핵(核)이라 말할 수 있을 것입니다.

문제는 어떻게 하면 아이디어에 의미를 부여할 수 있는 인재를 길러 낼 수 있을까 하는 것인데, 그 출발점은 '호기심'이라 생각합니다. 뉴턴 이전에도 사과는 떨어졌습니다. 그러나, 뉴턴은 왜 사과가 떨어지는지 호기심을 품었고, 그 끈질긴 호기심이 '만유인력의 법칙'이라는 위대한 생각을 이끌어 낸 것입니다.

호기심은 달리 말하면 질문이라고도 말할 수 있을 텐데, 소크라테스는 인간의 가장 탁월함은 자신과 타인에게 '질문하는 능력'이라고 말한 바 있습니다. 이는 오늘날 경영 현장에서 많이 활용하는 '5 WHY 분석'과도 맥락을 같이하는데, 끊임없이 묻고 또 묻는다면 정확한 진단과 해결 원리에 대하여 창조적인 통찰력을 가질 수 있다는 것입니다.

제가 이 책을 추천하는 이유는 바로 여기에 있습니다. 제가 그동안 지식재산 분야에서 만나왔던 모든 책들은 일방적으로 지식을 전달하는 내용 일색이었는데,《지식재산 스타트 2.0》은 질문을 통해 독자들의 호기심을 자극하고, 고민하는 숙성 단계를 거쳐 핵심 원리에 도달하도록 설계되어 있습니다. 이는 대단히 차별화된 것으로, 109개의 질문 하나하나에 탁월한 '질문의 힘'을 느낄 수 있습니다.

송상엽 실장에게 어떻게 이런 질문들을 만들어 낼 수 있었으며 집필하는 데 얼마나 시간이 걸렸는지 물어본 적이 있습니다. 6년 4개월이라는 시간이 걸렸는데 이중 5년은 질문을 개발하는 데 소요하였고, 나머지 1년 4개월을 집필하는 데 사용했다고 하더군요. 그 순간 왜 '차별화된 힘'이 느껴지는지 깨달을 수 있었습니다. 이스라엘 속담에 "3년 걸려 만든 제품은 3일 만에 팔 수 있고, 3일 만에 만든 제품은 3년이 걸려야 팔 수 있다"고 했습니다. 강력한 돌파구가 이루어지기 위해서는 선행적으로 '축적된 힘'이 있어야 함을 이야기한 것인데,《지식재산 스타트 2.0》은 지식재산 분야의 그 어떤 책보다도 농축된 힘이 느껴집니다.

《지식재산 스타트 2.0》이 세상에 발간된 것은 큰 축복이며, 이 책과의 만남은 여러분이 지식재산의 눈으로 세상을 바라보고 이해하는 '지식재산 사고(IP Thinking)'를 할 수 있도록 도움을 줄 것이 분명합니다. 이 책이 제공하는 풍부한 통찰력을 마음껏 누리시기를 바라며, 여러분의 작은 아이디어가 지식재산을 만나 '왕관의 보석(Crown Jewel)'으로 아름답고 가치 있게 만들어져 가기를 바랍니다.

2018년 8월
前 국가지식재산위원회 위원장
前 삼성전자 대표이사 부회장

윤종용

차례

PART 1 특허 Patent

PART
2
영업비밀
Trade Secret

PART
3
디자인
Design

지식재산 없이 하루 살아 보기
(One Day without Intellectual Property)

2007년《메이드 인 차이나 없이 살아 보기》가 국내 시장에 소개되었다. 사라 본지오르니의 원저 *A Year without Made in China*가 번역되어 출판된 것인데, 한 가족이 중국산 제품 없이 1년간 살기로 결단하면서 다양한 에피소드가 전개된다. 중국 제품이 우리의 실생활과 얼마나 밀접한 관계를 맺고 있는지 보여 주는데, 세계 경제의 새로운 지형을 만들어 가는 중국에 대한 미국인의 경계심을 엿볼 수 있다.

중국 제품 없이 1년간 살아가기란 불가능하다. 그렇다면 지식재산은 어떠할까? 과연 지식재산 없이 1년간 살아갈 수 있을까? 아니 하루라도 살아갈 수 있을까? 삼성과 애플의 분쟁으로 지식재산의 중요성이 재조명을 받고 있는데, 구체적으로 우리 실생활 속에 지식재산이 얼마나 가까이에 있는지 살펴볼 필요가 있다. 이를 위해 우리의 하루 일상을 예시하며 살펴보자.

> 08:00 두 딸에게서 결혼 15주년 기념 선물 받음(장미, 시)
> 10:00 명동의 한 스마트폰 가게에서 아내 선물 구입(갤럭시S9와 아이폰X 사이에서 갈등)
> 12:00 호텔 신라(보르도 와인)
> 15:00 메가박스(《명량》)
> 18:00 신당동(마복림 떡볶이)

결혼 15주년 기념일 하루의 일정을 그려 본 것인데, 보편적인 우리 일상의 풍경과 크게 다르지 않다. 이를 지식재산의 관점에서 살펴보면, '장미'는 품종에 해당해 특허로 보호받을 수 있고, '시'는 어문 저작물에 해당하여 저작권으로 보호된다.

갤럭시S9의 기능과 아이폰X의 디자인 사이에서 갈등했는데, 기능은 특허로 디자인은 디자인권으로 보호되는 영역이다. 호텔에서 마신 '보르도 와인'은 지리적표시에 해당해 '상표'로 보호받으며, 메가박스에서 본 〈명량〉은 영상저작물에 해당해 저작권으로 보호받게 된다. 영화관에서 팝콘과 함께 마시던 '코카콜라'는 코카콜라만의 제조 기술이 영업비밀에 해당하고, 연애 시절의 추억을 생각하며 들렀던 '마복림 떡볶이'도 떡볶이 레시피가 영업비밀에 해당할 수 있을 것이다.

이와 같이 지식재산은 우리의 실생활 속에 깊게 자리 잡고 있으며, 지식재산 없이 하루를 살아내는 것은 아마도 불가능할 것이다.

지식재산 전쟁
(Intellectual Property War)

2018년도 미국 트럼프 정부는 중국을 향하여 600억 달러(약 65조원)에 달하는 무역전쟁을 선포하였고, 중국의 '지식재산 도둑질'이 핵심 이유라고 설명하였다. 차세대 경쟁국가로 부상하고 있는 중국을 제압하고 패권을 유지하기 위해 '지식재산'을 헤게모니로 이해하고 있음을 극명히 보여 주고 있는 것이다. 지식재산 전쟁은 정확히 2000년도를 기점으로 폭증하기 시작했는데, 21세기가 도래하기 전에는 '무역 관련 반 덤핑'이 분쟁의 주요 이슈였다. 컬러 TV나 철강, 반도체의 '가격'이 기업 간 다툼의 핵심 주제였는데, 21세기에 우리 기업이 세계 시장에서 약진함에 따라 가격 문제가 논의의 대상에서 사라지고, 그 자리에 '지식재산'이 대신하게 된 것이다.

삼성과 애플의 지식재산 전쟁이 대표적으로 주목을 받았지만, 크고 작은 분쟁의 소식은 끊이지 않는다. 하이닉스는 도시바와, 포스코는 신일본제철과, 그리고 코오롱은 듀퐁과 영업비밀 전쟁을 벌이고 있다. 일단락되긴 했지만 LG전자도 월풀(Whirlpool) 및 오스람(Osram)과 특허 다툼을 벌였다. 기업 간에 지식재산 전쟁이 심화되자 글로벌 기업들은 미리 '지식재산'을 사들이며 치밀한 준비를 하고 있다. 퀄컴(Qualcomm)은 플라리온(Flarion)의 핵심 특허 매입을 위해 8억 500만 달러를 투자하였고, 애플(Apple)은 통신 회사인 노텔(Nortel)의 특허 6천여 건을 45억 달러에 매입했다. 구글(Google)은 모토롤라(Motorola)의 특허 1만 7천여 건을 125억 달러에 구입했으며, 마이크로소프트(MS)는 노키아(Nokia)의 휴대폰 사업부를 인수하여 노키아 보유 특허에 대한 통상실시권을 확보했다. 우리의 대기업들도 해외 기업들과 합종연횡하며 철저히 지식재산 전쟁을 준비하고 있는데, 문제는 중소기업이다.

2016년도에 우리 기업들에 발생한 국제 특허 분쟁은 총 343건인데, 5년 사이에 3배 가까이 증가한 분쟁 건수도 문제지만, 더욱 큰 문제는 해외 시장에서 다툴 여력이 없는 중소기업에 매년 수십 건씩의 분쟁이 발생한다는 것이다. 지식재산 분쟁이 발생하면 기업 이미지에 치명적인 타격을 주기 때문에 통상 밝히지 않고 처리하는 경향을 고려할 때, 밝혀지지 않은 사건까지 포함하면 매년 수백 건의 다툼이 중소기업에 발생하고 있다고 봐야 할 것이다.

이러한 환경 속에서 중소기업에게 가장 큰 위험 요인이 되는 것은 지식재산 전쟁을 적절히 준비하고 대응할 인력이 없다는 점이다. 특허청과 무역 위원회가 실시한 '2016년도 지식재산 활동 실태 조사'에 따르면, 지식재산 전담 부서를 보유하고 있는 기업은 7.1%에 불과하고, 이를 조금 확장해 전담 인력 보유 기업을 조사해도 22.8%에 그친다. 대기업·중견기업을 제외한 벤처·중소기업은 실질적으로 지식재산 전담 인력을 확보하기 어려운 현실임을 알 수 있다. 따라서 중소기업이나 창업 기업은 CEO가 직접 지식재산에 대하여 정확히 인식하고 대처하는 것이 절대적으로 필요하다.

지식재산은 만병통치약?
(IP is cure-all?)

지식재산 전쟁이 언론에서 조명을 받으면서 마치 '지식재산이 만병통치약'인 것처럼 이해되는 경향이 있다. 하지만 '유형자산은 가치가 없고 지식재산만 중요하다'는 식의 인식은 대단히 위험하다. 지식재산은 그 자체가 갖는 가치보다는 제품에 반영되어 시장에서 비로소 그 가치가 검증되기에, 여전히 제품화에 소요되는 유형자산은 막강한 힘을 가지고 있는 것이다.

지식재산을 만병통치약처럼 소개하는 것은 분명 문제가 있지만, 지식재산의 가치가 점점 부각되고 있음을 부인할 수는 없다. 2015년도 S&P 500대 기업의 시장 가치를 조사한 결과, 기업 가치의 87%가 무형자산에서 발생(자료: Ocean Tomo)한다고 하니 지식재산이 기업 경영에 미치는 영향이 매우 강력하다 말할 수 있다. 만병통치약은 아니지만 핵심 고려 사항 중 하나인 것은 분명하다. 따라서 21세기 경영 환경에 능동적으로 대처하기 위해서는 지식재산에 대한 이해가 반드시 필요하다.

지식재산권은 크게 산업재산권과 저작권, 신지식재산권으로 나눌 수 있는데, 산업재산권이란 산업 발전을 위해 보호하는 특허, 실용신안, 디자인, 상표를 의미한다. 저작권은 문화발전과 관련 산업 발전을 위해 보호하는 인간의 사상이나 감정의 창작적 표현을 말한다. 신지식재산이란 경제·사회·문화·과학 기술의 변화나 발전에 따라 새로운 분야에서 출현하는 지식재산을 말하고, 영업비밀, 반도체 집적 회로 배치 설계 등이 이에 해당한다. 지식재산 개념도를 보면 지식재산의 종류와 특징에 대해 전체적인 느낌을 가질 수 있는데, 이를 이해하고 지식재산 제도를 하나씩 살펴보도록 하자.

본서의 구조와 활용 방법

지식재산의 근간이 되는 특허를 처음으로 소개하고 이와 대조적 성격의 영업비밀을 다음에 소개했다. 이후 특허 제도의 대부분이 준용되는 디자인을 소개하고, 디자인과 상이하면서도 유사점을 갖고 있는 저작권을 소개했다. 마지막으로 산업재산권 중 하나이면서도 약간은 이질적인 상표를 소개했다.

특허와 영업비밀이 약간 딱딱하다고 느껴질 수 있지만, 포기하지 않고 디자인, 저작권, 상표를 꾸준히 읽어 내려가다 보면 흥미롭게 내용을 소화할 수 있다.

어렵다고 느껴진다면 총 109개의 내용 중 ★가 표시된 사례를 먼저 읽고, 두 번째 읽을 때 전체를 읽으면 집중력을 유지하는 데 도움이 된다.

시간이 부족하다면 질문과 해답만 먼저 읽는 것을 추천한다. 핵심의 얼개를 잡는 데 큰 도움이 된다.

지식재산을 처음 접하는 독자라면 흥미를 유발할 수 있는 저작권과 상표를 먼저 읽고, 이후에 특허와 영업비밀, 디자인을 읽는 것도 훌륭한 방법이다.

지식재산 개념도

특허
원천 및 개량 기술
엔진, 연비,
변속기 관련 기술

상표
상품의 명칭
자동차 명칭
(예: SM5, K9, 그랜저)

디자인
물품의 외관
차체, 램프, 의자,
바퀴의 형상

저작권
창작적 표현
매뉴얼,
전자기기 S/W소스코드

영업비밀
기술 · 경영 정보
고객 리스트,
안전도 테스트 데이터

발명민주주의 시대가 다가온다.

4차산업혁명, 스마트팩토리, 크라우드펀딩이
허다한 벼룩과 크릴새우를 자극하며,
'발명민주주의' 꽃망울을
재촉하고 있다.

특허
P a t e n t

Q 001 발명[*]

Inventions

우리 민족 최대의 발명 **'한글'**.
세종대왕이 통치하던 조선시대에 지금과 같은
특허 제도가 있었다면 **'훈민정음'**을
특허로 등록받을 수 있었을까?

우리 민족 최고의 발명이 무엇이냐고 물어본다면 많은 사람이 주저 없이 '한글'을 꼽는다.

세계 어느 나라 언어와 견주어도 손색이 없는 우리 민족 최고의 자산인데,

만일 '한글'이 오늘날 개발되어 특허출원을 한다면 특허로 보호받을 수 있을까?

특허로 보호받기 위해서는 특허청의 엄격한 심사 과정을 거쳐야 하는데,

심사는 모든 것을 대상으로 하지 않고 '발명'에 한해 진행을 하게 된다.

그런데 여기에서 말하는 '발명'이란 우리가 통상적으로 말하는 '발명'과 약간 개념이 상이하다.

특허의 대상이 되는 '발명'의 정확한 개념에 대해 살펴보자.

*해 아래 인간이 만든
모든 것이 특허 대상*

유조선 기름 유출 사건을 해결하기 위한 박테리아.
'해 아래 모든 것이 특허 대상'이라는 명언과 함께 '특허의 대상'이 되었다.

1. 세종이 한글을 특허출원 한다면?

특허로 될 수 있는 발명이란 '자연 법칙을 이용한 기술적 사상의 창작으로서 고도(高度: 수준이나 정도 따위가 매우 높거나 뛰어남)한 것'을 의미한다. 여기에서 '고도한 것'은 큰 의미를 갖는 것은 아니며, 고도성이 떨어지더라도 '고안'이라 해서 실용신안으로 보호를 받을 수 있다.

중요한 것은
1. 자연 법칙을 이용했는지 여부
2. 기술적 사상인지 여부
3. 창작인지 여부

발명이 되기 위한 첫 번째 조건은 자연 법칙을 이용해야 한다는 것이다. 이는 자연 법칙 자체나 자연 법칙에 위배되는 것은 발명이 될 수 없다는 것을 의미한다. 뉴턴의 법칙, 에너지 보존의 법칙 등과 같은 자연 법칙 자체는 발명이 될 수 없고, 무한 동력, 영구기관 발명과 같은 것들은 자연 법칙(열역학 제2법칙)에 위배되어 발명이 될 수 없다.

발명이 되기 위한 두 번째 조건은 '기술적 사상'이어야 한다는 점이다. 마르크스의 유물론, 아담 스미스의 경제 이론 등은 인문학적 사상이며, 기술적 사상은 아니기에 발명이 될 수 없다. 세종이 창제한 한글도 소리글로서 기존의 뜻글이던 한자와 확연히 다른 획기적 사고이지만 인문학적 사상이므로 특허로 보호받을 수 있는 성질의 발명은 아니다.

발명이 되기 위한 세 번째 조건은 '창작'이어야 한다는 점이다. 즉, 창작적 노력에 의한 것이 아닌 '발견'은 발명과 구별되어 특허로 보호받을 수 없다. 불의 발견, 신대륙의 발견 등은 위대하기는 하나 창작의 결과물은 아니므로 발명이 될 수 없다. 창작적 노력은 물건이나 물질뿐만 아니라 새로운 방법이나 용도의 입증에 대해서도 인정될 수 있다.

2. 해 아래 인간이 만든 모든 것이 발명

'발명'에 대해서는 점점 인정의 폭이 넓어지는 추세다. 구체적 사례들을 통해 살펴보자.

영업방법(Business Method, Business Model)이 발명이 될 수 있을까? 가능하다. 영업방법 자체는 자연 법칙을 이용한 것이 아니어서 '발명'에 해당하지 않지만, 영업방법이 정보 기술(IT)을 이용한 새로운 비즈니스 시스템이나 방법에 해당하고, 소프트웨어에 의한 정보 처리가 하드웨어를 이용해 구체적으로 실현되고 있음을 보여 줄 경우 '발명'에 해당할 수 있다.

먹는 음식은 어떠한가? 가능하다. 아스퍼질러스속과 바실러스속 균주를 이용한 발효 된장 및 풍미가 개선된 발효 된장 제조 방법(등록특허 10-1254057), 다금바리 회 조성물 및 그 제조 방법(등록특허 10-0558218), 짜장 소스의 제조 방법(등록특허 10-0833991) 등 무수히 많은 음식 특허가 있다. 음식 특허는 다른 사람의 침해를 밝혀 내는 것이 대단히 어려운 단점이 있지만, 홍보 마케팅에 탁월한 효과를 누릴 수 있다.

《마법 천자문》도 특허가 되나? 가능하다. '열려라 열 개(開)'를 외치면 문이 열리고, '불어라 바람 풍(風)' 하고 외치면 바람이 부는 방식인 《마법 천자문》에 대해, '독자가 효과적으로 한자를 배울 수 있도록 한자와 관련된 만화 이미지를 스토리와 연관되게 삽입하고 각 부분을 공간적·물리적으로 배치 또는 형성하는 것이 특징인데, 이는 시각적 배치를 유기적으로 구성하여 학습효과를 높이는 것은 자연 법칙을 이용하는 것에 해당해 발명이 된다'고 판단되었다.

박테리아 유전자가 특허가 되나? 가능하다. 자연 자체의 미생물은 불가능하나, 비자연적으로 만들어진 제품 또는 합성물로 인간의 창작적 활동의 결과물로서 자연적 박테리아와 현저히 다른 특성을 갖고 있다면 발명이 될 수 있다. GE의 차크라바티(Chakrabarty)와 미국 특허청의 분쟁에서 원유 분해 능력을 갖춘 유전자 조작 박테리아에 대해, 법원이 '해 아래 인간이 만든 모든 것이 특허 대상(Everything under the sun that is made by man is patentable)'이라는 유명한 말과 함께 발명에 해당한다고 인정했고, 이 사건은 바이오산업에 대한 폭발적 투자와 성장을 이끌었다.

★ 특허 대상이 되는 발명은 '기술적 사상'이어야 하므로 '한글' 자체는 특허로 등록될 수 없다.

Q 002 기술적 사상*
Technical Idea

세제가 묻은 손으로 싱크대 손잡이를 잡는 것이 불편해
발로 물을 틀고 잠글 수 있는 발명을 생각했다.
제품을 만들 수 있는 경험과 지식이 전무한데,
특허를 받기 위해서는 제품이 있어야 하는가?

특허에 대해 경영인들이 갖고 있는 가장 큰 오해 중 하나가
바로 특허를 받기 위해서는 '제품'이 있어야 하지 않을까? 하는 점이다.
왠지 아이디어만으로는 부족할 것 같은 느낌 때문에, 많은 사람들이 새로운 아이디어가 생기면
특허출원에 앞서 먼저 청계천에 가서 물건을 만들어 보는 방법을 강구한다.
하지만 발명은 '기술적 사상'을 의미하지, '기술적 제품'을 의미하지 않는다.
특허로 보호를 받기 위해서 반드시 제품이 존재할 필요는 없다는 뜻이다.
다만 '기술적 사상'이라는 말이 다소 애매하기 때문에 정확한 개념 이해가 필요하다.

특허를 받으려면 제품을 먼저
만들어야 하지 않을까?

| 아이디어를 쓸어 담는 특허 괴물

1. 기술적 사상

'기술적 사상'은 '추상성'과 '구체성'이라는 양면성을 모두 갖고 있는데, '사상'이기 때문에 눈에 보이지 않는 '추상성'을 내포하지만 동시에 구체적으로 그 아이디어를 실현할 수 있는 가능성을 입증해야 하는 '구체성'이 있어야 한다. 즉, 완벽한 제품으로 입증할 필요는 없지만, 사상임에도 불구하고 실현 가능성이 있음이 심사관에게 충분히 전달될 수 있는 수준은 되어야 한다는 것을 의미한다.

어느 정도의 실현 가능성을 발명의 구체성으로 인정할 것이냐의 문제는 시대에 따라, 해당 국가의 산업 수준에 따라 달라지지만 다음과 같은 것들은 '미완성 발명'으로 구체성을 결여한 것으로 본다.

단순한 문제의 제기나 착상, 또는 소망의 표현에 그치고 그 구체적 해결 방법이 없는 경우, 목적 달성을 위한 기술적 수단의 일부 또는 전부가 빠져 실시가 불가능한 경우, 구체적 구성은 나타나 있지만 목적의 달성과 효과가 현저하게 의심스러운 경우는 '미완성 발명'으로 이해한다.

질문에서 살펴본 '발 터치 급수 조절기'는 발 패드와 급수 및 단수 조절용 개폐 장치를 와이어로 연결해 패드를 밟고 떼는 반복 동작에 의해 급수와 단수를 조절하겠다는 사상으로, 충분히 실현 가능성을 입증할 수 있다. 따라서 제품을 만들지 않더라도 본 발명은 특허로서 권리를 받을 수 있는 것이다.

2. 특허 괴물(NPEs, 특허관리전문회사)

특허의 보호 대상은 발명이라는 '기술적 사상'이고 '기술적 제품'까지 반드시 요구하는 것은 아니다. 여기에서 착안한 새로운 비즈니스 모델로 특허 괴물(NPEs)이 선진국을 중심으로 활발하게 활동하고 있다.

특허를 통한 직접적 사업 수행을 목적으로 하지 않고, 제조 기업들이 개발하려고 하는 발명 특허의 길목을 선점해 그 기업이 그 기술을 사용할 때 특허 소송을 제기하고, 이로 인한 로열티 수입으로 새로운 수익을 찾는 모델이다.

1980년대부터 미국에서 친 특허 정책(Pro-patent)으로 등록특허 수가 급증하고 특허의 남용보다는 특허권자의 입장에서 유리한 판결이 축적되자, 이를 이용한 새로운 비즈니스 모델로 '특허 괴물(NPEs)'이 활성화된 것이다.

이러한 특허 괴물들은 세계의 대학과 연구소를 돌며 될성부른 기술을 아이디어 단계에서부터 입도선매한다. 한 특허 괴물의 국내 대학 발명 아이디어 매입 현황을 보면, 서울대, KAIST, 연세대, 고려대 등으로부터 268건의 공유 계약을 맺고 있는 것으로 드러났다. 수억 원이 드는 해외 출원 비용 등을 지원해 주는 조건으로 나중에 특허 수입이 생기면 반반씩 나누는 조건이다.

인텔렉추얼벤처스가 3G 관련 특허 분쟁을 통해 국내 대기업으로부터 챙긴 돈은 1조 원이 넘는 것으로 알려져 있으며, 인터디지털, 램버스 등 다른 특허 괴물도 국내 기업을 대상으로 수천억 원의 돈을 챙겨 갔다 하니, 피해 규모가 가히 천문학적이다. 특허 괴물로 인한 피해는 중소기업도 예외는 아니다. 한 통계 자료에 의하면 우리나라 중소·중견 기업의 특허 소송의 수가 대기업을 추월한다고 하니 기업의 크기에 관계없이 우리나라의 기업들이 여기에서 자유롭지 않다는 사실을 알 수 있다.

한편 이러한 현상을 방어적으로만 볼 것이 아니라, 우리 기업도 적극적인 사업 모델의 하나로 이해하고 세계 시장을 공략하는 것도 필요해 보인다. 해외 특허 괴물에 대해 문제 제기에만 그칠 것이 아니라, 강한 특허를 중심으로 '지주 회사'를 만들고 세계 시장을 공략하는 것도 고민해 볼 시점이다. 악의적 소송을 목적으로 할 수는 없지만, '지식재산'을 둘러싼 게임의 법칙이 변하는 만큼, 능동적 대처 전략이 필요하다.

★ 발명은 '기술적 사상'이며, '기술적 제품'을 의미하지 않는다. 꼭 제품이 있을 필요는 없다.

Q 003 신규성*
Novelty

㈜백두문구 송상엽 대표는 미국 출장 중
'보조베터리 내장형 스마트폰 케이스'를 보고 반했다.
조사 결과 우리나라에는 특허로 출원된 기술이 없는데
본 발명을 국내 특허출원할 경우 획득 가능성이 있을까?

세계를 돌아다니다 보면 독특하고 신기해 국내에 가지고 가면 사업이 잘 되겠다 싶은 물건들을
제법 만나게 된다. 해외에는 있지만, 국내에 없는 제품을 특허로 출원할 경우
등록받을 수 있을까 궁금하다.

I 독일에서 바운스백 발명을 시연하고 있는 스티브 잡스 (자료: http://appleinsider.com)

I 시장 개척을 위해 참석하게 되는 박람회. 신규성(비공지성)을
각별히 유의해야 한다.

1. 특허의 글로컬라이제이션(Glocalization)

가끔 광고에서 '세계 특허 획득'이라는 문구를 볼 수 있다. 과연 '세계 특허'라는 것이 있을까? 답 먼저 이야기하면 없다. 특허는 '속지주의' 원칙에 따라 국가별로 받아서 권리를 행사하는 것이지 하나의 특허를 받았다고 해서 세계에 통용되는 것이 아니다. 따라서 대한민국 특허, 미국 특허, 중국 특허와 같은 표현이 정확하다.

그렇다면 '속지주의' 원칙에 따라 해외에 있는 특허 기술이 국내에 등록되어 있지 않을 경우, 해당 특허 기술을 국내에 출원하면 특허를 획득할 수 있을까? 그렇지 않다.

특허를 등록받기 위해서는 '신규성'이라는 요건이 있어야 하는데, 신규성은 '비공지성' 즉, 알려지지 않았을 것을 의미한다. 이러한 '신규성'은 국내뿐만 아니라 '해외'에서도 알려지지 않아야 함을 요구한다.

즉, 특허를 받기 위해서는 전 세계적으로 알려지지 않은 발명(Globalization)이어야 하고, 발명이 특허로 권리를 받게 되면 해당 국가에서만 권리를 행사(Localization)할 수 있다. 특허의 신규성은 '세계성'과 '속지성'이라는 양 면성을 동시에 갖는다.

따라서 국내에는 없지만 해외에서 공지된 기술의 경우 국내에서 특허로 보호받는 것은 불가능하다. 해외에서 특허로 등록받은 기술이 국내에서 특허로 출원되지 않았다면 이는 국내 누구나 자유롭게 사용할 수 있는 공공 영역(Public Domain)의 발명이 된다. 꼬리에 꼬리를 무는 질문이 계속 생기는데, 위와 같은 기준을 적용한다면 개발도상국에서 특허로 받을 만한 발명이 있을 수 있을까?

캄보디아를 방문한 적이 있는데, 2012년도 한 해 동안 특허출원이 20건 정도 된다고 했다. 우리나라에서 한 해 출원이 20만 건 정도임을 감안하면 너무나 척박한 상황이었다. 이러한 개발도상국의 상황에서 우리와 같은 기준을 적용해 특허를 부여하면 과연 1건이라도 특허가 탄생할 수 있을까?

위와 같은 개별 국가의 상황이 다르기 때문에 '신규성'을 판단하는 기준도 국가마다 다르다. 개발도상국의 경우 대개는 해당 국가에서만 공지되지 않은 기술이면, 해외에서는 공지되었다 할지라도 신규성을 인정한다. 우리나라도 불과 2006년 3월 3일 이전에는 이러한 기준을 적용했다.

2. 등잔 밑이 어두운 특허

특허로 등록을 받기 위해서는 '신규성(비공지성)'이 있어야 하는데, 안타까운 사실은 대부분의 경우 발명자(또는 발명 기업) 스스로의 공지로 인해 신규성을 인정받지 못한다는 점이다. 많은 기업이 새로운 발명을 하게 되면 세상에 빨리 알리고 싶은 마음에 회사 홈페이지 또는 회사 블로그를 통해 공지하는데, 특허출원 전에 알려진 모든 발명은 신규성이 없다고 판단한다. 다른 사람이 아니고 발명자 스스로에 의해 알려졌다 할지라도 신규성을 잃어버린 것이다.

기업들이 홈페이지 또는 블로그 게재와 함께 고려할 것이 박람회나 기술 설명회, 논문 발표 등이다. 박람회 등을 통해 세상에 알려진 후에 나중에 특허로 출원하면 신규성 문제로 권리화가 불가능해진다. 스티브 잡스(Steve Jobs)도 독일에서 특허출원 전에 바운스백 발명을 공개 시연한 적이 있는데, 이것이 화근이 되어 등록받은 특허가 무효가 된 적이 있다.

신규성은 원칙적으로 시, 분, 초까지 고려할 만큼 매우 엄격하게 판단하는데, 실수로 홈페이지, 박람회, 논문 등에 공지된 경우 출원 후 1년 이내에 먼저 공지된 사항을 신고하면, 신규성이 없음에도 불구하고 신규성을 인정해 주는 제도(신규성 의제: Grace Period)가 있다. 하지만 이러한 예외 규정은 적극적 고려사항은 아니며 최후의 비상수단으로만 사용해야 한다. 공지 후 본인의 출원 전까지 다른 사람이 먼저 출원하지 않았을 경우에는 의미가 있지만, 박람회나 논문을 통해 정보를 획득한 다른 사람이 먼저 출원을 하게 되면 결국 본인은 특허 등록을 받을 수 없게 된다.

옛 속담에 '등잔 밑이 어둡다'라는 말이 있다. 특허에서 이 속담은 귀담아 들을 필요가 있다. 아무리 자랑하고 싶어도, 특허출원 전까지는 꾹 참아야 함을 유념하자.

★ 특허로 등록되기 위해서는 신규성(비공지성)이 필요한데, 이는 전 세계적으로 알려지지 않았어야 함을 의미한다.

비밀 유지 약정 ___

NDA: Non-Disclosure Agreement

최혜나 씨는 플러그가 잘 빠지지 않는 불편함을 느낀다.
플러그 중앙에 구멍을 내어 힘을 받도록 발명을 하고
벤처 캐피털을 찾아가 설명을 했는데,
이들은 발명에 대해 비밀을 유지할 의무가 있는가?

"혹시 이 발명 이야기를 하면, 먼저 출원하는 것은 아닐까?"
누구나 한 번쯤은 생각하게 되는 문제이다. 본인이 생각한 발명은 누구나 스스로 보기에
대단한 발명으로 보이기 마련인데, 변리사와 상담을 하게 되면 변리사가 직접 또는 아는 지인을 통해
먼저 출원해 본인의 기술을 빼앗기는 것이 아닌가 우려하게 된다.
직접 특허출원을 하고, 사업도 자기 자본으로만 할 수 있다면 이러한 고민을 할 필요가 없지만,
특허출원에는 고도의 전문성이 요구되고, 사업 수행에는 적지 않은 예산이 투입되어야 하기에
누군가에게는 불가피하게 자신의 발명을 이야기하게 되는데,
이 경우 자신의 발명을 효과적으로 지킬 수 있는 방법을 살펴보자.

| 급할수록 천천히. 발명을 설명하기에 앞서 '비밀 유지 약정'을 체결하자.

1. 비밀 유지 의무가 있는 사람

좋은 발명이 좋은 특허를 보장하지는 않는다. 발명이 특허로 재탄생되는 과정에서 변리사가 얼마나 강한 권리 범위를 확보하느냐에 따라 '특허의 질'이 달라지고, 이를 위해서는 발명자와의 상세한 인터뷰가 뒷받침되어야 한다. 이 과정에서 변리사와 나누는 발명 이야기가 비밀로 유지될 수 있을까?

변리사는 '업무상 비밀 누설(형법)'이 금지되고 '도용 및 누설의 죄(변리사법)'가 적용되어 고객의 비밀을 누설해 고객에게 손해를 입히게 된다면 민·형사상 처벌과 함께 자격도 상실하게 된다. 강력한 비밀 유지 의무가 부여되어 있으므로, 변리사에게는 편안한 마음으로 발명을 설명해도 좋고, 오히려 발명을 상세히 설명해 강한 특허로 재탄생할 수 있도록 할 필요가 있다.

변리사가 특허출원을 하면 특허청 심사관에게 출원 서류가 가게 되는데 권한이 있는 심사관만 출원 서류에 접근할 수 있도록 엄격하게 관리하고 있고, 담당 심사관은 비밀 누설죄 등의 적용을 받아 직무상 알게 된 비밀을 누설하거나 도용한 때에는 형사처벌 규정이 적용되어 보안상 염려를 덜어 준다.

2. 비밀 유지 의무가 없는 사람

문제는 비밀 유지 의무가 없는 경우인데 변리사, 심사관을 제외한 거의 대부분의 경우에는 비밀 유지 의무가 없다.

가장 논란이 되는 부분이 벤처 캐피털과의 만남인데, 발명자는 펀딩을 필요로 하는 사람이기에 협상력의 불균형이 태생적으로 있을 수밖에 없다. 이론상으로는 비밀 유지 약정(Non-Disclosure Agreement)을 체결해, 벤처 캐피털에게 비밀 유지 의무를 부과하는 방법이 있으나 실무에서는 적용하기 쉽지 않다. 수년 전 호민관을 통해 NDA를 의무화하겠다는 내용이 있었지만, 여전히 현실은 바뀌지 않았다.

NDA에 대해서는 실리콘밸리에서도 오랜 기간 논의가 있었지만, 미국에서도 작성하지 않는 것이 보편적이다. 유사한 사업 계획이 많고, 때에 따라서는 소름 끼칠 정도로 유사한 아이디어를 듣게 되는 경우가 있는데, NDA를 작성하게 되면 책임 소재가 뒤따르기 때문에 섣불리 NDA를 작성할 수 없다고 투자 심사역들은 이야기한다.

따라서 투자 유치를 받기 위한 아이디어 설명은 한 번에 모든 것을 설명하기보다는 단계별로 조금씩 확장해 가는 전략이 필요하다. 그리고 아이디어 설명 후에는 이메일을 보내 '설명 기회 제공에 대한 감사 표명과 함께, 설명된 아이디어의 비밀 유지를 당부'해 근거 자료를 만들어 두는 것이 가장 현실적인 방법이다. 그렇게 되면 문제 발생 시 적어도 본인의 아이디어가 먼저였고 본인이 진정한 발명자임을 증명할 수 있을 것이다.

지금까지 살펴본 '타인에 의한 비밀 유지 의무' 못지않게 '본인의 비밀 유지 의무'가 있는 경우가 있는데, 직무발명의 경우다. 직무발명이 회사에 신고된 경우 발명자는 회사가 직무발명을 출원할 때까지 그 발명의 내용에 관해 비밀을 유지해야 한다. 부정한 이익을 얻거나 회사에 손해를 가할 목적의 공개는 법적 책임을 피할 수 없다. 우리가 아는 바와 같이 특허가 출원되기 전에 그 내용이 공개되면, 해당 발명은 신규성(비공지성) 흠결로 특허를 받을 수 없게 된다.

미국에서 이런 사례가 있었다. 여자 속옷을 발명한 발명자가 그 옷을 여자 친구에게 선물한 사실이 공개 행위인지 쟁점이 되었다. 결국, 공개 행위로 인정돼 특허가 무효화되고 말았다. 타인의 비밀 유지 의무 못지않게 발명자 자신의 비밀 유지 노력이 얼마나 중요한지 새삼 느낄 수 있다.

★ 변리사, 심사관은 '비밀 유지 의무'가 있지만, 벤처 캐피털은 '비밀 유지 의무'가 없다.

Q 005 진보성*
Inventive Step

㈜백두제약은 세계 최초로 탈모 방지약을 개발했다.
이 발명품에 대해 특허권을 부여할지에 대한 판단은
발모 분야에 정통한 특허청 심사관이
전문적 지식을 기준으로 심사해야 하는가?

"누구나 한 번쯤은 사랑에 울고 / 누구나 한 번쯤은 사랑에 웃고 / 그것이 바로 사랑 사랑 사랑이야"
가수 김현식의 〈사랑 사랑 사랑〉이다. 사람을 웃게도 울게도 만드는 것이 사랑이라는 뜻이다.
특허에서 말하는 '진보성'이 바로 이와 같은데,
특허를 출원해 본 사람은 이것이 어떠한 의미인지 쉽게 이해할 수 있을 것이다.
출원인은 누구나 한 번쯤은 진보성 때문에 울고, 누구나 한 번쯤은 진보성 때문에 웃게 된다.
울게도 웃게도 만드는 '진보성', 앞서 살펴본 '신규성'에 이은 특허 등록의 두 번째 관문에 해당한다.

I 알고 보면 쉬운 콜럼버스의 달걀. 진보성에서 '사후 판단'은 금지된다.

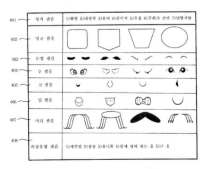

I 무척 간단해 보이지만 출원 당시 관점으로 진보성을 인정받았다. [출처: http://avatar.jr.naver.com(좌), 특허제10-0378142호 도면(우)]

1. 통상의 지식

진보성(Inventive Step)이란, 해당 발명과 선행 기술과 비교해 기술적 진보를 이루었는지를 판단하는 것으로, 발명의 **목적**이 특이한지, 발명을 작동시키는 **구성**이 곤란한지, 발명으로 인한 **효과**가 현저한지를 종합적으로 보게 된다.

문제는 그 '**기술적 진보**' 여부를 판단함에 있어서, 전문가의 관점에서 바라보는 것이 아니라, 해당 분야에 종사하는 **보통 사람의 통상의 시각**으로 진보성 여부를 판단해야 한다는 것이다.

현직 특허 법원 판사로부터 특허 분쟁이 발생한 대부분의 사례에서, '이런 것이 어떻게 진보성이 있을까?'라는 의문이 자주 든다는 이야기를 들은 적이 있다. 생각건대, 대한민국 심사 시스템이 잘 작동되고 있구나 하는 생각을 그때 하게 되었다. 왜냐하면 특허의 '진보성' 판단은 전문가가 아니라 해당 분야 '통상의 지식'이 기준이기 때문에, 너무 높고 엄격하게 판단해서는 안 되기 때문이다.

대한민국 특허청 심사관은 세계가 인정하는 우수 인재 집단이다. 오죽하면 인재의 산실 '삼성전자'에서도 '우수 인재가 유출되어 걱정이다'라는 말을 할 정도일까. 특허청이 이렇게 우수한 심사관을 바탕으로 세계 특허 5강(IP5)의 지위를 갖고 있는 것이 고무적이지만, 이렇게 우수한 심사관 때문에 '진보성' 판단의 기준이 지나치게 엄격히 적용될 우려가 있는 것도 사실이다.

해당 분야 전문가이고, 해박한 지식으로 무장한 심사관의 눈으로 볼 때 별것 아닌 것처럼 보이는 기술 중 어떤 것은 해당 분야에서 통상의 지식을 가진 자가 쉽게 생각해 낼 수 없는 '진보성'이 있는 것일 수도 있다. 주어진 질문의 사례처럼 해당 분야 전문가의 눈높이로 진보성을 판단하는 것은 당연히 잘못된 것이다.

2. 사후 판단 금지의 원칙

특허를 출원하는 사람에게 마음을 편안하게 해 주는 또 하나의 기준이 '사후 판단 금지의 원칙'이다. 진보성을 판단함에 있어, 기준이 되는 시점은 출원하는 시점이다. 심사하는 시점이 아닌 출원할 당시의 상황을 고려해 판단해야 된다는 의미이다.

인간의 심리를 살펴보면, 인간은 '인지적 착각'을 하도록 되어 있는데 그중 하나가 '사후 과잉 확신 편향(Hindsight Bias, 과거의 사건들을 실제보다 더 예견 가능한 것으로 인식하는 것)'이다. 이것은 알고 보면 쉽지만 알기까지가 어려운 것을 말한다.

예전에 기차가 고장이 나서 아무리 고치려 하고, 아무리 훌륭한 엔지니어를 투입해도 고칠 수가 없었다. 할 수 없이 해외에서 전문가를 초빙했는데, 글쎄 그 사람이 망치 하나만 달랑 들고서는 기차 바퀴 두 군데를 때려 보더니 두 번째 때린 바퀴를 교체하도록 주문한 후 1억 원을 요구했다는 것이다. 너무 놀란 회사가 문제를 제기하자 초청받은 전문가는 대답했다.

"바퀴를 두드린 값 100만 원, 어디를 두드려야 될지를 아는 값 9천 9백만 원."

꼼짝없이 회사는 1억 원을 지급했다고 한다. 사후 판단 금지의 원칙이란 이와 같이 해결하기는 어렵지만, 누군가 해결하고 나서 바라보면 별것 아닌 듯 보이는 것을 말한다.

인터넷과 모바일 게임 등에서 필수로 사용되는 '아바타'도 마찬가지이다. 이미 저장되어 있는 캐릭터 구성 요소를 부위별로 합성해 아바타를 만드는 방법은 얼핏 보아 대수롭지 않아 보인다. 하지만 기존에 전문 디자이너의 손을 거치거나, 캐릭터 이미지를 위한 특수한 툴을 적용해야 하는 데에서 오는 비용과 시간, 노력을 줄일 수 있다는 것은 출원 당시의 관점에서 보면 분명 진보성이 있는 것이었다.

달걀을 세우기는 어렵다. 그러나 누군가 달걀 한쪽 모서리를 깨뜨려 세웠다면 대수롭지 않게 생각할 수 있을 것이다. 이것이 바로 콜럼버스의 신대륙 발견을 폄하한 사람들에게 경종을 울렸던 콜럼버스의 웅변 아닌가? 사후 판단을 금하는 것은 진보성 판단의 기본 원칙이다.

★ 진보성은 전문 지식이 아닌 해당 분야에 종사하는 보통 사람의 '통상의 지식'을 기준으로 판단하게 된다.

Q006 은유와 유추
Metaphor and Analogy

안경 이물질을 초음파로 제거하는 것을 본 후,
관련 특허(10-0747703, 초음파 살균세척기)를
칫솔에 유추하여 '초음파를 이용한 이물질 제거 칫솔'을
발명한다면 특허로 등록을 받을 수 있을까?

매몰되면 볼 수 없는 것들이 참 많다. 한 발짝 떨어져서 박스 밖으로 나가보면(out of box)
쉽게 해결될 수 있는 문제들도, 매몰되면 자신의 경험과 지식에 갇혀 해결하지 못하는 경우가 있다.
스위스의 조르주 드 메스트랄(Georges de Mestral)은 강아지와 함께 산책하다가
자신의 옷에 붙은 가시달린 풀을 보고 식물 특유의 갈고리 모양이
옷이나 털에 잘 달라붙게 만듦을 유추하여 옷의 먼지를 떼어 내는 '찍찍이'를 발명하게 되었다.

| 상자 밖을 바라보아야 한다.
압연롤러(1), 자동차 워셔 노즐(2), 선박 스크류(3), 안경(4)의 이물질 제거 특허가
은유하고 있는 것을 칫솔에 유추하면 새로운 발명이 탄생할 수 있다.

자연의 은유로부터 유추된 발명은 매우 많다. 고속열차 연구개발자는 물총새가 입수할 때 잔물결조차 일어나지 않는 점을 유추하여 길고 끝이 뾰족한 부리를 신칸센에 접목해 터널을 진입할 때 생기는 굉음을 해결한 바 있고, 상어 지느러미에 있는 미세돌기를 수영복에 접목하여 저항을 감소시키기도 하였다.

자연은 실로 우리에게 말로 다할 수 없는 영감을 주는데, 이를 유추(analogy)하면 새로운 발명으로 연결될 수 있는 것이다. 자연이 가장 대표적이겠지만, 다른 분야에서 일어나는 일들을 유추하여 실로 강력한 발명을 할 수도 있다. 이는 유추의 대상이 인간의 언어로는 표현할 수 없어 통찰과 직관으로만 느낄 수 있는 은유(metaphor)를 내포하고 있기 때문이다.

1. 은유(metaphor)와 유추(analogy)

은유와 유추를 통한 발명혁신 사례는 너무도 많다. 유명 저널리스트인 로버트 위더(Robert Wieder)도 "창조적인 사람은 하드웨어 가게에서 역사를 생각해 내고, 공항에서 패션을 생각해 낸다"고 말한 바 있는데, 다른 산업분야가 은유하고 있는 것과 자신의 분야를 유추하다 보면, 창조적 마찰이 일어나기 마련이고, 이것이 바로 자신의 영역 안에 갇혀서 일어나는 존속적 혁신(sustaining innovation)의 틀을 과감히 벗어나 파괴적 혁신(disruptive innovation)으로 이어지는 원동력이 되는 것이다.

에디슨은 소리를 녹음하고 보존하고 재생할 수 있는 축음기를 발명한 이후, 소리를 재생하는 것에서 시각적 이미지를 재생해 내는 개념으로 확장해 나갔다. 축음기 속성이 은유하고 있는 것을 유추하여 활동사진을 발명한 것이다.

코닥의 직원인 스티븐 사손도 '필름도 결국은 무엇인가를 담는 그릇'이라고 정의하며, 그릇이 은유하고 있는 '담기도 하고 버릴 수도 있는 속성'으로부터 유추하여 디지털카메라를 발명했다. 이와 같이 한가지 사물이나 원리는 무한히 다양한 것을 은유하고 있기 때문에 크로스 오버 유추를 한다면 발명혁신을 할 수 있을 것이다.

2. 진보성 관점의 '은유와 유추'

특허정보도 유추의 대상으로 가치가 크다. 예를 들어, 치아에 끼어 있는 치석 및 이물질 제거에 어려움을 겪고 있는 소비자가 많지만, 브러쉬의 소재 및 형태의 조정만으로는 문제 해결에 한계가 있는데, 안경·자동차·선박 스크류·압연롤러의 이물질 제거 발명을 탐색·유추하여 '초음파를 이용한 이물질 제거 칫솔'을 개발한다면, 해당 발명이 특허로 보호 받을 수 있을지 궁금하다.

이러한 경우 문제는 '진보성'이다. 은유와 유추의 유익은 알겠는데, 이러한 과정을 통한 발명이 특허로 이어질 수 있냐 하는 점이다. 좀더 구체적으로 말하면 다른 분야에서는 활용되고 있었지만, 본인의 영역에서는 용이하게 생각해 낼 수 없는 기술적 사상에 대하여 진보성을 인정할 것이냐의 여부인데, 이는 진보성의 정의와 연결해 보면 알 수 있다.

진보성이란 '해당 분야에서 통상의 지식을 가진 자가 용이하게 발명할 수 없을 것'을 의미하는데, 유추의 원형이 자신의 해당 분야와 밀접하고 직접적인 관계가 아니라면 해당 분야에서 용이하게 발명할 수 있다고 말할 수 없기 때문에 진보성을 주장할 수 있을 것이다.

파블로 피카소는 "훌륭한 예술가는 복제하지만, 위대한 예술가는 훔친다(Good artists copy, Great artists steal)"고 말했다. 21세기 최고의 발명가 스티브 잡스가 가장 즐겨 인용하기도 한 문장인데, '초연결 시대'로 상징되는 4차혁명시대에 시사하는 바가 크다. 자신의 영역 밖에서 일어나는 것들에 대하여 "우리 업종에서 만든 게 아니잖아(not invented here: NIH)"라고 경홀히 여길 것이 아니라, 새로운 발명혁신의 모멘텀으로 활용할 수 있는 겸허함이 있어야 할 것이다.

> 양초 만드는 사람이 전구를 발명하지 않았고,
> 마차 만드는 사람이 자동차를 발명하지 않았다.
> 또 우체국이 이메일을 발명하지 않았다.
> _마크 기제트(Marc Giget) 교수

★ 다른 분야의 기술적 사상이 은유하는 것을 유추해 해당 분야로 접목하여 발명한다면 진보성을 주장할 수 있다.

Q 007 용도 발명

Use Invention

KAIST 최혜나 교수는 다한증 때문에 '노톡스(NOTOX)'를
먹던 중 협심증이 함께 치료되었음을 알았다.
'노톡스'가 협심증 치료에도 효능이 있음이 밝혀졌는데
기존 의약품의 새로운 용도를 찾아낸 연구도
특허로 보호 받을 수 있을까?

KAIST에서 생명과학을 전공하고 있는 최 교수는 다한증 극복을 위해 노톡스(Notox)라는 약을
먹던 중 협심증이 동시에 치유된 현상을 발견하였다. 이에 궁금증을 갖고 전공지식을 기초로
실험한 결과, 노톡스가 협심증 치료에도 탁월한 효능이 있음을 증명하였다.
이처럼 기존에 존재하는 발명으로부터 새로운 용도를 발견하였다면 특허로 보호 받을 수 있을까?
앞서 살펴본 것처럼 특허로 보호 받기 위해서는 신규성(비공지성)과 진보성이 있어야 하는데,
새로운 용도에 대한 진보성 판단에 앞서, 신규성이 있는지 살펴보아야 한다.
얼핏 보면 이미 기존에 있던 물건(물질)에서 파생되어 새로운 용법을 찾아낸 것이니
신규성이 없지 않을까 생각이 들 수 있다. 하지만 조금만 더 살펴보면,
기존에 존재하던 발명은 물건(물질)에 대한 것이지, 새롭게 발견된 용도까지 발명했던 것은 아니다.
발명에는 물건(물질) 발명, 방법 발명, 용도 발명이 있는데, 물건 발명을 생산함에 있어서
다른 제조방법을 발명하였다면 이는 기존에 알려지지 않은 방법이므로 신규성이 있는 발명이 되며,
물건(물질) 발명의 새로운 용도를 찾아낸 경우에도 기존에 알려지지 않은 용도이므로
신규성 있는 발명이 된다.

| 미처 알지 못하던 '용도'가 있을 수 있다.
새롭게 밝혀낸 용도는 특허로 등록될 수 있다.

| '협심증 치료제'를 '발기 부전제' 용도로 사용하여
개발된 비아그라

| 보톡스(BOTOX)는 원래 사시 치료제였는데,
향후에 주름살 교정, 다한증 치료에도 사용되고 있다.

| '염료'로 사용되던 것이 '살충제' 용도로 사용되는 DDT

1. 단순 용도 변경

용도 발명의 진보성을 살펴보면, 이미 널리 알려진 발명의 용도를 단순히 달리하는 것은 진보성이 인정되지 않아 특허를 받을 수 없다. 용도를 변경하여 출원했다 할지라도, 기존 발명을 출원하던 당시의 기술 상식을 참작할 때 용도의 변경이 새로운 효과를 나타내는 것이 아니라면 특허를 받는 것은 불가능할 것이다.

예컨대 오토바이 엔진을 자동차에 적용한다고 할 경우, 단순히 엔진을 자동차에 탑재하는 정도로는 진보성을 인정하기 힘들어 특허를 받을 수 없다. 왜냐하면 엔진의 목적은 연료를 소모해 구동력을 얻는 것이기 때문에 해당 구성의 용도를 변경했다 하더라도 이는 출원 당시 기술 상식으로 당연한 것이고, 발명 구성의 목적과 효과도 동일하기 때문이다. 따라서 이는 단순 용도 변경으로서 특허를 받을 수 없다.

2. 용도 발명(Use Invention)

콜라로 세척제를 만드는 것은 생각건대, 전혀 다른 효과를 만드는 것이어서 '용도 발명'이 될 수 있다. 용도 발명이란, 단순 용도 변경과는 차별된 개념으로서 기존에 있는 발명으로부터 예측할 수 없는 새로운 용도를 입증하는 경우에 새롭게 특허를 부여하는 것을 의미한다.

이는 주로 의약 및 화학 물질 등에서 그 물질이 가지는 새로운 용도를 발견하는 것을 말하는데, 화학 물질은 그 다면성으로 인해 물질 자체는 이미 잘 알려져 있더라도 미처 발견되지 않았던 물질 고유의 특징이나 용도 등이 나중에 새롭게 발견될 가능성이 있기 때문에, 이런 경우에 새로운 권리를 부여하는 것이다.

가장 대표적인 것이 'DDT'일 것이다. DDT라는 물질은 원래 1875년 염료로 발명되었는데, 1938년 살충제의 특성이 있다는 사실이 발견되어 '공지된 화합물'을 용제에 녹이고, 액체를 곤충에 접촉되도록 분무하는 것을 포함하는 살충 방법'의 청구항에 대해 특허가 인정됐다. 새로운 용도에 대해 특허가 인정된 것이다.

고개 숙인 남자들에게 새로운 희망을 주었던 비아그라(Viagra)도 용도 발명의 좋은 예이다. 비아그라는 원래 영국의 화이자 연구소가 협심증 치료제로 개발하던 실데나필 시트레이트(Sildenafil Citrate)에서 유래한다. 심장 혈관을 넓혀 피가 잘 흐르도록 한다면 각종 질병을 치료할 수 있다고 믿었다. 연구를 주도하고 임상 실험을 계속하던 이안 오스텔로 박사는 전혀 새로운 용도를 찾았는데, 발기 부전 치료에 관한 것이었다. 발기 부전이 혈액의 충분한 공급이 이루어지지 않는 데에서 비롯한다는 사실에 착안해 실데나필을 발기 부전에 적용해 보았는데, 그것이 오늘날 '비아그라'가 탄생하게 된 배경이다. 물론 비아그라는 예측치 못했던 용도에 적용되어 탁월한 효과를 거두었으므로 '용도 발명'이 인정되었다.

'보톡스(Botox)'도 용도 발명의 한 예가 될 수 있다. 보톡스는 보툴리눔 톡신(Botulinum Toxin)이라는 특정 세균이 분비하는 신경독소인데, 1970년대 사시 치료제로 사용되던 것이 1980년대 주름 치료 용도로 사용되고, 오늘날 다한증(필요 이상으로 땀을 흘리는 증상)에도 사용되고 있다. 원래의 용도와 전혀 다른 새로운 용도를 찾아내고 전후를 비교하여 효과를 입증해 낸 훌륭한 '용도 발명'이 되었다.

의약품에 대한 '투여 주기와 단위 투여량'도 용도 발명이 될 수 있는지 논란이 있었다. 제일약품과 브리스톨의 다툼이었는데, 브리스톨의 B형 간염 바이러스 치료제 엔테카비르에 대한 '투여량 1mg, 투여 주기 1일 1회'로 정하는 사용법을 제일약품이 새로 개발한 것이다. 해당 다툼에 대하여 대법원은 동일한 의약품이라도 투여 용법과 투여용량의 변경에 따라 약효의 부작용을 최소화하면서 효능을 온전하게 발휘할 수 있고, 예상하지 못한 효과를 발휘할 수도 있으며, 의약의 신규 개발 못지않게 상당한 비용도 소요되었다는 점을 고려해 발명의 진보성을 인정했다.

★ 기존 특허가 있다 할지라도, '새로운 용도'에 대한 효과를 입증하면 특허 등록이 가능하다.

Q008 선원주의[*]

First-to-File

㈜백두생활은 과일을 자동으로 깎아 주는 기구를 발명해
특허출원을 했으나,
알고 보니 ㈜한라생활이 발명을 먼저 완성했고,
연구 노트 자료도 있다.
먼저 발명한 ㈜한라생활이 특허를 받을 수 있을까?

특허로 등록을 받기 위해서는 총 5단계의 문을 통과해야 하는데,
신규성, 진보성에 이어 세 번째 관문이 '산업상 이용 가능성'이다.
특허에 '독점 배타권'이라는 강력한 권리를 부여하는 이유는 산업 발전에 도움이 된다고
판단하기 때문인데, 만일 산업상 이용할 수 없다면 특허 제도의 취지를 거스를 수 있다.
그래서 '산업상 이용 가능성'을 검토하게 되는데, 실질적으로 인간의 몸에 해당하는
'의료용 기술' 외에 모든 기술이 '산업상 이용 가능성'이 있다고 판단된다.
'의료용 기술'에 예외를 두는 이유는 인간의 존엄성이 산업 발전보다 우월한 가치라는 판단 때문이다.
따라서 극히 예외적 사항 외에 세 번째 관문은 쉽게 통과한다.
네 번째 관문이 선원주의, 다섯 번째 관문이 '확대된 선원주의'인데
용어상 다소 어렵게 느껴지지만 조금만 생각해 보면 쉽게 이해할 수 있는 부분이다.

1. 선원주의(First-to-File)

특허는 같은 발명인 경우에 먼저 출원한 사람에게 권리를 부여한다. 미국과 캐나다는 전통적으로 선 발명자에게 권리를 부여해 왔다. 먼저 출원했다고 권리를 부여하는 것은 사회 정의에 합치되지 않는다고 생각해, 선 발명주의를 채택해 출원과 관계없이 먼저 발명했음을 입증하는 사람에게 권리를 부여해 왔다. 원칙적으로 바람직해 보인다. 하지만 '선 발명주의'는 안정성이라는 측면에서 바라보면 대단히 불합리한 결과를 초래한다.

일정 요건을 만족해 특허 등록을 받았는데, 나중에 알고 보니 먼저 발명된 것이 있었다고 가정해 보자. 여기에 특허를 부여하고, 기존에 부여된 권리를 무효화한다면 특허를 출원함에 있어서 실익이 있을까? 오히려 잠수함처럼 보유하고 있다가, 누군가 막대한 투자를 한 후에 무효화시킨다면, 오히려 경쟁사에게 엄청난 피해를 입힐 수 있다. 그것도 선의의 피해를 말이다.

이러한 불합리한 결과를 무시할 수 없기에, 2012년 미국도

| 먼저 발명한 사람이 아니라 먼저 출원한 사람이 특허를 받을 수 있다.

마침내 선원주의를 채택했다. 이제 세계 거의 모든 나라가 선원주의 원칙을 따르게 된 것이다.

2. 선원주의 ≠ 신규성

선원주의와 관련해 가장 많은 질문을 품게 되는 것이 '신규성'과의 관계이다. '신규성이 있다는 얘기는 알려진 발명이 없다는 이야기니까 가장 먼저 출원했다는 것 아닌가?'라는 질문을 품게 되는 것이다. 많은 사람이 이렇게 생각하지만 특허는 출원 후 18개월 뒤에 공개됨을 알아야 한다. 출원 후 바로 공개가 되는 것이 아니라 18개월 후에 공개되기 때문에 본인이 출원하던 당시에는 알려지지 않았지만, 실상은 먼저 출원한 발명이 있을 수 있다. 즉, 신규성에는 문제가 없지만 선원주의에는 문제가 있을 수 있는 것이다.

그러면 특허를 출원하면 바로 공개해서 누군가 발명을 해 특허를 획득하고자 할 때 예측 가능성이 있어야 하는 것 아닌가?라는 생각이 들 수 있다. 한편으로는 맞을 수 있고 본인의 입장에서는 충분히 타당한 항변이다. 하지만 먼저 출원한 사람의 입장을 생각해 보자. 특허출원한 것이 출원과 함께 동시에 공개가 되면, 세상 사람들이 특허 정보를 보고 자기보다 빨리 시장에 진출할 수 있고 그러면 자신의 발명이 침해받을 확률이 훨씬 더 높아지고 충분히 보호받기 어려울 수 있다.

향후에 등록이 된 후에 사후적으로 그 책임을 물을 수 있겠지만 엄청난 시간적, 정신적 스트레스를 받을 것이다. 그래서 먼저 발명해 출원한 사람이 시간을 갖고 사업을 준비할 수 있도록 18개월이라는 시간을 허락하는 것이다.

'선원주의'와 약간 구별된 개념이 '확대된 선원주의'인데, 이를 이해하기 위해서는 특허 정보의 구조를 알아야 한다. 특허 정보는 청구범위, 발명의 설명, 도면 등으로 구성되어 있는데, 청구범위는 '본인의 권리로 인정되는 범위'로서 권리 정보를 의미하고, 나머지 부분들은 이를 설명하기 위한 기술 정보이다.

공개되지는 않았지만 먼저 출원된 발명의 청구범위에 본인의 발명이 포함되어 있으면 '선원주의'에 의해 특허를 받을 수 없고, 먼저 출원된 발명의 명세서나 도면에 본인의 발명이 포함되어 있으면 '확대된 선원주의'로 특허를 받을 수 없게 된다.

이상과 같이 신규성, 진보성, 산업상 이용 가능성, 선원주의, 확대된 선원주의라는 5단계의 엄격한 관문을 통과할 때 비로소 특허라는 영광의 권리를 손에 쥘 수 있다.

신규성
진보성
산업상 이용 가능성

선원주의
확대된 선원주의

I 알려지지는 않았지만, 먼저 출원된 발명이 있을 수 있다. 발명은 출원 후 18개월 뒤에 공개되기 때문이다.

★ 특허는 가장 먼저 출원한 자에게 권리를 부여한다. 먼저 발명한 자에게 주는 것이 아니다.

Q009 심사청구
Request for Examination

㈜백두뷰티는 손쉽게 더위를 퇴치할 수 있는
'1회용 뿌리는 에어컨'을 개발해 특허출원했다.
출원된 모든 특허는 출원된 순서에 따라 심사를 받을까?

기업 경영에서 보면 주로 마케팅이 공격수의 역할을 한다. 좋은 제품으로 최대의 매출을 올리는 것이 영속적인 기업을 만들어 내는 데 중요하기 때문이다. 반면, 재무 회계는 주로 방어수의 역할을 하며 기업의 비용이 비효율적으로 지출되고 있지는 않은지 면면히 살펴보게 된다.

특허는 공격적인 역할과 방어적인 역할을 동시에 할 수가 있다.

특허가 등록되면 독점 배타권을 갖게 되고, 이에 기초해 공격적 역할을 할 수 있게 된다.

그리고 비록 등록이 되지 못한다 할지라도 출원만으로도 다른 사람이 권리를 받지 못하도록 할 수 있으니 방어적 역할도 충실히 할 수 있다. 즉, 창과 방패 모두의 역할을 할 수 있는 것이다.

회사는 특허를 활용하고자 하는 목적에 맞추어 전략적으로 특허를 관리하게 되는데, 특허를 등록받는 속도도 조절할 수 있다.

| 특허 심사는 출원 순이 아니다.

1. 특허 심사청구

모든 특허는 출원된 순서에 따라 자동적으로 심사를 받을까? 그렇지 않다. 특허와 실용신안에는 상표나 디자인 제도와는 달리, '심사청구'라는 독특한 제도가 있는데, 출원과 별도로 심사청구를 하는 경우에 한해 심사를 진행하게 된다. 즉, 출원된 순서대로 심사를 진행하지 않고, 출원 순서에 관계없이 심사청구 순서에 따라 심사하게 된다.

특허출원의 목적이 독점 배타권의 행사라면, 출원과 동시에 심사청구를 신청해, 정상적인 속도로 발명이 특허로 권리화되도록 하면 된다. 누군가 본인의 출원 중인 발명을 무단으로 사용하는 등 긴박한 상황에는 우선 심사청구를 통해 정상적인 속도보다 빠르게 심사받을 수 있다.

심사청구는 특허 출원 후 3년 이내 신청하면 되고, 우선 심사는 등록되기 전에 언제나 신청할 수 있다.

2. 패트리어트 미사일, 방어용 특허

특허가 기본적으로 독점 배타권을 행사하고 싶은 목적에 출원되는 것은 사실이다. 하지만 상당수 발명이 출원과 동시에 심사를 청구하지 않고 일정한 시간을 두고 심사청구를 한다.

우리나라의 경우 40% 정도의 발명이 출원과 동시에 심사청구되지 않고 시간을 두고 관망하며 적당한 시기에 별도로 심사청구를 한다. 특히 약 20% 조금 못 되는 발명은 끝까지 심사청구를 하지 아니한 채 해당 발명의 권리화를 포기하고 있다. 왜 이런 현상들이 발생할까 여러 가지 생각해 볼 수 있는데 주된 이유는 다음과 같다.

첫째, 시장에 대한 확신이 없을 때 그럴 수 있다. '발명한 기술이 과연 시장에서 통할 수 있을까?'라는 질문 앞에 확신을 갖지 못할 수 있다. 시간을 두고 시장의 추세에 맞추어 권리화하려 할 수 있다.

둘째, 독점 배타권을 행사하는 것이 목적이 아니라 독점 배타권을 행사당하지 않는 것이 목적일 때 그럴 수 있다. 바꾸어 말하면, 본인이 독점적 위치를 갖고 싶지는 않지만, 그렇다고 누군가 그러한 독점 배타권을 행사하는 것이 싫을 수 있다. 스스로 판단했을 때, 대단한 탁월성은 없지만, 누군가 권리화하면 상당한 피해가 예상되어, 독점보다는 공유를 하는 데에 전략적 목표를 가질 수 있다. 이 경우 출원은 하고 심사청구는 하지 않아 공유의 영역에 발명을 두고 방어적 목적으로 발명을 활용할 수 있다.

셋째, 특허출원의 목적이 단순한 '홍보 효과'인 경우에 그럴 수 있다. 중소기업에서 제품 홍보를 할 때, 비록 등록이 되지 않았다 하더라도 출원만으로도 충분히 홍보 효과를 가질 수 있다고 판단될 수 있다.

넷째, 예측 가능성을 확보해 특허 등록 가능성을 좀 더 높이고 싶을 경우 심사청구를 늦출 수 있다.

출원된 모든 발명은 1년 6개월 뒤에 공개가 되다 보니, 1년 6개월 뒤에 선행 기술 조사를 해 보면 먼저 출원된 발명 정보를 새롭게 접할 수 있다. 이 정보를 알게 되면 좀 더 정확한 특허 등록 가능성을 판단할 수 있다.

이와 같이 출원 목적에 따라 다양한 의사 결정권을 주기 위해, 심사청구 제도를 두고 있는 것이다. 아울러 불필요한 심사는 진행하지 않을 수 있으므로 심사 물량의 적체를 해소할 수 있는 부수적 유익도 있다.

★ 특허 등록 심사는 '출원순'이 아니다. '심사청구 순'에 따라 심사를 받는다.

Q 010 해외 출원*
International Application

㈜백두제약은 알레르기 비염 방지 패치를 발명했고
국내 특허 출원 후 신제품 출시로 막대한 수익을 올렸다.
해외 시장 공략을 위해 국내 특허출원 8개월 후 미국에,
1년 8개월 후 일본에 특허출원을 했다.
특허 등록이 가능할까?

세계는 넓고 할 일은 많다.
책이나 TV 광고로 많이 듣던 이야기로, ㈜대우가 '세계 경영'을 외치며
수많은 사람들의 마음을 뜨겁게 만들었던 문구다. 이 메시지가 그토록 설득력이 있었던 이유는
당시 대한민국의 상황에 매우 잘 들어맞았기 때문이다.
내수 시장이 크지 않은 대한민국의 현실을 생각해 볼 때, 해외 시장 개척은 국가의 운명과도
직접적으로 연결되어 있다. 지금 우리 경제의 국내총생산(GDP) 대비 무역 비중이 90%를 상회하니
세계 속으로 나아가는 것이 우리의 시대적 소명이요 우리의 살 길인 것이다.
문제는 해외 시장 개척을 위해서는 해외 특허에 대한 이해가 없이는 불가능하다는 것이다.
특허에 대한 이해 없이 해외 시장을 개척하는 것은 모래 위에 세운 집이 될 수 있기에
지식재산 전략이 반드시 필요하다.

〈PCT 출원〉

〈개별국 출원〉

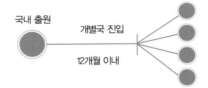

1. 2트랙 : 해외 출원 루트

특허가 무역하는 기업에게 그토록 중요한 이유는 특허는 기본적으로 '속지주의'를 따르기 때문이다. 흔히들 신문 기사나 뉴스, 홈쇼핑을 통해 '이 제품은 세계 특허로서, 전 세계에 기술이 입증된 것입니다'라는 말을 듣게 되는데, 현재 세계 특허, 국제 특허는 있을 수 없다. 다만 국제 특허를 받기 위한 국제 출원이 있을 뿐이다.

국제 출원이란 특허를 받고자 하는 해외 국가에 출원 절차를 밟는 것을 의미하는데, 크게 두 가지 방법이 있다. 하나는 개별국 출원 방식이고, 다른 하나는 PCT(Patent Cooperation Treaty) 출원 방식이다.

개별국 출원 방식은 특허 획득을 원하는 나라에 각각 개별적으로 특허출원하는 방법이다. PCT 출원은 하나의 PCT 출원서를 제출하고 국제 조사 보고서나 국제 예비 심사 보고서를 받아 본 후에 출원하고자 하는 국가를 선택할 수 있는 제도이다.

PCT 출원 절차를 따를 경우 국제 조사 보고서나 국제 예비 심사 보고서를 통해 특허의 등록 가능성을 어느 정도 가늠해 볼 수 있는데, 예측 가능성을 확보할 수 있다는 큰 장점이 있는 반면 시기적으로 개별국 출원에 비해 권리를 부여받는 데 소요되는 시간이 많이 든다. 개별국 출원에 없는 국제 조사나 예비 심사 절차를 진행하기 위해 시간이 걸리기 때문이다.

따라서 시간적 여유를 갖고 충분히 승산이 있는 곳만을 대상으로 보수적으로 해외 시장을 고려하는 기업이라면 PCT 방식이 바람직하고, 기술적 라이프 사이클이 짧아 신속한 권리 확보를 통한 공격적 해외 시장 개척이 필요한 기업이라면 개별국 출원 방식을 고려하는 것이 바람직하다. 비용적 측면에서는 통상 5개국 이상의 해외 출원은 PCT 방식이, 그 미만 국가의 해외 출원은 개별국 출원이 저렴하다.

2. 언제, 어디에 출원해야 하는가?

해외 출원을 함에 있어서 가장 중요한 것이 '시점(Time-to-Apply)'이다. 통상은 국내 출원 후 이에 기초해 해외 출원을 하게 되는데, 국내 출원 후 1년 이내에 해외 출원을 하게 되면, 기준 시점을 국내 출원 일로 소급해 심사한다. 이것을 우선권이라 한다.

우선권을 갖게 되면 비록 해외 출원 자체가 다른 발명에 비해 늦더라도, 출원 시점을 소급해 판단해 주기 때문에 먼저 출원한 것으로 인정받을 수 있다. 신규성이나 진보성의 판단 시점도 소급되어 특허 등록 가능성을 한층 높여 주는 혜택을 받을 수 있다. 해외 출원은 반드시 국내 출원 후 1년 이내에 진행하도록 명심하자.

또 하나, 해외 출원에서 고려해야 할 것이 출원국의 선택이다. 비용적 부담에 제한이 없다면 문제가 없지만 예산상 제약으로 우선순위를 정해야 한다면 기준이 필요한데 **생산 기지**(Manufacturer), **시장**(Market), **경쟁자**(Competitor)를 핵심적으로 고려해야 한다.

해외 생산 거점이 있다면 반드시 해당국 특허를 출원해야 하며, 특허 제품을 판매할 수출 시장을 고려해야 한다. 아울러 방어적 목적으로 경쟁사가 존재하는 국가에 출원해 경쟁사가 경쟁품을 개발하는 것을 억제해야 한다.

우리나라에서 세계 최초로 발명한 SNS(Social Network Service)인 싸이월드가 해외 특허를 내지 않아 세계 시장을 제패하는 데 성공하지 못하고, 페이스북이나 트위터가 자라날 틈을 제공한 것은 너무나 안타까운 일이다. 해외 특허를 내지 못한 국내 특허는 세계에 발명이 공개되어 다른 나라가 합법적으로 그 나라에서 자유롭게 발명을 사용할 수 있는 기회를 주는 꼴이 될 수 있는 것이다.

| 1999년 설립된 세계 최초의 SNS, 싸이월드. 2004년 설립된 페이스북보다 5년이 앞서지만, 세계 시장에서 권리화 되지 못한 점이 아쉽다.

★ 해외 출원은 국내 출원 후 1년 이내 진행해야 한다.

보호기간 *
Patent Period

태블릿PC를 세계 최초로 발명한 팔로알토 연구소는
파크패드(PARCPAD)를 특허로 등록을 받았다.
등록이 되었으니 등록일로부터
20년 간 독점배타권을 행사할 수 있을까?

10년이면 강산이 변한다. 매일매일 일상 속에 일어나는 작은 변화를 느낄 수는 없지만,
10년이라는 시간이 흐른 후 과거를 돌이키면 얼마나 세상이 많이 바뀌었는지 알게 된다.
10년도 세상을 바꾸기에 충분한 기간인데, 특허 보호기간인 20년은 어떠한가?
특허라는 것이 발명을 혼자만 알고 있지 말고 세상에 공개하도록 유도하기 위하여
일정기간 동안 독점배타권을 부여하는 것인데, 20년이란 기간이 합리적인지에 대해
생각해 볼 필요가 있다. (등록일이 아닌 출원일로부터 계산됨을 기억하자)
특허제도가 처음 영국에서 생길 당시인 1642년도에는 특허를 14년간 보호하여 주었고,
미국은 등록일로부터 17년간 보호하던 것을 현재는 출원일로부터 20년으로 변경하였으며,
우리나라도 출원공고일로부터 15년이던 것을 현재는 출원일로부터 20년간 보호하고 있다.
세계 대부분의 국가가 20년 보호기간 기준을 따르고 있다.

| 1834년 로버트 앤더슨이 발명한 전기차와 오늘날 전기차의 대명사 테슬라 자동차
[출처: www.tesla.com(좌) www.electriconwheels.com/electric-car-timeline.htm(우)]

1. 시대가 만들어 내는 영웅 특허

특허 존속기간 20년은 과한 것일까? 그럴 수도 있지만, 의외로 그렇지 않은 경우도 많다. 특허제품의 라이프 사이클이 짧아 발명의 가치를 실현하지 못한 경우도 있지만, 특허의 상업화는 경영진의 의사판단과 시장환경이라는 변수가 작용하기 때문이다.

예를 들어 전기차를 생각해 보자. 오늘날 테슬라(Tesla)가 전기차의 혁신적 아이콘으로 인정받고 있지만, 실상 전기차는 내연기관 자동차보다 50년이나 앞선 1834년 스코틀랜드의 로버트 앤더슨이 처음 발명했다. 이후 전기차는 1900년 당시 파리의 소방차로 사용되기도 했고, 미국 전역에서 3만 대 이상이 달리기도 했다.

하지만, 1920년대 미국 텍사스에서 대형유전이 개발되면서 전기차는 가솔린차에 주도권을 내어주게 되었다. 이후 100년 가까이 내연기관 자동차 시대가 이어졌고, 1990년대 환경오염 문제로 탄소배출과 연비에 대한 규제가 생기면서 전기차가 재등장하게 된 것이다. 발명에서부터 본격적인 시장형성에 이르기까지 200년이라는 시간이 필요했던 것이다. 발명자가 특허를 향유할 수 있는 20년이라는 기간은 발명의 수익화를 위해서는 턱없이 부족한 기간이었던 것이다.

발명자가 산업발전에는 지대하게 기여했지만, 혜택을 누릴 수 없던 사례는 너무나 많다. 대표적인 예를 하나 더 들자면 아이패드(iPad)를 생각해 볼 수 있겠다. 자판이 없이 운영되는 태블릿PC는 당초 제록스의 팔로알토연구소에서 1991년 발명되었고, 파크패드(PARCPAD)로 불리며 미래 유비쿼터스 환경에서의 상용화 준비까지도 마친 상태였다.

하지만, 팔로알토연구소는 시장진출시기(Time-to-market)를 저울질만 할 뿐 의사결정을 하지 못했고, 이 사이 애플이 아이패드를 출시하며 눈부신 혁신자로 칭송받게 된 것이다. 파크패드가 발명된 후 19년 뒤인 2010년에 아이패드가 출시되었으니, 결국 남 좋은 일만 한 셈이다.

디지털 카메라와 3D프린터도 마찬가지다. 코닥은 1975년 세계 최초로 디지털카메라를 발명했지만, 시장은 2000년도가 되어야 형성됐고, 3D프린터 시장 역시 1980년대 초반 3D 시스템즈, 프라운호프연구소가 확득한 원천특허가 모두 만료된 오늘날에야 비로소 대중화가 이루어진 것이다. 20년이라는 특허 보호기간이 결코 짧다 말할 수는 없지만, 발명자에게만 편향된 유익을 가져다 주는 것이 아니라, 산업발전에 결정적 역할을 할 수 있음을 보여주고 있다.

2. '발명민주주의' 시대의 도래

발명이 소위 '대박'으로 이어지기 위해서는, 앞서 살펴본 시장의 성숙이라는 '사회적 현실' 외에도 발명기업의 '상업적 노력'이 필요한데, 이에 요구되는 시간은 대폭 줄었고 점점 더 줄어들고 있다.

마르크스(Karl Marx)가 이야기한 것처럼 20세기는 생산수단을 통제하는 자가 부를 차지하는 구조여서, 제 아무리 좋은 발명을 하여도 생산수단에 대한 진입장벽이 매우 높았고, 이로 인하여 발명기업의 상업적 노력에 소요되는 시간 또한 길었다. 하지만, 오늘날의 환경은 사뭇 다르다. 3D 프린터와 쾌속조형기술, 레이저 커터와 크라우드 펀딩은 아이디어만 있으면 손쉽게 생산수단과 연결되고 시장에 진입할 수 있도록 만들어 주었다. 필자는 이러한 시대환경을 '발명민주주의'라 말하고 있으며, 이러한 환경이 특허보호기간인 20년의 무게감을 더욱 크게 만들어 주고 있다고 생각한다.

출처: PARC Blog, Bo Begole, (2010.09.21)

| 애플의 iPad(우) 보다 19년 앞서 1991년 제록스 팔로알토연구소(PARC)에서 개발된 PARCPAD(좌)

★ 특허는 등록이 된 경우에 '등록일'이 아닌 '출원일'로부터 20년간 독점배타권을 갖게 된다.

청구범위 *
Claims

㈜백두모터스는 '신개념 무단 변속기'를 개발해
특허 등록을 받았는데,
㈜한라모터스에서 동일 제품을 사용하는 것을 보았다.
침해 여부를 판단하기 위해서는
두 제품을 정밀하게 비교해 판단해야 할까?

특허 기업들을 가장 힘들게 만드는 것이 바로 무단 침해를 통한 짝퉁 판매일 것이다.
수년간 막대한 투자를 통해 만든 특허 제품에 대해 정당한 사용료 지불 없이 무단으로 사용한다면
얼마나 가슴 아픈 일인가?
이런 경우 대부분 중소기업, 벤처 기업을 운영하는 대표들은 침해 제품과 특허 제품을 들고
경찰서에 가서 고소하기 마련인데, 안타까운 것은 본인의 특허 권리가 어디까지인지 경계를 모르고
다툴 때가 많다는 점이다.

1. '특허 제품'은 권리가 아니다

특허 침해를 판단할 때 착각하는 실수 중 하나가 바로 제품 비교이다. 본인 회사의
특허 제품과 경쟁사 또는 제3자가 판매하는 제품을 비교해 동일 특허임을 주장하는
것이다. 하지만 특허 침해 판단은 제품을 가지고 하는 것이 아니라, 등록특허의 '청구
범위'를 가지고 해야 한다.

부동산 등기부 등본처럼 특허는 '등록 공고'라는 것이 있
는데, 여기에 권리 범위가 명시되어 있다. 등록특허 공고 전문
은 서지 사항, 요약, 대표도, 청구범위, 발명의 설명, 도면으로
구성되어 있는데 바로 이중에서 '청구범위'가 바로 특허 기업
의 권리이다.

공고 전문 중 명세서에는 기술 분야와 배경 기술, 발명이
해결하려는 과제와 수단, 효과를 적도록 되어 있어 마치 이것
이 '특허 권리'인 것처럼 보이지만, 이것은 어디까지나 청구범
위에 표시된 권리를 표현하기 위한 참고적 수단일 뿐, 발명의
권리를 의미하는 것은 아니다. 자칫 필요 이상의 설명을 하게
되면 권리 확보에 도움을 주지 못한 채 다른 기업에게 기술
정보만 제공하는 꼴이 될 수도 있다. 즉 '재주는 곰이 부리고
돈은 왕 서방이 버는 계기'를 만들어 줄 수 있는 것이다.

서지 사항
출원 · 공개 · 등록번호, 발명자, 특허권자, 발명의 명칭

요약

대표도

청구범위

발명의 설명
기술 분야, 배경 기술, 발명의 내용, 도면의 간단한 설명, 발명을 실시하기 위한 구체적인 내용, 부호의 설명

도 면

| 특허공고 전문

요약하면 특허 침해 판단은 제품이 아닌 문서(등록 공고)를 기준으로 하고, 그중 특허 청구의 범위가 본인의 권리이다. 명세서의 발명 내용은 단지 기술적 정보일 뿐이고, 특허 청구의 범위가 정확히 이해되도록 기술하는 정도면 족한 것이다.

2. '발명의 명칭'은 권리가 아니다

발명을 한 기업에서 또 한 가지 집착하는 분야가 바로 '발명의 명칭'이다. 하지만 '발명의 명칭' 역시 권리 범위에 어떠한 영향도 미치지 못한다.

물론 '발명의 명칭'을 멋지게 만들어 놓으면 홍보 효과는 충분히 누릴 수 있다. 아마도 많은 중소기업들이 '발명의 명칭'에 민감한 이유도 홍보 효과 때문일 것이다. 특허 제품을 사용하는 거래처나 소비자가 직접 특허 공고문을 읽어 보지는 않을 테고, 그들에게 제품을 설명하는 데 있어서는 발명의 명칭을 사용해 설명하면 훨씬 설득력이 있을 수 있다.

그럼에도 불구하고 다시 한 번 강조해 설명하면, 본인 특허의 권리는 '특허 청구의 범위'인 것이다. '발명의 명칭'도 '특허 제품'도 본인의 권리를 입증해 줄 수는 없다.

3. 화성에서 온 발명자, 금성에서 온 변리사

강한 권리 범위를 인정받기 위해서는 출원할 때부터 청구범위를 잘 작성해야 한다. 출원할 때 작성하는 출원 명세서는 발명을 권리로 연결하는 제2의 창조 작업인데, 제아무리 좋은 발명이라도 청구범위를 잘못 작성하면, 본인의 권리가 되지 못하고, 더 나아가 다른 사람에게 힌트만 주는 꼴이 될 수도 있다. 이러한 이유로 특허 기업은 좋은 변리사를 만나야 한다.

좋은 변리사란 첫째, 해당 **발명에 대한 기술적 이해도**가 높아야 한다. 변리사의 전공을 반드시 확인할 필요가 있는 것이다. 아무리 명세서를 잘 작성한다 해도 발명의 상세한 설명에 대한 해박한 이해가 뒷받침되지 않으면 튼튼한 권리를 만들어 가는 데 제약을 받을 수밖에 없기 때문이다.

둘째, **커뮤니케이션 능력**을 검토해야 한다. 일부 기업 대표들은 변리사가 자주 전화하는 것을 귀찮아 하고, 알아서 잘해 주기를 원하지만 자주 전화해 묻고 대화하는 변리사가 훌륭한 변리사일 수 있다. 특허를 받는 것이 유일한 목적이라면, 권리 범위를 한없이 줄여 의미 없는 특허를 만들 수 있다. 그러나 강하고 튼튼한 특허를 만들려면 반드시 발명자와 충분한 대화를 해야 한다. 강한 특허는 분쟁이나, 기술 거래와 같은 결정적 순간에 위대한 빛을 발하게 된다.

이와 같이 기술적 이해도와 대화 능력이 탁월한 변리사를 만나는 것은 강한 특허를 만들어 가는 데 대단히 중요하다. 훌륭한 변리사를 만나면 원석과 같은 발명이 보석으로 재탄생되고, 적어도 '화성에서 온 발명자 금성에서 온 변리사'는 되지 않는다.

| 화성에서 온 발명자, 금성에서 온 변리사

★ 특허의 권리는 '청구범위'에 명시된 부분이다. 특허의 '청구범위'와 침해로 의심되는 '대상제품'을 비교하여 침해 여부를 판단한다.

Q013 구성 요소 완비의 법칙 *

All Element Rule

㈜백두건스는 총신(Barrel), 약실(Chamber), 방아쇠(Trigger)로 구성된 권총 특허를 보유하고 있다.
이를 사용하던 ㈜한라건스는 효율적 범인 검거를 위해 3발 연속 발사 기능을 추가해 특허 등록을 받았다.
특허를 획득했으므로, 자유롭게 생산, 판매할 수 있을까?

특허는 독점 배타권이라는 강력한 권리이므로 엄격한 심사 기준에 의해 등록을 받게 된다.
그러므로 엄격한 심사 기준을 통과해 등록받은 특허는 이제 본인의 권리이므로,
마음껏 자유롭게 사용해도 될까?
지극히 당연한 생각으로 보이지만 그렇지 않다. 본인의 등록특허라 할지라도, 본인이 사용할 때
침해가 성립될 수 있으니, 이것이 바로 특허의 아이러니이고 역설이다.
처음 이 이야기를 들으면 다소 의아해 할 수밖에 없고, 심지어는 충격적으로 들릴 수도 있는데,
'내 특허 내가 쓰는데 침해라니… 그럼 특허를 받을 필요가 있나?'라는 반문과 회의감이 들기도 한다.
이러한 불편한 진실을 감히 90% 이상의 절대적 특허권 보유자들이 모르리라. 얼마나 많은 중소기업
대표들이 집무실에 특허권을 벽에 걸어 두고 회심의 미소를 짓고 있는가? 또 얼마나 많은 대학
교수들이 특허권을 연구실에 진열하며 뿌듯함과 안도감, 그리고 희망찬 미래를 생각하는가?
물론 특허권이 대단한 권리이고 독창적 아이디어에 대한 보상임에는 틀림없다.
하지만 '독점 배타권' 이면에 숨어 있는 한계를 명확히 이해할 필요가 있다.

| 특허는 '거인의 어깨 위에 서서 조금 더 멀리 보는 것과 같다. '조금 더 멀리 본 부분'이 특허로 인정된다.

1. 구성 요건 완비의 법칙

누군가 총신, 약실, 방아쇠로 구성된 권총을 사용하다가 단발 권총의 불편함을 해소하기 위해 3발 연속 기능을 포함한 발명을 했다고 생각해 보자. 특허를 받을 수 있을까? 받을 수 있다. 알려지지 않았고(신규성), 기존 권총보다 효과가 뛰어나며(진보성), 산업상 이용 가능성을 갖고 있다고 보기 때문에 가장 먼저 출원한 사람은 등록을 받을 수 있을 것이다.

그렇다면 특허로 등록받았으니까 자유롭게 사용해도 될까? 그렇지 않다. 기존 특허를 이용해 새로운 발명을 한 것이기에, 특허로 등록이 되었다 할지라도 해당 특허를 제품으로 생산, 사용하면 침해가 된다.

특허 침해를 설명하는 대원칙이 구성 요소 완비의 법칙(All Element Rule)인데, 특허 청구범위에 포함된 구성 요소 전체를 포함하는 특허를 사용(실시)하면 침해가 성립된다는 의미이다. 3발 연속 기능 구현을

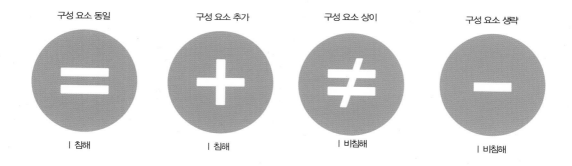

구성 요소 동일	구성 요소 추가	구성 요소 상이	구성 요소 생략
=	+	≠	−
｜침해	｜침해	｜비침해	｜비침해

위해, 기존의 권총에 부가적 구성 요소가 포함되었을 텐데, 이렇게 기존 특허의 구성 요소 전체를 포함하는 발명을 실시할 경우 침해가 되는 것이다.

여기서 한 가지 질문을 할 수 있는데 구성 요소 전체를 포함한 특허기술이라면 등록 자체가 되지 말아야 하는 것 아닌가? 등록을 부여하고, 등록된 특허를 사용하면 침해라니, 수용하기 어려운 결정 아닌가?

2. 등록 따로, 침해 따로

생각해 보자. 등록과 실시 기준이 다른 모순을 해결하기 위해 원천 특허를 가진 사람만 개량 발명을 할 수 있다면 산업 발전을 꾀할 수 있을까? 원천 특허를 보유한 사람이 미처 생각하지 못한 발명을 다른 사람이 할수도 있는데, 이에 대한 발명 자체를 부인하게 되면 산업전체의 발전에 제약이 되지 않을까? 그래서 개량 발명에 대해서도 특허로 인정을 하는 것이다.

산업 발전이라는 대의는 인정하겠지만, 개량 발명한 사람은 어떠한가? 본인 특허를 본인이 실시해도 침해가되는 아이러니 속에서 개량 발명을 특허로 받을 필요가 있을까 의문이 들 수도 있다.

그럼에도 불구하고 특허를 받아 두는 것은 의미가 있다. 분명 3발 연속 발사 기능을 첨부한 권총은 기존 특허보다 더 좋은 기술임에 틀림없고, 기존 특허권자도 이러

한 기능을 부가하고 싶을 것이다. 그런데 기존 특허권자가 3발 연속 기능을 부가해 실시하는 순간 개량 특허에 대해 침해가 성립된다. 개량 발명의 구성 요소 전체를 사용했기 때문이다.

이러한 이유 때문에 제약 요인에도 불구하고 특허는 반드시 받아 두어야 한다. 이러한 이용 관계의 경우에는 대부분 서로가 서로에게 일정한 조건 아래 사용을 허락하게 되는데 이것을 크로스 라이선스라 한다.

뉴턴은 '내가 조금 더 멀리 바라보았다면 그것은 다만 거인의 어깨 위에 서 있었기 때문이다'라고 말했다. 본인이 새롭게 발명한 것 같아 보이지만, 실상은 누군가 세워놓은 터전 위에서 조금 더 나아간 것뿐임을 인정한 말인데, 이것이 바로 특허 제도의 철학과 정확히 일치한다. 거인의 어깨 위에 서서 조금 더 멀리 보았다면 '더 멀리 본부분'에 대해 특허를 인정하되, 또한 거인의 어깨를 이용했으니 거인에게 정당한 비용을 지불하고 사용하라는 것이다. 이렇게 함으로써 발명자에게 동기를 부여하고, 아울러 원천 특허 보유자와의 크로스 라이선스를 유도해 산업 전체로 보았을 때 통전적 관점의 성장을 꾀할 수 있다. 이것이 바로 특허 제도의 '역설적 아름다움 (Paradoxical Beauty)'이다.

★ 선행 특허를 이용하는 발명의 경우 특허 등록은 가능하다. 하지만 무단 실시할 경우 '침해'에 해당한다.

Q014 균등론
Doctrine of Equivalents

㈜한라건스가 특허받은 3발 연속 발사 기능 권총에 대한 시장 반응이 좋아 ㈜묘향건스는 위기감을 느끼고 있다. 해당 특허 기술을 회피하기 위해 5발 연속 발사 기능 권총을 개발했는데, 자유롭게 판매할 수 있을까?

우리가 매일같이 손에서 떼지 못하고 만지작거리면서 들고 다니는, 때로는 가족보다 더 친밀하게 느껴지는 스마트 폰 하나에 얼마만큼의 특허가 들어 있는지 아는가? 자그마치 7만 개의 특허가 집결되어 있으니, 대단한 특허 집합체 아닌가? 안테나 관련 7,800여 건, 디스플레이 14,000여 건, 모뎀 7,000여 건, 전원 14,000여 건, 카메라 4,800여 건, 입력 장치 6,300여 건, S/W 20,000여 건 등⋯. 이렇게 7만 개의 특허가 하나의 제품에 집결되어 있는데, 궁금증이 생기지 않는가? 어떻게 하나의 제품에 그렇게 많은 특허가 생길 수 있을까? 비슷비슷해 보이는 발명들이 독자적인 특허로 등록받을 수 있단 말인가? 이러한 질문이 생길 수밖에 없는데, 여기에 대한 해답을 주는 것이 '회피 설계'이다.

| '+' 모양 DDR(좌)을 회피 설계한 'X' 모양의 PUMP(우)

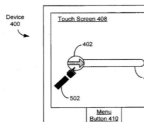   

| 애플(Apple)의 잠금 해제 장치 관련 특허(7,657,849) 도면(좌)과 삼성전자의 갤럭시 S1, S2, S3(우)
S3부터 애플 특허를 회피 설계하여 정해진 방향이 아니어도 임의의 경로로 이미지를 움직이면 잠금 장치가 해제된다.

1. It's Different (회피 설계: Design Around)

1999년 전국에 댄스 열풍이 불었다. DDR이라는 오락실용 게임이 있었는데, 내려오는 큰 화면의 지시에 따라 맞는 방향으로 점프하면 다음 단계로 올라가는 게임이었다. 이러한 DDR 열풍이 얼마 지나지 않아, 'PUMP'라는 제품이 등장했고 DDR 열풍을 잠재우며 선풍적인 인기몰이를 했다.

이들 두 회사의 특허를 살펴보면 DDR은 일본 코나미사의 게임기였는데, 이에 대한 회피 설계를 통해 안다미로사가 PUMP라는 신제품을 출시한 것이다. 코나미사의 DDR은 발판 버튼의 배치가 '+' 형상인 것만을 특허 명세서에 기재했고, 이러한 권리 범위의 약점을 파악한 안다미로사가 'X' 자 형상으로 배치한 회피 설계를 적용해 새로운 제품을 출시할 수 있었다.

예를 하나 더 살펴보자. 잠금 해제 장치에 관한 특허에서 애플 사는 'Moving the image along a predefined path'이라고 특허의 구성 요소를 설명하고 있다. 만일 다른 스마트폰 제조 회사가 도면에서 보여주는 것과 같이 '미리 정해진 경로(Predefined path)'로 작동되는 것이 아닌 여타 다른 방향을 통해 잠금 해제 장치를 만든다면 이는 '회피 설계'에 해당할 수 있을 것이다.

'회피 설계'란 등록된 특허의 구성 요소 중 일부를 변경한다든지, 또는 생략해 실시함으로써 특허 침해를 회피하는 것을 의미한다. 우리가 아는 바와 같이, 등록특허의 구성 요소 전체를 포함하여 실시할 때에만 특허 침해에 해당(All Element Rule)하기 때문에, '회피 설계'는 특허 침해를 회피하기 위해 폭넓게 사용되는 전략이다.

연구원과 특허 담당자가 머리를 맞대고 회피 설계를 고민해야 하는 이유는, 회피 설계가 불가능한 특허를 만날 경우에는 그야말로 '부르는 게 값'인 로열티를 내야만 하기 때문이다.

2. It isn't Different (균등론: Doctrine of Equivalents)

이와 같이 기업에서는 막대한 로열티를 막고 특허 침해의 위험을 피하기 위해 필사적으로 회피 설계를 한다.

우리가 사용하고 있는 5만 원권 한 장에 위조 방지 특허만 5,000건에 달한다니 얼마나 많은 특허들에 의해 촘촘하게 포트폴리오가 구성되어 있겠는가? 띠형 홀로그램, 입체형 부분 노출 은선, 가로 확대형 번호 등 이루 말할 수 없는 특허들이 발명되고, 이것을 또 회피해 새로운 특허들이 탄생하게 된다.

'회피 설계'를 통해 기존 특허의 권리 범위를 벗어나 사용하거나, 새로운 특허를 확보하게 되는데, 때로는 회피 설계라고 생각했던 발명이 침해가 되는 경우가 있으니 주의해야 한다. 구성 요소를 다르게 변경했다 할지라도, 해결 원리가 같고, 목적과 효과가 같으며, 해당 기술 분야에 속한 통상의 지식을 가진 자가 쉽게 생각해 낼 수 있으면 이는 균등한 발명으로 보는 것이다. 물론, 균등하다 판단되더라도 특허를 받은 과정에서 특허권자가 본인의 권리 범위가 아니라고 의식적으로 제외한 부분에 대해서는 침해가 아니다.

제모 기구 에피레이디(Epilady)는 '나선형 스프링'으로 털을 잡아당기는 특허 제품이다. 다른 회사가 나선형 스프링 대신 '고무로 된 원통형 막대기'로 털을 잡아당기는 제품을 만든다면 이는 '회피 설계'에 해당할까, 아니면 '균등한 기술'에 해당할까?

영국에서는 이를 회피 설계로 인정해 침해가 아니라고 했고, 독일에서는 기술적으로 균등하기 때문에 침해라고 인정했다. 보는 관점에 따라, 국가별 기준에 따라 다를 수 있음을 의미하는데, '균등한 기술적 사상인가?'라는 질문이 핵심이다. 특허는 기술적 사상에 권리를 부여하는 것이기 때문에, 동일한 기술적 사상이면 침해이고, 새로운 '기술적 사상'이 반영되어 있다면 회피 설계로 인정될 수 있을 것이다.

★ 특허의 구성 요소를 변경해 '회피 설계'를 하더라도 '균등한 기술적 사상'이면 침해에 해당한다.

Q015 부품 *
Parts

㈜백두전자는 5년간 연구개발 끝에 '양방향 선풍기'
특허를 등록받았다.
그런데 부품 제조업체인 ㈜한라전자가
모터만을 별도로 제조해 판매하고 있는데,
특허 침해에 해당할까?

특허 기술의 구성 요소 전체를 포함하는 제품을 무단으로 사용하면 침해가 된다는,
구성 요건 완비의 법칙을 터득한 기업이라면, 구성 요건의 일부를 다르게 바꾸어 보는
회피 설계에 대해 고민하게 될 것이다.
한발 더 나아가 구성 요건 중 일부를 삭제하고 만들어 보는 것이 가능한지에 대한 정밀 검토도
하게 될 것이다. 이것이 만일 가능만 하다면,
구성 요건 완비의 법칙에 따라 특허 침해를 회피할 수 있기 때문이다.

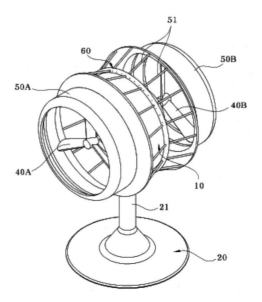

| 특허받은 선풍기(등록특허 10-1291916)의 부품만을 별도로 판매하면 비침해, 특허받은 모터를 선풍기에 사용하면 침해

1. Less is More

어느 회사가 등록특허의 구성 요건 중 일부만으로 제품을 만들어 팔면 어떨까? 특히, 부품 기업이 완성품에 관한 특허 중 일부만으로 구성된 부품을 판매하면 특허 침해에 해당할까? 이것이 바로 지금 살펴보고자 하는 질문인데, 기본적으로 침해에 해당하지 않는다.

예컨대 사례처럼 '모터, 모터 제어부, 프로펠러, 프로펠러 보호대'와 같이 4개의 구성 요소로 된 특허 기술이 등록되어 있는데, 어느 기업이 모터만을 부품으로 별도 제작, 판매한다면 이는 특허 기술 구성 요소 전체를 포함하지 않기 때문에 특허 침해에 해당하지 않는다. 특허를 등록받고자 하는 기업은 가능하면 구성 요소의 최소 단위로 가져가야 하는 이유이다. 그래야만 불필요한 다툼으로부터 특허를 보호하고, 충분히 권리를 행사할 수 있다.

특허 기술 중 일부분만을 이용해 제조, 판매하는 것이 비침해임에도 불구하고, 그 부품이 특허 제품에만 사용할 수 있는 '전용품'이라면 간접 침해로 보고 책임을 물을 수 있지만, 특허 제품에 포함되는 용도밖에 없다고 입증하는 것이 대단히 어려워 실효성 있는 보호 수단이 되기는 어렵다.

'구성 요소의 최소화'는 불필요한 피해를 방지하기 위해 방어적 필요성도 있지만, '강한 특허'가 되기 위해 꼭 필요한 면이 있다. 제아무리 개량 발명을 한다 할지라도 기존에 존재하던 특허의 구성 요소 전체를 쓰면 침해가 되기 때문에, 구성 요소가 적으면 적을수록 많은 개량 발명의 원천 특허가 될 확률이 높고, 이에 따른 로열티 수입을 기대할 수 있다.

다시 한 번 강조하는데, 등록받을 수만 있다면 구성 요소는 적을수록 좋다. 명심하자. Less is More.

2. 침해 부품 = 완제품 침해

부품이 침해 제품일 경우, 그 제품이 포함된 완제품을 판매하는 것도 침해인가? 예컨대 자동차를 판매하는 회사에서 헤드라이트 부품을 구매해 사용하는데, 그 헤드라이트가 침해 제품이라면 완성품인 자동차도 침해 제품인가?

이러한 경우도 침해에 해당한다. 완성품을 만드는 과정에서 다른 사람 특허의 전체 구성 요소를 포함하는 침해 부품을 사용했기 때문에 이것이 침해의 근거가 되는 것이다. 이 경우 특허 기술 보유자는 부품 회사 또는 완성품 회사 모두에게 경고 행위를 할 수 있고, 그중 한 곳으로부터 손해배상을 받게 되는데, 통상은 완성품 회사의 손해배상 능력이 우수하고 타격이 더 크므로, 완성품 회사로부터 손해배상을 받으려 한다.

완성품 회사는 이러한 부담을 최소화하기 위해 부품 공급 업체로부터 '특허 비침해 보증 조항' 같은 것을 포함한 납품 계약을 체결하는 것이 바람직하다. 이런 보증 조항이 있는 경우, 완성품 회사는 침해에 대한 손해배상 책임을 지고, 이 부담에 대해 부품 업체에 다시 청구하는 식으로 문제를 해결할 수 있기 때문이다.

역으로 부품 기업의 경우에는 이러한 부담을 최소화하고 싶을 것이다. 따라서 부품 납품 계약에 완성품 회사가 부품을 변형하는 경우에는 책임을 지지 않는다든지, 또는 일정 한도로 책임을 제한하는 조항을 두는 식으로 전략을 세우는 것이 필요하다.

일부 선진국에서는 이러한 '부품' 관련 특허 침해 위험을 줄이기 위해 보험 상품이 개발되어 있다. 우리나라에는 아직 출시되지 않아 아쉽지만, 향후 관련 보험이 출시된다면 충분히 고려해 볼 만하다.

부품과 관련해 한 가지 더 생각해 볼 수 있는 문제가 '부품의 개인적 사용'이다. 예컨대 우리 집 에어컨에 침해 부품이 있으면 어떻게 되느냐는 것이다. 침해 부품이 들어갔으니 당연히 침해가 되지 않을까 하는 생각이 들지만, 특허 침해는 기본적으로 '업(業)'으로 실시할 때에만 인정이 된다. 교육, 연구 목적이나 일반 가정집에서 개인적으로 사용하는 등의 경우는 특허 침해 문제에서 자유로우니 안심하길 바란다.

★ 특허기술의 일부만을 이용하는 '부품'은 원칙적으로 침해가 아니다. 따라서 특허는 등록받을 수만 있다면 구성 요소는 '최소한'이어야 '강한 특허'가 될 수 있다.

Q 016 과실 추정의 원칙 *

Presumption of Negligence

'㈜백두어부'는 물고기 떼를 찾아 자동으로 움직이는
'초음파 낚시 찌'를 판매하고 있는데,
특허를 침해했다는 경고장을 받았다.
해당 특허가 있다는 사실조차 몰랐는데,
그래도 침해일까?

최근 누군가를 설득시켜 본 적이 있는가?

직장에서든 가정에서든 다른 모임에서든 누군가를 설득시켜 본 적이 있는가? 쉽지 않은 일이다.

역으로, 그렇다면 최근 누군가에게 설득당해 본 적이 있는가? 이것 또한 쉽지 않다.

누군가를 설득시킨다는 것은 대단히 어려운 일이다. 그 이유는 우리는 잘 설득당하지 않기 때문이다.

누구나 인간은 자기만의 생각과 관점이 있기에 쉽게 잘 설득당하지 않고,

그래서 누군가를 설득시킨다는 것은 어렵다.

문제는 이토록 어려운 설득 과정이 손해배상을 받아 내는 과정에서 꼭 필요하다는 데 있는데,

이것을 '입증'이라고 한다. 이는 대단히 어렵고 고단한 과정이다.

| '몰랐다'는 말은 받아들여지기 힘들다. 알았어야 한다.

1. 과실 추정의 원칙

보이는 재산에 대해서도 나의 손해에 대한 상대방의 고의나 과실을 입증해 내는 것이 어려운데, 보이지 않는 재산에 대한 상대방의 고의나 과실에 의한 손해 야기를 입증해 낼 수 있을까? 아마도 이것은 어려울 것이다. 아니, 거의 불가능에 가까운지도 모른다.

이러한 이유 때문에, 특허 침해에 대해서는 '과실 추정의 원칙'을 적용한다. 이는, 특허 침해로 인해 손해가 발생할 경우 특허권자가 상대방의 고의나 과실을 입증할 필요가 그냥 고의나 과실이 있다고 추정하고, 거기에서부터 다툼이 시작됨을 의미한다.

이는 전쟁이나 다툼에서 상대방에게 선제공격으로 상대방에 타격을 가하는 것처럼 강력한 효과를 가져오게 된다. 아무리 무형자산에 대한 고의 과실 입증이 어려워도, 특허 침해인 경우에는 어떻게 '과실 추정의 원칙'을 예외적으로 인정해 줄 수 있을까 의문이 든다.

이는 특허 정보의 '공개성' 때문에 가능하다. 특허에는 강제 공개 제도가 있어서, 등록된 특허뿐만 아니라 모든 출원된 발명에 대해서 1년 6개월이라는 시간이 지나면 강제적으로 세상에 공개를 하게 된다. 이로 인해 누구든지 '특허 정보'에 접근할 수 있게 되고, 사업을 수행하는 사람이라면 주의를 갖고 관련 특허를 살펴보아야 한다는 의무가 생기게 되는 것이다.

즉, 사업을 하려거든 해당 분야에 관련된 특허가 있는지, 그로부터 특허권자에게 침해로 인한 손해가 발생하지는 않는 것인지, 미리 살펴봐야 하는 의무가 주어지는 것이다. 이는 특허권의 위력이 얼마나 강력한지를 보여주는 단면이다.

2. 빅데이터, 굿데이터, 특허 정보

특허 정보는 이러한 과실 책임을 벗어나기 위해 반드시 확인하면서 사업을 수행해야 한다. 하지만 특허 정보를 대하는 태도는 반드시 수동적일 필요는 없다. 능동적으로 활용할 경우 상당한 유익을 거둘 수 있다.

IT 기술의 발달과 함께 불어닥친 4차산업혁명의 물결로 많은 정보가 쏟아지고, 거기에 SNS 바람까지 불어 한시라도 정보에 접속하지 않고서는 살아갈 수 없는 환경 속에 우리는 처해 있다.

문제는 홍수 속에 마실 물이 없는 것처럼 우리는 '정제된 정보'를 갈망하게 되고, 우리가 '빅데이터'를 주창하는 이유도 결국은 '굿데이터'를 얻어내기 위한 것이다.

그런데 특허 정보는 그 어떤 정보보다 정제된, 그리고 검증된 정보, 즉 '굿데이터'다. 우수한 사람들의 기술적 사상이 변리사라는 전문 집단을 통해 표준화된 자료로 재탄생되고, 특허청의 심사관을 통해 검증을 받아 생성되는 정보이니, 그 어떤 정보보다 표준화되어 있고, 그 어떤 정보보다 검증된 자료이다.

특허 정보를 활용하면 해당 분야의 연구 트렌드를 읽을 수 있을 뿐만 아니라, 공백 기술이라는 틈새 시장을 찾아낼 수 있고, 무엇보다 경쟁사 분석을 할 수 있다. 본인 회사의 강·약점을 분석하기에 유용함은 물론이다.

사업 수행을 하기 위해서는 3C 분석(Company, Competitor, Customer)을 하게 되는데, 특허 정보는 최적화된 정보이다. 특허 정보를 바탕으로 주제를 정해 특허 지도를 그려 보면 좀 더 정확히 경쟁사 동향을 파악할 수 있고, 자사의 강약점을 도출해 낼 수 있으며, 간접적으로 소비자의 욕구도 읽어 낼 수 있어서 유용한 의사 판단 증거로 활용할 수 있다.

요약하면, '특허 정보'는 '가치의 바다'이다. 과실 의무를 회피하기 위한 수동적 목적뿐만 아니라 시장 공략을 위해 능동적으로 활용해 보자. 실제 많은 기업이 특허 정보를 학습 자료로 사용하고 있다.

★ 특허 침해는 '과실'이 있다고 추정되기 때문에 '몰랐다'라는 말은 통하지 않는다.

Q 017 손해배상
Compensation for Damages

㈜백두방석의 특허 제품인 '아이스 방석'은
㈜한라방석의 무단 침해로 매출이 현격히 줄었다.
㈜한라방석은 침해를 인정하지만
오히려 적자를 보고 있다고 말하는데
손해배상을 받을 수 있을까?

발명은 기술적 사상의 창작으로서, 창작에는 적지 않은 진통과 에너지, 열정이 필연적으로 동반된다.
이러한 열정과 헌신의 바탕 위에 탄생한 발명 특허를 보호해 주려는 노력이 '보편적 가치'로
자리 잡으면 참 좋겠지만, 일부 기업은 무임승차하려 하고, 이때 정당하게 땀을 흘렸던 특허권자는
적지 않은 손해를 입게 된다. 이런 경우 어느 정도까지 손해배상이 이루어질 수 있을지 살펴보자.

Ⅰ 특허 침해로 인한 손해배상은 다양한 계산 방법을 적용할 수 있어
침해자의 수익이 발생하지 않아도 가능하다.

1. 손해배상 산정 기준

앞서 살펴본 것처럼 특허 침해는 과실이 추정되기 때문에 손해배상을 인정받기가 비교적 용이한 편이다. 문제는 얼마만큼의 손해배상을 인정받느냐 하는 것인데, 기본적으로 침해자에게 발생한 이익을 침해액으로 추정한다.

문제는 침해자가 이익을 산정함에 있어서, 불필요한 경비를 몽땅 포함시켜 실제 수익이 얼마 되지 않음을 주장하게 되고, 심지어는 침해를 했음에도 수익이 발생하지 않았음을 주장하며 이익을 왜곡할 확률이 높다는 점이다. 그래서 이러한 폐단을 없애고 특허권자를 실질적으로 보호해 주기 위해 침해자의 판매 수량에 특허권자의 이익률을 곱해 산정한 금액을 침해액으로 산정할 수 있도록 했다.

이때 침해자의 판매 수량을 어떻게 알 수 있는가? 국내의 경우에는 세무서에서, 수출입인 경우에는 세관에 사실 조회를 통해 쉽게 판매량을 알 수 있고, 필요할 때 각종 협회 등에 질의로 판매량을 알아볼 수 있다. 또한 최후의 수단으로 법원의 자료 제출 명령이나 서류 제출 명령을 통해서도 알아볼 수 있다. 침해자가 정당한 이유 없이 자료 제출 명령에 따르지 않을 경우 특허권자의 주장을 진실한 것으로 인정할 수 있다.

이러한 과정을 통해 확인한 침해자의 판매 수량에는 인정하는 한도가 정해져 있는데, 특허권자의 생산 능력에서 실제 판매 수량을 뺀 수량이 한도가 된다. 예컨대, 침해자의 판매수량이 500만대 이더라도 특허권자의 생산 능력이 100만대이고 실제 판매량이 60만 대임을 침해자가 입증한다면, 40만 대를 기준으로 손해액을 산정하게 된다.

살펴본 두 가지 방법 외에 통상적으로 시장에서 받을 수 있는 실시료(로열티)에 기초해 금액을 산정할 수도 있다. 예컨대 매출액이 100억 원이고 통상 해당 제품의 로열티가 5%라면 5억 원의 손해배상 금액이 산정된다. 만일 실제로 특허권자가 다른 사람과 라이선스 계약을 맺고 로열티를 받고 있다면 특별한 사정이 없는 한 이것이 기준이 되어 손해배상을 받을 수 있다.

지금까지 살펴본 기준 외에 '상당한 손해액'이라는 다소 추상적 기준이 적용되기도 한다. 이는 손해가 발생된 것은 인정되나 구체적으로 손해액을 산정하는 것이 성질상 극히 곤란하다고 판단되는 경우에 법원이 '상당한 손해액'을 결정할 수 있도록 한 것이다.

이는 특허권자 손해를 입증함에 있어서의 어려움을 경감해 줄 수 있는 규정인데, 여기에서 한발 더 나아가 손해 자체가 발생되었는지 입증할 수 없는 경우에는 어떠할까? 손해액 산정을 위해 구체적 기준을 적용하든, 구체적 산정의 어려움으로 인해 '상당한 손해액'을 적용하든, 이는 모두 손해가 발생했다는 전제 조건 위에 인정이 되는 것인데, 어떤 경우에는 손해 자체의 입증이 곤란한 경우도 있을 것이다.

이 경우 특허는 손해배상을 인정하지 않는다. 구체적 손해액은 차치하고라도 손해 자체가 발생했음을 입증해야만 손해배상이 이루어지는 것이다. 반면 상표와 저작권에서는 손해 자체를 입증하지 않더라도 일정 금액에 대해 손해배상을 인정하고 있다. 이를 법정 배상 제도라 하는데, 법률로 정해 놓은 배상이라는 의미이다. 상표의 경우에는 5천만 원, 저작권의 경우에는 저작물 하나당 1천만 원, 영리 목적의 고의 침해인 경우에는 5천만 원 이하로 손해배상을 해 주도록 규정되어 있다.

2. 징벌적 손해배상(Punitive Damages)

손해가 입증되어야만 손해배상이 이루어지고, 손해배상이 이루어지더라도 침해자의 이익액만큼만을 배상하는 우리의 손해배상 제도가 특허 침해를 충분히 억제할 수 있을까? 침해로 인해 다툼이 생긴 경우 침해로 판정되지 않으면 계속 제품을 실시하면 될 것이고, 침해로 판정된다 하더라도 이익액만큼만 배상하면 되니 '밑져야 본전'이라는 생각이 들 수도 있을 것이다.

이러한 맹점을 없애기 위해 징벌적 손해배상 제도를 도입하자는 목소리가 나온다. 이는 미국에서 200년 이상 확립된 제도로, 최대 침해액의 세 배까지 책임을 지울 수 있는 제도이다. 정부에서는 이러한 필요성과 함께, 원천 기술이 취약한 국내 산업 현실을 고려해 다각적 검토를 진행하고 있다.

★ 침해자의 수익 창출 여부와 관계없이 특허권자는 손해배상을 받을 수 있다.

Q018 금지청구권 ＿＿＿＿
Injunction

㈜백주제약은 특허 제품인 기미 치료제를 판매하던 중,
㈜한라제약에서 동일 제품을 판매하는 것을 발견했다.
손해배상 외에 침해 예방을 위한
제조 설비의 제거도 청구할 수 있을까?

우리나라의 특허 침해에 따른 손해배상액은 매우 경미한 수준이다. 미국의 경우 특허 침해 소송의
경우 약 102억 원 이상의 손해배상액을 평균적으로 물어주어야 하지만 대한민국의 경우 평균 7800만
원 정도의 손해배상액을 물어주는 것으로 알려져 있어(2009~2011년, 3개년 평균,
박성준, 〈지식재산 생태계의 현황과 문제점〉) '일단 침해를 하고, 그냥 넘어가면 좋고,
손해배상을 물더라도 차라리 침해하는 것이 낫다'라는 오판을 할 수도 있다.
더군다나 특허 분쟁이 발생하면, 우리나라의 경우 보유하고 있는 특허가 무효로 되는 비율이 50%를
상회하고 있으며, 분쟁 해결을 위한 소요 시간도 족히 수년을 넘어, 상대방으로 하여금 오판하게 할
가능성이 더더욱 크다. 그렇다면 정말 특허는 '종이호랑이'에 불과한 것인가?

| 특허의 힘을 보여 주는 '금지청구권.'
결코 종이호랑이가 아니다.

1. 특허의 힘, 금지청구권

특허 침해에 따른 손해배상액이 미미하다고 해서 결단코 특허 침해를 가볍게 볼 수 없는데, 그 이유는 바로 '금지청구권'이 있기 때문이다. 비즈니스를 한다는 것은 영속적인 경영 활동을 하는 것을 의미하는데, 지속적 경영을 할 수 없다는 것은 심각한 타격을 의미한다.

특허권자(전용·실시권자 포함)는 자신의 권리를 침해한 자 또는 침해할 우려가 있는 자에 대해 침해의 금지 또는 예방을 할 수 있다. 또한 이에 부수해 침해 행위를 조성한 물건의 폐기, 침해 행위에 제공된 설비의 제거, 기타 침해 예방에 필요한 행위를 청구할 수 있다. 금지청구는 손해배상을 뛰어넘어 사업의 존폐를 결정지을 수 있기 때문에 엄청난 타격을 가하게 된다.

쿠첸은 쿠쿠 밥솥의 분리형커버 특허 침해로 35억 원 손해배상과 함께, 관련 특허가 적용된 밥솥의 생산과 전시 등 상업 활동의 금지, 보관 중인 제품과 생산 설비의 모두 폐기라는 법원의 판단을 받은 바 있다.

참고로 미국에서는 금지청구권이 너무도 치명적이기에 '특허 괴물'과 같은 기업에 의해 엄청난 폐해가 발생할 수 있는 바, 일정한 요소들을 검토해 금지청구를 인정하는데, 2006년도 이베이(eBay)와 머크익스체인지(MercExchange)의 분쟁 사례를 살펴볼 필요가 있다.

미국 대법원은 이베이의 특허 침해 사실에 대해 손해배상 명령을 내리되, 사용 금지 명령은 인정하지 않았다. 특허권자가 상대방의 제품 판매 또는 서비스를 금지하려면 4가지 요소를 보아야 하는데, △회복할 수 없는 손해를 입고 있는지 △손해를 금전적으로만 보상하는 것이 불충분한지 △특허권자와 상대방의 곤란함을 비교·형량했을 때 금지청구가 정당화될 수 있는지 △영구적 금지 명령이 공중의 이익에 반하지는 않은지를 고려해야 한다고 말했다.

이와 같이 금지청구권은 매우 강력하지만 최종 확정되기까지는 적어도 2~3년의 시간이 걸린다는 약점이 있다. 이러한 현실적 제약을 극복하고 실효성을 담보하기 위해 가처분 신청을 통해 잠정 조치를 받을 수도 있다. 이러한 가처분은 신속하면서도 상대방의 침해 행위를 중지시킬 수가 있고, 가처분 결정이 나면 서로 화해로 분쟁이 해결되는 경우가 많아 신속한 해결 대책이 될 수 있다.

2. 형사처벌 vs 징벌적 손해배상

특허는 '금지청구권'과 더불어 또 한 가지 강력한 구제 수단을 갖고 있는데 그것은 바로 형사처벌이다. 특허권자는 침해자를 경찰이나 검찰에 고소를 할 수 있다. 이는 실로 당사자에게 엄청난 정신적 압박과 스트레스를 주게 되는데 매년 수천 건의 고소가 진행되고 있다.

형사처벌을 하기 위해서는 특허 침해를 안 날로부터 6개월 이내에 고소해야 하고, 고의에 의한 침해가 인정이 되면 7년 이하 징역 1억 원 미만의 벌금을 내야 한다. 또한 양벌 규정이 적용되어 개인뿐만 아니라 법인까지도 처벌할 수 있다.

형사처벌이 '손해배상'이나 '금지청구권'과 다른 점은 '고의'가 있어야 한다는 점이다. 민사적인 구제는 '고의 또는 과실'이면 족하나 형사적인 구제는 '고의'가 있어야 한다.

미국 같은 경우에는 형사적 구제 수단이 없다. 대신 '고의'가 인정되는 경우에는 '징벌적 손해배상'을 인정해 손해배상액의 최고 세 배까지 인정할 수 있다. 우리나라는 이와 같은 '징벌적 손해배상'을 물리지 않는 대신 '형사 제도'를 통해 특허 침해를 억제하려 하는 것이다.

이상과 같이, 비록 우리 현실이 특허 침해에 따른 '손해배상'이 미미할지라도, '금지청구권'이나 '형사처벌'과 연동되므로 결코 '종이호랑이'처럼 가볍게 볼 수는 없다.

| 쿠쿠와 쿠첸의 밥솥 분리형커버 특허 다툼에서,
쿠첸은 손해배상과 함께 판매 금지명령을 받았다.

★ 특허는 손해배상액이 미미함에도 불구하고, 제조 설비 제거나 금지청구, 형사처벌을 통한 강력한 보호 조치를 취할 수 있다.

Q 019 실시 행위 독립의 원칙 *

Infringement by Individual Practicing Party

㈜백두닷컴은 인터넷 쇼핑몰 업체인데,
특허를 침해했다는 경고장을 받았다.
판매하고 있는 청소기에 관한 것으로
제조사는 따로 있고 단지 판매만 한 것인데,
특허 침해 책임이 있을까?

본인의 특허 받은 발명을 적용해 어떤 회사는 제품을 만들고, 다른 회사는 제품을 판매했다면
어떤 회사가 진정한 특허 침해자일까? 판매 회사 입장에서는 '우리는 단순히 침해된 제품을
판매만 했을 뿐, 직접 제조하지 않았으니 특허 침해가 아니다'라고 주장할 것이 명백한데,
그렇다면 제조사에만 책임이 있을까?

| 꼬리에 꼬리는 무는 특허 침해. 생산, 제조, 판매 모두 특허 침해

1. 침해는 침해를 낳고

특허는 앞서 살펴본 바와 같이 특허 정보를 누구나 접할 수 있다는 근거 아래, 과실을 추정하고 있는데, 누군가 제조 과정에서 이러한 사실을 몰라서 실수로 침해했다는 것이 용납되지 않는다.

한발 더 나아가 누군가 제조한 것을 구입해 판매를 한다거나 또는 홈쇼핑과 같은 채널을 통해 유통하는 행위에 있어서도 특허 침해로부터 자유롭지 않다.

만일 홈쇼핑 업체가 주장하기를 '우리는 단순히 TV를 통해서 판매만 했을 뿐 제품을 제조, 생산하지 않았기 때문에 우리는 책임이 없다'라고 주장한다면, 홈쇼핑 업체는 특허 침해로부터 자유로울 수 있을까?

그렇지 않다. 특허는 생산, 제조, 판매 등 특허 기술을 실시하는 모든 단계를 모두 특허 침해로 인식하는데, 이를 '실시 행위 독립의 원칙'이라 한다. 특허 기술에 대한 제조 침해는 판매 침해를 낳고, 판매 침해는 다시 유통 침해를 낳게 되는 연쇄적 침해 행위가 일어나기 때문에 특허는 강력한 권리의 지위를 가질 수 있는 것이다.

이렇게 특허 침해가 각 단계마다 모두 성립된다면, 특허권자가 제조업체, 판매업체, 유통업체 모두에게 손해배상을 받을 수 있을까? 그렇지는 않다. 경고 행위는 누구에게나 할 수 있지만, 손해배상은 한 곳으로부터 받을 수 있다. 실시 행위 독립의 원칙이 이중, 삼중의 손해배상을 인정하는 것은 아니며, 다만 다툼의 당사자를 정할 수 있는 선택권을 갖게 된다.

'선택권'은 그 자체가 큰 메리트가 된다. 배우자, 직장, 거래처 등을 선택하는 데 있어서 본인에게 먼저 결정권이 주어진다면 이는 큰 혜택이 되지 않겠는가? 특허권자에게 주어지는 '선택권'도 마찬가지로 큰 힘이 될 수 있다.

예컨대 제조 회사는 매출 100억에 당기순이익 10억 원이고, 판매 회사는 매출 1000억에 당기순이익 5억 원, 유통 회사는 매출 1조 원에 당기순이익 2,000억 원인 경우, 어느 당사자와 다투었을 때 충분한 손해배상을 예상할 수 있을까? 때에 따라 다르겠지만 충분한 매출과 당기순이익을 창출하는 회사가 손해배상 여력이 뛰어나지 않을까? 적자 나는 회사로부터 충분한 손해배상을 기대하기는 어렵다.

2. 특허 침해 시 역공

경쟁 관계에 있는 업체가 본인 회사뿐만 아니라 주요 거래처 모두에 특허 침해 경고장을 보낸다면 그것을 받은 거래처의 심정은 어떠할까?

아무리 본인 회사가 침해가 아님을 설명해도, 경고장을 받은 거래처의 입장에서는 불편한 심정을 가질 수밖에 없고, 경고장을 보낸 업체와 문제를 해결하고 올 때까지는 그 제품의 판매, 유통을 중단하게 된다.

> (한경희 대표) 중소기업의 경우 독자적인 유통 채널을 갖추기 어려워 대부분 생산·제조 후에 유통은 대형 채널을 이용하게 되는데, 사업이 정상 궤도로 오를 시점에 경쟁 회사가 경고장을 유통 회사에 보내면, 판매가 중지되는 위기를 맞을 수 있다.
> – 지식재산 토크 콘서트(2012. 8. 14) 중에서

이러한 다툼이 발생하면 경고장을 보낸 회사와 원만하게 협의하는 것이 가장 좋겠지만, 불가능할 경우를 대비해 특허청 내 특허심판원에 해석을 받아 둘 필요가 있다. 즉, 본인의 제품은 상대방이 주장하는 특허 침해의 권리 범위에 속하지 않는다는 결정을 받아 둘 필요가 있다.

경우에 따라서는, 특허 침해를 주장하는 특허 자체가 무효임을 주장할 수도 있다. 특허를 출원했던 당시에 이미 공개되어 있던 발명이었거나, 또는 해당 분야에서 통상의 지식을 가진 자들이 용이하게 발명할 수 있는 내용임을 주장해 해당 특허를 무효화시키기도 한다.

무분별한 특허 침해 주장은 공격하는 입장에서 약이 되기보다는 독이 될 확률이 높다. 실제로 마사이 워킹용 기능성 신발 관련 특허를 근거로 특허 침해를 주장하고, 홈쇼핑 업체에까지 경고장을 보낸 행위에 대해 특허심판원이나 법원의 결정 없이 변리사의 판단에만 근거해 경고장을 발송한 행위는 영업 방해로 손해를 배상할 의무가 있다고 판단한 사례가 있으니 참고할 필요가 있다.

★ 특허는 '실시 행위 독립의 원칙'에 따라 생산, 제조, 판매자 모두 특허 침해자가 된다.

Q 020 무효
Invalidation

㈜백두전자는 특허가 등록됨에 따라 자신감을 갖고
생산 설비에 90억 원을 신규 투자했다.
3년 뒤 다툼으로 특허가 무효가 되었는데,
등록특허를 신뢰하고 투자한 데 따른 손해배상을
정부로부터 받을 수 있을까?

특허를 등록받는 일은 대단히 기쁜 일이다. 아이디어와 연구 개발에 대해 국가의 인정을 받아
독점 배타권을 행사할 수 있게 된 것이니 얼마나 기쁜 일인가? 하지만 알고 있는가?
이렇게 어렵게 받은 특허가 분쟁에 휘말리게 되면 무효가 될 확률이 50% 정도 된다는 사실을.
우리가 잘 아는 '삼성-애플' 특허 전쟁에서 삼성은 애플의 디자인 특허를 무효화시키기 위해
1968년 제작된 영화 〈2001 스페이스 오디세이〉 중 한 장면을 증거로 제출했다.
해당 장면에서는 태블릿 PC와 유사한 디자인 제품을 우주선에서 이용하고 있었는데,
이를 근거로 애플의 디자인 특허가 신규성(비공지성)이 없음을 주장했고
해당 의견이 받아들여져 결국 '무효화'되었다. '벼랑 끝에 몰리면 쥐도 고양이를 문다'는 속담처럼,
독한 마음을 갖고 달려들면 무효화 근거 자료를 생각보다 쉽게 찾을 수 있다.

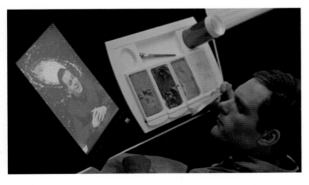

ㅣ 삼성이 애플의 태플릿PC 특허를 무효화시키기 위해 제출한
1968년 영화 〈2001 스페이스 오디세이〉
[출처: http://9to5mac.com (2011.8.23)]

ㅣ 벼랑 끝에 몰리면 '무효 자료'를 찾아서 문다.

1. 국가 대상 손해배상

특허가 무효화 되면 적지 않은 상처를 받게 되는데, '본인 특허가 무효화'된 경우 국가를 상대로 손해배상을 청구할 수 있을까 궁금하다. 특허라는 국가의 행정 행위를 믿고 막대한 설비 투자를 했고, 열심히 사업을 수행하던 중 특허가 무효가 되어 누구나 사용할 수 있는 공지 기술이 되어 버린다면 얼마나 가슴 아픈 일인가?

'독점 배타권'을 행사하기 위해 등록받은 특허가 무효화되어 도리어 다른 이들로 하여금 체계적으로 기술을 사용할 수 있는 방법을 알려 준 꼴이 된다면, 국가의 행정 행위에 대해 손해배상을 묻고 싶은 마음이 들 것이다.

하지만 애석하게도 '국가를 상대로 하는 손해배상(국가배상)'은 불가능에 가깝다. 국가배상을 받기 위해서는 공무원이 직무를 집행하면서 고의 또는 과실로 위법해 타인에게 손해를 입힌 경우라야 하는데, 해당 공무원의 고의 또는 과실을 입증한다는 것이 대단히 어렵기 때문이다.

무효에 대한 리스크는 고스란히 특허권자가 안게 되는데, 이러한 무효화에 따른 리스크를 최소화시키기 위해서는 '포트폴리오 전략'을 추진해야 한다. 특허 등록 후에 유사 또는 개량 발명을 하게 될 경우 반드시 이들도 권리화를 추진해 '포트폴리오'를 구축해야 하는데, 그럴 경우 무효화 리스크를 대폭 줄일 수 있다.

예를 들어 특허 한 건이 다툼에서 무효화 될 확률이 50%라면, 5건으로 포트폴리오를 구축하고 있을 경우 다툼에서 전체가 무효화될 확률은 약 3%($0.5 \times 0.5 \times 0.5 \times 0.5 \times 0.5 = 0.03125$)에 불과해 권리의 안정성 확보에 큰 도움이 된다. 삼겹줄은 쉽게 끊어지지 않는 법이다.

2. 로열티 반환

특허의 무효와 관련해 자주 나오는 질문이 '로열티' 문제이다. 특허권에 기초해 라이선스 계약을 체결하고 로열티를 지불해 왔는데, 특허가 무효가 될 경우 향후에는 로열티 지불을 중단하면 된다. 하지만 이미 지불한 로열티에 대해서는 어떻게 해야 할까? 무효는 '처음부터 없었던 것'을 의미하므로, 로열티를 반환 받을 수 있을까 하는 문제가 빈번하게 발생했다.

이 부분에 대하여 의견이 분분했다. 특허가 무효가 되면 특허권자가 실시자로부터 이미 지급받은 로열티는 부당 이득에 해당해 로열티를 반환해야 한다는 판례가 있는 반면, 특허청과 특허권자 사이에 발생한 무효가 특허권자(라이선서)와 특허실시권자(라이선시) 사이의 사계약까지 영향을 주지 않으므로, 이미 지급 받은 로열티를 반환할 의무가 없다고 결정한 판례도 공존하며 불확실한 상태가 지속되었다.

이러한 시장의 혼선은 2014년도 대법원 판례로 종식되었는데, '실시계약에 따라 실시권자로부터 이미 지급 받은 실시료 중 특허발명 실시계약이 유효하게 존재하는 기간에 상응하는 부분을 실시권자에게 부당이득으로 반환할 의무가 없다'고 판단되었다.

미국의 경우에는 기본적으로 이미 취득한 실시료에 대해 반환할 의무가 없다고 보고 있으며, 독일도 특허권의 무효가 사인간의 계약에까지 영향을 주지는 않는다고 해 기지급한 실시료를 반환할 의무가 없다고 본다. 반면, 일본의 경우에는 무효 시 '실시료를 반환하지 않는다'는 약정이 없는 한 실시료 반환을 긍정하고 있다.

출원 중 특허라면 계약 당시 이미 '불확실성'을 인지하고 계약을 체결했고, 로열티도 상당히 할인된 가격에 계약을 맺게 되므로 이미 지급한 실시료를 반환할 필요는 없어 보인다. 다만 계약서에 정확한 관계를 명시하는 것이 바람직 하겠고, 에스크로(Escrow) 계약을 맺는 방법도 고려해 볼 수 있다. 예컨대 로열티 3% 중 1.5%는 등록에 관계없이 지불하고 나머지 1.5%는 은행에 에스크로로 예금해 특허가 등록되면 예금액과 이자를 라이선서가 받고, 등록되지 못한 경우 라이선시가 받아가면 된다.

★ 특허가 무효화되더라도 국가를 상대로 손해배상을 받기는 대단히 어렵다.

Q 021 전투와 전쟁*
Battle and War

유한킴벌리는 자사 기저귀 특허를 LG생활건강이
침해했음을 주장하며 다투었으나 패하고 말았다.
특허 다툼에서의 패배는 곧 시장점유율 급감으로
이어질 수밖에 없을까?

특허를 침해했다는 경고장을 받으면 긴장할 수밖에 없다. 손해 배상액이 생각만큼 크지 않아
대수롭지 않게 여길 수도 있지만, 금지청구권에 의해 영업이 중단될 수도 있기 때문에 결코 경홀히
여길 수는 없다. 먼저는 침해를 주장하는 등록 특허의 흠결을 조사하여 무효를 시킬 수 있는 방법을
알아보고, 무력화시킬 수 없다면 특허 침해를 벗어나 회피설계가 가능한지 여부를 알아보아야 한다.
하지만 무효화와 회피설계 모두 불가능하고, 명백한 침해에 해당된다면 선택의 폭이 넓지 않다.
이 경우 지식재산 담당부서는 손해 배상액을 최소화하여 다툼을 종료하고 싶을 것이다.
하지만 경우에 따라서는 질 수밖에 없는 전투에도 임하는 것이 전사적 관점에서는 옳을 수 있는데,
스마트폰 전쟁(삼성 vs. 애플)과 기저귀 전쟁(유한킴벌리 vs. LG생활건강) 사례를 통해
인사이트를 얻을 수 있다.

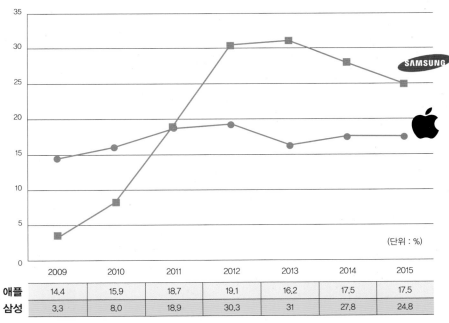

| 2011년 4월 애플의 삼성 대상
특허침해 제소 전후
시장점유율 변화

(단위 : %)

	2009	2010	2011	2012	2013	2014	2015
애플	14.4	15.9	18.7	19.1	16.2	17.5	17.5
삼성	3.3	8.0	18.9	30.3	31	27.8	24.8

  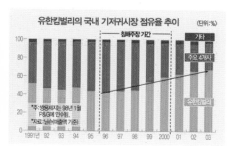

| '유한킴벌리 vs. LG생활건강' 기저귀 다툼 기간의 시장점유율 변화 (매일경제, 2008. 3. 15)

1. 사슴을 쫓는 자 태산을 볼 수 없다

스티브 잡스는 화가 났다. 본인의 혁신적 아이디어 제품인 애플 아이폰(iPhone)의 유사품이 자꾸 늘어 갔기 때문이다. 특히, 삼성의 갤럭시 시리즈가 조금씩 시장을 잠식해 가더니 강력한 라이벌로 부상하고 있었는데, 삼성은 아이폰에 사용되는 반도체의 상당 부분을 제공하는 기업이기에 다툼으로만 몰아갈 수 없는 형국이었다. 그럼에도 애플은 삼성과의 일전(一戰) 없이는 세계시장 공략이 어렵다고 판단하고, 특허 침해에 대한 경고장을 발송한다.

후발주자인 삼성은 내부판단 결과 완벽히 침해를 벗어나기는 어렵다고 보았다. 제기된 5건의 침해 중 일부는 회피설계(Design Around)를 시도하고, 다른 일부는 무효화시키는 것도 가능하지만, 모두 벗어날 수는 없는 상황이었다. 기업의 명성에 타격을 줄 수도 있었기에 조용히 협상을 통한 화해(settle)를 해야 할 것으로 실무진은 판단했지만, 경영진의 생각은 사뭇 달랐다.

위기를 기회 삼아 오히려 이를 부각시키면 마케팅 효과가 뛰어나 세계 스마트폰 시장을 양강(애플 vs. 삼성) 체제로 재편할 수 있다고 판단한 것이다. 손해 배상액을 최소화할 수만 있다면, 후발주자인 삼성의 이미지를 벗고 애플과 맞설 수 있는 유일한 경쟁자로 부각시킬 수 있다고 판단하고, 화해보다는 전쟁을 선택한 것이다.

실제로 다툼이 발생한 2011년 4월 이후 삼성은 타격을 받기보다는 오히려 급격한 성장세를 이어갔고, 2년 후인 2013년도에는 애플의 시장 점유율의 2배에 달하는 매출을 이루며, 세계 스마트폰 시장의 선두주자가 되

었다. "사슴을 쫓는 자 태산을 볼 수 없다"고 판단한 삼성 경영진의 생각은 옳았다.

2. 전투는 져도 전쟁은 승리하라

삼성-애플의 특허전쟁 이전에도 유사한 시사점을 던져주는 사례가 있었는데, 바로 유한킴벌리와 LG생활건강 사이의 '기저귀 전쟁'이다.

유한킴벌리는 자사 특허인 '유체투과성 플랩(용변의 양이 많아져 일정 압력이 가해지면 날개 바깥쪽에서 흡수하는 성질)'을 쌍용제지가 침해했다고 주장했고, 쌍용제지는 이에 대응하기 위하여 유한킴벌리 특허를 무효화시키려 했다. 법원에서의 다툼 결과 유한킴벌리 특허의 유효성이 인정되었고, 이에 자신감을 얻은 유한킴벌리는 LG생활건강 및 대한펄프로 확전(擴戰)하였다. 하지만 유한킴벌리의 의도와 달리 LG생활건강 기저귀는 유체투과성 플랩과 다른 기술을 적용하고 있다고 판단되었고, 유한킴벌리는 쌍용제지 및 대한펄프와의 다툼을 지속할 수 없었다. 요약하면, 유한킴벌리의 특허는 유효하지만 LG생활건강, 쌍용제지, 대한펄프가 해당 특허를 침해하지는 않은 결과에 도달한 것이다. 실질적으로 유한킴벌리가 전투에서 패배한 것이다.

여기에서 재미있게 주목해 볼 수 있는 사실은 다툼이 벌어졌던 5년(1996~2000년) 사이, 유한킴벌리의 시장 점유율이 40%에서 60%로 급성장했다는 점이다. 각종 언론에서 다툼이 소개되는 동안 사실 관계와 다툼 결과와는 무관하게 소비자 인식 속에는 유한킴벌리 제품이 더 우수하다는 생각이 자리 잡았던 것이다.

★ 감당할 수 있다면 마케팅 이슈로서 특허 침해에 접근해 볼 수 있다. 전투는 패배해도 전쟁은 승리해야 하기 때문이다.

Q022 선사용자의 권리 _
Prior User Right

㈜백두전자는 '발광 주전자' 개발을 완료했으나
자금난으로 2년간 제품을 출시하지 못했다.
외부 투자 유치로 사업을 다시 시작하려고 보니
그사이 ㈜한라전자가 특허 출원하여 등록을 받았다.
㈜백두전자가 사업을 실시하면 침해에 해당하는가?

특허는 먼저 출원한 사람에게 권리를 부여한다. 제아무리 먼저 발명한 사람이라 할지라도
그 사람에게 권리를 주지 않는다. 이를 선원주의라고 하는데, 먼저 발명한 사람에게 권리를 부여하는
선 발명주의를 채택했던 미국·캐나다가 선원주의로 전환함에 따라,
전 세계는 공통적으로 선원주의를 따르고 있다.
선원주의는 제도의 '안정성' 면에서 탁월하지만 먼저 발명한 사람의 입장에서는 쉽게 수용하기
어려운 면이 있다. '안정성'이 중요하다지만 '정의'라는 관점에서 보면 먼저 발명한 사람을 보상하는
것이 맞지 않을까 생각이 드는 것이다. 이러한 고민 끝에 먼저 발명을 하고도 특허를 취득하지 못한
사람(선 발명자)에게 일정한 권리를 주는 방법을 모색한 것이 바로 '선사용자의 통상실시권'이다.

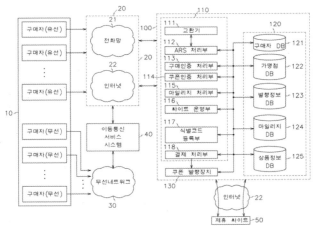

l 특허 침해를 주장하고 있는 ㈜다츠와 특허출원 전에 이미 사용하고 있음을 주장하는 코카콜라
　[출처: ㈜다츠의 특허 제10-0568612호 도면(좌)과 코카콜라 브랜드 공식 블로그(우)]

1. 사업 실시 준비 중이라면 : 통상실시

특허로 권리화시키지는 못했지만, 먼저 발명해 사업 실시를 준비 중인 상태라면, 통상실시권을 가질 수 있다. 통상실시권이란 독점적 사용을 할 수는 없지만, 여러 사용자 중 하나로서 지위를 갖는 것을 말한다.

일반적 계약에 의해 통상실시권을 갖게 되면 일정한 로열티를 내야 하지만, 먼저 발명한 사람에게 법적으로 인정해 주는 통상실시권에는 별도의 로열티 지급 없이도 실시할 수 있다.

2005년도 국내 한 벤처 기업이 글로벌 기업인 코카콜라를 상대로 소송을 제기한 적이 있다. 코카콜라는 '코크 플레이' 캠페인을 벌이며 인터넷 사이트에서 코카콜라 병이나 캔 제품 측면에 인쇄된 코드를 인터넷 홈페이지상에 입력해 쌓이는 포인트를 이용, 인기 가수의 음악을 다운받아 듣거나 리니지와 같은 온라인 게임을 즐길 수 있도록 한 것이다.

벤처기업인 다츠커뮤니케이션은 이러한 모델은 4억 원을 투자해 자체 개발하고 보유하고 있는 '구매 인증 시스템' 특허권과 동일하다며, 자사가 이미 빙그레 메타콘, 포카리스웨트, 데미소다, 로케트 건전지, 보령 메디앙스 등의 프로모션에 활용했다고 주장했다. 반면 코카콜라는 '특허출원 이전부터 그 특허출원 기술을 사용했기 때문에 선 사용에 따른 통상실시권을 보유하고 있다'고 주장했다.

두 회사 간 다툼의 진실과 결론은 차치하고라도 코카콜라가 주장하는 선사용자 주장은 대단히 중요한데, 중소기업은 특허출원의 중요성을 인식함에도 불구하고 권리화에 수반되는 경제적 부담감 때문에 특허출원을 망설일 경우가 많아 '선 사용에 따른 통상실시권'을 주장해야 할 경우가 많이 생긴다.

선사용자로 인정받기 위해서는 상대방의 특허출원 사실을 모르고, 상대방의 출원 당시에 실제로 국내에서 사업을 실시 또는 준비 중이라는 입증을 해야 한다. 이러한 입증은 연구 노트, 기술 성과 보고서 등으로 가능하며, 공증 제도나 전자 서명, 내용 증명 우편 등을 통해서도 주장할 수 있다. 이러한 주장이 받아들여지면, 선

사용자는 별도의 비용 부담 없이 통상실시권을 갖게 된다. 귀찮다고 느껴질 수도 있는 기록 문화가 연구 개발(R&D)에서 얼마나 중요한지 알 수 있는 대목이다.

2. 이미 사업 실시 중이라면 : 무효화

이쯤 되면 한 가지 질문이 생기게 되는데, '본인이 이미 사업을 실시하고 있는데 상대방이 특허를 등록받았다면 이는 무효가 아닌가?'라는 점이다. 특허를 받기 위해서는 신규성(비공지성)이 있어야 하는데, 본인이 사업을 실시한다는 것은 해당 발명이 이미 세상에 공지된 것을 의미하고, 그렇다면 다른 사람에 의한 특허 등록은 잘못된 결정이라는 결론에 도달하게 된다.

정확한 질문이다. 본인 사업이 아직 준비 중인 상태라서 공지되지 않았다면 상대방의 특허 등록에 영향을 주지 못하겠지만, 사업을 수행해 이미 알려진 상태라면 무효화시킬 수 있다.

문제는 무효화시키기 위해서는 상당한 시간과 정신적 스트레스, 그리고 비용이 요구된다는 점이다. 무효로 확정되기 전까지는 특허가 유효하기 때문에, 중간 기간에 '통상실시권'을 확보해 사업을 실시하면 된다.

상대방 특허가 무효가 되면, 본인이 특허로 받을 수 있을까? 상대방 특허가 실수로 부여된 것이어서 무효가 된 만큼, 진정한 발명자인 본인이 특허를 새롭게 받을 수 있을 것 같은 느낌이 든다. 실제 많은 기업 사장님들이 물어보지만, 안타깝게도 불가능하다. 본인 스스로 사업 과정에서 발명을 공지했으니, 신규성(비공지성)을 잃은 것이고, 본인도 특허를 받을 수 없게 된다. 결국, 모두 다 사용할 수 있는 공공의 영역(Public Domain)에 있는 것이다.

★ 특허 등록을 받지 못했지만 먼저 발명해 사업을 실시 또는 준비 중인 자라면 해당 범위 내에서 무상의 통상실시권을 갖게 된다.

Q023 출원 중인 발명의 보호
Patent Pending

㈜백두안경에서는 '자동 도수 조절 안경'을 발명해
2개월 전 특허출원을 했다.
신제품 전시회에서 우연히 동일 발명 제품이
판매되는 것을 발견했는데,
출원 중인 상태에서 손해배상을 청구할 수 있을까?

특허를 출원해 권리화를 진행하고 있는 상태에서 다른 사람이 무단으로 본인 발명을 사용하고 있다면 어떠한 기분일까? 등록된 특허라면 민형사상 책임을 묻겠지만, 아직 등록되지 않았으니 이러지도 저러지도 못하는 심정일 것이다.
등록되지 않은 상태이니 어쩔 수 없다고 생각할 수도 있겠지만, 이는 잘못된 생각이다.
등록되지는 못했지만 등록될 가능성이 있기 때문에 이에 기초한 일정한 권리를 갖게 되는데 그것이 바로 손실 보상 청구권이다.

1. 손해배상과 손실보상

등록된 특허의 경우에는 손해배상 청구권을 갖게 되는데, 출원 중인 상태에서는 '손실보상금 청구권'이라는 것을 갖게 된다. 얼핏 비슷해 보이고, 손실보상금과 손해배상금을 산정하는 기준이 동일하기에, 금액적인 관점에서 큰 차이가 없지만, 법률적 의미는 완전히 다르다.

손해배상은 불법 행위에 대해 책임을 지우는 제도이며, 손실보상은 적법 행위에 대해 책임을 지우는 제도이다. 즉, 손해배상은 등록된 특허를 무단으로 실시하는 불법 행위를 한 것에 대한 책임을 지우는 것이며, 손실보상은 아직 등록되지 않았기에 비록 무단 실시한다 할지라도 이를 불법으로 볼 수는 없고 적법한 것이지만 특허출원한 사람의 등록될 가능성을 보상해 주는 개념이다.

그렇다면 '출원 중인 발명에 등록된 특허와 실질적으로 동일한 권리가 생기는 것이 아닌가?'라는 질문이 다시 생길 수 있지만 그렇지는 않다. 출원 중인 상태에서 손실보상금이 발생하는 것이 아니며, 오직 발명이 등록되었을 경우에 소급해서 적용하는 것이기 때문이다. 아

| 특허 등록 시 소급하여 '손실보상' 인정

직 권리로서 공식화되지 않은 발명에 기초해 가능성만으로 책임을 지운다는 것은 불합리하기에, 등록이 된 후에 소급해 보상하게 되는 것이다.

2. 빨리빨리(1) : 조기 공개

손실보상금은 등록 시에 소급해 산정하는데, 출원이 아닌 공개 시점까지 소급하게 된다. 보다 정확히 이야기하면, 공개 후 서면 경고를 받은 날이 기준이 된다. 출원, 공개, 등록이라는 기본 절차 속에서 출원까지가 아닌 공개 시점부터 손실보상금을 인정하는 이유는 공개되지도 않아 일반인이 알 수 없는 상태에서 발명 실시에 대한 책임을 지우는 것은 과하다는 판단 때문이다.

출원된 발명이 공개된 후에야 책임을 물을 수 있다는 점에 착안해 일부 발명자는 발명된 내용을 스스로 공개하는 경우가 있다. 본인의 출원된 사실을 상대방에게 서면 통보하고 이에 근거해 상대방이 출원 사실을 알고도 침해했다고 주장하며 손실보상금을 청구하는 경우가 여기에 해당하는데, 이는 결코 인정받지 못한다. 서면경고 후 특허청을 통해 공식적으로 공개된 경우에 한해 인정받을 수 있다.

공개된 이후부터 손실보상금을 받을 수 있다면, 출원자의 입장에서 보면 하루라도 빨리 공개를 하고 싶을 것이다. 특허는 출원 후 18개월 후에 공개되도록 되어 있는데, 이것을 앞당길 수 있는 것이 조기 공개 제도이다. 등록 전 언제든지 신청이 가능하다.

주어진 질문은 아직 출원한 지 2개월밖에 되지 않았으니 아직 공개되기 전에 출원 중인 사실에 기초해 경고한 것이므로 실효성 없는 대책이다. 먼저 조기 공개를 신청하고 공개된 후에 경고 행위를 하는 것이 필요하다.

3. 빨리빨리(2) : 우선 심사(Expedited Examination)

손해배상이든 손실보상이든 모두가 등록된 경우에 발생하기 때문에 발명을 빨리 특허로 받고 싶은 것은 모든 발명자의 공통된 심정일 것이다. 그러나 특허 심사는 생각만큼 빠르지 않다. 미국은 평균 17.3개월, 중국은 12.8개월이 소요되고, 비교적 빨리 진행되는 유럽은 9.4

개월, 일본은 9.5개월, 그리고 우리나라는 10개월(2015년 기준) 걸린다.

소요 기간의 장기 지체로부터 오는 발명자의 어려움을 극복해 주기 위해, 필요성이 인정되는 경우에는 정상적인 순서보다 우선적으로 심사를 진행시켜 주는 '우선 심사 제도'가 있다. 우선 심사를 청구하게 되면 통상은 6개월 이내에 등록 여부를 알 수 있으며, 특허는 20만 원, 실용신안은 10만 원의 우선 심사 비용을 지불해야 한다.

우선 심사 제도는 모든 경우에 활용할 수는 없으며 일정한 요건이 필요한데, 가장 대표적인 예가 출원 공개 후에 다른 사람이 업(業)으로 특허출원된 발명을 무단 실시하고 있다고 인정되는 경우다. 아울러 방위 산업, 녹색 기술, 수출 촉진, 국가 직무, 벤처 또는 기술 혁신형 중소기업, 출원된 발명을 실시 중이거나 실시 준비하는 경우 등도 우선 심사 대상이 되니, 거의 모든 발명이 우선 심사 대상이 될 수 있다.

| 특허 침해 문제가 발생할 경우 '우선 심사'와 '조기 공개'를 통한 신속한 권리화 추진이 가능하다.

★ 출원 중인 특허는 등록된 경우에 소급해서 '손실보상'이 가능하다. 등록 후에는 '손해배상'이 가능하다.

Q 024 아이디어 보호

Idea

㈜백두생활은 '잔디를 밑창으로 활용하는 슬리퍼'에 대한
아이디어로 15년 동안 사업을 유지하고 있다.
아직 특허출원 전 상태인데
㈜한라생활에서 유사품을 무단으로 판매한 경우
보호받을 수 있는 방법은 없을까?

필자가 몸담고 있는 한국발명진흥회는 설립 시부터 수많은 발명 특허 대회를 개최해 왔다.
청소년부터, 대학, 기업에 이르기까지, 그리고 국내와 국제 대회를 망라해 다양한 계층별 대회를 열어
왔다. 오랜 기간 행사를 진행해 오면서, 한 가지 들었던 의문은 예컨대 '학생 발명 전시회에 출품한
발명을 특허출원하면 등록받을 수 있을까?'하는 것이다.
몇 년 전 SBS에서 방영되며 신선한 인기를 끌었던 〈아이디어 How Much!〉, 최근 MBC에서 론칭한
〈도전 발명왕〉, 중소기업청이 운영하는 〈아이디어 오디션〉 등 각종 아이디어 대회가
유행처럼 확산되고 있는데, 권리 관계와 보호 가능성에 대한 진지한 고민이 필요하다.

ㅣ 각종 아이디어 플랫폼과 그라운드워크(Groundwalk)의 잔디 슬리퍼 제품
[출처: 각 프로그램 홈페이지(좌우측 상단, 좌측 하단) 및 유튜브 영상 화면 캡쳐(우측 하단)]

1. 아이디어의 가치(Value of Idea)

등록특허는 당연히 '독점 배타권'을 갖게 되고, 출원 중인 특허라면 당장은 권리가 없지만 등록 시에 소급해 '손실보상금'을 인정해 주기에 결국 보호받을 수 있는 수단을 갖추고 있다고 볼 수 있다. 그렇다면 특허로 출원하기 전의 아이디어는 보호받을 수 있는 것일까?

예전에는 출원 전의 아이디어는 보호받을 수 있는 방법이 실질적으로 없었다. 그런데 2013년 '부정경쟁방지법'에 아이디어를 보호할 수 있는 수단이 보강되었다. 타인의 투자노력의 성과 등을 공정한 상거래 관행이나 경쟁 질서에 반하는 방법으로 자신의 영업을 위해 무단 사용해 타인의 경제적 이익을 침해하는 경우에 부정 경쟁 행위로 보고 책임을 묻게 되었다. 이 규정을 통해 '강하고 유연한 지식재산 환경'이 조성되었는데, 등록된 권리는 강하게 보호하되 등록 받지 못한 아이디어라도 유연하게 보호할 수 있는 근거가 마련된 것이다.

사실 오늘날 '아이디어의 가치'는 갈수록 커지고 있다고 볼 수밖에 없다. 예전에는 발명의 착상보다는 발명의 구체화에 무게가 실려 있었지만, 오늘날 변화된 사업 환경 속에서는 발명의 착상, 즉 '아이디어'에 무게가 실리고 있다. 3D 프린터, 레이저 커팅, 간단한 응용 프로그램으로 얼마든지 발명을 구체화할 수 있는 상황 속에서 '아이디어의 가치'가 재조명되고 있는 것이다.

이런 상황 속에서 특허출원 전이라 해도 최소한의 보호 수단이 필요하다고 본다. 참고로 우리의 지식재산 보호 순위는 세계 30~40위권이다. 세계 4위권의 출원 역량과 비추어 낯 뜨거운 수준인데, 아직까지도 우리는 아이디어의 가치를 인정하지 못하는 문화 속에 살고 있음을 보여 주는 결과이다.

'부정경쟁방지법'에 최소한의 아이디어 보호 규정을 담게 되어 다행이다.

2. 아이디어 보호 방법(Idea Protection)

최소한의 아이디어 보호 규정이 생겼지만, 이는 특허에 대한 보충 규정이며, 입증의 어려움이 있고 아직까지 제도 시행 초기여서 정착 시까지는 많은 시행착오가 발생할 것으로 예측된다. 따라서 훌륭한 아이디어가 있다면 주저 없이 특허와 연계해 실효성 있는 보호가 가능하도록 하는 것이 현명한 조치이다.

각종 발명 대회를 통해 출원 전에 본인의 아이디어를 공개하는 것은 대단히 위험해 보인다. 대회 주최측에서는 '공지 예외 주장 제도'가 있어서 안전하다고 주장하지만 맹점이 큰 제도이다.

'공지 예외 주장 제도'란 특허출원 전에 발명의 내용이 공지되었다 하더라도 1년 이내 이러한 공개 사실을 신고하면 신규성(비공지성)을 문제 삼지 않는 제도이다. 이는 논문이나 박람회 참석 등으로 인해 실수로 먼저 공지한 경우에 주로 사용하는 제도로서, 비상시에 대단히 유용한 면이 있지만, 어디까지나 예외적 사용을 해야지 이 제도를 전제로 무분별하게 공지하는 것은 바람직한 전략이라고 볼 수 없다.

본인이 '공지 예외 주장'을 하기까지 아무도 출원한 사실이 없다면 다행이지만, 누군가 본인의 발명을 듣고 먼저 출원한다면 '선원주의' 원칙에 의해 먼저 출원한 사람에게 특허 권리가 주어지기 때문에 권리 취득에 실패할 수 있기 때문이다.

그렇다면 아이디어 단계에서는 어떠한 전략을 구사할 수 있을까? '우선권 제도'를 활용하는 것이 바람직할 것이다. 아이디어에 해당하는 개략적인 특허를 출원(선출원)하고, 1년 내에 발명을 구체화시켜 정식으로 출원(후 출원)하면 출원 날짜를 소급해서 인정해 준다. 즉, 아이디어가 유출될 수 있는 염려에서 벗어나서 자유롭게 제품을 개발할 수 있을 것이다.

오늘날 '아이디어'의 가치는 재조명되고 있다. 소중한 가치를 보호하기 위해서는 '아이디어 대회'보다 '변리사'를 먼저 만날 것을 권고한다.

★ 특허출원 전 '아이디어'라도 공정한 상거래 관행이나 경쟁 질서에 반해 무단으로 영업에 사용하면 부정 경쟁 행위에 대한 책임을 지게 된다.

Q 025 직무발명*

Employee Invention

최혜나 씨는 연봉 3억 원을 받으며
㈜백두전자 수석 연구원으로 근무하고 있다.
세계 최초로 음성 검색 기술을 발명해 특허 등록을 받았는데,
이 특허는 당연히 ㈜백두전자의 것일까?

직원이 직무와 관련해 발명을 하게 되면 이 발명은 누구의 것이 될까? 얼핏 보아 기업의 소유로 하는 것이 정당해 보인다. 연구 개발을 위해 급여를 제공해 채용된 직원이기에 직원의 발명은 마땅히 기업의 것으로 보이기 쉽다. 하지만 이는 보편적 오해 중 하나로 직원이 직무상 개발한 발명이라도 원칙적으로 직원의 것이다.

직원에게 급여 지급이라는 시스템이 있기 때문에, 직원에게서 나온 발명을 아무런 대가 없이 당연히 기업의 소유로 한다면, 소속 연구원이 발명을 하고자 하는 의욕이 강렬할 수 있을까? 그렇지 않을 것이다. 직원은 수동적일 수밖에 없고 이는 결국 기업에게도 '마이너스' 요인이 될 것이 분명하다. 그래서 직무상 발명한 '직무발명'에 대해서는 원칙적으로 발명자의 소유로 한다.

문제는 연구원의 개발물을 발명자의 소유로 하고 기업은 이의 열매를 나눌 수 없다면, 기업도 직원을 고용하고자 하는 의지가 생길 수 없다는 점이다. 고액의 연봉을 주고 채용했는데, 직원의 발명이 모두 직원의 소유라면 어느 누가 연구 개발 인력을 채용하고자 하겠는가? 때문에 기업에게도 발명에 대한 일정 권리가 필요하다.

이렇게 직원의 '발명하고자 하는 의지'와 기업의 '고용하고자 하는 의지' 사이에 균형 감각이 필요한데, 이를 위해 생겨난 것이 '직무발명 제도'이다.

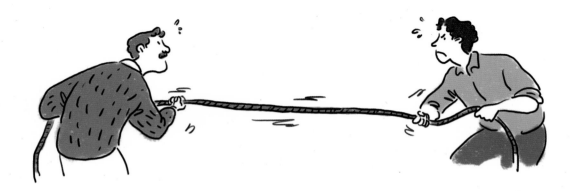

I 회사와 연구개발자는 발명의 소유권을 놓고 종종 다툼을 벌인다.

1. 사전 예약 승계 규정이 있는 경우

회사에 취업할 때 '직원이 직무와 관련된 발명을 할 경우 미리 승계하겠다'는 취지의 '사전 예약 승계 규정'을 체결하는 경우가 있다. 이 경우에 기업은 직원이 발명한 기술에 대해 승계를 할지, 하지 않아야 될지에 대한 의사 판단을 할 수 있다. 승계를 하게 되면, 발명에 대한 권리는 회사가 갖게 되고, 회사는 직원에 대한 정당한 보상을 하면 된다. 회사가 승계하지 않겠다고 통보하면, 그 발명은 직원의 특허가 되는 것이며, 회사는 무상으로 실시할 수 있는 권리가 생긴다.

중요한 점은 종업원이 발명 신고서를 작성해 회사에 제출하면, 회사는 반드시 4개월 이내에 승계 의사를 통지해야 한다는 점이다. 승계하지 않겠다고 통지할 경우 종업원의 발명에 대한 특허를 무상으로 사용할 수 있는 통상실시권을 갖게 되지만, 통지 자체를 하지 않은 경우에는 종업원이 동의해 줄 때만 회사는 무상의 통상실시권을 갖게 된다. 종업원의 동의가 없을 경우 회사는 어떠한 권리도 확보하지 못하게 된다.

2. 사전 예약 승계 규정이 없는 경우

해당 기업에 사전 예약 승계 규정이 없다면 기본적으로 발명은 연구원 개인의 소유가 되고, 회사는 무상의 통상실시권이 생긴다(대기업에게는 무상의 통상실시권조차 발생하지 않는다). 발명자인 연구원이 발명을 회사로 양도를 허락할 때에만 회사는 특허권을 갖게 되고, 직원에게 정당한 보상을 해야 한다.

'사전 예약 승계 규정이 있는 경우와 없는 경우에 별다른 차이가 없는 것 아닌가?'라는 의문이 생길 수 있다. 결과에 있어서는 비슷해 보일 수 있지만, '의사 결정 주체가 누가 되느냐'라는 큰 차이가 생긴다.

사전 예약 승계 규정이 있는 경우, 회사가 그 발명을 소유하고 직원을 보상할지, 아니면 그 발명을 개인에게 주고 회사가 무상의 실시권을 가질지 결정을 할 수 있게 된다. 하지만 사전 예약 승계 규정이 없는 경우, 발명을 한 연구자가 의사 결정의 주체가 되어 발명자가 발명을 소유하고 회사에게 무상 실시권을 줄지, 아니면 회사에 게 권리를 양도하고 정당한 보상을 받게 될지를 결정할 수 있다.

어떠한 상황에 '의사 결정의 주체'가 된다는 것은 대단히 매력적이고 의미 있는 일이다. 이구택 전 포스코 회장에게 포스코 생활 수십 년 중 가장 기뻤던 순간이 언제인지 묻자, '과장'으로 진급했을 때라고 대답했다. 그 이유는 무언가에 의사 결정을 내릴 수 있는 사람이 되었기 때문이었다.

우리는 왜 '소비자는 왕'이라고 생각하는가? 소비자가 물건 구매의 의사 결정권을 갖고 있기 때문이다. 그렇기 때문에 기업마다 고객 만족, 고객 감동을 연구하며 소비자에게 아양을 떠는 것이다.

기업의 입장이라면 하루빨리, 사전 예약 승계 규정을 포함하는 직무발명 제도를 도입해 '의사 결정의 주체'가 될 필요가 있다. 대기업이라면 더욱 점검을 해 보아야 하는데, '사전 예약 승계 규정'이 없을 경우 직원이 허락해 주지 않으면 어떠한 권리도 가질 수 없으므로 매우 시급한 현안이다. 우리나라 기업의 직무발명 보상 제도 도입 비율은 60.2%(특허청, 2016년 기준)에 머무르고 있다.

예약 승계 규정 있음	예약 승계 규정 없음
사용자가 의사 결정	직원이 의사 결정

승계 의사 통지	양도 의사 있음
▶ 사용자가 권리 승계 ▶ 직원에게 정당한 보상	▶ 사용자가 권리 승계 ▶ 직원에게 정당한 보상

부(不) 승계 의사 통지	양도 의사 없음
▶ 직원이 권리 소유 ▶ 사용자는 무상의 통상실시권 취득 ※미통지시 종업원이 동의해야 통상실시권 취득	▶ 직원이 권리 소유 ▶ 사용자는 무상의 통상실시권 취득 ※대기업의 경우 무상 통상실시권 없음

★ 원칙적으로 직원이 직무와 관련해 이루어 낸 발명은 '직원'의 것이다.

026 직무발명 보상

Quid pro Quo

최혜나 씨가 개발한 '초성을 사용한 검색 방법 특허'는
시장에서 폭발적 반응을 받고 있다.
회사 경영 부서에서 자체 제정한 보상 규정에 따라
이를 보상했다면 이는 정당한 것으로 볼 수 있을까?

브루투스, 너마저…!

줄리어스 시저가 칼에 맞아 쓰러지면서 그가 그토록 총애하던 브루터스가 반역의 중심에 끼어 있는
것을 발견한 순간 터져 나온 비탄의 절규였다.

기업 경영을 하다 보면 때로는 예상 밖의 상황을 만나기 마련이다. 여러 가지 어려움이 많겠지만,
아마도 가장 큰 아픔 중 하나가 바로 사랑하는 직원과 발생하는 갈등일 것이다.

평상시 그토록 사랑하던 연구원이, 그가 발명한 특허가 막대한 부를 창출하게 되면, 회사로부터
'과연 내가 정당한 보상과 대우를 받고 있는가?' 반문해 보게 되고, 때로는 다툼이 발생하게 된다.
앞서 우리는 종업원이 직무와 관련해 창출한 발명은 기본적으로 종업원의 소유이며 회사는 무상으로
사용할 권리를 갖는다는 것을 살펴보았다. 그리고 회사에 사전 예약 승계 규정이 있어 회사 소유로
승계할 경우에는 직원에게 정당한 보상을 해야 한다고 배웠다. 그런데 어떠한 보상을 어떻게 해야
정당하다 말할 수 있는가? 기업 대표의 입장에서 생각하는 정당한 보상과 발명한 직원의 입장에서
생각하는 정당한 보상은 상당한 온도 차가 있을 수 있는데, 이에 대한 명확한 이해가 필요하다.

| 2014년도 노벨물리학상 수상자, 나카무라 슈지. 청색 LED 발명에 대한
   2만 엔(약 20만 원) 보상으로 마음에 상처를 받았다.

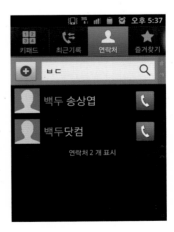

| 휴대폰 초성 검색 기술. 삼성전자와의
   다툼에서 발명자가 일부 승소하였다.

1. 사내 규정을 통한 보상

직무발명에 대한 보상은 원칙적으로 근로 계약 또는 근무 규정에 따라 보상하되, 정한 바가 없으면 법원을 통한 정당한 보상금 산정이 이루어지게 된다. 가능하면 사내 규정을 통한 정상적인 보상 절차를 밟는 것이 바람직한데, 단지 보상 규정이 있는 것 자체를 근거로 정당 보상을 주장할 수 없고, 절차적인 측면을 중시해 합리적인 절차를 통해 보상이 책정될 때 정당한 보상으로 인정받을 수 있다.

회사 내부 규정에 따른 보상이 정당한 보상으로 인정되기 위해서는 ① 종업원과 충분한 협의를 통해 보상 규정을 만들고 문서로 알려야 하며 ② 결정된 구체적 보상 내용은 문서로 종업원에게 알려야 한다. 그리고 불리한 보상 규정의 개정을 할 때에는 반드시 종업원의 과반수 동의를 받아야 한다. 회사의 일방적인 규정의 제정과 공표, 적용은 정당한 보상으로 인정받을 수 없으며, 종업원과의 충분한 협의, 공지, 의견 청취의 절차적 뒷받침이 되지 않을 경우 다툼으로 이어질 수 있다.

보상을 해 주는 종류에는 출원 보상금, 등록 보상금, 실시 보상금 등과 같은 금전적 보상과 승진 보상, 안식년, 펠로십(Fellowship) 제도, 학위 취득 지원 등의 비금전적 보상이 있다.

2. 보상 산정 기준

적법한 절차로 만들어진 직무발명 보상 규정에 의한 보상은 정당한 보상으로 보게 되며, 종업원이 이의를 제기할 경우에는 회사가 얻을 이익과 발명의 완성에 종업원이 공헌한 정도가 고려되지 않았음을 종업원이 입증해야 한다.

다툼이 발생할 경우 최종 법원의 판단에 의지할 수밖에 없는데, 이 경우 법원은 ① 직무발명에 의해 사용자가 얻을 이익의 액수, ② 발명에 대한 사용자 및 종업원의 공헌도(발명자 보상률), ③ 공동 발명자가 있을 경우 그중 발명자 개인의 기여도(발명자 기여율)를 고려해 직무발명 보상금을 산정하게 된다.

동아제약의 무좀약 이트라코나졸 관련 소송에서, [발명으로 기업이 얻을 이익 5,870,229,841원]×[발명자 보상율 10%]×[발명자 기여율 30%]= 176,106,895원을 보상하도록 판결했다.

직무발명과 관련된 다툼에서 가장 대표적인 사례(Leading Case)는 일본 니치아화학의 나카무라 슈지 건이라 할 수 있다. 적색, 녹색은 가능하지만 청색만큼은 유난히 개발에 어려움을 겪던 발광 다이오드(LED) 분야에서 나카무라 슈지는 온몸과 열정을 다했고 마침내 발명에 성공했다. 하지만 이러한 눈물겨운 헌신에 대한 회사의 보상은 고작 과장 진급과 2만 엔(약 20만 원)뿐이었다. 그는 상당한 충격을 받지 않을 수 없었다. 결국 퇴사 후 니치아화학을 상대로 소송을 걸었고, 6억 엔과 지연 보상금 2억 4천만 엔을 지급, 총 8억 4천만 엔(약 84억 원)에 사건이 종료되었다.

나카무라 슈지는 외쳤다. "엔지니어여 일본을 떠나라." 그는 현재 미국 산타바바라대에서 교수로 재직 중이며, 2014년도에 노벨 물리학상을 수상하였다.

최근 우리나라 추세는 발명자의 이익을 적극적으로 보상하는 방향으로 가고 있다. 최종 조정으로 마무리되긴 했지만, 삼성전자의 'HDTV 관련 영상 압축 기술' 다툼에서 법원은 60억 원을 보상하도록 판결한 바 있으며, '휴대폰 초성 검색' 관련 다툼에서도 발명자의 일부 승소를 인정한 바 있다.

★ 직무발명에 대한 '정당 보상'이란 '종업원과의 충분한 협의를 통한 기준 제정'과 '구체적 보상 내용에 대한 문서 통보'가 있어야 인정받을 수 있다.

Q 027 발명자*
Inventorship

㈜백두전자의 송상엽 대표이사는 연구원들에게
'섬유가 타지 않는 다리미'를 개발하도록 지시했고,
일정 온도 이상이 되면
다리가 자동으로 생기는 다리미를 만들었다.
발명의 착상을 한 대표이사도 발명자일까?

발명자에게는 '특허를 출원할 수 있는 권리'가 있으며, 직무발명인 경우에는 '정당한 보상'을 받을 수 있는 권리가 생긴다. 따라서 누가 발명자인가를 정의하는 것은 대단히 의미가 있다.
오직 발명자(또는 승계인)만이 특허를 출원할 수 있고, 발명인 게재란에 등재된 사람만이 직무발명 보상이라는 땀의 대가를 누릴 수 있다.
하지만 실제로 누가 발명자인지를 정하는 것은 생각만큼 쉽지가 않다. 하나의 발명이 완성되기까지 많은 사람과 요인이 투입되기에 쉽지 않은 결정이다. 그럼에도 불구하고 발명자를 정의하지 않고는 특허권을 이야기할 수 없기에 원칙이 되는 기준을 살펴보고자 한다.

| 발명자는 아이디어를 착상한 사람이 아니라, 구체적으로 창작에 기여한 사람을 말한다.

1. 사내: 누가 진정한 발명자인가?

중소기업에서 대표이사의 지시에 의해 발명이 만들어지는 경우가 가장 빈번한 사례 중 하나이다. 사례에서 본 바와 같이, 대표이사는 아내가 옷을 다릴 때마다 옷을 태워 먹는다는 문제점에 착안해 발명이 시작되었고, 회사의 가전제품 분야 연구원이 구체화시켜 발명을 완성한 경우이다. 즉, 대표이사가 발명의 착상에는 참여했으나, 발명의 구체화를 통한 완성에는 참여하지 않은 경우이다.

기본적으로 발명을 '착상'과 '착상의 구체화'로 생각해 판단하는데, 단순 착상 제공자는 발명자로 보지 않으며, 착상 후 구체적인 창작 활동에 참여한 사람만을 발명자로 본다. 따라서 발명의 착상에만 기여한 대표이사는 발명자의 지위를 가질 수 없고, 착상뿐만 아니라 실질적 구체화에 기여할 경우에만 발명자로 인정될 수 있다.

연구에 대한 구체적인 착상이 없는 일반적 관리(단순 관리자), 연구자의 지시에 의한 데이터 종합 및 실험 실행(단순 보조자), 발명자에 자금 또는 설비 이용의 편의를 제공한 자(단순 후원자)는 공동 발명자가 아니다.

2. 사외: 누가 진정한 발명자인가?

사내에서 대표이사와 연구원과의 관계뿐만 아니라, 대외 기관과의 관계에서도 '누가 진정한 발명자인가?'라는 질문과 복잡한 문제는 빈번하게 발생한다.

요즘처럼 아웃소싱과 오픈이노베이션(Open Innovation)이 보편화된 세상에서는 더욱 그러하다. 회사 단독으로 모든 것을 하기보다는 전문화된 집단을 활용하는 것이 보다 바람직하다는 판단 때문에, 때로는 비용의 절감 때문에 외부의 힘과 머리를 빌릴 때가 적지 않다.

예컨대 기업에서 발명을 완성하고 제품 출시를 위해 제조 용역 회사를 선정했는데, 용역 회사가 먼저 특허출원을 하는 경우가 있을 수 있다. 역으로 기업에서 추상적인 아이디어를 던졌을 뿐, 발명의 구체화에는 참여하지 않았으며, 외부 연구 집단을 통해 발명을 완성한 후에 기업에서 단독으로 출원하는 경우도 있을 수 있다.

이와 같이 아웃소싱과 오픈이노베이션 과정에서는 빈번하게 누가 진정한 발명자인지 문제가 될 때가 많다. 하지만 판단하는 원리는 동일하다. 누가 발명의 구체화에 진정으로 참여하는지가 기준이다. 아웃소싱에 대한 단순한 용역 참여로는 발명자가 될 수 없고 발명의 구체화에 참여한 자라야 발명자로 인정이 될 수 있으며, 이노베이션에서도 단순한 착상의 제공자는 발명자가 아니며 착상을 통해 발명을 구체화한 사람이 발명자가 된다.

3. 공동 발명의 단독 출원

대표이사와 연구원의 관계에서, 또는 외부 용역 회사와의 협업 관계에서, 착상뿐만 아니라 발명의 구체화를 통한 완성에 이르기까지의 실질적 협력 관계가 있는 공동 발명의 경우에는 특허를 받을 수 있는 권리 보유자 전원이 출원에 참여해야 한다. 어느 구성원 일부에 의해 또는 단독 출원이 이루어질 경우 무효 사유에 해당한다.

수년 전, 연인 관계이던 두 사람이 공동으로 발명했으나, 연인 관계가 깨어진 후에 특허출원을 희망하던 남자와 이를 인정하지 않았던 여자와의 관계 속에 끝내 특허로 등록을 받을 수 없었던 안타까운 사례를 접한 적이 있다.

발명도 좋지만, 오늘 동료 연구자들과 가슴을 열고 따뜻한 차 한잔 나누어 보는 것이 어떨까? 머리로 하는 발명을 넘어 가슴으로 하는 발명이 가능할 것이다.

★ 발명자는 '착상'한 사람을 뜻하지 않고 '구체화'를 위해 창작에 참여한 사람을 의미한다.

퇴직 후 발명 ____

Invention after Retire

송상엽 씨는 빵이 타지 않도록
'유리 토스터'를 만들면 좋겠다는 생각에
연구 제안을 했으나, 늘 우선순위에서 밀렸다.
답답한 마음에 퇴직 후 창업해 본 발명을 완성했는데
해당 특허는 송상엽 씨 것일까?

기업에서 핵심 인재를 확보하는 것만큼 어려운 것이 핵심 인재의 이탈 방지이다.
핵심 인재와 함께 기업의 성장을 위한 지속 발전 가능성을 확보하면 가장 좋겠지만,
때때로 우수 인재가 회사를 떠나고, 새로운 창업을 하거나 경쟁사에 취업하는 일이 발생한다.
이는 기업의 입장에서 보면 '핵심 인재'의 유출뿐만 아니라
'핵심 기술'의 유출이 뒤따를 수 있기 때문에 강력한 도전 변수가 될 수 있다.
따라서 직원의 퇴직과 관련된 발명의 권리 관계를 이해하는 것이 기업 경영에 큰 도움을 줄 수 있다.

| '찰떡파이'(삼진식품) 개발자가 청우식품으로 옮긴 후 출시한 '찰떡쿠키'

1. 퇴직 후 발명의 완성

퇴직 전에 발명의 착상(Conception)을 했지만, 퇴직 후 새로운 직장에서, 또는 벤처 창업을 통해 발명을 구체화(Reduction to Practice)했다면 퇴직 연구원의 발명이 된다. 앞서 살펴본 바와 같이 발명자란 발명의 착상뿐만 아니라, 기술적 사상의 창작에 실질적으로 기여한 사람을 의미하기 때문이다.

따라서 기업의 입장에서는 퇴직 전에 발명의 착상뿐만 아니라 발명의 구체성이 실현되었음을 입증해 두는 것이 필요한데, 연구의 개발 진척도를 입증하는 것은 생각만큼 쉽지가 않다. 이러한 어려움을 최소화시켜 줄 수 있는 것이 바로 '연구 노트'이다.

'연구 노트'를 통한 연구 관리를 정밀하게 해 두면, 향후에 퇴직 후 발명에 대한 퇴직자와의 다툼에서 훌륭한 입증 자료가 될 수 있다. 또한 연구 노트 자체가 퇴직 직원과의 다툼을 사전에 예방하는 효과도 가져올 수 있다.

비록 작성과 관리가 번거롭다 하더라도 훗날 발생할 수 있는 다툼을 미연에 방지하고, 회사에서 투자했던 노력에 대한 땀의 대가가 누수되는 것을 방지할 수 있는 강력한 수단이기에 기업에서는 반드시 연구 노트 작성을 의무화할 필요가 있다.

2. 퇴직 전 발명의 완성(기술 유출)

발명의 착상 단계를 넘어, 발명이 구체화된 완성 단계에서 직장을 옮기거나 새로운 창업을 한다면 이는 명백한 기술 유출에 해당한다.

수년 전 찰떡파이 대전이 벌어졌던 것을 우리는 기억하고 있다. 삼진식품에서 5년 동안 30억 원이라는 적지 않은 금액을 투자해 개발한 찰떡파이 특허 기술을, 퇴직한 직원이 청우식품에 노출하며 삼진식품의 시장을 잠식해 온 것이다.

당시 삼진식품은 초코파이 시장의 절대 강자이던 '오리온'의 아성을 무너뜨리며 무섭게 시장에서 성장하고 있었다. 국민 과자로 통하는 '오리온 초코파이'의 30년 아성에 도전장을 내밀고, 전통 찹쌀떡에 초콜릿을 입힌 '찰떡파이'를 독자 개발해 선풍적 반응을 이끌고 있었던

것이다. 특히 가루가 키보드에 떨어지지 않는다는 장점 때문에 PC방 등에서 폭발적 인기를 누렸다.

'찰떡파이'가 거인 '오리온 초코파이'와 어깨를 겨룰 만큼 급성장하는 사이, '찰떡쿠키'가 시장에 등장했고, 그 중심에는 '찰떡파이'를 개발한 삼진식품의 전 직원이 있었다.

삼진식품에서 연구 개발 부장으로 근무했던 직원이 청우식품으로 직장을 옮긴 후 개인 노트북에 있던 찰떡파이의 배합 비율표 등을 활용해 '찰떡쿠키'를 출시하고 제조 방법도 특허 등록을 받은 것이다.

결국 삼진식품과 청우식품 사이에는 치열한 다툼이 생겼는데, 대법원이 청우식품의 특허를 무효로 판단하면서 사건은 일단락되었다. 참으로 다행스러운 결과이지만, 만일 '찰떡쿠키'의 특허가 정당화되었다면 어떻게 되었을까? 삼진식품에 치명적 타격을 줄 것이 명백하다.

3. 진정한 발명자가 아닌 출원

특허는 오직 발명자(또는 이의 승계인)만이 출원할 수 있는 권리를 갖게 된다. 진정한 발명자가 아니면서 권리를 획득하려 한다면, 출원 중인 경우 특허청 심사관에게 관련 정보를 제공해 권리화를 막을 수 있고, 이미 등록된 상태라면 특허심판원을 통해 무효화시킬 수 있다.

하지만 '정보 제공'과 '무효화'는 상당한 수고와 불확실성을 동반하기에 힘겨운 가슴앓이를 하게 된다. 이런 수고와 불확실성을 최소화하기 위해서는 연구원들에게는 연구 노트 작성을 의무화해야 한다. 연구 노트는 연구 개발의 진척 정도를 알 수 있을 뿐만 아니라, 진정한 발명자를 알 수 있는 명확한 근거 자료가 되기 때문에 상당 부분의 다툼을 미연에 방지할 수 있어 연구 개발 기업에게는 반드시 필요하다.

★ 퇴직 후 발명의 완성은 발명자의 몫이지만, 퇴직 전 완성된 발명은 회사의 직무발명에 해당한다.

Q 029 공유*
Joint Ownership

KAIST 최혜나 교수는 LG화학 지원으로 '떠먹는 당뇨병 치료제'를 개발했고, 특허권은 5 대 5로 공유했다. 최혜나 교수가 LG화학의 동의 없이 벤처 창업해 치료제를 판매할 수 있을까?

오픈이노베이션의 바람이 강하게 불고 있다. 과거에는 기업 내부에서 모든 연구 개발과 아이디어를 충당하는 폐쇄형 혁신(Closed Innovation)이 주류를 이루었지만, 정보화 혁명과 함께 지식의 증가 속도가 가속화되고 지식 근로자의 이동성이 증대됨에 따라 개별 기업이 혁신적 아이디어를 독점하는 것은 사실상 불가능해졌기 때문이다. 우리나라의 경우 국가 전체 공학박사의 70% 정도가 대학 내 소속을 두고 있기 때문에 기업 입장에서는 더더욱 개방형 혁신이 필요한 현실이다.

이러한 필요성으로 인해 기업과 대학의 협업(Collaboration)은 자연스럽게 확대되는 추세인데, 문제는 지식재산의 소유권 이슈이다. 10여 년 전에만 해도 예산을 지원한 기업이 당연히 지식재산의 권리자가 되는 풍토였다. 하지만 대학이 산학협력단을 중심으로 지식재산의 가치에 눈을 뜨면서부터 상황은 달라졌고, 최근의 산학 협동 창출물인 지식재산은 '공유(公有)'하는 추세이다.

| 각자 나누어 먹을 수는 있으나, 다른 사람에게 나누어 주려면 동의가 필요하다.

1. 자기 실시 O.K.

기업의 투자로 연구 개발해 생성된 특허권을 공유한 경우, 대학은 자유롭게 그 특허를 실시(활용)할 수 있을까? 즉, 기업의 동의 없이 대학교가 자체적으로 마케팅해 수익을 창출하는 사업을 수행할 수 있을까? 그리고 직접 사업을 수행하는 것이 여의치 않다면 대학이 보유하고 있는 지분에 대해 다른 기업에게 양도할 수 있을까?

특허권이 공유인 경우 공유자는 상대방의 동의 없이 자유롭게 자신이 특허를 실시할 수 있다. 이를 자기 실시라 하는데, 자기 실시에 대해서는 독자적인 사업 수행이 가능하다. 이 경우 어디가 유리할까? 마케팅 능력이 있는 곳이 유리할 것이다. 통상은 학문을 하는 대학보다는 사업 경험이 풍부한 기업에게 유리할 것이다. 하지만 최근 들어 대학이 기술 지주 회사와 같은 것을 만들어 사업 전선에 직접 뛰어드는 경향이 강해지고 있어, 반드시 기업이 유리한 것만은 아니다.

자기 실시의 경우에는 공유자의 동의 없이 특허를 사용할 수 있는데, 공유자가 직접 실시하지 않고 하청의 방법으로 실시하는 경우도 자기 실시에 해당하는지 의문이 생길 수 있다.

생각건대 오늘날 연구 개발과 같은 핵심 역량은 자체적으로 보유하고 제조, 생산과 같은 영역은 아웃소싱(Outsourcing)하는 경영 형태가 증가하는 상황 속에서, 반드시 자신의 생산 시설을 통한 제조만을 자기 실시로 한정한다면, 특허 공유자가 자기 실시라는 틀에 갇혀 효율적인 경영 방식을 적용하지 못하는 문제가 발생할 수 있기 때문에 일반적으로 하청의 경우도 자기 실시로 본다. 공유자의 지휘 감독 하에 공유자 사업의 일환으로 단순히 하청 계약 내용을 이행하는 것이라면 '자기 실시'의 범주로 볼 수 있다.

자기 실시를 통해 막대한 수익을 창출한 경우 상대방까지 보상해야 되지 않을까 의문을 품는 사람이 있지만 그렇지 않다. 예컨대 LG화학과 KAIST가 공동 개발한 특허에 대해 LG화학이 실시를 통해 막대한 수익을 창출한 경우, 발명자 명단에 있는 KAIST 교수들에게도 보상할 의무가 있는가의 문제다. 이럴 경우 보상할 의무는 없다. 직무발명 보상은 어디까지나 고용자와 종업권과의 관계이지, 공동 개발 상대측 발명자에게까지 이루어지는 것은 아니다.

2. 타인 실시 Not O.K.

'자기 실시'에 대해서는 동의 없이 자유롭게 실시할 수 있다 했는데, 직접 실시하는 것이 여의치 않다면 지분을 다른 사람에게 자유롭게 양도할 수도 있을까? 그렇지 않다. 자신이 직접 실시하지 않고 다른 사람이 실시하는 것을 '타인 실시'라 하는데, 타인 실시를 위해서는 반드시 공유자 전원의 동의가 있어야 한다.

하청의 경우에도, 단순 하청의 범위를 벗어나 타인에게 전용실시권이나 통상실시권을 허락하는 경우, 또는 지분에 질권을 설정하는 경우라면 이는 타인 실시에 해당해 다른 공유자 전체의 동의를 얻어야 가능하며, 동의 없는 타인 실시는 침해가 된다.

대학이 공유자 동의 없이 자유롭게 타인에게 양도가 가능할 경우, 해당 특허가 공유 기업의 경쟁사에게 넘어가는 경우를 배제할 수 없고, 이는 상당히 불합리한 결과로 이어질 수 있다. 산학 공동 연구 개발을 통해 창출된 특허 기술을 경쟁사에게 실시하게 된다면, 기업의 입장에서는 선뜻 공동 개발에 투자할 수 없을 것이고 이는 대학의 연구 개발 위축을 야기할 수 있을 것이다. 이러한 이유로 '타인 실시'에는 공유자 전원의 동의를 요구하는 것이다.

참고로 미국에선 자기 실시뿐만 아니라, 타인 실시에 대해서도 상대방의 동의가 필요 없다.

★ 지식재산이 '공유'인 경우 '자기 실시'는 자유롭게 할 수 있지만 '타인 실시'는 상대방 동의가 필요하다.

Q 030 특허 기술 거래
IP Licensing

송상엽 씨는 설거지를 할 때마다 허리가 아프자
'높낮이 자동 조절 싱크대'를 발명했다.
직접 사업 전선에 뛰어들기는 녹록지 않은 상황인데,
특허 기술을 물건처럼 사고팔 수 있을까?

요즘 '통섭'이라는 단어를 자주 접하게 되는데, 여러 분야에 높은 이해도를 갖춘 인재를 두고 '통섭형 인재'라고 한다. 하지만 이때 자주 하는 오해 중 하나가 '통섭형 인재'를 모든 것에 능통한 슈퍼맨으로 이해하는 것이다. 통섭형 인재란 결코 모든 것에 능통한 인재를 말하는 것은 아니다.
자신의 전공 분야에 능통하되 다른 분야에 대해서도 폭넓은 이해도가 있어서 전공에만 함몰된 시각을 벗어나 새로운 관점과 시야로 전공 분야를 보다 보면 '창의와 혁신'이 가능하다는 것을 의미하지, 전지전능한 슈퍼맨을 의미하는 것은 아니다.
결국 자신이 가장 잘할 수 있는 부분에 집중하고 다른 분야와 협력하는 법을 배우는 것이 성공 확률을 높여 준다. 발명은 발명자가 잘하고, 사업은 사업가가 잘하기 마련이니, 엔지니어나 과학 기술자의 손에서 탄생한 발명을 사업가의 손으로 연계하기 위해, 해당 발명을 물건처럼 사고팔 수 있을까? 손에 잡히는 물건을 사고 파는 것이 상식인데, 눈에 보이지 않는 '발명 특허'도 사고팔 수 있는 '유통성'이 있는지 살펴보자.

1. 등록특허 라이선스

퀄컴은 플라리온의 핵심 특허 매입을 위해 8억 500만 달러의 인수 비용을 투자했다. 애플(APPLE)은 통신 회사인 노텔(NORTEL)의 특허 6천여 건을 45억 달러에 매입했다. 그리고 구글은 모토롤라의 특허 1만 7천여 건을 125억 달러에 구입했다. 모두 천문학적인 금액인데, 해마다 특허를 포함한 지식재산의 거래가 급증하고 있고, 이제는 특허도 물건처럼 사고팔 수 있다는 것이 거의 상식이 되어 버렸다.

위에서 살펴본 사례를 보면 알겠지만 특허는 1~2건 조각 조각 판매되기보다는 번들(Bundle) 형태의 패키지로 판매되는 경우가 대부분이다. 바이오, 의약품 분야같이 하나의 특허가 하나의 제품을 의미하는 분야에서는 개별 특허 단위로 판매되기도 하나, 통상은 관련 특허의 권리 관계가 얽히고설켜 있어 패키지로 판매되는 것이 현실이다. 특허 보유자라면 '포트폴리오'를 구성해 권리를 촘촘하게 확보해야 라이

| 보이지 않는 특허도 사고파는 대상이 된다.

선스에 유리하다.

특허는 매각(양도)을 통해 완전히 권리를 이전하는 방법이 있지만, 로열티를 받고 실시할 수 있도록 허락해 주는 방법도 가능하다. 실시를 받는 사람에게 독점적 실시권을 주는 '전용실시'의 방식과 비독점적 실시권을 허락하는 '통상실시'의 방식이 있다. 전용실시권을 허락하면 특허권자 자신도 실시할 수 없으며, 전용실시권을 허락받은 사람(기업)은 다른 사람의 침해에 대해 다툼도 할 수 있다.

'전용실시권'은 반드시 등록 원부에 설정해야 효력이 발생하지만 '통상실시권'은 등록 원부에 올리지 않아도 계약이 유효하다. 하지만 특허를 라이선스 받는 입장이라면 통상실시권도 반드시 등록 원부에 등록을 하는 것이 유리하다. 그렇게 해야만 계약 당사자뿐만 아니라 제3자에게까지 권리를 주장할 수 있다.

예를 들어, 본인이 통상실시권을 갖고 있는데 특허권자가 다른 사람에게 권리를 양도한 경우, 등록 원부에 기록되어 있지 않다면 자신의 통상실시권을 새로운 권리자에게 주장할 수 없다. 하지만 등록 원부에 설정 등록되어 있다면 새로운 권리자에게도 통상실시권을 주장할 수 있다. 따라서 통상실시권도 반드시 등록 원부에 설정 등록을 해 권리 관계를 명확히 해 두는 것이 필요하다.

통상실시권은 전용실시권에 비해 당연히 낮은 실시료가 책정된다. 마이크로소프트사 노키아(NOKIA)를 시가 총액(약 15조 9천억 원)의 50%가 채 되지 못하는 헐값(약 7조 9천억 원)에 살 수 있었던 이유는 노키아 특허에 대한 '통상실시권'만 넘겨받는 조건이었기 때문이다.

2. 출원 중인 특허 라이선스

출원 중인 상태에서도 발명이 거래될 수 있을까? 등록되었다면 '등록 원부'라는 곳에 권리가 명확히 게재되어 있어 의문의 여지가 없는데, 아직 권리로 확정되지 않은 상태에서도 '유통'될 수 있을지 의문이 든다.

예전에 황우석 박사의 연구 성과 결과에 대한 진실 논란이 있을 때, 서울대는 출원 중인 특허를 취하포기하려 했고, 황우석 박사는 '특허출원권'을 넘겨 달라고 요구했다. 여기서 보면 알겠지만 출원 중인 상태의 특허 기술도 거래의 대상이 될 수 있다. 완전한 권리 양도는 '출원인 명의 변경'을 통해 가능하고, 실시 허락은 사인 간의 계약으로 이루어질 수 있다. 다만 등록되지 않은 상태이다 보니 신중을 기할 필요가 있다.

| 애플, 캐나다 통신 회사 노텔 인수, 6000건 특허 45억 달러(2011년)

| 구글, 모토롤라 모빌리티 인수, 1만 7000건 특허 125억 달러(2012년)
[사진: 9to5google.com(2012.5.22)]

★ 특허는 사고파는 '유통성'을 가지고 있고, 출원 중인 상태에서도 가능하다.

Q031 특허와 공정거래 _

Patent and Antitrust

㈜백두제약의 신약은 시장 점유율 75%를 차지하고 있다.
후발 주자인 ㈜한라제약과 특허 라이선스 계약을 맺으며,
다른 업체에게 받고 있는 로열티 비율(5%)을
2%로 대폭 낮추는 대신 개량 발명을 할 경우
그것을 ㈜백두제약 소유로 할 수 있을까?

특허는 '독점 배타권'이니 등록만 받으면 아무런 제한 없이 사용할 수 있을까?
그렇지 않다. 아무리 '독점 배타권'이 법적으로 보장된다 할지라도, 때로는 '공정거래'라는 이름 아래
특허의 실시가 제약을 받을 수도 있다. 독점을 보장하는 '특허'와 독점을 규제하는
'공정거래'는 태생적으로 이념적 충돌을 가질 수밖에 없는데, 아이러니하게도
'특허법'과 '공정거래법'이 추구하는 목적이 같다.
특허법은 발명자에 대한 정당한 보상을 통해 산업 발전을 이루는 것을 목적으로 하고,
공정거래법은 독과점을 규제해 공정한 거래를 바탕으로 산업 발전을 추구하는 것이다.
같은 목적을 위해 상이한 자세를 취하는 두 제도 속의 경계점을 살펴보자.

특허　▶　산업 발전　◀　공정거래

l 특허, 공정거래: 우리의 소원은 '산업 발전'

l 글락소스미스클라인(GSK)은 동아제약이 제네릭(온다론)을 포기하는 조건으로
신약(발트락스) 판매권을 제공하며 '역지불 합의' 를 하였다.

1. 특허와 공정거래

특허 라이선스 계약을 통한 특허권자의 권리 실현 과정에서 특허권자가 이룩한 혁신적 성과에 합당한 보상이 필요하다는 점은 충분히 고려되어야 하며, 특허권자가 정당한 권리 행사를 통해 라이선스 계약을 체결하는 행위에 대해서는 **원칙적으로 공정거래법이 적용되지 않는다.**

하지만 정당한 권리의 행사 수준을 넘어 권리의 남용으로 이어질 때에는 제재를 받는데, 불공정 사례와 관련해 가장 전형적인 경우가 '역지불 합의(Reverse Payment Settlement)'이다.

'**역지불 합의**'란 오리지널 제약사의 특허 기간 만료에 따라 제네릭 회사가 제품을 출시하거나 판매하는 것이 가능하지만 이를 포기 또는 연기하는 조건으로 경제적 이익을 제공받는 경우를 의미한다. 대부분의 경우에는 제네릭 제조사가 오리지널 제약 회사에게 로열티 등의 경제적 대가를 지급해야 하지만, 반대로 오리지널 제약 회사가 제네릭 제약 회사에게 대가를 지급한다는 점에서 '역지불 합의'라 부르는 것이다.

GSK(글락소스미스클라인)가 특허를 보유한 '조프란(구역과 구토에 대한 예방약)'에 대해 동아제약이 '온다론'이라는 제네릭을 개발했는데, GKS가 이의 철수를 조건으로 '발트락스'라는 신약 판매권과 경제적 이익을 제공한 것이 '역지불합의'에 의한 남용으로 판단되었다.

이러한 '역지불합의' 외에 '끼워 팔기'도 불공정거래에 해당할 여지가 높은데, CDMA와 관련한 핵심 특허를 보유하고 있는 퀄컴에 대해 지식재산권 남용에 따른 2,732억 원의 과징금과 시정 명령이 내려진 바 있다. 퀄컴이 국내 휴대폰 제조사에게 경쟁사 모뎀 칩을 사용하는 경우 차별적인 기술료를 적용하고, 자사 모뎀 칩을 구입하는 기업에게는 리베이트를 제공했는데 이를 남용으로 본 것이다.

2. 공통의 경제 철학: 산업 발전

위에서 살펴본 두 가지 사례의 공통점은 모두 '산업 발전'에 역행했다는 점이다.

GSK의 특허 기간이 종료됨에 따라 동아제약이 제네

릭(온다론)을 판매함으로써 시장의 건전한 경쟁이 촉발되고 산업 발전에 도움이 되는 기본적인 구조가 형성될 수 있음에도 불구하고, GSK가 또 다른 신약(발트락스)에 대한 독점 판매권을 제공하는 조건으로 동아제약의 제네릭을 포기하게 함으로써 경쟁을 제한하고, 산업 발전에 어떠한 도움을 주지 못하는 결과를 야기한 것이다.

퀄컴의 CDMA 특허 기술에 대한 기술료 정책이 자사 모뎀 칩에 대한 '끼위 팔기'와 연동되어, 산업 발전을 저해한 것이 문제가 된 것이다. 특허는 어디까지나 CDMA와 관련된 것이지, 모뎀 칩은 전혀 관계가 없음에도 불구하고, 특허의 독점력을 확장적으로 이용해 결국 모뎀 칩에 대한 건전한 경쟁을 제한하고, 산업 발전을 제한한 것이므로 마땅히 불공정거래로 볼 수 있는 것이다.

이와 같이 독점을 인정하는 '특허 제도'와 독점을 규제하는 '공정거래 제도'는 이념적 충돌이 있음에도 불구하고 '산업 발전'이라는 공통의 목적을 위해서는 서로 손을 맞잡게 되어 있다.

살펴본 사례 외에도 특허권자가 해당 특허가 무효임을 인지하고 있는 경우에도 불구하고, 기술료를 계속 지불하도록 한다든지 해당 특허에 대해 다투지 않아야 한다는 의무를 부과하는 것, 라이선스를 받은 기업의 개량 발명을 원 특허권자에게 귀속시켜 기술 혁신 유인을 감소시키는 것도 산업 발전에 도움이 되지 않아 불공정거래에 해당한다.

라이선스 계약을 체결하는 당사자의 시장 지위를 고려해 볼 때, 하나의 사업자가 50% 이상의 시장 점유율을 차지하는 경우, 또는 셋 이하의 사업자 시장 점유율 합계가 75% 이상인 경우에는 시장 지배적 사업자로 추정되어, '권리 남용' 문제를 더욱 엄격한 기준으로 바라보게 된다.

★ 특허의 권리 남용은 산업발전에 도움이 되지 못해, 라이선스 계약이 무효화될 가능성이 있다.

Q032 표준특허

SEP: Standard Essential Patent

유럽전기통신표준협회(ETSI)는 4세대 이동통신(4G)
표준으로 '와이브로' 대신 'LTE'를 선정했다.
중복 투자 방지와 상호 호환성을 높이기 위하여 채택한
표준을 구현하기 위해 필요한 기술들도
특허 등록이 가능할까?

세기의 논란을 일으킨 '삼성–애플 전'에는 많은 다툼의 내용이 있지만, 애플이 핵심적으로 주장하는
것은 '트레이드 드레스'이며, 삼성이 핵심적으로 주장하는 것은 '표준특허'이다.
트레이드 드레스에 대해서는 상표 파트에서 살펴볼 것이므로 여기에서는 '표준특허'에 대해 살펴보자.
'표준특허' 이슈는 오바마 미국 대통령의 거부권 행사로 더욱 관심이 집중되었는데, 이는 26년 만의
이례적 행사였기 때문이다. 미국 무역위원회(ITC)는 2013년 6월 4일, 애플의 아이폰과 아이패드가
삼성전자의 3G 이동 통신 기술을 사용했다는 판단 아래, 해외에서 제조된 애플 제품의 미국 내 수입을
금지하는 결정을 내렸지만, 오바마 대통령이 이에 대해 거부권을 행사한 것이다.
삼성전자가 '표준특허'를 남용했다는 이유로 거부권을 행사한 것인데, 다툼의 정점에 자리 잡고 있는
'표준특허'와 '남용' 문제를 살펴보자.

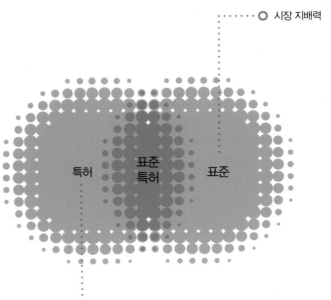

| 표준특허, '기술 지배력'과 '시장 지배력' 모두를 갖게 된다.

1. 표준특허 : 기술 지배력 + 시장 지배력

중국의 춘추 전국 시대를 통일한 진시황, 그리고 조선 시대 최고의 리더십으로 꼽히는 세종대왕의 핵심 정책 중 하나는 바로 도량형의 통일이다. 각종 치수와 규격이 일치되지 않아 탐관오리가 세금을 과대 징수하는 방법으로 악용되고, 또한 백성 사이에서도 통일된 규격이 없어 혼란과 비효율성이 가득한 점에 착안해 강력한 표준 정책을 펼친 것이다.

오늘날 산업과 경제의 효율성을 높이기 위해서는 길이나 무게뿐만 아니라 부품, 기술의 호환성까지도 요구되고 있기 때문에 '표준'이 더욱 중요하게 인식되고 있으며, 국가 및 개별 기업은 자신들의 기술을 국제 표준(Global Standard)으로 만들기 위해 힘겨운 싸움을 하고 있다. 표준을 확보하기 위한 전쟁은 1970년대 소니(베타맥스)와 마쓰시다(VHS)가 VCR(비디오카세트 레코더) 방식을 놓고 다투는 것으로부터 시작되어, 오늘날 이동 통신 표준화 방식까지 계속되고 있다.

전송 속도를 획기적으로 늘릴 것을 요구했던 4G 기술에서 우리나라가 세계 최초로 개발에 성공하며 '와이브로'를 표준으로 제안했으나 유럽의 'LTE'와의 표준 경쟁에서 밀려 세계 시장 석권을 놓친 것은 대단히 안타까운 일이다. 만일 와이브로가 국제 표준으로 채택되었다면 어떠했을까? 2G에서 CDMA 때문에 5조 원에 달하는 로열티가 지출되었음을 생각할 때 와이브로가 국제 표준이 되었을 경우의 파급 효과란 실로 상상조차 하기 힘들 정도다.

표준은 ISO(국제표준화기구), ITU(국제전기통신연합), ETSI(유럽전기통신표준협회) 등의 표준화 기구/단체에서 결정하게 되는데, 일단 표준으로 설정되면, 그 규격을 구현하기 위해 수많은 특허가 동원되는데, 이것을 '표준특허'라 한다.

표준특허는 태생적으로 회피 설계가 곤란하고, 침해했음을 입증하기가 쉽기 때문에 '특허 중의 특허'로 불리며 특A급 특허로 인정받게 된다. 특허라는 '기술 지배력'과 표준이라는 '시장 지배력'을 동시에 확보하게 된 것이니 그 힘과 영향력은 매우 강력하다 말할 수 있다.

이런 표준특허와 관련해, 특허 보유자가 다수이거나 또는 새롭게 시장에 진입하려는 제조업체가 다수인 경우, 라이선싱에 대단히 많은 시간과 노력이 필요하다. 이러한 문제점을 해결하기 위해 특허풀(Patent Pool)에 대한 특허 관리 회사를 만들어 '원스톱 쇼핑'을 가능토록 했다. 새롭게 시장에 진입하고자 하는 자는 특허풀의 특허 관리 회사에게만 특허료를 내고 라이선스를 받으면 되고, 특허 관리 회사는 특허료를 다수의 특허 보유자에게 배분하면 된다.

예컨대 디지털 TV 제조업체가 '디지털 방송 관련 표준특허'를 사용하기 위해서는 1대당 약 5달러의 특허료를 특허풀인 MPEG LA에 지불하고 있으며, MPEG LA는 그 수익을 배분하고 있다.

2. 표준특허의 프랜드

표준특허는 '시장 지배력'에 '기술 지배력'이 더해지는 초강력 권리이기 때문에, 앞서 살펴본 것처럼 '권리 남용'에 해당하지 않도록 각별히 유의해야 한다. 이를 위해서는 표준화 기구/단체에서 제시하는 일정 조건을 따라야 하는데, 가장 대표적인 것이 바로 '프랜드(FRAND: Fair Reasonable and Non-Discriminatory) 조건'이다. 즉, **표준특허권의 행사는 공정하고, 합리적이며, 비차별적으로 해야** 하는데, 이를 위반하면 '남용'에 해당한다. 현재 애플은 삼성전자가 프랜드 조항을 위반했다고 주장하고 있다.

표준특허의 힘이 워낙 강력하다 보니, 프랜드 조항 이외에도 이를 제한하려는 움직임이 있는데 바로 '금지청구권'의 제한이다. 오바마 정부는 표준특허 관련 문제는 '손해배상'으로만 문제를 해결해야지, 수출입과 관련한 '금지청구'까지 해서는 안 된다는 이유로 거부권을 행사한 것이다.

★ 표준특허('표준' 구현에 동반되는 '특허')의 경우 '기술 지배력'과 '시장 지배력'을 동시에 갖게 된다.

Q033 강제실시권

Compulsory Licensing

다국적 기업인 ㈜ANTIAIDS는 AIDS 치료제를 개발해
특허 등록을 마쳤다.
AIDS는 폭증하고 있지만, 치료제는 고가이고
공급도 절대적으로 부족한 상황이다.
등록특허를 허락 없이 사용할 수 있는 방법은 없을까?

2009년 온 세상을 떠들썩하게 만들었던 사건이 있었다. 바로 신종 플루 사건인데,
미국 캘리포니아 샌디에이고에서 처음 발생했고, 전 세계적 확산에 따라 온 인류는 긴장했다.
많은 매스컴들은 앞다퉈 신종 플루 이야기를 전했으며, 일부 전문가들은 인류의 3분의 1 정도가
신종 플루 바이러스로 죽을 것으로 예측하는 등 험악한 기사들이 끊이지 않았다.
필자의 큰딸도 신종 플루에 감염되어 입원을 해 더욱 선명하게 기억하는데, 당시 가장 이슈가 되었던
것이 바로 '강제실시권'이었다. 마땅히 다른 사람의 특허를 사용하기 위해서는 특허권자의 허락을
받아야 하지만 이런 급박한 상황에서는 정부가 강제실시권을 허락해야 하지 않느냐는 것이다.

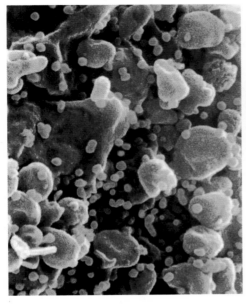
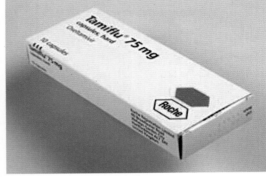

| AIDS 치료제 '푸제온(좌)'과 조류 인플루엔자 치료제인 '타미플루(우)'에
대해 강제실시권 논란이 뜨거웠다.(출처: www.roche.com)

1. 강제실시권

당시 정부 부처 내에서도 찬반론이 치열하게 일었고, 국회에서도 그 필요성을 제기했지만 결국 받아들여지지 않았다.

이에 앞서 AIDS 치료제인 푸제온과 관련된 특허에 대해서도 강제실시권이 받아들여지지 않았는데, 어떠한 경우에 강제실시권이 허락되는지 살펴볼 필요가 있다.

강제실시권이란, 특허 발명이 국내에서 실시되지 않거나 또는 국내 수요를 충족할 정도로 충분하게 실시되지 않고, 공공의 이익이 특히 필요한 경우에 특허권자의 의사와 관계없이 강제로 통상실시권을 허락해 주는 제도이다.

푸제온에 대해서는 국가인권위원회에서 특허청장에게 '환자 건강권 보호를 위해 푸제온과 관련한 특허 발명의 강제실시가 바람직하다'는 의견을 표명했다.

하지만 특허청은 "푸제온이 환자의 생명과 밀접한 관련이 있어 공급 조치가 필요한 것은 인정되지만 강제실시를 인정할 정도로 공공의 이익을 위해 '특히 필요한 경우'에 해당한다고 보기 어려우며, 현재 무상 공급 프로그램에 의한 공급이 이뤄지고 있고, 통상실시권이 허용되더라도 특허권자가 원료 등을 독점하고 있어 푸제온의 국내 생산이나 공급이 어렵다는 점, 푸제온 이외의 에이즈 치료제가 국내 시판 단계에 있다"는 점을 이유로 허락하지 않았다.

타미플루의 경우에는 특허청에서는 '국민 보건에 위협이 되는 상황이면 충분히 강제실시 요건이 된다'고 말했지만, 역으로 보건복지부는 정부가 이미 대유행에 대비해 필요한 타미플루를 충분히 비축해 두고 있다고 언급하면서 강제실시에 대해 부정적 입장을 보였다.

결국 국내에서 강제실시권이 허락된 적이 없는데 태국, 인도 등의 국가에서는 폭넓게 강제실시권을 인정하고 있고, 미국도 탄저균과 관련된 특허에 강제실시권을 발동한 적이 있다.

강제실시권은 예외적 제도로 자칫 잘못하면 무역 보복 조치 등의 역풍을 맞을 수 있기에, 조심스러운 접근이 필요한 것은 사실이다. 하지만 분명한 것은 특허 제도의 목적은 '사익의 보장을 통한 공익의 실현'이므로, 지나치거나 부당한 가격 정책으로 국민의 생존권이 위협받는 상황이라면 강제실시권을 허락할 필요가 있다.

2. 사회적 책임

이와 같이 급박한 상황은 강제실시권이라는 제도를 통해 해결할 수도 있지만, '사회적 책임(Social Responsibility)'의 관점으로도 접근해 볼 수 있다.

세계적 경영의 그루 필립 코틀러는 그의 명저《마케팅 3.0》에서, '사회적 가치'를 강조하면서, '사회적 책임'을 주장했다.《마케팅1.0》에서는 제품이,《마케팅 2.0》에서는 소비자가 시장을 이끌었지만, 다가올《마케팅 3.0》시대에는 '사회적 책임'으로 소비자의 영혼까지도 움직일 때 시장을 이끌 수 있다는 주장이다.

이러한 사회적 책임과 관련된 대표적 특허 사례로는 머크(Merck) 사의 사상충증(River Blindness) 치료제를 들 수 있다. 막대한 연구 개발 끝에 개발한 신약이 수익원(Cash Cow)이 될 수 있음에도 불구하고, 주요 소비층이 오염된 강가의 1,800만 명과 절대적 빈곤층이라는 사실 앞에, 자신들의 신약 '멕티잔(Mectizan)'을 필요로 하는 누구에게나 무상으로, 영구 공급할 것을 선언했다. 경영진의 빛나는 의사 결정이며, 특허로 사회적 책임을 다해 가는 아름다운 모습으로 우리의 뇌리 속에 남아 있다.

특허. 분명 땀 흘린 창작에 대해 정당한 보상을 해야 하고 사회는 이를 인정해야 한다. 하지만 부를 창출한 특허 기업이라면 수익과 동시에 사회적 책임을 고려해 아름다운 세상을 그려보는 것도 훌륭한 선택일 것이다.

★ 공공의 이익에 특히 필요하지만 국내 수요가 충족되지 못할 경우 강제실시권을 허여할 수 있다.

Q 034 지식재산 금융
IP Finance

㈜백두전자는 간단한 지문 인식만으로 암 진단이 가능한
전자 키트를 발명해 특허 등록을 받았다.
제품 양산 및 마케팅을 위해 막대한 자금이 필요한데,
특허를 담보로 삼을 수 있을까?

많은 중소기업들이 겪고 있는 애로사항 중의 하나는 바로 '금융' 문제일 것이다. 상당한 자원을 들여
연구 개발(R&D)을 하고, 결과물의 우수성이 인정되어 특허의 권리화를 진행 중에 있는데,
시장에 진입하기 위해서는 추가적으로 막대한 비용이 필요하다. 이때 중소기업들이 갖게 되는 생각 중
하나가 본인이 개발해 보유하고 있는 특허에 기반해 금융 지원을 받을 수 있는 방법은 없을까이다.
지식재산은 그 언어에서부터 느낄 수 있듯이 본질상 재산권이다. 당연히 지식재산권은 담보물로
활용될 수 있고, 투자의 대상도 될 수 있다. 문제는 해당 지식재산이 얼마만큼의 가치를 갖고
있느냐인데, 가치평가는 생각처럼 측정이 쉽지가 않고 '신의 영역'으로 불릴 만큼 어려운 영역이다.
지식재산은 태생적으로 시간이 흐를수록 '진부화'되는 것을 피할 수 없고 등록받은 권리가
'무효화'될 수 있는 리스크를 가지고 있기 때문에, 가치에 대한 평가는 매우 어렵다.
게다가 우리에게는 벤처 거품의 아픔이 남아 있어서,
금융 기관이 '지식재산 금융'에 새롭게 도전하는 데에 머뭇거리게 만드는 요인이 되고 있다.

| '돈만 드는 지식재산'이 아닌 '돈 만드는 지식재산'은
담보로 활용할 수 있다.

1. 지식재산 평가

지식재산은 분명한 재산권이고 권리 관계가 명확해 일반 기술과도 구분할 수 있는 장점을 가지고 있다. 그리고 창조 경제라는 거대한 물줄기가 지식재산의 가치를 '재조명'하면서, 다시 우리를 '지식재산 금융'이라는 시험대에 올려놓았는데, 그 출발점은 지식재산에 대한 평가로부터 시작된다.

지식재산에 대한 가치를 금액으로 살펴보는 가치 평가는 크게 4가지 방법이 사용된다. 첫 번째는 **시장 접근법**으로서 유사한 지식재산이 거래된 가치에 근거해 비교·분석을 통한 가치 평가 방법이다. 가장 정확할 수 있으나, 부동산처럼 상당히 많은 사례가 축적되어야 가능하다. 두 번째는 **비용 접근법**이 있는데, 지식재산을 개발하는 데 투자된 원가를 추정해 가치를 산정한다. 가장 보수적인 방법에 해당한다. 세 번째는 **수익 접근법**이 있는데 경제적 수명 동안 발생하는 경제적 이익을 현재 가치로 전환하는 방법이다. 마지막으로 네 번째는 **로열티 공제법**인데 해당 지식재산을 누군가로부터 라이선스받는다면 지불해야 되는데 자체 개발로 인해 절감된 로열티 지불액을 현재 가치로 환산하는 방법이다.

지식재산 가치 평가는 주로 한국발명진흥회, 기술보증기금, 과학기술정보연구원 등 평가 기관에서 이루어지고 있으며, 일부 금융 기관은 직접 평가하기도 한다.

지식재산에 대한 평가를 금액이 아닌 등급으로 제시하는 방법도 있다. SMART3(특허분석평가시스템, 한국발명진흥회 운영, smart.kipa.org)는 등록 특허번호를 입력하면 9등급(AAA~C)으로 즉시 결과를 받아볼 수 있다. 이는 매년 20조 원 이상 투입되고 있는 국가연구개발 결과에 따라 산출된 특허의 질(質) 관리를 위해 사용되고 있으며, 일정등급 이상 될 경우 신용보증기금에서 운용하는 금융상품을 활용할 수도 있다.

2. 지식재산 금융

가치 평가 결과는 지식재산의 거래나 현물 출자용으로 사용되기도 하지만 보증, 담보, 투자 등 다양한 금융수단과 연계가 되기도 한다. 보증이나 담보는 외부 평가 기관의 가치 평가에 기초해 은행에서 대출을 받는 구조인데, 보증의 경우에는 보증 기관(신용보증기금이나 기술보증기금)에서 발급한 보증서를 기초로, 담보의 경우에는 지식재산 평가 전문 기관(한국발명진흥회 등)에서 이루어진 가치 평가 보고서를 기초로 금융권에서 대출을 진행한다.

'담보나 보증'이 대출 상품과 연계되어 있다면 지식재산에 대한 투자도 가능한데 '모태 펀드가 활발히 활용되고 있다. 특허청이 2006년도 모태 펀드(특허계정)를 조성한 이후 2017년도까지 총1,600억 원을 출자했는데, 운용사가 총1조 원에 이르는 투자를 할 수 있는 마중물이 되었다.

최근에는 우수 지식재산을 보유한 기업을 대상으로 하는 '창의기업형'뿐만 아니라, 우수 지식재산 자체에 투자하는 '창의자본형' 지식재산 금융도 활발히 이루어지고 있다. 자산으로서의 매력도가 높은 지식재산이 대상이 될 수 있는데, 'SALE & License Back' 방식이 활용된다. 이는 일단 특허를 매각한 후 다시 로열티 계약을 체결하여 특허를 실시하게 되는 구조이다. 기업은 사업이 정상 궤도에 오르면 지식재산을 되사올 수 있는 선택권을 갖게 되며, 만일 사업이 부실하면 은행은 지식재산을 매각해 자금을 회수하게 된다.

시나브로 '가능성에 투자하는 금융 환경'이 조성되어 가고 있다. 우리에게 벤처버블의 아픔이 있지만, 이제는 과거의 프레임을 벗어 버리고 새 술을 새 부대에 담아야 할 시점이다.

★ 특허는 지식재산권의 일종으로, 재산권이므로 당연히 담보로 활용할 수 있다.

035 특허와 회계[*]

Patent & Accounting

㈜백두닷컴은 특허(향기 자동분석 및 검색 시스템, 10–2134654)를 획득하기 위한 연구개발비로 9억 원을 투입했다.
투입된 연구개발 자금 9억 원은 비용일까? 자산일까?

특허를 창출하기 위해서는 막대한 예산투입이 필요하다. 정부에서 20.1조(2017년도 기준)에 달하는 국가연구개발자금을 투입하고 나서 연간 출원하는 특허가 2만 2천여 건인 것을 생각할 때, 통상 하나의 특허를 창출하기 위해 약 10억 원의 연구개발자금이 소요되는 것을 알 수 있다. 기업의 연구개발 활동도 크게 다르지 않을 것이다.
이러한 연구개발을 위해 소요되는 예산은 회계상 어떻게 인식되는 것인지 살펴볼 필요가 있다. 지식재산을 연구실 안에 갇힌 객체로 보지 않고, 시장에서 살아 꿈틀대는 경영의 대상으로 바라보기를 원한다면 지식재산을 회계에서 어떻게 이해하는지 더욱 정확히 알 필요가 있다.

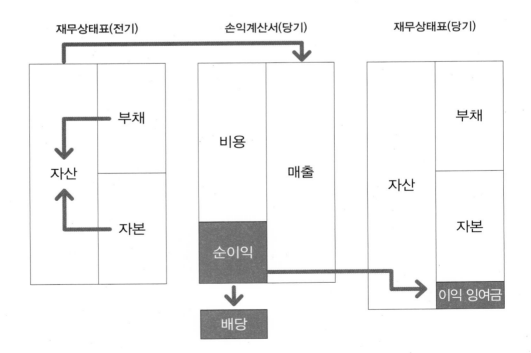

| 재무상태표와 손익계산서의 관계

1. 연구개발비: 비용인가, 자산인가?

우리가 통칭으로 '연구개발비'라 부르는 지출행위를 비용으로 볼 것인지, 자산으로 인식할 것인지는 대단히 중요한 의미를 갖는다. 먼저 회계의 기본적인 원리를 이해할 필요가 있다.

기업은 자본과 부채로 자산을 형성(자본+부채=자산)하고, 이를 기초로 사업을 영위하게 된다. 사업을 영위하면 매출이 발생하게 되고 여기에 비용을 차감하고 나면 이익을 형성하게 되는데, 이중 일부를 주주에 배당하고 나머지가 이익잉여금(매출-비용=이익, 이익-주주배당=이익잉여금)이 되어 자본으로 재투자 된다.

비용이 증가하면 이익이 감소하기 때문에, 기업은 비용을 최소화하여 재무제표 상에 건전한 모습으로 비춰지고자 한다. 따라서, 연구개발비를 비용이 아닌 자산으로 해석하고자 하는 시도가 있을 수 있는데, 자산으로 인식될 수 있다면 이는 해당연도에 모두를 비용으로 처리하는 것이 아니라 상각연한을 정하여 일정비율을 비용으로 인식하게 된다.

비용이냐 자산이냐는 이와 같이 중요한 의미를 갖게 되는데 연구비(Research)는 비용으로, 개발비(Development)는 자산으로 인식하는 것이 원칙이다.

비용이란 제품의 판매나 생산, 용역제공 등 기업의 중요한 영업활동을 위해 일정기간 동안 발생하는 소모적 개념의 이익 감소원인을 말하고, 자산이란 과거의 거래나 사건의 결과로서 특정실체가 취득하였거나 통제할 수 있는 미래의 경제적 효익에 대한 투자적 개념이다. 새로운 지식을 얻고자 하는 기초조사와 탐색 등은 연구활동에 해당되어 비용으로 인식되며, 시제품 개발이나 주형, 시험공장의 건설 등은 개발활동에 해당되어 자산으로 인식된다.

예를 들어 설명하면 쉽게 이해할 수 있을 것이다. 특허 분석평가시스템(SMART3)의 기능 고도화를 위해 2018년도에 신규 투자를 결정하고, 평가모형을 연구하고 자문회의를 진행하는 데 2억 원을 투자하였고, 이를 구현하기 위하여 프로그래밍하여 시스템으로 구축하는 데 5억원이 들었다고 가정하자. 이 경우, 2억원은 비용에 해당되어 당해년도(2018년도) 손익계산서에 반영되고, 5억원은 재무상태표의 자산으로 처리되어 2019년도부터 5년간 매년 1억 원씩 상각하여 이를 비용으로 처리되는 것이다.

2. 특허의 자산성

특허는 통제할 수 있는 권리이고, 미래의 경제적 효익을 창출할 수 있으므로 자산으로 인식된다. 그런데 여기에도 의문이 생길 수 있다. 특허를 회계상 자산으로 인식하는 것은 분명한 사실인데, 진짜 자산으로서 기능하는가 하는 질문이다.

획득된 권리이므로 통제할 수 있는 상태는 분명하지만, 경제적 효익을 창출하기 위해서 현금을 창출하는 데 활용되거나 현금으로 교체가 가능한지에 대해서는 자신 있게 대답할 수 없다. 우리나라는 매년 20만 여 건의 특허가 출원되고 이중 10만 건 정도가 등록되는데, 안타깝게도 많은 부분이 미활용되고 있다. 특허의 보유 목적이 직접 실시(사용)하는 것 뿐만 아니라, 다른 이가 사용하지 못하도록 하기 위한 방어적 목적도 있어서 정확한 통계를 내는 것은 어렵지만 대략 50% 내외의 특허가 활용되지 못하고 있는 것으로 알려져 있다.

이러한 현상은 비단 우리나라뿐만 아니라 세계의 공통된 현상이어서, 현실적 상황을 고려할 때 연구개발비나 특허를 회계 처리함에 있어서는 보수적 접근이 필요하다.

| 특허 및 개발비는 자산으로, 연구비는 비용으로 인식한다.

★ 특허 자체는 자산으로 인식하지만, 원인 행위에 해당되는 연구개발비는 개발비에 해당되는 지출만을 자산으로 인식한다.

Q 036 지식재산과 세금 _
IP and Tax

송상엽 씨는 개인 소유 발명(높낮이 자동조절 싱크대,
10-2134654)을 ㈜에넥스에 실시 허락하고,
매달 1천만 원씩 10년간 로열티를 받고 있다.
해당 수입은 기타소득일까? 사업소득일까?

죽음과 세금은 피할 수 없다. _서양 속담
부잣집에는 창문이 많다는 논리로 창문세를 부과했던 영국, 하나님이 허락하신 형상을 우롱하려거든
수염세를 내라고 명령했던 러시아, 소의 방귀와 트림이 지구온난화에 주범이므로
가축방귀세를 물려야 한다고 주장하는 뉴질랜드 등 별의별 명목의 세금이 있어왔고,
이를 피하기 위한 두뇌싸움도 치열했다.
지식재산과 관련해서도 다양한 세금 이슈가 있다.
특허를 자체 연구개발을 통해 획득할 때 또는 매입·매도할 때 세금 이슈가 발생하는데,
탈세를 해서는 안되겠지만, 절세 방법을 전략적으로 활용할 필요가 있다.

| "죽음과 세금은 피할 수 없다"는 속담처럼 지식재산에도 세금이 뒤따른다.
인센티브 규정을 이해할 필요가 있다.

1. 특허매도 수익: 사업소득 vs. 기타소득

[소득세] 특허 거래가 발생할 경우 기본적으로, 세금은 특허매도자에게 발생한다. 매도자가 법인이라면 수익을 영업수익(매출액) 또는 영업외수익으로 인식하여 이를 기초로 법인세를 내게 되고, 개인(사업자)이 매도자라면 사업소득 또는 기타소득으로 인식하여 소득세를 내게 된다. 법인세에서는 영업수익과 영업외수익을 구분하는 것이 '세금 관점'에서 실익이 없지만, 소득세는 사업소득과 기타소득 사이에 차이가 있어 살펴볼 필요가 있다.

기타소득은 우발적·일회적 소득을 의미하며 사업소득은 계속적·반복적 소득을 의미하므로, 특허양도 및 일시적·일회적 로열티 수입은 기타소득이지만, 정기적으로 로열티를 받는 경상실시료는 사업소득에 해당한다.

기타소득은 사업소득에 비해 여러 가지 유리한 면을 가지고 있는데, 가장 큰 장점은 필요경비를 60% 인정해 준다는 점이다. 세금은 기본적으로 수익에서 비용을 제한 금액을 과세표준으로 하여 여기에 세율을 곱해 산출세액을 정한 후, 세액공제와 세액감면을 제하고 가산세 요인을 더하여 최종 납부세액을 확정하게 된다.

수익(익금)-비용(손금)=과세표준
과세표준×세율=산출세액
산출세액-세액공제-세액감면+가산세=납부세액

얼마나 많은 부분을 비용으로 인정받느냐가 절세의 기본인데, 기타소득은 별도의 증빙 없이 소득의 60%를 필요경비로 보아 비용으로 인정해 준다. 반면 사업소득은 영세사업자일 경우는 단순경비율로, 나머지는 기준 경비율을 기초로 추가적 증빙을 통해 비용으로 인정받게 되는데 많은 시간과 에너지가 투입되어야 하고, 현실적으로 기타소득만큼 필요경비를 인정받기 어려운 면이 있다.

이 같은 장점 외에 기타소득은 분리과세라는 강력한 장점이 있다. 각종 소득을 종합하여 납부하는 종합소득세는 소득구간에 따라 누진세율이 적용되는데, 종합소득세에 무조건 합산해야 하는 사업소득과 달리, 기타소득은 일정금액까지는 분리과세를 통하여 누진세율을 피할 수 있다. 소득금액이 300만 원(총수입 750만 원 중 필요경비 60%를 제한 금액)까지는 분리과세가 가능하다.

사업자등록증이 없는 순수 개인이라면 무조건 기타소득 아닐까 의문을 갖기도 하는데, 순수 개인도 사업소득의 대상이 될 수 있다.

[부가가치세] 매도자(Seller)에게 소득세가 발생하는 것처럼 매입자(Buyer)에게는 부가가치세가 발생한다. 매입자가 부가가치세가 포함된 금액을 매도자에게 지불하면 매도자가 부가가치세를 납부하게 된다. 물론 매도자가 사업자 등록증이 없는 순수 개인이라면 부가가치세 납부 대상이 아니다.

[세금혜택] 특허거래는 여러 세금혜택이 주어진다. 중소·중견기업이 양도할 경우에는 소득에 대한 50% 세액감면이 주어지고, 중소기업이 대여(라이선싱) 하는 경우에는 25% 세액감면이 주어진다. 또한 매수자가 중소기업인 경우에 기술취득 비용에 대해 10% 세액공제를 해 주고, 대기업 또는 중견기업이 중소기업으로부터 기술을 취득하는 경우에도 5%를 세액공제 해 준다. 참고로 '세액감면'과 '세액공제'의 용어에 대하여 혼동하는 경우가 많은데, 소득에 대해서는 세액감면이, 자산이나 비용의 지출행위에 대해서는 세액공제라 한다.

2. 직무발명보상: 근로소득 vs. 기타소득

특허의 출원, 등록, 실시·라이선스 하는 과정에서 발명자가 받게 되는 직무발명보상금은 근로소득일까, 기타소득일까? 분리과세가 가능한 기타소득의 유리한 점은 앞서 설명한 바와 같은데, 연구개발자와 과세당국 간 오랜 기간 다툼이 있어 왔다.

대법원 판례는 이를 기타소득으로 보고 100% 비과세 항목이라는 입장을 취했지만, 과세당국은 2016년 세법개정을 통해 근로소득으로 변경하고 최대 300만 원까지만 비과세 하도록 제도를 변경했다. 직무발명보상금을 지출한 기업에 대해서는 이를 연구 및 인력개발비로 인정하여 25%까지 세액공제 혜택을 준다.

★ 우발적 · 일회적 소득은 기타소득으로, 계속적 · 반복적 소득은 사업소득에 해당된다.

Q 037 발명과 창업*
Invention and startup

송상엽 씨는 '높낮이 자동조절 싱크대' 발명에 대해
특허 등록을 받았다.
이후 '㈜백두닷컴'을 법인으로 창업했는데,
특허를 기업으로 이전하는 것이 모든 면에서 유리할까?

《코끼리와 벼룩》(찰스 핸디 지음)이라는 책을 흥미롭게 읽은 적이 있다. 우리는 벼룩을 하찮게 여기고
코끼리와 같은 거대 조직에 기대지만, 벼룩은 기생하지 않기에 기생충과는 분명 다르다는 이야기가
강력하게 다가왔다. 공공기관이 주는 안정감이 있지만 필자 또한 언젠가 코끼리를 떠나
계급장 떼고 무소속으로 살아가며 풍찬노숙을 해야 하기에 강렬히 다가온 것이 아닌가 싶다.
벼룩으로 멋지게 살아가기 위해서는 창업(STARTUP)을 고려하기 마련인데, '특허'로 기초체력을
다지는 것도 하나의 방법일 것이다.
직장생활을 하는 필자가 퇴근 후 설거지를 하는 도중에 설거지하는 사람의 키에 따라
자동으로 조절되는 '높낮이 자동 조절 싱크대'를 발명했다고 해 보자.
이는 분명 직장 업무와 전혀 관련이 없으므로, 개인 소유의 자유발명일 것이다.
자유발명에 기초하여 창업하는 경우에 발명은 누구의 소유로 유지하는 것이 좋을지 생각해 볼 필요가
있다. 개인사업자로 창업을 한다면 그러한 고민이 필요 없지만, 법인사업자로 창업을 하는 경우에는
회사와 개인이 엄격히 분리되기에 장단점을 정확히 이해하고 대응할 필요가 있다.

ㅣ 발명특허는 기술창업기업의 출발점이자 혁신자본

1. 다툼의 관점

특허는 독점배타권이다. 누군가 허락없이 실시하는 침해문제가 언제든지 발생할 수 있는데, 다툼이 생길 경우 특허의 보유 주체가 누구냐가 중요하다. 법인을 창업했지만, 여전히 개인이 특허를 보유하고 있을 경우, 누군가 특허를 침해할 때 권리행사에 불리하다. 특허 침해로 손해를 입은 곳은 창업한 기업이지만 기업이 특허를 보유하고 있는 것이 아니어서 권리행사를 할 수 없다. 개인이 권리행사를 하면 될 것 아닌가 생각해 볼 수 있지만, 회사와 엄격히 분리된 개인 자격으로 다툼에 소요되는 막대한 비용을 감당하기 어려운 면이 있고, 직접 특허를 실시하고 있는 것도 아니기에 입은 손해를 주장하는 데 제약이 있다.

다툼은 외부에서만 발생하는 것이 아니라, 창업기업 내부에도 생기기 마련이다. 여러 명이 의기투합하여 법인을 창업했는데, 서로 간의 관계가 틀어져 멤버 중 일부가 탈퇴하려 하는 경우 특허를 탈퇴 멤버가 보유하고 있는 상황이라면, 기업이 특허를 실시하면 침해가 되어 기업 운영에 치명적 타격을 받게 된다.

이런 경우는 상표에서 자주 발생한다. '아딸(아버지와 딸)' 사례를 살펴보자. 아버지와 함께 떡볶이 집을 운영하며 '아딸' 상표를 보유하고 있던 딸은 결혼 후에 남편과 ㈜오투스페이스를 창업했다. 가맹사업을 통해 호황을 누리던 중 남편과 관계가 틀어졌는데, '아딸' 상표를 회사가 아닌 여전히 딸이 개인적으로 가지고 있어서, ㈜오투스페이스는 결국 '감탄떡볶이'로 변경할 수밖에 없었다.

2. 재무적 관점

다툼의 관점에서 볼 때 전체적으로 특허를 기업 명의로 보유하고 있는 것이 유리하다고 판단되지만 재무적 관점에서는 장단점이 공존한다.

일단 특허를 기업이 보유하고 있는 경우 대외신용도 및 홍보효과를 누릴 수 있을 뿐만 아니라, 각종 정부 정책사업에 참여하는 데 유리하다. 특허를 담보로 대출을 받을 수 있으며, 여러 은행이 운영하고 있는 기술금융 프로그램에 참여하기 위해서 요구되는 기술신용평가기관(TCB)의 평가에서도 등록특허 보유여부가 영향을 준다. 이뿐 아니라, 투자유치를 받는 경우에도 사업과 관련한 특허보유 여부는 기본 요건이다.

특허를 법인이 보유할 때 유리한 면이 많지만, 창업 때부터 바로 명의 이전하는 것이 불리한 면도 있다. 특허가 상업적 성공으로 이어진 경우에 그러한데, **개인적으로 보유하고 있는 특허**는 공인된 감정인의 가치평가 및 법원의 인정을 통해 특허의 가치를 현행화하고 자본으로 출자하는 것(현물출자: 토지, 건물, 특허권과 같은 금전 이외의 재산을 자본으로 출자하는 것)이 가능하지만, **법인이 보유하고 있는 특허**에 대한 자산재평가를 통해 자본화 하는 것은 현실적으로 불가능하기 때문이다. 현물출자의 경우 부채비율(부채/자본)이 낮아져 신용도의 향상으로 인한 혜택을 누릴 수 있는데, 앞서 다툼의 관점에서 살펴본 이유로 개인이 특허를 일정기간 보유하고 법인에게 전용실시를 허락하여 영업을 하다가, 사업이 본 궤도에 오르면 현물출자 하는 경우도 종종 볼 수 있다.

★ 발명특허로 창업(법인)하는 경우, 해당 특허를 개인 또는 법인이 보유할 수 있다. 단, 장단점을 고려하여 판단해야 한다.

Q 038 종자 *
Seeds

감자 수확량 확대를 위해 몬산토에서
개량 종자를 구입했다. 정상적인 비용을 지불하고
구입 절차를 진행한 이후, 좋은 종자를 선별하여
이듬해에 사용하는 것은 가능할까?

문익점의 목화씨 이야기는 우리에게 아주 친숙하다. 고려말 원나라 파견생활 중
목화씨를 붓 뚜껑에 몰래 숨겨와 국내 재배에 성공하여 따듯한 솜옷 대중화를 이룬 일화는
씨앗 하나가 얼마나 우리의 삶을 변화시킬 수 있는지를 단적으로 보여준다.
고려시대 부자들은 가죽과 비단 소재 옷을 입어 추위를 어렵지 않게 이겨낼 수 있었지만,
삼베와 모시옷으로 추운 겨울을 보내야 했던 서민들에게 솜옷 소식은 복음이었던 것이다.
씨앗은 비록 작은 고체 덩어리에 불과하지만, 생명력과 잠재력, 파급력을 내포하고 있어 결코
그 가치를 작다 말할 수 없는데, 오늘날 신품종이 각종 신약개발과 신소재에 널리 활용되고 있어
더욱 중요하게 인식되고 있다.

| 흑토마토나 파프리카 종자는 금보다 귀하다.

| 세계적 제약기업 바이엘(Bayer)은 세계 종자 1위 기업인
몬산토(Monsanto)를 660억 달러(약 74조)에 매입했다.
[출처: http://www.potatopro.com/news/2016/bayer-
acquire-monsanto]

1. 금보다 귀한 종자

씨앗과 관련하여 한 가지 의아한 점이 있는데, 바로 청양고추, 상록수, 라일락, 벚꽃과 같은 토종 종자를 구입하는 데 우리나라가 엄청난 로열티를 지불하고 있다는 점이다. 1997년 불어닥친 IMF 시기에 우리나라를 대표하는 5개 종자기업 중 4개 업체가 외국에 팔려 나갔기 때문이다. 서울종묘는 신제타에, 흥농종묘와 중앙종묘는 몬산토에, 청원종묘는 일본 종자회사인 사카타에 인수되었다.

이렇게 인수합병을 통해 종자주권을 획득한 글로벌 기업들은 단순 기초 종자 획득에 만족하지 않고, 보다 효율이 높은 개량종자를 만들어 가고 있으며, 이는 특허로 강력히 보호받고 있어 엄청난 로열티를 지불하고서야 우리의 전통 종자를 활용할 수 있게 된 것이다. 2001년 5억 여 원에 불과하던 종자 로열티 지급이, 최근 10년(2006년~2015년) 동안 1,456억 원의 종자 로열티를 지불할 정도로 급증했다.

이토록 로열티 지불액이 기하급수적으로 늘어나는 이유는 가격결정권이 소수의 글로벌 기업에 집중되기 있기 때문인데, 일부 종자는 금보다 높은 가치를 발휘한다. 흑토마토 종자 1g 가격이 40만 원에 달해 1g당 6만 원 정도인 금 가격의 6~7배에 달하고, 파프리카 1g 가격도 10만 원을 상회하여 금보다 1.5배 이상 비싼 가치를 지니고 있다. 최근 바이엘(Bayer)이 글로벌 종자 1등 기업 몬산토를 660억 달러(약74조)에 인수합병한 이유가 여기에 있다.

2. 특허 vs. 식물 신품종

종자의 가치는 우리의 상상보다 훨씬 더 상회하기에, 글로벌 종자기업들은 새로운 품종개발과 함께 이에 대한 독점적 권리를 확보하기 위해 사활을 걸고 있다. 종자는 전통적으로 '식품신품종 보호에 관한 조약(UPOV)'으로 보호했고, 특허와 중첩적으로 보호를 금지했지만, 1991년 UPOV 협약 개정을 통하여 체약국 당사자의 선택에 의해 중첩적 보호가 가능하도록 변화하였다.

특허로 등록되기 위하여 신규성, 진보성, 산업상 이용 가능성, (확대된) 선원주의 요건이 필요한 것처럼, 식물신품종으로 보호받기 위해서는 신규성, 구별성, 균일성, 안정성 및 품종의 고유명칭이 요구된다.

신규성을 공통요건으로 하지만 식물신품종에서 요구하는 신규성은 특허처럼 엄격하지 않고 출원 전에 상업적 이용 여부만 없으면 문제되지 않아 미판매성에 가까운 개념이다. 또한 특허는 서류심사만 이루어지나 식물신품종은 구별성(일반인에게 알려져 있는 품종과 구별되는지 여부), 균일성(품종의 번식방법상 예상되는 변이를 고려하여 본질적 특성의 균일성 확보 가능 여부), 안정성(반복적 증식 이후에도 본질적 특성 유지 여부)을 확인하기 위하여 재배심사(Field Test) 또는 현지 확인 심사를 거치도록 되어 있다.

특허와 식물신품종의 차이를 조금 더 살펴보면, 식물신품종은 그 자체를 보호하는 것이나, 특허는 유전자조작과 같은 육종방법에 대해서도 보호가 가능해 보다 폭넓은 보호가 가능하다. 아울러, 식물신품종은 자가생산을 목적으로 자가채종하는 경우 품종보호권을 제한할 수 있으나, 특허의 경우에는 침해에 해당되어 더욱 강력한 권리보호가 가능하다.

자기도 모르는 사이에 바람을 타고 날아온 몬산토의 유전자 조작 유채 씨앗을 자가채종한 캐나다 농부 슈마이저가 특허침해 소송에서 패배한 까닭이다.

★ 특허로 보호되는 종자는 자가채종할 경우에도 침해에 해당된다.

Q 039 실용신안 [★]
Utility Model

군 생활 시절, 볼펜 끝에 아주 조그마한 불빛을 매달아
밤늦게까지 그녀에게 편지를 쓰곤 했다.
문득 특허로 내고 싶어졌지만 자신이 없는데,
특허 이외의 방법은 없을까?

최초의 특허 제도는 1623년 영국에서 만들어졌다. 당시 영국은 대륙의 유럽 국가에 비해 기술적
열세에 있었고, 특별히 스위스의 시계 산업이나 철가공 기술을 도입하고 싶었지만, 스위스 기술자들은
기술 공개를 꺼려하며, 기술을 영업비밀(Trade Secret)로 보호하기를 선호했다.
이러한 시대적 환경 속에서 영국은 새로운 성장 동력 확보를 위해서 유럽의 두뇌들을 끌어들여야 할
필요성을 느꼈고, 이를 위해 발명을 공개하는 기술자들에게 특허장(Letters Patent)을 부여하며
독점권을 허락했다. 이것이 오늘날 특허에 해당하는 전매 조례(Statute of Monopolies)로 발전된
것인데, 이 법이 선포되자 유럽의 많은 기술자들은 영국으로 넘어왔고, 그들의 집단지성은 자연스레
산업 혁명으로 이어졌다.
한편 독일은 통일 국가 형성이 늦어져 기술 수준이 영국이나 프랑스, 이탈리아에 비해 후진성을 면치
못했다. 원천 기술이 부족해 특허를 줄 수는 없지만, 간단한 개량을 보호해 줄 필요성이 있었는데
그게 바로 오늘날 실용신안 제도이다. 독일의 실용신안 제도는 후발 기업들에게 강력한 동기 부여가
되었는데, 오늘날 독일이 수백 개, 수천 개의 히든 챔피언을 보유하고 유럽과 세계 경제를 선도하는 데
초석이 된 것이다. 이렇게 국가 발전의 원동력이 된 특허와 실용신안 제도는 매우 흡사한 면이 많은데,
서로의 차이점을 살펴보면 무척 유용하다.

| '특허'와 '실용신안'의 차이는 '고도성.'
특허는 물건(물품, 물질)과 방법 모두 가능하나, 실용신안은 물품만 가능하다.

1. 방법은 실용신안일 수 없다. 오직 특허로

특허와 실용신안은 구체적으로 어떠한 차이가 있는가? 특허가 '자연 법칙을 이용한 기술적 사상의 창작으로서 고도한 것'을 보호한다면, 실용신안은 이중 '고도성'을 요구하지 않는다. 무엇이 '고도한 것'이냐의 판단은 기술적 난이도에 대한 차이를 말하지만 실무상 큰 차이를 갖지 못한다.

실용신안이 특허와 다른 점은 반드시 '물품의 형상, 구조 또는 조합'에 관한 것이어야 된다는 것이다. 발명은 '물건'에 대한 발명과 '방법'에 대한 발명으로 나뉘고, 물건 발명은 다시 일정한 형태가 있는 '물품'과 일정한 형태가 없는 '물질'로 나뉘는데, '물질'이나 '방법'에 관한 발명은 실용신안으로 보호받을 수 없으며 오직 특허로만 보호가 가능하다. 즉, 의약품이나 화학 물질, 방법(Process) 등은 실용신안이 될 수 없고 오직 특허로만 보호가 가능하다. 특허는 출원일로부터 20년, 실용신안은 10년간 보호받게 된다.

대부분의 기업과 발명자는 실용신안보다는 특허를 선호한다. 여러 이유가 있겠지만 아마도 가장 큰 이유는 홍보 효과일 것이다. 다소 지명도가 떨어지는 '실용신안'보다는 첨단성의 이미지가 강한 '특허'를 확보하는 것이 홍보 효과 면에서 유리하다고 생각하기 때문이다.

2. 특허(대발명), 실용신안(소발명)

흔히들 특허는 '대발명', 실용신안은 '소발명'이라 하여 특허의 가치가 좀 더 우월 하다는 인상을 주는데, 반드시 그렇지는 않다. 실용신안 가운데에는 우리 실생활과 밀접한 관계를 가지고 있어 특허보다 오히려 강력한 파급력을 갖는 경우를 자주 볼 수 있다.

평범한 샐러리맨인 일본의 후쿠이에는 감기 몸살로 침대에 앓아누웠는데, 방이 건조해 주전자 물을 끓였다. 하지만 뚜껑이 들썩거리는 소리에 잠을 깼고, 순간 눈에 띈 송곳으로 주전자 뚜껑에 구멍을 뚫었다. 그러자 신기하게도 뚜껑이 들썩거리는 소리가 멈췄고 그 구멍을 통해 나온 수증기로 집 안에 적당한 습도를 유지할 수 있었다. 그는 이 아이디어를 실용신안 출원을 했고, 이 소식을 접한 주전자 공장과 냄비 공장은 후쿠이에게 라이선스를 요구해 그는 막대한 로열티 수입을 올릴 수 있었다.

이 이야기를 《머리 쓰는 법》이라는 책을 통해 접한 일본 요코하마의 한 부인은 병상에 누워 있는 아들이 우유를 빨대로 마시려고 힘들게 상반신을 일으키지 않아도 될 만한 방법을 찾다가 '주름 빨대'를 발명하게 되었다. 처음에는 고무 대롱을 사용해 보았지만, 이내 고무 냄새와 위생 문제로 아들이 꺼리게 되었다. 그러던 어느 날 수도꼭지에 끼워져 있는 호스가 주름 잡혀 있는 모습을 보고, 빨대에 적용할 것을 생각하게 되었는데, 이것이 오늘날 우리가 편리하게 사용하는 주름 빨대이다.

우리나라에서도 실용신안 성공 사례가 있는데, 흔히 때수건이라 불리는 이태리타올이다. 부산에서 직물공장을 운영하던 김필곤 씨는 이태리 산 비스코스 레이온 원단을 이용해 때를 미는 데 적합한 수건을 만들어 냈다. 이전에는 수건을 말아 쓰거나 돌을 안에 넣어 사용했는데 이태리타올의 거친 질감이 한국인의 목욕 습관과 맞아떨어져 폭발적 인기를 끌게 되었다. 이는 1962년 실용신안권으로 등록되었으며 발명자에게 큰 이윤을 남겨 주었는데, 실용신안이 얼마나 강력한 의미를 갖는지 잘 보여 주고 있다.

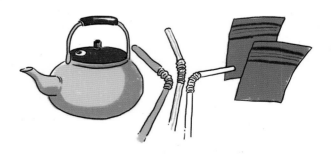

| 열 특허 부럽지 않은 '실용신안'

★ 아무리 작은 아이디어라도 포기하지 말고 '실용신안'으로 도전해 보자. 시장의 반응을 누가 알랴?

"며느리도 몰라."
며느리가 모를 수 있을까?
며느리도 모를 수만 있다면,
영업비밀의 묘미.
특허가 줄 수 없는 새로운 힘을 줄 수 있다.

PART
2

영업비밀
Trade Secret

Q040 영업비밀*
Trade Secret

㈜백두블루는 비밀리에 청색 발광 다이오드를
개발하고 있다. 난항을 겪고 있던 중 한 연구원이
실패 데이터를 대학 동창에게 제공했는데,
실패한 실험 데이터도 영업비밀에 해당할까?

'며느리도 몰라'로 유명한 신당동 떡볶이. 그 집 특유의 레시피는 철저히 비밀로 관리되어서,
며느리도 모르고, 오직 '마복림 할머니'만 알고 있다 한다. 이것이야 말로 '영업비밀의 정체성'을
완벽히 설명해 주고 있지 않나 하는 생각이 든다.
'영업비밀' 하면 빼 놓을 수 없는 또 하나의 이야기가 바로 '코카콜라'이다. 수많은 경쟁사들이
그 맛의 비밀을 알아내고자 했으나 찾아낼 수 없고, 여전히 핵심 인력 2~3명만이 정확한 소스와
배합 비율을 알고 있다고 한다. 이들은 함께 식사하지도, 여행을 같이 가지도 않을 정도로 철저히
비법을 관리하는데, 이러한 영업비밀이 세계의 여타 콜라들이 제공할 수 없는 묘한 맛으로 자리 잡아
소비자의 마음을 사로잡았다. 바로 이것이 '영업비밀'의 마력일 것이다.
특허가 발명을 세상에 공개하는 대가로 20년간 독점 배타권을 누린다면, 영업비밀은 비밀로서
관리할 수만 있다면 영원히 보호받게 된다. 특허와 영업비밀은 상호 보완해 활용하면 연구 개발
성과를 극대화하는 데 큰 도움이 되는데, 먼저 영업비밀에 대한 정확한 인식이 필요하다.

l 며느리도 모른다는 신당동 마복림 할머니 떡볶이

l 코카콜라에 함유된 Merchandize 7X은 그 성분과 함유량이 120년
이상 영업비밀로 유지되고 있다.

1. 경제적 유용성

영업비밀로 인정되기 위해서는 독립된 경제적 유용성이 있어야 하는데, 영적 활동과 관계된 종교적 경전에 관한 자료 등은 영업 활동과 관련된 독립적 경제적 가치를 갖지 못해 영업비밀이 될 수 없다. 독립된 경제적 가치의 판단 기준은 영업비밀 보유자가 경쟁상의 이익을 얻을 수 있거나, 다른 사람이 정보를 취득하거나 독자적 개발을 하기 위해서는 상당한 비용이나 노력이 필요한 경우 인정할 수 있다.

'경제적 유용성'은 폭넓게 인정되는데, 실패한 실험 데이터 등 소극적 정보도 인정받을 수 있을까? 현실적으로 사용되지 않아도 장래 경제적 가치를 발휘할 가능성이 있는 정보, 영업 활동에 직접적으로 이용되지는 않지만 알고 있으면 경쟁상 유용하게 활용될 수 있는 정보 등도 경제적 유용성이 인정된다. '실패한 실험 데이터'의 경우 경쟁사가 이를 입수해 사용할 때에는 동일한 실패를 하지 않아도 되고 그 자료를 기초로 해 연구 개발비, 시간 등을 절약해 경쟁력을 높일 수 있기 때문에 경제적 유용성이 인정된다.

'경제적 유용성'은 반드시 '기술적 정보'만을 대상으로 하지는 않는다. 특허는 '발명의 기술적 사상'을 보호하는 것이지만 '영업비밀'은 경제적 유용성만 있다면 '기술적 정보'뿐만 아니라, 거래처와 고객 리스트, 판매 방법과 같은 경영상 정보도 영업비밀의 대상에 포함된다.

2. 비밀성(비공지성)

영업비밀로 인정되기 위해서는 공공연히 알려져 있지 않은 비공지성을 가지고 있어야 한다. '공공연히 알려져 있지 아니하다'는 것은 그 정보가 간행물 등의 매체에 실리는 등 불특정 다수인에게 알려져 있지 않기 때문에 보유자를 통하지 아니하고는 그 정보를 통상 입수할 수 없는 것을 말한다. 일부 또는 일정 범위의 사람들이 알고 있다고 하더라도 비밀로 유지되고 있거나, 타인이 대체적인 윤곽은 알고 있더라도 구체적 상세 정보를 갖지 못한다면 '비밀성'은 인정된다.

특허의 신규성(비공지성)이 절대적 기준인 반면, 영업비밀의 비밀성(비공지성)은 상대적 개념이다.

3. 비밀 관리성

경제적 유용성이 있고, 공공연히 알려지지 않은 정보는 합리적 노력에 의해 비밀로 유지되어야 영업비밀로 인정받을 수 있다. '상당한 노력'을 요구하던 것이 2015년도에 '합리적 노력'으로 완화되었는데, 비밀관리성에 대한 높은 기준이 중소기업의 영업비밀 보호에 어려움으로 작용되었기 때문이다.

상당한 노력을 요구하던 당시에는 '해당 정보가 비밀이라고 인식될 수 있는 표시를 하거나 고지를 하고, 그 정보에 접근할 수 있는 대상(대인적 조치)이나 접근 방법(물리적 조치)을 제한하며 그 정보에 접근한 자에게 비밀 준수 의무를 부과하는 등 객관적으로 그 정보가 비밀로 유지·관리되고 있다는 사실이 인식 가능한 상태'여야 비밀관리성을 인정하였다. 합리적 노력으로 완화된 이후에는 아직 사례 축적이 충분하지 못해 과연 어떠한 정도가 합리적 수준의 노력인지 많은 논의가 필요해 보인다.

영업비밀은 특허청과 같은 국가 기관을 통한 등록 절차를 요구하는 것이 아니고, 기업 등 영업비밀 보유자가 스스로 지키고 관리해야 하기 때문에, 분쟁이 생길 경우 영업비밀에 해당하는지 입증하는 것이 곤란한 경우가 많다. 이러한 어려움을 덜고 객관적으로 입증을 용이하게 하기 위해 운영 중인 대·중소기업·농어업협력재단의 기술 자료 임치 제도, 한국특허정보원의 영업비밀 원본 증명 제도, 저작권위원회의 S/W 임치 제도를 활용하면 분쟁 발생 시 도움이 될 수 있다.

★ 실패한 데이터도 '경제적 유용성'이 있다고 보며, '비밀'인 상태에 있고 합리적 노력에 의해 '비밀로 관리'되고 있다면 '영업비밀'로 인정된다.

Q 041 영업비밀과 특허
Trade Secret and Patent

㈜백두시력은 사용할수록 시력이 회복되는
핀홀 안경 관련 '영업비밀'을 보유하고 있다.
최근 ㈜한라시력과의 다툼으로 인해
불가피하게 재판 과정에서 '영업비밀'이 공개되었는데,
다툼에서 승리하면 '영업비밀'로 보호받을 수 있을까?

영업비밀은 '비밀성'을 전제로 하고 있기 때문에, 국정 감사나 재판과 같은 상황에서도 영업비밀
보유자는 다양한 제도들을 통해 핵심적인 내용들이 비밀로서 보호되도록 필사적으로 노력을 하게
된다. 하지만 세상에 100% 안전한 장치는 없기 마련이어서, 영업비밀의 '비공지성(비밀성)'을
유지하기 위해 다양한 대책을 강구했고, 영업비밀의 공개 범위를 최소 한도로 했음에도 불구하고
국정 감사나 재판상의 과정에서 결론적으로 비밀이 공공연히 공개되면 어떻게 되나?
불가피한 공개이므로 예외성이 인정되어 '영업비밀'은 계속 유지될 수 있을까?

| 말하자니 '영업비밀'이 노출되고, 말하지 않으려니 다툼에서 승리할 수 없고….

1. 재판 공개의 원칙과 충돌

대한민국은 헌법 제109조 '재판의 심리와 판결을 공개한다'고 규정하고 있다. 이러한 '재판 공개 원칙' 하에 '영업비밀의 보호'라는 기업의 가치가 충돌할 가능성이 있고, 이러한 상황 아래에서 원하지 않게 기업의 영업비밀이 공개되어 타격을 받을 수 있는 상황이 발생할 수 있다.

안타깝게도 현행 제도 하에서는 일단, **'영업비밀'은 이유에 관계없이 공공연히 알려지면 더 이상 '영업비밀'로 보호받을 수 없다.** 직원에 의한 부정 유출이든 해킹에 의한 정보 공개이든, 재판이나 국정 감사 등과 같은 이유로 인한 공개이든 이유에 관계없이 공공연히 공개가 되면 예외 없이 영업비밀로서의 지위를 잃게 되는 것이다.

따라서 영업비밀 보유자는 재판을 통해 '영업비밀'이 노출되지 않도록 필사적으로 노력해야 한다. 재판을 진행함에 있어서 '영업비밀의 특정'을 하게 되는데, 반드시 모든 내용을 자세히 설명할 필요는 없다. 상세하게 기재되어 있지 않더라도 다른 정보와 구별할 수 있고, 그와 함께 적시된 다른 사항들에 의해 어떤 내용에 관한 정보인지 알 수 있을 정도이다. 그러므로 피고인의 방어권 행사에 지장이 없으면 된다. 예컨대 "…를 만드는 기술, …의 배합 비율, …를 조절하는 기술" 정도면 특정으로 충분하고 "…성분 ○○%, …성분 ○○%" 등과 같이 구체적인 배합 비율이나 조절 방법까지 특정할 필요는 없다.

2. 특허 vs. 영업비밀

영업비밀이 의사에 반한 공개에 대해 엄격한 기준을 갖는 것과 달리 특허는 치유할 수 있는 기회를 준다. 특허로 등록받기 위해서는 신규성(비공지성)이 있어야 하는데 특허를 받을 수 있는 자의 의사에 반해 공개가 되더라도, 1년 이내 증명 자료와 함께 출원을 하면 신규성을 문제 삼지 않는다.

특허와 영업비밀과의 관계 가운데 살펴볼 점이 '보상' 문제이다. 기업이 연구원의 발명을 특허가 아닌 영업비밀로 가져가기로 한 경우에도 '직무발명'처럼 보상을 해야 하는가의 문제이다. 영업비밀로 가져가기를 결정한 경우에도 발명이 특허로 보호되었다면 연구자가 받을 수 있었던 경제적 이익을 고려하게 되어 있어, 직무발명과 마찬가지로 정당한 보상을 받을 수 있다.

특허와 영업비밀의 관계는 자세히 알아 두면 경영에 큰 도움이 되는데, 태생적으로 두 권리는 특성이 상이하다. 특허는 공개를 하되 20년간 독점 배타권이 부여되기 때문에 누군가 비록 정당하게 개발했다 할지라도 동일한 특허를 허락 없이 사용하면 침해가 성립된다. 하지만 영업비밀은 비공개 상태를 유지하는 한 보호하되, 역설계나 독자 개발과 같이 정당한 방법을 통한 취득 행위에 대해서 권리를 주장할 수 없다.

위와 같은 견지에서, 특허냐 영업비밀이냐를 결정할 때에는 두 가지 정도를 고려하면 좋을 듯하다. 첫 번째는 '모방 용이성'이다. 본인의 내용이 역설계나 독자 개발 등의 방법으로 쉽게 원리와 비밀을 찾아낼 수 있다면 이는 특허로서 보호받는 것이 바람직하고, 배합 비율, 레시피 등과 같이 쉽게 밝혀 낼 수 없는 정보라면 영업비밀이 바람직하다 할 수 있겠다.

두 번째로, '비밀 관리성'을 고려해야 한다. 제아무리 영업비밀이 바람직한 방향이라 할지라도, 비밀을 유지하는 것은 결코 쉬운 일이 아니다. 부부 간에도, 자녀와의 관계에서도 비밀을 유지하기가 얼마나 힘든지 생각해 보면, 그리고 자랑하기를 좋아하는 인간의 속성을 생각해 보면, 비밀로 유지할 자신이 있는지에 대해 진지한 고민이 있어야 한다. 비밀로 유지하는 한 영원히 권리를 가질 수 있지만 비밀로 관리하는 것이 지속적으로 가능한지 생각해 보아야 한다.

최근에는 특허와 영업비밀을 적절히 연계한 전략이 많이 활용된다. 예전에 휴대폰 통신을 위한 무선 통신의 중계기에 관한 회로도 유출 사건이 있었는데, 비록 추상적 기술 사상이 공지되었다 할지라도 구체적 기능 구현을 위해 성능 테스트 등을 거쳐 완성된 회로도는 영업비밀이 될 수 있다고 결정된 적이 있다. 특허로 기술적 사상이 공개되었다 하더라도, 해당 사상을 구현하는 많은 세부 정보들이 얼마든지 영업비밀로 보호될 수 있음을 암시하는 것이다.

★ 법정 다툼으로 인한 불가피한 공개라도, 일단 공공연히 알려진 정보는 더 이상 '영업비밀'일 수 없다.

Q 042 역설계*
Reverse Engineering

코카콜라와 경쟁하는 3·1콜라는 역설계를 통해
코카콜라와 똑같은 맛의 콜라를 개발했다.
코카콜라 회사의 허락 없이 역설계로 개발한
3·1콜라는 코카콜라 회사의 영업비밀을 침해한 것일까?

경쟁사가 본인 기업보다 한발 앞선 기술로 시장을 선도해 나간다면, 어떤 대응 전략을 생각해 볼 수 있을까? 틀림없이 경쟁사의 특허 현황을 조사해서 '회피 설계'를 통해 대응하든지, 아니면 적절한 실시료를 지불하고 이를 실시할 수 있는 방법을 모색하게 될 것이다.

상대방의 '비교 우위'가 특허 전략을 통해 유지된다면, 그래도 비교적 수월하게 대응할 수 있을 텐데, 영업비밀 전략을 구사하고 있다면 대응 전략을 모색하기가 상당히 어렵다.

특허는 공개를 전제로 독점 배타권을 주기에 해당 정보를 파악할 수 있지만, 영업비밀은 철저한 '비밀 관리'가 뒤따르기에 영업비밀의 정체 자체를 알아내는 것이 녹록지 않다. 이때 기업들이 많이 사용하는 방법이 역설계(Reverse Engineering)이다.

'역설계'란 장치 또는 시스템의 기술적 원리를 파악함에 있어서 구조 분석을 통해 발견해 나가는 것을 의미한다. 우리 산업 역량이 척박할 당시 많이 사용하던 방법이고 지금도 여전히 세계 선도 제품과의 격차 극복을 위해 많이 사용되고 있는 방법 중 하나이다. 이는 기계 장치뿐만 아니라, 시스템, 전자제품, 소프트웨어, 화학제품 등에도 폭넓게 사용되는데, 이러한 역설계가 알 수 없는 불편함을 주는 게 사실이다.

과연, 역설계를 통해 상대방의 '영업비밀'을 알아내는 것은 안전한 것인가?
영업비밀 침해에 대한 정확한 범주를 이해하고 나면, 역설계의 침해 여부를 알 수 있을 것이다.

| 거꾸로 따라가 보면 찾을 수 있다.

1. 부정 취득, 부정 공개는 침해

경제적 유용성이 있어 합리적 노력에 의해 비밀로 관리하고 있어서 공공연히 알려지지 아니한 '영업비밀'은 엄격한 보호를 받게 된다. 누구든지 정당하지 아니한 방법으로 '영업비밀'을 취득, 사용, 공개하면 영업비밀 침해에 해당해 책임을 피할 수 없다.

영업비밀을 침해한다는 것은 크게 두 가지 형태로 이루어진다. 하나는 **부정 취득**이고, 또 하나는 비밀 유지 의무 있는 사람의 **부정 공개**가 해당한다.

부정 취득이란 절도, 허위의 사실을 말하거나 진실을 은폐함으로써 상대방을 착오에 빠지게 하는 기망 행위, 협박, 기타 부정한 수단으로 영업비밀을 취득하는 것을 의미한다. 부정 취득한 영업비밀에 대한 사용, 공개는 모두 영업비밀 침해에 해당하며 사용, 공개하지 않았다 할지라도 취득 자체만으로도 침해에 해당한다.

부정 공개라 함은 근로 계약 또는 실시 계약과 같은 관계 등에 의해 비밀 유지 의무가 있는 자가 부정한 이익을 얻거나 영업비밀 보유자에게 손해를 가할 목적으로 영업비밀을 공개하거나 사용하는 행위를 의미한다.

위에 살펴본 부정 취득이나 부정 공개에 대해서는 침해자 본인이 직접 하는 것뿐만 아니라 다른 사람의 부정 취득이나 부정 공개에 대해 악의나 중과실로 알지 못하고 취득·사용·공개하는 것도 침해에 해당하며, 선의로 취득했으나 사후에 인지한 후에 사용·공개하는 행위도 모두 침해에 해당한다.

2. 역설계는 부정한가?

위에서 살펴본 영업비밀 침해와 관련한 기준을 중심으로 사례를 살펴보자.

'초코찰떡파이'와 관련해 '외피가 도포된 떡 및 제조 방법'은 특허로, 떡 원재료 및 배합비 조정으로 떡이 상하지 않고 5개월 동안 보존이 가능하도록 하는 기술은 '영업비밀'로 가지고 있는 경우에, 경쟁 회사가 특허 정보 조사로 특허 기술을 파악하고, 역설계해 원재료와 배합 비율을 찾아내 제품화에 성공할 경우 영업비밀 침해일까?

누군가 코카콜라를 역설계해 투입 재료와 그 구성비를 정확히 파악하고 똑같은 맛의 콜라를 개발해 제품을 판매하면 이는 부정 취득이나 부정 공개에 해당해 영업비밀 침해일까?

코카콜라와 같이 순수하게 '영업비밀'로 보유하는 기업이 있을 수 있고, '초코찰떡파이'와 같이 특허와 영업비밀에 대해 하이브리드 전략을 구사하는 회사도 있는데, 기본적으로 역설계에 의한 영업비밀 취득은 부정한 수단에 의한 영업비밀 취득 행위로 보지 않기 때문에 정당한 행위이다. 아울러 경쟁사에게는 비밀 유지 의무가 없으므로 부정 공개에 해당한다고도 볼 수 없을 것이다.

영업비밀 보호를 선도하는 미국도 정당한 영업비밀 취득 행위로 ① 독립적으로 개발한 취득 ② 리버스 엔지니어링 ③ 영업비밀 보유자의 허가를 얻은 취득 ④ 공개 사용 또는 전시물에 대한 관찰을 통한 취득 ⑤ 공개된 출판물을 통한 영업비밀의 취득을 들고 있어, 우리나라와 마찬가지로 역설계를 영업비밀 침해로 보지 않는다.

★ 역설계에 의한 영업비밀을 알아내는 것은 '영업비밀 침해'에 해당하지 않는다.

043 영업비밀의 힘*
Why Trade Secret

㈜한라패션은 고객정보를 비밀로 관리하기 위해
합리적 노력을 기울이고 있다.
승진에 누락한 직원이 경쟁사에 무단으로 제공했는데,
직원에게 책임을 지우는 것뿐만 아니라
경쟁사에 이에 대한 사용 금지를 요청할 수 있을까?

삼성과 애플의 천문학적인 특허 소송에 이어, SK하이닉스와 도시바, 포스코와 신일본제철,
코오롱과 듀퐁 사이에도 1조 원대 이상의 영업비밀 관련 다툼이 첨예하게 진행되고 있다.
가히 지식재산 전쟁이라 불릴 만큼 지식재산 다툼이 세계 시장에서 동시다발적으로 진행되고 있다.
영업비밀과 관련해서는 언론을 통해 종종 수조 원, 수십조 원의 핵심 기술이 유출되어 막대한 국부가
유출되었다든지, 핵심 기술이 경쟁사로 넘어가 기업이 존폐 위기에 내몰렸다든지 등의 뉴스를 접하게
되는데, 안타깝게도 이러한 핵심 기술의 80% 이상 대부분이 중소기업 사례에 해당한다.
핵심 기술 몇 가지에 의존도가 클 수밖에 없는 중소기업 사정을 고려하면 가슴 아픈 현실이다.
이러한 치명적인 타격으로부터 기업을 보호하기 위해, 우리 제도는 형법, 특정경제범죄 가중처벌법,
산업기술 유출방지법 등에서 다양한 보호 수단을 제시하고 있는데,
여기에서 갖게 되는 한 가지 궁금한 점은 위에 언급된 다양한 보호 수단이 있는데,
굳이 '부정경쟁방지 및 영업비밀보호에 관한 법률'에 의한
'영업비밀'로 보호받을 필요성이 있냐는 점이다. 각 제도의 차이점을 상호 비교하며 살펴보자.

배임

영업비밀
산업기밀

| 배임은 개인에게만 적용되지만, 영업비밀과 산업기밀은 기업도 포함한다.
'영업비밀'의 범위는 '산업기밀'보다 크다.

1. 영업비밀 vs. 배임

기본적으로 임·직원의 기밀 유출은 형법상 '업무상 배임죄'에 해당한다. 배임죄는 타인의 사무를 처리하는 자가 그 임무에 위배하는 행위로 재산상 이익을 취득하거나 제3자로 하여금 이를 취득하게 해 본인에게 손해를 가할 때 성립되며 법률, 계약, 신의칙상 당연히 할 것으로 기대되는 행위를 하지 않거나 당연히 하지 않아야 할 것으로 기대되는 행위를 함으로써 신임 관계를 저버리는 일체의 행위를 포함하기 때문에 기업의 상당한 투자와 노력에 의한 영업상 관련된 기밀 유출은 '업무상 배임죄'에 해당한다.

또한 배임 규모가 상당해 5억 원 이상의 피해를 발생시켰을 경우에는 '특정경제범죄 가중처벌법'에 의해 더욱 무거운 책임을 지우고 있다.

업무상 배임죄는 10년 이하 징역 또는 3천만 원 이하의 벌금이, 특정 경제 범죄의 경우에는 이득액에 따라 다르지만 최대 무기 또는 5년 이상의 징역과 벌금이 부과될 수 있는데 모두가 기밀을 유출한 개인 대상 형사처벌이다.

'업무상 배임죄'나, '특정 경제 범죄의 가중 처벌'은 기밀 유출자 개인을 대상으로 형사 책임을 지운다는 강력한 보호 수단이지만, 유출된 기밀을 부정하게 취득, 공개, 사용하는 기업을 대상으로 금지청구를 할 수가 없다는 치명적 약점을 갖고 있다. 상대 기업에 대한 제재 수단이 없다 보니 기밀 유출에 대한 폐해를 고스란히 감수해야만 하는 상황을 직면하게 되는 것이다.

이러한 약점을 보완하기 위해서는 반드시 '영업비밀'로 보호받을 수 있도록 해야 한다. 영업비밀은 앞서 살펴본 바와 같이 경제적 유용성이 있는 정보가, 비밀인 상태에 있고, 합리적 비밀 관리 노력을 할 경우 인정되는데, '영업비밀'에 해당하면 그것을 부정하게 취득, 공개, 사용하는 기업을 대상으로 침해 행위에 대해 금지청구가 가능하고, 긴박한 상황인 경우 가처분의 조치를 취할 수도 있어 실효적 수단이 될 수 있다.

2. 영업비밀 vs. 산업기밀

'업무상 배임죄'나, '특정경제범죄 가중처벌' 외에 또 한 가지 살펴볼 수 있는 제도가 '산업기술 유출방지 및 보호에 관한 법률'이다. 국가 핵심 기술, 국가 연구 개발 결과물, 제품 또는 용역의 개발·생산·보급 및 사용에 필요한 제반 방법 내지 기술상의 정보로서 관계 중앙 행정 기관의 장이 지정한 기술인 경우에 인정이 되는데, 기밀 유출자 개인에게 형사상 책임이 부과될 뿐만 아니라, 유출된 기술을 부정하게 취득, 공개, 사용하는 기업에 대해 금지청구가 가능하다.

개인뿐만 아니라 기업에까지 제재 수단이 있어서 실효성 있는 구제 수단이 될 수 있기는 하나, 정부가 고시한 산업 기술에 한정되어 있고 이 또한 범위가 불명확하고 모호해 적용이 쉽지 않은 면이 있다. 그리고 고객 리스트나 판매 기법과 같은 경영상 정보는 해당이 되지 않고 오직 명시된 산업 기술만 적용이 되어 큰 한계점을 가지고 있다.

살펴본 바와 같이 '영업비밀'은 여타 수단에 비해 폭넓으면서도 명확한 기준을 가지고 있으며, 개인뿐만 아니라 상대 기업에 대해서도 금지청구가 가능한 이점(利點)이 있으므로, 이를 충분히 활용하기 위한 철저한 관리 태세가 필요하다.

★ 영업비밀은 누설한 개인에 대한 형사 책임뿐 아니라 상대 기업에 '금지청구'를 할 수 있다.

Q 044 대학·공공 연구소 영업비밀
Univ. and Public Institute

서울대학교 최혜나 교수는 항온·항습에 획기적인
의류 소재를 발명했다. 발명이 세상에 공개되는 것이 싫어
특허보다는 '영업비밀'로 보유하고자 한다.
비영리법인도 영업비밀을 보유할 수 있을까?

영업비밀이란 영업 활동에 필요한 기술상·경영상 정보가 공공연히 알려져 있지 않고, 상당한
비밀 관리 노력을 하는 경우에 인정되는 권리이다. 영업비밀은 영업 활동과 관련된 비밀 정보를
말하고, 영업이란 '영리를 목적으로 하는 사업'을 의미한다.

앞서 영업비밀의 개념에서 살펴본 바와 같이, 신앙적 활동을 위한 말씀 자료와 같은 것들은
영업 활동과 관계된 경제적 유용성이 없다고 보는 것이 명백한데, 대학 및 비영리 법인의 수익 활동은
어떻게 보아야 할지 문제가 될 수 있다. 대학과 공공 연구소와 같은 기관은 기본 정체성이
영업 활동을 하는 곳은 아니며, 비록 수익 활동을 한다 할지라도 이는 정해진 범위 내에서의
부수적 사업이라고 볼 수 있기에, 해석상 '대학이나 비영리 법인'은 영업비밀을 보유할 수 있는
주체가 될 수 없다고도 볼 수 있기 때문이다.

대학 및 비영리 법인의 수익 사업이 영업 활동으로 인정된다면, 특허와 영업비밀 사이의 장·단점을
고려해 연구 성과물에 대해 폭넓은 의사 선택을 할 수 있지만, 영업비밀의 주체가 될 수 없다면
오직 특허로 보호받을 수밖에 없어 선택의 폭이 좁아지게 된다.

해당 문제는 대학별로 운영하고 있는 산학협력단이나 기술 지주 회사, 그리고 공공 연구 기관의
TLO(기술 이전 조직) 등의 의사 결정에 상당한 영향을 주게 되므로, 정확한 이해가 요구된다.

| 대학도 '특허'와 '영업비밀' 사이에서 선택할 수 있다.

1. 대학도 영업 활동(?)

이와 같은 논란과 관련해 2014년 1월 31일에 영업비밀 침해와 관련한 중요한 법 개정이 있었다. 형사상 책임과 관련해 '부정한 이익을 얻거나 **기업에 손해를 입힐 목적으로**' 이루어진 침해 행위에 적용하던 벌칙을 '부정한 이익을 얻거나 **영업비밀 보유자에게 손해를 입힐 목적으로**' 변경한 것이다. 기업으로 한정된 형사처벌의 벌칙을 '영업비밀 보유자'로 확대했는데, 이는 기업뿐 아니라 개인 및 비영리 기관(대학, 공공 연구 기관 등)도 영업비밀의 주체가 될 수 있음을 개정 취지를 통해 밝힌 것이다.

그동안 민사상 책임은 '영업비밀 보유자'에 대한 침해를 폭넓게 인정하면서도, 형사상 책임은 '기업'으로 한정하여 침해를 인정해, 과연 대학이나 비영리 법인이 영업비밀의 주체가 될 수 있는지 논란이 많았다. 하지만 이제는 대학 및 비영리 법인이 영업비밀 보유의 주체가 될 수 있음이 명쾌하게 정리되었다.

2. 철저한 비밀 관리

대학 및 비영리 법인, 개인까지도 영업비밀 보유자가 될 수 있음이 명쾌하게 정리되었으니, 이제 대학이나 비영리 법인도 영업비밀을 적극적으로 활용할 필요가 있다. 특허와 영업비밀이 줄 수 있는 유익이 각각 있기 때문에, 특허와 영업비밀 사이에 전략적 의사 결정을 해야 한다.

연구 성과물을 특허로 활용할 계획이라면, 기존의 관리 체계를 따르면 된다. 하지만 영업비밀을 통해 보호하고자 한다면, 각별히 '비밀 관리' 노력을 기울여야 한다. 앞서 살펴본 바와 같이 '영업비밀'로 인정되기 위해서는 ① 경제적 유용성 ② 비밀성(비공지성) ③ 비밀 관리성이 요구되는데, 아직 공공연히 알려지지 않았다면 경제적 유용성은 크게 문제가 되지 않을 것이다. 현재뿐만 아니라 장래 경제적 가치를 발휘할 가능성 있는 정보도 '경제적 유용성'을 인정하므로 대학 연구 개발 성과물은 비교적 쉽게 경제적 유용성을 인정받을 수 있을 것이다.

하지만 '비밀 관리성'은 체계적 대응이 요구된다. 상당한 노력을 요구하던 수준이 합리적 노력으로 완화되었

다고는 하지만, 대학 사회가 태생적으로 강의를 통해 학문적 성과를 가르치는 기능을 갖다 보니, 본의 아니게 정보가 공개될 수 있는 환경을 갖고 있다. 경찰청이 제시한 체크 리스트가 좋은 가이드라인이 될 수 있을 것 같아 소개한다.

영업비밀 관리 체크 리스트

우리 회사는 어떤지 체크해 보세요.

- ☐ 영업비밀에 해당하는 문서 혹은 파일에 '대외비' 등을 표시했는가.
- ☐ 영업비밀을 '대외비', '극비' 등 등급을 분류해 관리했는가.
- ☐ 영업비밀 관리 규정을 만들고 이를 시행했는가.
- ☐ 특정인에게만 접근 권한을 부여했는가.
- ☐ 임직원에게 보안 교육 등을 시행했는가.
- ☐ 패스워드 설정, 복사 제한 조치 등을 취했는가.
- ☐ 입사·퇴사 시 영업비밀 준수 및 경업 금지 서약서를 받았는가.
- ☐ 퇴사 시 영업비밀 관련 업무의 인수 인계, 관련 자료 및 PC 등을 반환 받았는가.
- ☐ 사내 시스템(인트라넷)에 접속 가능한 아이디, 패스워드를 설정하고 관리했는가.
- ☐ 방문자, 거래처, 협력 업체에 대한 영업비밀 보호 약정을 체결했는가.
- ☐ 영업비밀이 생성되는 장소에 대해 별도의 보안 시설을 했는가.
- ☐ 영업비밀에 해당하는 정보 혹은 자료의 반출 및 복제를 제한했는가.
- ☐ 인터넷 혹은 사내 네트워크의 이용을 제한하거나 보안 프로그램을 설치·운영했는가.
- ☐ 영업비밀을 보관하는 장소를 별도로 분리해 접근을 제한했는가.
- ☐ 영업비밀이 보관된 컴퓨터 등에 로그인 암호 등을 설정하고 통신 보안을 취했는가.

★ 대학이나 공공 연구소와 같은 비영리 법인도 '영업비밀'을 보유할 수 있다.

Q045 전직 금지[*]

Ban on Transfer of Employees

㈜백두모직은 사내 최고 중국 전문가인 송상엽 전무가
경쟁사인 제이패션으로 옮기려 해 골치가 아프다.
그는 20년간 중국 법인 근무로
모든 영업비밀을 알고 있는데 전직금지약정도 없다.
그의 전직을 막을 수 있을까?

기업의 경쟁력은 어디에서 오는가? 핵심 기술, 협력 네트워크, 마케팅 역량, 전통과 명성 등 여러 가지
요인이 합력해 기업의 경쟁력을 만들겠지만, 그 근간에는 '인재'가 있을 것이다. '고구마 줄기'처럼
핵심 인재 곁에는 캐면 캘수록 우수한 인적 자원이 연결되어 있게 되는데, 핵심 인재로 중추적 역할을
하던 사람이 경쟁 업체로 가면 어떻게 해야 하나?
특별히 영업비밀을 보유한 자가 경쟁 업체로 가려 할 경우 회사는 어떠한 조치를 취해야 할까?
이와 반대로, 회사가 경력 사원을 채용할 때에도 고려할 사항이 많다. 오늘날의 취업 시장을 보면
신규 직원에 대한 채용은 줄고 있고, 갈수록 경력직 위주의 채용이 증가하고 있는데, 인력 스카우트
과정에서 '영업비밀'을 보유한 사람을 채용할 때 고려해야 할 점은 무엇인지 살펴보자.

취직

영업비밀

ㅣ일반적인 지식 보유자에게 직업의 자유가 제한할 수 없다.
그러나 영업비밀 보유자에게는 직업의 자유가 제한된다.

1. 전직 금지

우리 헌법은 '직업의 자유'를 보장하고 있다. 이는 직장을 옮기는 것(전직, 轉職)을 포함하고 있으며, 상대적으로 경제적 약자인 근로자의 생존권과 직결되기 때문에 인정이 되는 것이다.

하지만 전직과 관련해 근로자가 갖게 되는 '직업의 자유'보다 더 큰 이익을 침해당하게 될 경우에는 이를 제한할 수 있다. 기업의 '영업비밀' 보호 이익도 여기에 해당할 수 있는데, 명시적으로 전직 금지 기간이 정해져 있는 것이 아니며 사례별로 다르다 할 수 있다.

다만 전직 금지 기간이 '영업비밀'로 보호하는 데 필요한 시간적 범위를 넘지는 못한다. '영업비밀'이 보호되는 시간적 범위는 공정한 경쟁자보다 유리한 출발(Head Start)이나 시간 절약(Lead Time)이라는 부당한 이익을 취하지 못하게 하는 데 필요한 시간적 범위 내로 제한된다. 구체적 기간을 판단함에는 사례별로 상이하고 기본적으로는 '전직 금지 약정'에 따르지만 헌법상 보장된 근로자의 직업 선택의 자유와 근로권 등을 과도하게 제한하거나 자유로운 경쟁을 지나치게 제한할 경우 무효가 되거나 또는 기간이 단축될 수 있다.

또한 명시적인 약정이 없더라도 전직한 회사에서 영업비밀과 관련된 업무에 종사하는 것을 금지하지 않고서는 회사의 영업비밀을 보호할 수 없다고 인정되는 경우에는 '전직 금지청구'를 할 수 있다. 하지만 전직 금지 약정이 체결된 경우보다 다소 엄격한 기준이 적용되므로 '전직 금지 약정'을 체결해 명확하게 해 두는 것이 바람직하겠다.

전직과 관련해 또 한 가지 살펴볼 것은 '약정의 대가'다. '전직을 금지하게 되면 전직 기간 동안 근로자에게 일정한 대가를 지불해야 하지 않는가'라는 이슈로, 독일과 같은 경우에는 전직 금지 기간 동안 직전 연봉의 50%를 지급한다. 하지만 우리나라의 경우에는 '대가 지급'은 약정 유효 판단에 있어 여러 고려 사항 중 하나로 보고 있다. 반드시 금전적일 필요는 없으며 연수 기회 제공 같은 것도 대가로 판단할 수 있다. '약정의 대가'가 제공되면 전직 금지 약정이 유효하다고 판단될 확률이 보다 높아진다.

마지막으로 살펴볼 점은 회사의 영업비밀과 관련 없는 '일반적 지식'인 경우에는 전직 금지 약정이 무효가 될 확률이 높다는 점이다. '김영 학원'에 근무하던 스타 강사 2명이 '메가스터디'로 옮긴 사건에서 강사들이 학원에서 근무하면서 체득한 지식은 회사의 고유 이익이라기보다는 강사 스스로 체득한 일반적인 지식, 경험, 거래 선과의 친분 관계 등과 관계된 것이므로 전직 금지는 부당하다고 판단했다.

2. 스카우트

직원의 전직 금지와 함께, 경력 직원을 채용할 때에도 영업비밀에 대한 침해 가능성에 대해 유의해야 한다. 기업의 검증된 인재를 채용하고자 하는 마음은 당연하겠지만, 전 회사의 입장에서는 유능한 인재 유출에 따른 타격이 발생할 수 있어 '전직 금지'를 청구할 수 있기 때문이다.

경쟁 업체 직원에 대한 스카우트가 경력 직원이 회사에 종사하면서 스스로 체득하게 된 일반적인 지식, 기술, 경험, 거래 선과의 친분 관계 등을 이용하기 위한 경우는 문제가 없지만, 경쟁 업체의 영업비밀을 탐지하기 위한 목적으로 높은 직위나 고액 급여에 의한 스카우트 등은 부정 취득 행위에 따른 영업비밀 침해가 성립된다.

따라서 경력 직원을 채용할 때에는 전직 금지 약정 체결 여부를 확인해야 하고, 약정이 체결되어 있다면 반드시 종전 근무 회사의 양해를 얻어야 한다. 아울러 종전 근무 회사의 영업비밀을 채용된 기업에서 이용하거나 공개하지 않겠다는 확인서를 받아 두어야 한다. 또한 영업비밀 침해가 구체적이고도 합리적으로 의심스러워 보일 경우 업무상 이메일 열람 및 부서 배치 전환 또는 계열사 전직 등의 인사 조치가 취해질 수 있다는 점에 관한 동의서를 받아 두는 것도 필요하다.

★ 전직 금지는 약정에 의해 정해지는데, 약정이 없더라도 불가피한 경우 전직 금지를 청구할 수 있다.

폼생폼사: 폼에 죽고 폼에 산다.

Form Follows Function에서
Function Follows Form으로 시대가 변해,
'디자인 사고'가 더욱 필요하게 되었다.

디자인

Design

디자인 *
Design

㈜백두건설 송상엽 디자이너는 혼신의 힘을 다해
'물결 모양 아파트'를 디자인했다.
유사한 아파트가 우후죽순으로 생기는 것을 원치 않아
특허청에 디자인 등록 신청을 한다면,
디자인권 획득이 가능할까?

"샤일록, 살 한 파운드를 달 저울은 가져왔나?" "네, 가지고 왔습니다."
"그럼 어서 살 한 파운드를 떼어 내라. 샤일록, 잘 들어라. 차용 증서에는 피 한 방울도
네게 준다고 쓰여 있지 않다. 분명히 살 한 파운드뿐이야. 만일 한 방울이라도 피를 흘리게 하면,
너의 토지와 재산은 모두 나라에서 몰수할 줄 알아라. 또 살은 꼭 한 파운드라야지,
조금이라도 틀리면 안 된다. 알겠느냐?"
윌리엄 셰익스피어의 희극 〈베니스의 상인〉 이야기다. 친구 바사니오를 위해 안토니오는 자신의 살
1파운드를 담보로 유대인 고리대금업자인 샤일록에게 3,000두카트를 빌렸다. 자신의 배가 항구에
들어오면 가득 실은 상품을 팔아 빚을 갚으려 했지만, 배가 파선 위기를 만나 정해진 기일 내에
돌아오지 못했고, 차용 증서에 따라 살 1파운드를 떼어 줄 운명에 처했다.
유대인 고리대금업자인 샤일록은 두 배, 세 배 갚아 주겠다는 요구를 고집스레 거절하며 끝까지
살 1파운드를 증서대로 이행해 줄 것을 요구했고, 이때 법정 판사는 명판결을 내렸는데
'살 1파운드는 베어 내되, 증서대로 결코 피는 한 방울도 흘려서는 안 된다'는 것이다.
〈베니스의 상인〉 이야기를 한 이유는 디자인보호법에서 말하는 디자인이 바로 이런 것이기 때문이다.
결코 살이 피와 분리될 수 없는 것처럼, 디자인은 물품과 떼어서는 생각할 수 없는데,
이것을 '물품성'이라 부른다.

피 빼고!

| 피와 살이 분리될 수 없듯, 디자인은 물품과 분리될 수 없다.

1. 디자인이란?

'디자인'이란 단어는 폭넓게 사용된다. 제품으로부터 건축이나 조형물이 디자인으로 불리기도 하며, 경영이나 정책 현장에서는 기업이나 국가를 디자인한다고 하며, 미용실에서는 헤어 디자인을 하기도 한다. 이렇게 디자인이라는 용어는 폭넓게 사용되지만, 디자인보호법에서 이야기하는 디자인은 조금 개념이 다르다. 디자인권으로 보호받는 디자인은 반드시 '물품성'을 전제로 한다.

'디자인'이라 함은 물품의 형상, 모양, 색채 또는 이들의 결합으로서 시각을 통해 미감을 일으키게 하는 것을 말한다. 즉, 법적인 디자인으로 보호를 받는 대상은 **물품성, 형태성, 시각성, 심미성**을 갖추어야 그 대상이 되는 것이다.

물품성이란 '독립 거래가 되는 유체 동산'을 의미하므로 부동산과 같은 것은 디자인이 될 수 없다. 형태성이란 형상, 모양, 색채 또는 이들의 결합을 의미하고, 시각성이란 육안으로 식별이 가능한 것을 의미한다. 마지막으로 심미성이란 미적 우수함을 의미하지 않고 미적 감각을 느낄 수 있도록 처리되었을 것을 의미한다. 이와 같은 4가지 요소들을 갖춘 것이라야 디자인 보호를 논할 수 있는 디자인인 것이다.

2. 디자인 긍정 vs. 부정

살펴본 바와 같이 법적 의미의 디자인은 물품성, 형태성, 시각성, 심미성을 가져야 한다.

벽화나 조경, 실내 인테리어는 어떠한가? 비록 물품에 투영되어 있다 하더라도 독립 거래가 되는 유체 동산이 아닌 부동산은 마찬가지로 디자인 보호가 불가능하다. 다만 건축용 마감재, 모자이크 타일같이 인테리어에 속해 있는 개별 물품은 독립 거래가 가능한 유체 동산이어서 디자인 보호가 가능하다. 또한 조립식/이동식 건물은 디자인으로 보호가 가능한데, 방갈로, 공중전화 박스, 이동 판매대, 방범 초소, 승차대, 이동 화장실, 조립 가옥 등이 해당한다. 현장에서 시공해야 하는 한증막 같은 건축물은 디자인이 될 수 없다.

패션 디자인이나 텍스타일은 어떠한가? 의복이나 직물지 같은 물품에 모양(Pattern)을 표현한 것이므로 형태성이 있어 디자인 보호가 가능하다.

시멘트나 설탕, 육각수는 어떠한가? 육안으로 볼 수 없는 디자인이기에 디자인 보호가 불가능하다.

차량용 볼트나 너트는 어떠한가? 물품의 형상으로서 디자인 보호가 가능하다. 반드시 미적으로 우수할 것을 요구하진 않고 아무리 투박해도 미적 요소를 느낄 만한 요인이 있다면 가능하다.

이와 같이 우리가 **통상적으로 사용하는 디자인과 법적 의미의 디자인**은 차이가 있다. 육안으로 확인 가능하고 심미성이 있다 하더라도 유체 동산으로서 독립 거래가 가능한 물품에 투영된 경우에 법적 의미의 디자인 보호가 가능하다.

넓은 의미의 디자인

디자인보호법 상 디자인

서울을 디자인하라
꿈을 디자인하라
헤어 디자인 결혼 디자인
100년 기업을 디자인하라
화예 디자인

★ 디자인은 물품성(독립 거래 대상이 되는 유체 동산)이 있어야 하는데, 아파트와 같은 부동산은 물품성이 없어 디자인으로 보호받을 수 없다.

Q 047 글자체
Typeface, Calligraphy

㈜백두닷컴 송상엽 대표는 회사의 정체성을 드러낼
전용 서체가 필요하다고 생각했다.
5년간의 노력 끝에 '백두체'를 개발했는데,
글자체도 디자인권으로 보호받을 수 있을까?

스티븐 잡스는 리드 대학 학부 시절 캠퍼스에 붙은 포스터나 표지물에 적용된 '세리프(serif)',
'산세리프(sans-serif)' 글자체에 매료되었다.
과학 기술이 줄 수 없는 신비함에 푹 빠져 글자체와 관련한 수업을 들으며 꿈을 키웠고,
아름다운 글자체를 가진 맥 컴퓨터를 만드는 것으로 이어졌다.
이건희 회장도 '디자인 경영'을 선언하며 디자인의 가치를 누구보다도 강조했다.
세계 시장을 선도하기 위해서는 품격 있는 디자인이 가장 중요한 요소 중 하나라고 생각하고,
디자인이야말로 '21세기 최대의 승부처'라고 지속적으로 강조한 바 있다.
이러한 이건희 회장의 경영 철학이 반영이 되어 삼성은 2003년도부터 삼성의 철학을 나타낼 수 있는
고유한 글자체 개발을 착수해, 2007년 삼성체를 만들기에 이르렀다.
이토록 두 경영자의 마음을 흔들어 놓았던 '글자체'는 과연 디자인권으로 보호받을 수 있을까?

I 하나은행 전용 서체 및 이에 대한 디자인권(제30-0569487호)

I 여태명 교수의 캘리그래피(우측 하단)와 영화 〈축제〉 포스터 [출처 동아일보(1997. 2. 25)]

I 신영복 교수의 캘리그래피(위) 및 이를 이용한
등록상표(40-0694159) 적용 상품(아래)

1. 글자체, 디자인인가?

한국타이포그라피학회가 2011년도에 1,000명을 대상으로 조사한 자료에 의하면, 전용 서체가 기업/기관의 이미지 변화에 많은 영향을 끼친다고 대답한 비율이 75.9%에 달하고, 긍정적 호감을 갖도록 했다고 대답한 비율은 63.5% 달한다고 밝혔다. 기업이나 기관들이 앞다투어 전용 서체를 개발해 사용하고 있는 이유이다.

기업이 상당한 비용과 노력을 들여 개발한 '전용 서체'가 디자인으로 보호받을 수 있는지 살펴보려면, '글자체'가 '물품성'이 있는지를 보면 된다. 물품성 있는 디자인만이 '디자인권'으로 보호받을 수 있기 때문이다.

글자체에 '물품성'이 있을까? 있다고 보기 어렵다. 물품성이란 '독립 거래 대상이 되는 유체 동산'을 의미하는데, 글자체는 '물품성'이 있다고 보기 어려워 디자인권으로 보호받기 어렵다. 하지만 디자인보호법은 예외적으로 '글자체(Typeface)'를 물품성이 있다고 간주하고 디자인으로 인정하고 있다.

글자체란 글자꼴 하나하나를 가리키는 것이 아니라, 글자꼴 간에 공통적인 특징을 가지도록 만들어진 한 벌의 글자꼴로 개개의 글자꼴이 모인 전체적인 조합을 의미한다. 그리고 한글 또는 영문자 또는 숫자 등이 모두 갖추어져야만 한 벌의 글자꼴이 되는 것이 아니며, 한글이나 영문자 또는 숫자 각각만이 있어도 한 벌의 글자꼴을 구성할 수 있다.

이렇게 글자체가 디자인보호법에서 요구하는 물품성이 없음에도 불구하고 물품성이 있다고 간주하고 보호의 영역에 포함시킨 이상, 글자체를 디자인권으로 보호받고자 하는 기업의 욕구는 더욱 거세질 것으로 본다.

2. 캘리그래피

물품성이 없음에도 불구하고 물품성이 있다고 인정해 디자인으로 보호하는 '글자체'는 '캘리그래피'와 구분된 개념임을 유의하자. 글자체가 한 벌의 글자꼴(A Set of Letters)로서 기계적 표현에 가깝다면, '손글씨(캘리그래피)'는 개성적 표현이 중시되는 글씨체로 손으로 쓴 아름답고 개성 있는 글씨체를 의미하는데, 이는 저작권 또는 상표로 보호를 받게 된다.

원광대학교 여태명 교수의 〈축제체〉와 관련된 다툼이 캘리그래피와 관련된 최초의 사례이다. 영화 〈축제〉의 제작사인 태흥영화사가 포스터에 여태명 교수의 캘리그래피를 사용해 글자당 1천만 원씩, 총 2천만 원을 배상하라고 판결받았고, 소설책 《축제》의 출판사인 열림원도 500만 원 배상을 판결받았다. 〈축제체〉는 1994년 5월 예술의 전당에서 열린 한국 청년작가초대전에 출품한 〈춘향가〉 속에 들어 있던 여태명 교수의 창작 서체 중 일부로 캘리그래피가 저작물로 인정되어 보호를 받게 된 것이다.

캘리그래피는 저작권으로 보호받는 데 그치지 않고 상표로도 보호를 받을 수 있다. 캘리그래피로 자신의 상품을 타인의 상품과 식별할 수 있기 때문이다. 《감옥으로부터의 사색》, 《더불어 숲》 등으로 유명한 신영복 석좌교수(성공회대)의 작품 '처음처럼'에 사용된 어깨동무체가 좋은 예가 될 수 있다. 두산주류는 신영복 교수의 허락을 받은 후에 '처음처럼' 캘리그래피를 소주 상표로 등록했고, 현재는 해당 상표를 롯데주류가 사용하고 있다. 두산주류가 롯데에 인수됨에 따른 결과이다.

살펴본 내용 외에도 '글자체'와 관련해서는 다양한 이슈들이 있는데, 일단 글자체는 디자인으로 캘리그래피는 저작권이나 상표로 보호됨을 기억하자.

★ 글자체는 예외적으로 물품성이 있다고 보아 '디자인권'으로 보호한다.

Q 048 디자인권(1) *
Design Right

㈜백두뷰티는 칫솔 신제품 공식 론칭에 앞서,
사용자 테스트를 갖고 반응이 좋은 디자인을 출원했다.
이 경우 디자인 등록이 가능할까?

물품성이 있는 디자인, 또는 물품성이 없음에도 불구하고 있다고 인정해 주는 디자인은
'심사'를 통해 '디자인권'이 인정된다. 발명이 심사 과정을 통해 특허권을 갖는 것처럼,
디자인은 심사 과정을 통해 디자인권을 받는 것이다.
디자인권을 받기 위해서는 특허와 비슷한 5단계 관문을 통과해야 한다.

5단계 통과의 문					
특허권	신규성	진보성	산업상 이용 가능성	선원주의	확대된 선원주의
디자인권	신규성	창작성	공업상 이용 가능성	선원주의	확대된 선원주의

Ι 토끼 모양 스마트폰 케이스, 라비또, 신규성 상실 예외 주장을 통해
　간신히 신규성을 인정받았다.

Ι 어린이 학습 만화 《마법천자문》. 특허출원 전
　전시회 출품이 문제가 되어 특허가 무효되었다.

1. 신규성(비공지성)

아무리 강조해도 지나치지 않은 것이 신규성이다. 이는 특허와 같은 개념인데, 출원하기 전에 세상에 공지되지 않아야 한다는 것이다. 디자인 출원 전에 간행물 또는 카탈로그 등에 게재가 되었다든지, 박람회 또는 전시회를 통해 공개가 된 상태라든지, 또는 '사용자 테스트'를 위해 대중에게 공지된 경우라면, 이는 신규성을 상실하게 되어 디자인권으로 보호받을 수 없다.

이러한 신규성에 대한 실수는 너무도 자주 발생하는데, 우리가 잘 아는《마법천자문》도 출원 전에 '문화콘텐츠국제전자회' 출품한 것이 화근이 되어 특허가 무효가 된 바 있다. 토끼 모양 스마트폰 케이스를 제작하는 '라비또' 또한 신규성(비공지성) 문제로 어려움을 겪은 적이 있다. 변리사에게 디자인 출원을 요청하고 스페인 박람회에 참석하게 되었는데, 마침 그때가 추석 연휴라 특허법률 사무소에서는 연휴가 지난 후 출원하게 되었다. 결과적으로 디자인 출원 전에 박람회를 통해 공지가 되어 버린 것이다.

실수로 출원 전에 디자인이 공지가 되었다면 어떻게 해야 할까? 신규성을 상실한 것인데 특허와 마찬가지로 12개월 이내에 출원을 하고 공지 사실을 알리면 신규성은 치유될 수 있다. 라비또도 이와 같은 방법으로 신규성을 치유할 수 있었는데, 이를 '신규성 상실 예외 주장'이라 한다.

한 가지 더 숙지해야 할 점은, 신규성을 판단함에 있어서, 디자인은 특허와 달리 유사 판단을 한다는 점이다. 특허는 동일 여부만을 판단하지만 디자인은 유사한 것도 신규성이 없다고 판단을 한다. 물품이 동일 또는 유사하면서, 형태도 동일 또는 유사한 경우에는 신규성이 없는 것으로 된다.

이를 바꾸어 생각하면, 물품이 다르거나 형태나 다를 경우 '신규성'에는 문제가 없다는 이야기가 된다. 예를 들어 입고 있는 카페트의 디자인 패턴이 아름다워 이를 접시 세트에 반영한다면 물품이 다르므로 '신규성'에는 문제가 없다.

2. 창작성

창작성이란 그 디자인이 속한 분야에서 통상의 지식을 가진 사람이 용이하게 창작할 수 없는 디자인이어야 한다는 의미이다.

신규성이 동일/유사 물품일 경우에 적용한다면, 창작성은 물품이 다르거나 물품성이 없는 저작물(예: 캐릭터)과도 비교해 판단한다. 국내외 널리 알려진 형상·모양·색채 또는 이들의 결합에 기초한 디자인은 용이 창작에 해당해 창작성이 없다고 판단한다. 예를 들어 유명한 캐릭터를 적용해 젓가락을 만든다면 창작성이 없다고 판단될 것이다.

신규성이 하나의 공지 디자인과 비교해 진행한다면, 창작성은 공지 디자인 또는 공지 디자인의 결합을 통해 용이하게 창작할 수 있는지 여부를 판단하게 된다. 공지 디자인의 단순 조합, 치환은 창작성이 없다고 판단한다.

창작성은 공지 디자인의 결합 관계를 통해 판단함이 기본적이고, 하나의 공지 디자인과 비교할 때는 원칙적으로 신규성 판단을 적용하게 된다. 하지만 예외적으로 하나의 공지 디자인으로부터 용이하게 창작할 수 있는지도 판단하게 되는데, 전체적인 심미감에 차이가 있어 신규성에는 문제가 없지만 창작 수준이 낮은 경우가 있을 수 있기 때문이다.

예컨대 한쪽 면으로 구성된 벤치를 양측 면으로 변경할 경우, 심미감이 달라 신규성은 있지만, 용이하게 창작할 수 있기에 창작성은 없다고 판단할 것이다.

단순 배치 변경이나 비율 조정, 수의 증감은 창작성이 없다고 본다.

Q 049 디자인권(2)[*]

Design Right

잠실 체조 경기장에서 '학교 폭력 예방 디자인 대회'가 열렸다.
표어와 포스터 부문이 있고,
소품으로 붓, 물감, 도화지, 팔레트가 제공되었는데
디자인 공모전에 출품한 작품은
디자인권으로 보호가 가능할까?

디자인은 산업 재산권의 하나로서, 많은 부분 특허 제도를 준용해 설계되었다.
앞서 살펴본 신규성과 창작성도 특허 제도의 신규성, 진보성과 맥락을 같이한다.
디자인이 디자인권으로 보호되기 위한 나머지 3가지 요건, 즉 공업상 이용 가능성, 선원주의,
확대된 선원주의도 특허 제도의 요건들과 맥락을 같이하는데 하나씩 살펴보도록 하자.

ㅣ 디자인 대회 결과물이라고 디자인으로 보호되는 것이 아니다.
양산을 의도한 '공업상 이용 가능성'이 있을 때 디자인으로 보호 가능하다.

3. 공업상 이용 가능성

디자인을 보호하는 궁극적인 목적은 '산업 발전'에 이바지하는 것이다. 1차적으로 디자인의 보호 및 이용을 도모해 디자인의 창작을 장려하는 것을 목적으로 하지만 '독점 배타권'이라는 강력한 권리를 부여하는 궁극적 이유는 '산업 발전'을 목적으로 하기 때문이다.

이를 역으로 살펴보면, 산업 발전에 기여할 수 없는 디자인은 디자인권으로 보호할 수 없다는 뜻이 된다. 즉, 순수 예술 활동에 기인한 창작 행위는 그 예술가나 디자이너의 창작 활동으로서, 산업 발전에 기여하는 것은 아니기에 디자인권으로 보호하지는 않는다.

산업 발전에 이바지하기 위해서는 디자인이 '반복 실시 가능성'을 가지고 있어야 하는데, 이를 '공업상 이용 가능성'이라 한다. 공업상 이용 가능성이란 공업적 생산 방법에 의해 양산을 의도해야 된다는 말이다. 특허나 실용신안은 1차부터 3차까지 모든 산업을 뜻하며 반드시 양산을 요구하지는 않지만, 디자인은 공업적 생산 과정에 의해 구체적 물품으로 양산될 수 있어야 한다.

이런 관점에서 각종 디자인 대회에 출품하는 그림이나 표어는 디자인 보호가 가능한지 생각해 보면 그렇지 않다는 것을 쉽게 알 수 있다. 그림이나 표어는 '반복 실시 가능성'을 담보로 창작한 것이 아닌 순수 예술적 창작 행위이기 때문이다. 아무리 행사명이나 모집 부문이 디자인 대회나 디자인 부문이어도 공업상 이용 가능성이 없는 것은 디자인으로 보호될 수 없다.

4. 선원주의

선원주의란 동일 또는 유사한 디자인에 대해 둘 이상의 출원이 경합된 경우에 가장 먼저 출원한 자에게 디자인 등록을 허여하는 것을 말한다. 중복된 권리의 등록을 방지하기 위함이다. 먼저 디자인을 완성한 사람에게 권리를 부여하는 것이 아니라, 먼저 출원한 자에게 디자인 권리가 부여된다.

여기에서 한 가지 궁금한 점은 앞서 살펴보았던 '신규성'이 있다는 것은 '가장 먼저 출원했다'라는 것을 의미하는 것은 아닌가? 라는 의문이다. 즉, '가장 먼저 출원했기 때문에 신규성이 있는 것이 아닌가?' 하는 점이다. '신규성'이란 비공지성인데, 본인이 출원할 때까지 알려진 것이 없다면 '본인이 가장 먼저 출원한 것이 아닌가?'라는 질문이 자연스럽게 생기는 것이다.

'특허' 편에서도 살펴본 바이지만, 일반인이 가장 오해하는 부분 중 하나이기에, 다시 한 번 설명한다. 알려지지는 않았지만 먼저 출원한 디자인이 있을 수 있다. 신규성과 창작성은 공지된 디자인들과만 비교를 하는데, 전체의 정보와 비교를 하는 것이 아니라 제한된 정보, 즉 알려져서 공지된 디자인만을 대상으로 비교를 하다 보니, 알려지지는 않았지만 본인보다 먼저 출원한 디자인이 있을 수 있다.

어떻게 이런 일이 있을 수 있나 생각할 수 있지만, 그 이유는 '공개 제도'에 있다. 특허나 디자인은 출원과 동시에 공개되는 것이 아니라 일정 기간 후에 공개되는데, 그러한 이유로 본인이 출원할 시점에 드러나지는 않았지만 먼저 출원한 사람이 있을 수 있다는 것이다. 참고로 특허는 출원 후 18개월 뒤에 공개가 되고, 디자인은 등록 결정이 된 후에 세상에 공개된다.

5. 확대된 선원주의

공개되지는 않았지만 먼저 출원한 디자인이 본인의 디자인과 같지는 않지만, 본인의 디자인을 포함한다면 마찬가지로 본인 디자인을 권리화할 수 없는데, 이것을 '확대된 선원주의'라 한다.

예컨대 본인이 '자전거 바퀴'를 출원했는데, 먼저 출원된 '자전거' 디자인이 본인의 바퀴와 동일하거나 유사한데, 아직 공개되지 않은 상태라면 '확대된 선원주의'에 의해 디자인을 등록받을 수 없다.

★ 디자인은 '공업상 이용 가능성'이 있어야 하는데 양산을 전제로 하지 않은 표어나 포스터는 디자인으로 보호받을 수 없다. 이것은 저작권 영역이다.

Q 050 일부 심사[*]
Partial Examination

㈜백두패션 최혜나 디자이너는
자신의 작품이 디자인권으로 등록되기도 전에
유행이 끝나 버릴까 고민이다.
모든 디자인은 동일한 심사 과정을 거쳐야만
등록이 가능할까?

아내 생일 선물로 무엇을 준비할까 고민하던 중, 지갑을 바꾸어 주기로 하고 백화점에 갔는데
CK 통가죽 지갑의 가격을 보고 놀랐다. 족히 20만 원은 되어 보이는 소가죽 장지갑이
5만 9천 원이었다. 어찌 이리 저렴한지 물어보았더니, 봄 신상품인데 가을이 되어 16만 원짜리를
5만 9천 원에 판매한다고 했다. 불과 6개월 만에 사람들의 감각과 선호도가 바뀌었기 때문이다.
디자인의 유행성이 얼마나 강한지를 보여 주는 단적인 예인데, 디자인은 유행에 대단히 민감하고,
모방 또한 비교적 용이한 특징이 있다. 따라서 빠른 권리화가 뒷받침되지 못한다면 자칫 유행이 모두
지난 후에 권리로 인정되어, 권리의 실익이 없을 수도 있다.
이러한 디자인의 특수성을 반영해 '일부 심사 제도'가 있는 것이다.

| 패션과 같이 유행성이 강한 제품에 대해서는 일부 심사를 진행한다.

1. 일부 심사

디자인을 등록받는 데 소요되는 기간은 평균 10개월 (2016년도 기준)인데, 이는 유행이 한 철에 불과한 제품들에는 너무도 긴 시간이다. 백화점에서 전년도 이월 상품이 50% 내외의 대폭 할인된 가격에 판매됨을 생각해 보면, 속도 있는 디자인 심사가 진행되지 않을 경우 자칫 디자인권의 실효성이 없을 수도 있음을 알 수 있다.

이처럼 막대한 예산과 노력을 통해 개발된 디자인이 제대로 보호받을 수 없는 '불확실성'을 키우게 되는데, 이와 같은 우려를 최소화시키기 위해, 심사 제도를 하이브리드 방식으로 운영하고 있다. 대부분의 디자인 분야에 대해서는 정상적인 디자인 심사 절차에 따르되, 유행성이 강한 물품에 대해서는 '일부 심사 제도'를 적용해 빠르게 등록 여부를 결정하는 것이다. '일부 심사'가 적용되는 물품은 다음과 같다.

일부 심사 대상 품목

제2류	01 내의, 란제리, 코르셋, 브래지어, 잠옷 02 의류 03 모자류 04 신발류, 양말 및 스타킹 05 넥타이, 스카프, 목도리 및 손수건 06 장갑 07 패션 잡화 및 의류 액세서리 99 그 밖의 의류 및 패션 잡화 용품
제5류	01 방사 제품(spun articles) 02 레이스 03 자수 04 리본, 장식용 끈, 그 밖의 장식용 트리밍 05 직물지 06 인조 또는 천연 시트 직물류 99 그 밖의 섬유 제품, 인조 및 천연 시트 직물류
제19류	01 필기 용지, 서신용 카드 및 알림 카드 02 사무용품 03 달력 04 서적 및 그 밖의 유사한 외관을 가진 물품 06 필기, 제도, 회화, 조각, 판화 및 그 밖의 미술 기법을 위한 재료 및 기구 07 교재 08 그 밖의 인쇄물 99 그 밖의 문방구, 사무용품, 미술 재료, 교재

일부 심사 제도에 해당되는 물품은 심사 요건 중 일부가 배제된다. 디자인 심사는 신규성, 창작성, 공업상 이용 가능성, 선원주의, 확대된 선원주의를 보게 되는데, 일부 심사의 경우 신규성, 선원주의, 확대된 선원주의를 배제하고, 창작성과 공업상 이용 가능성만을 심사하게 된다.

일부 심사의 공업상 이용 가능성은 일반 심사와 같은 기준으로 적용하지만 창작성은 완화된 기준으로 심사를 하게 된다. 일반 심사의 창작성은 ① 국내외 널리 알려진 형상·모양·색채 또는 이들의 결합으로부터 용이하게 창작할 수 있는 것과 ② 공지 디자인 또는 공지 디자인의 결합으로부터 용이하게 창작할 수 있는 것을 배제시키게 되는데, 일부 심사는 그중 ① 국내외 널리 알려진 형상·모양·색채 또는 이들의 결합으로부터 용이하게 창작할 수 있는 것만 아니면 창작성을 인정한다.

2. 이의 신청

일부 심사 등록 제도는 신속한 권리 획득이라는 장점이 있는 반면, 부실한 권리로 인해 선의의 제3자가 예측하지 못한 손해를 입을 가능성이 있다. 이러한 가능성을 최소화하기 위해 '이의 신청 제도'를 운영하고 있다.

일부 심사의 경우 1~3개월 만에 등록 여부가 결정되는데, 등록 후 등록 공보가 발간된 공고일로부터 3개월 이내에는 누구든지 이의 신청을 할 수 있다. 이의가 제기되면 심사관 3인 합의체에 의해 검토되고 이의가 있다고 인정되면 등록 취소, 없다고 인정되면 등록 유지가 된다.

사업을 경영하시는 분, 특히 디자인에 민감한 분야에서 사업을 영위하시는 분은 자신의 디자인을 권리화시키는 것 못지않게, 타인의 권리화 노력을 정기적으로 모니터링해 불필요한 피해를 받지 않도록 하는 것도 매우 중요하다.

★ 유행성이 강한 물품은 심사를 완화해 더 빨리 디자인권을 획득할 수 있다.

Q 051 비밀 디자인
Confidential Design

㈜백두모터스 송상엽 디자이너는 디자인권을 받고 싶지만
자신의 디자인을 공개해야 한다는 사실이 너무 불편하다.
출원된 모든 디자인은 공개되는 것인가?

디자인권에 독점 배타권을 부여하는 이유는 '디자인권' 부여가 창작을 장려하는 것을 넘어 '산업
발전에 이바지'하기 때문이다. 디자인권은 특허와 마찬가지로 '공개'를 조건으로 독점 배타권을
부여하는 것인데, 본인이 발명하고 창작한 것을 혼자 꽁꽁 숨기지 말고 세상에 공개하면, 그 대가로
일정 기간 '독점 배타권'을 부여한다. 공개된 특허나 디자인을 응용해 개량된 발명(창작)을 할 수도
있고, 일정 기간 후에는 누구나 사용할 수 있게 되므로 큰 틀에서 볼 때 산업 발전에 도움이 된다.
이러한 제도의 틀 속에 창작자(발명자)는 늘 딜레마 속에 빠진다. 공개하고 독점 배타권을 받을지
아니면 공개하지 않고 스스로 발명이나 디자인을 비밀로 유지할지 고민하게 되는 것이다.
만일 두 마리 토끼를 동시에 잡듯 '독점 배타권'도 인정받으면서도,
동시에 비밀로 유지할 수만 있다면 얼마나 좋을까?

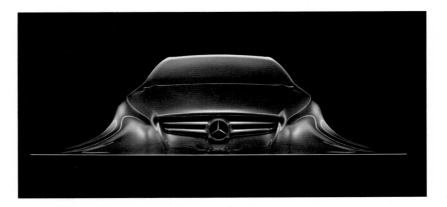

| 디자인 공개에 앞서 철저히 베일 속에서 비밀로 유지되는 벤츠 신차
디자인은 등록 후 3년간 비공개 상태인 '비밀'로 유지할 수 있다.
[출처: http://allworldcars.com/wordpress/?p=16894]

1. 비밀 디자인 제도

디자인은 모방이 쉽고, 라이프사이클이 짧은 경우가 대부분이어서, 공개 자체가 큰 부담이 될 수 있다. 이러한 디자인의 특징을 반영하여 디자인을 적극적으로 보호해 주기 위해 탄생한 것이 '비밀 디자인 제도'이다.

이는 출원인이 희망하면 디자인권의 설정 등록일로부터 3년 이내의 '비밀 청구 기간'을 정해, 비밀인 상태로 권리를 보호해 주는데, 이는 '칼집 속의 칼'처럼 보다 강력하게 디자인을 보호해 주는 방법이 될 수 있다. 특허나 실용신안 획득을 위한 발명은 등록여부와 관계없이 출원 후 18개월 후에 무조건 공개되지만, 디자인은 등록 받지 못할 경우 공개되지 않으며 등록 후에도 3년 간 비밀상태를 유지할 수 있는 특징이 있다.

비밀 디자인 제도는 많은 유익을 디자인 기업에게 줄 수 있다. 통상적으로 디자인은 연구 개발 단계에서 출원을 하게 되고, 이후 사업화를 위해서는 많은 시간과 예산이 소요되게 된다. 예산적 여유와 사업 경험이 많은 기업은 디자인 개발 후 빠른 시장 진입이 가능하겠지만, 경험이 적고 예산적 여유가 없는 기업은 많은 시간이 소요되게 되는데, 사업을 준비하는 도중에 디자인이 공개된다면, 제3자가 본인보다 먼저 시장에 진입할 수도 있는 상황이 발생된다.

'제3자가 모방을 하면, 침해가 되고, 그렇다면 손해배상을 청구하면 될 것 아니냐'는 생각을 할 수도 있지만, 법적인 다툼은 상당한 에너지를 소비하게 되고, 그러잖아도 사업 준비에 여념이 없는 기업의 정력이 소진되게 되어, 불확실성과 함께 비록 소송에 이긴다 하더라도 결국 '남는 것이 없는 장사'가 될 확률이 높다.

또한 모방품이 제대로 된 제품이 아니라 질이 낮은 '불량품'으로 출시가 된다면, 이는 소비자에게 나쁜 인식을 심어 주어 나중에 정당한 권리자가 시장에 출시하더라도 예상보다 저조한 실적을 갖게 만드는 요인이 될 수도 있다. 결국 모방품이 생기면 정당한 권리자는 이래저래 타격을 받기 마련이다.

따라서 정당한 디자인권자의 제품이 시장에 출시되기 전에는 가능한 한 디자인을 비밀 상태로 유지하는 전략이 유리하다. 시장에 첫 진출하는 사람은 선발자의 이점(First Mover Advantage)을 충분히 누릴 수 있고, 때로는 승자 독식의 기쁨도 누릴 수 있기 때문에, 디자인 제품이 시장에 출시되는 시점에 맞추어 디자인을 공개하는 것이 바람직하다.

2. 비밀 디자인 특과 실

모든 제도에는 '득실'과 '명암'이 있기 마련이다. 사업 실시를 준비 중에 비밀 디자인이 잘 보호되면 좋은데, 비밀 상태를 유지하는 중에 침해가 발생하면 어떠한가?

기본적으로 특허나 디자인 침해 시 손해배상을 청구할 수 있는 근거는 '공개'되어 있다는 사실에 기초한다. 타인의 권리라는 것이 공개되어 있음에도 불구하고, 무단으로 실시하는 것은 고의 또는 과실 추정의 근거가 되어 손해배상을 청구할 수 있는 것이다. 바꾸어 말하면, 공개되지 않은 비밀 디자인으로는 상대방의 고의나 과실을 추정하는 것이 어려워 실질적으로 손해배상 청구가 곤란하다.

따라서 비밀 상태 중에 침해를 당했거나 당할 우려가 있을 때에는 지체 없이 디자인 공개를 신청하고, 경고장을 발송해야 한다.

요약하면, 가능하면 제품 출시 전에는 비밀 상태를 유지하되, 침해를 당했거나 침해 우려가 있어 보일 때에는 최대한 빨리 디자인을 공개해야 한다. 참고로 디자인은 보통의 경우 등록된 후에 공개되는데, 등록되기 전에도 공개 신청이 가능하다.

★ 디자인은 등록받지 못할 경우 공개되지 않으며, 등록되더라도 3년 이내의 범위 내에서 공개하지 않고 '비밀'로 유지할 수 있다.

Q 052 관련 디자인
Related Design

㈜'白頭水'는 정수기 디자인 개발 후 제품을 판매하던 중
소비자 의견을 반영해, 일부 디자인을 변경했다.
전반적으로 기본 디자인과 유사한데,
별도로 디자인 등록을 받을 필요가 있을까?

20세기의 고객들이 '고정 과녁'이었다면 21세기 고객들은 '이동 과녁'이라 말할 수 있다.
전반적으로 시장 질서가 소비자 중심으로 형성되다 보니,
변화하는 고객의 요구를 끊임없이 반영하는 기업만이 살아남고 시장을 이끌게 되는 것이다.
이런 경영 환경 속에서 기업은 수요자 반응을 정기적으로 모니터링하게 되고,
이를 피드백해 신제품 개발에 반영하게 되는데, 이를 디자인 측면에서 살펴볼 필요가 있다.
'수요자 반응에 의한 디자인 변경이 완전히 새롭지는 않고 등록 출원된 디자인과 유사한 경우
이를 별도로 등록받는 것이 필요한가?'라는 고민이 생기게 된다.
우리가 잘 아는 바와 같이, 디자인의 보호 범위는 동일한 디자인뿐만 아니라
유사한 범위까지 미치게 되어 있어, 본인이 디자인 등록을 받아 두면 다른 사람이 유사한 디자인으로
등록을 받을 수도 없고, 무단으로 사용하면 침해가 성립되게 되어 있다.
유사 범위까지 디자인의 효력이 미치는 환경 속에서,
미세 조정에 의해 변경된 디자인들까지 별도의 디자인 등록이 필요한지 살펴보자.

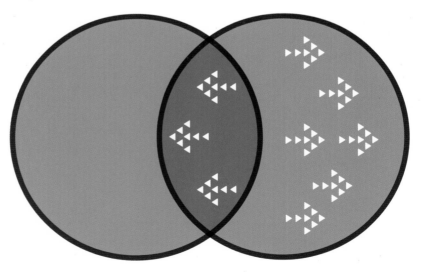

기본 디자인   관련 디자인

| 관련 디자인은 기본 디자인의 범위를 확인(⋄⃛⋄)할 뿐만 아니라
확장(⋄⃛⋄)하는 기능도 있어 무척 유용하다.

1. 관련 디자인 매력

기본 디자인과 유사한 디자인에 대한 효용성은 2014년 7월 1일자로 변화를 맞게 되었다. 기존 '유사 디자인' 제도를 폐지하고, '관련 디자인' 제도를 도입하면서, 보호 영역의 확장이 가능하게 되어 디자인 창작자 보호가 강화된 것이다.

'유사 디자인 제도' 하에서의 '유사 디자인'은 그 보호 범위가 기본 디자인의 범위를 벗어날 수 없어서 실익이 없었다. 그나마 유익을 줄 수 있는 점을 찾아본다면, 기본 디자인의 보호 범위가 미치는 '유사 범위'가 어디까지인지 모르는 데에서 오는 불확실성을 제거하고, 명확한 한계를 확인할 수 있었다는 것이다. 이는 어디까지나 확인하는 정도이지 새로운 보호 범위를 창출하지는 못하는 것이기에 '유사 디자인'을 별도로 권리화해야 할 뚜렷한 이유를 제공하지는 못했던 것이다.

이와 달리 '관련 디자인 제도' 하에서의 '관련 디자인'은 기본 디자인의 보호 범위를 뛰어넘어 독자적인 보호 범위를 갖기 시작했다. 완전하지는 않지만 100% 종속적 개념이던 '유사 디자인'의 한계를 뛰어넘어 어느 정도 독자성 확보가 가능하게 되었으니, 디자인 창작자라면 '관련 디자인' 제도를 충분히 활용할 필요성이 있다.

2. 관련 디자인 경계와 활용

앞서 설명한 것처럼 '관련 디자인'은 '기본 디자인'과의 관계에서 종속된 개념과 독립적 개념이 복합적으로 존재하게 된다. 어떠한 부분에 대해 독립적 개념이 인정되고, 어떠한 부분에 대해서는 종속적 개념이 적용되는지 살펴보자.

독립적 개념의 가장 대표적인 것이 보호 영역의 확장이다. 확인하는 데 불과했던 '유사 디자인'을 확장하는 효과를 갖는 '관련 디자인'으로 전환해 독립적인 보호 영역이 생기게 된 것이다. 다만 무분별한 확장이나 다른 디자인과의 충돌을 막기 위해 일정한 제약이 가해진다.

첫째, '관련 디자인'은 기본 디자인과 유사성이 있어야만 한다. 기본 디자인과 유사하지 않고 관련 디자인에만 유사한 디자인까지 연쇄적으로 인정하다 보면 보호 영역이 무한대로 늘어날 수 있어 복잡성을 감당할 수 없게 된다. 따라서 관련 디자인과만 유사한 디자인에 대해서는 인정될 수 없다.

둘째, 선행 디자인과의 충돌이 없어야 한다. 관련 디자인의 보호 영역 확장을 인정하다 보면, 다른 선행 디자인과 충돌할 가능성이 있는데, 이 경우 '관련 디자인'은 인정될 수 없다. '관련 디자인'은 자신의 기본 디자인과만 유사해야지, 다른 선행 디자인과 유사해서는 안 된다.

이렇게 보호의 독립적 영역을 인정하다 보니, 기본 디자인이 무효가 되더라도 관련 디자인은 생존할 수 있게 된다.

다만 관련 디자인의 존속 기간은 기본 디자인의 출원 후 20년까지로 한정되며, 권리 이전에 있어서 기본 디자인과 분리해 이전할 수 없고, 반드시 같은 자에게 함께 이전해야 한다.

참고로 관련 디자인은 기본 디자인 출원일로부터 1년 이내에 출원을 해야 한다. 이는 특허의 '국내 우선권 제도'와 흡사한데, 특허는 출원 후 1년 이내 개량 발명이 이루어질 경우 '국내 우선권'을 주장하면 심사의 판단 시점을 소급 적용해 개량 발명을 보호해 준다. 이와 맥락을 같이해, 디자인도 출원 후 1년 이내에 기본 디자인과 유사한 관련 디자인을 출원할 경우 권리를 확장할 수 있는 기회를 주어 보호망을 튼튼하게 만들어 주는 것이다.

★ 디자인의 미세 조정이 필요할 경우, '관련 디자인'을 활용하면 보호 범위가 확장된다.

Q 053 디자인 침해*
Design Infringement

㈜백두패션 최혜나 디자이너는
남편으로부터 결혼 10주년 선물을 받았는데,
선물 포장지가 정말 세련되어 보여,
그 포장지 디자인을 원피스로 제작해 판매했다.
이는 디자인 침해에 해당할까?

패션 디자이너의 눈에는 모든 것이 패션의 모티브로 작용한다. 사람들이 입고 다니는 옷을 볼 때는
물론이고 떨어지는 낙엽을 봐도, 하늘에 떠다니는 구름을 봐도 모든 것이 패션의 모티브가 된다.
패션 디자이너가 선물을 받았는데, 포장지 패턴이 너무 아름다워 이를 원피스 디자인에 적용한다면
이는 디자인 침해에 해당할까?
필자가 연세대학교 생활 디자인 대학에서 강의할 때 자주 제기됐던 단골 질문이다.

| 선물 포장지 디자인(좌)을 원피스(우)에 적용.
물품이 다르면 디자인 침해가 아니다.

| 칠성사이다(롯데)와 킨사이다(코카콜라)의 디자인 다툼.
스프린트(롯데)와 스프라이트(코카콜라)의 상표 다툼으로 확전되었다.

1. 동일 · 유사 물품이어야 침해

디자인 침해를 판단할 때 가장 기초가 되는 전제 조건은, 등록된 디자인권과 비교해 판단한다는 점이다. 누군가 본인의 디자인을 무단으로 사용했다면서 흥분을 감추지 못하고 '디자인 침해'를 주장하는 사람이 있는데, 알고 보면 본인의 디자인도 디자인권으로 등록되어 있지 않은 경우가 허다하다. 이런 경우에 감정이 상하는 것은 사실이지만, 디자인 침해를 논하는 대상이 될 수는 없다. 디자인 침해 판단은 등록 디자인과의 비교를 통해 하는 것이다.

이러한 기초 전제 조건 하에서, 디자인 침해 판단은 **'동일 또는 유사한 물품'**일 경우에 성립이 된다. 물품 자체가 완전히 상이한 경우에는 기본적으로 침해를 인정하기 어렵다. 따라서 입고 있는 옷의 디자인 패턴을 접시 세트에 반영한다든지, 포장 박스의 디자인을 원피스에 적용한다든지, 자동차 모형을 만들어 소형 완구 제품을 만드는 것들은 '디자인 침해'라 볼 수 없다.

그렇다면 어디까지를 '동일 또는 유사한 물품'으로 볼 수 있을까? 동일 물품은 용도와 기능이 모두 같은 것을 말하며, 유사 물품은 용도는 같지만 기능이 상이한 것을 의미한다. 유사 물품의 정의가 약간 불명확하게 들릴 수 있는데, '볼펜'과 '샤프펜'의 관계를 보면 정확히 이해할 수 있을 것이다. 볼펜과 샤프펜은 무언가를 기록하는 도구라는 점에서 용도는 같지만, 잉크를 내려받는 방식과 샤프심을 통해 글을 쓰는 것은 기능은 다르다고 볼 수 있다.

살펴본 바와 같이 동일 유사 물품인 경우에만 비로소 침해 판단의 대상이 된다. 하지만 예외적으로, 용도 자체가 다르더라도 혼용될 수 있는 경우에도 유사 물품으로 본다. 수저통과 연필통이 그러한 예이다.

2. '형상'과 '모양' 모두 유사해야

동일·유사 물품에 해당한다면, 그다음은 구체적으로 디자인의 유사 여부를 판단해야 하는데, 무엇을(What), 어떻게(How) 관찰해서 판단해야 하는가가 중요하다.

'무엇(What)'을 대상으로 판단할지 먼저 생각해 보면, 물품의 '형상(Shape)'과 '모양(Pattern)'을 보게 되는데, 원칙적으로 어느 하나가 유사하지 않으면 유사하지 않다고 판단한다. 아울러 '전체 대 전체'를 비교하게 되는데, 부분적으로 유사한 부분이 있더라도 전체적으로 다른 미감을 주면 유사하다고 볼 수 없고, 반대로 부분적으로 유사 부분이 없더라도 전체적으로 유사하면 양 디자인이 유사하다고 보아야 한다.

다음으로, 유사 여부를 관찰하는 방법(How)에 있어서는 육안을 통해 물품의 외형상 미감을 중점적으로 판단하되, 양 디자인을 격리하지 않고 동시에 벽에 걸어 두고 뒤로 물러서서 비교해 보고 잠시 후 다시 위치를 바꾸어 혼동을 일으키는 것인가를 비교하는 간접 대비 관찰을 적용한다. 이때 유사 여부의 판단 주체는 물품을 사서 사용하는 일반 수요자들이 되며, 오인 혼동을 초래한다면 유사한 것이 된다

'칠성사이다'와 '킨사이다'의 디자인 분쟁 사례를 살펴보자. 롯데칠성은 별 모양이 물방울로 바뀌었다는 것 외에는 디자인 특징이 전체적으로 비슷해 혼동 가능성이 높다고 주장했지만, 킨사이다는 1976년부터 초록색과 흰색을 주요색으로 포장 용기를 만들었고, 상표 글자체와 도안이 확연히 다르다고 주장했다.

법원은 '전체 대 전체'를 대비해 관찰해야 하고, 이 경우 보는 사람의 주의를 끌기 쉬운 부분을 파악하고 이것을 관찰해 수요자의 심미감에 차이가 있는지 여부에 따라 결정하게 되는데, 디자인권을 침해하지 않는다고 판단했다. 생각건대 형상(shape)은 같지만, 모양(pattern)이 달라 전체적으로 수요자에게 다른 심미감을 자아낸다고 판단했던 것으로 보인다.

★ 디자인의 침해 여부 판단은 일단 물품이 동일하거나 유사한 관계여야 한다.

Q 054 부품 vs. 완제품 ___

Less Is More

'하트 패턴이 새겨진 바퀴'가 선풍적인 인기를 끌고 있다.
해당 디자인을 효율적으로 보호받기 위해서는
'바퀴 부분'보다 '자전거 전체'를 디자인권으로
보호받는 것이 유리할까?

특허 편에서 많은 연구 개발자들이 갖는 가장 큰 오해 중 하나가 '자신의 발명을 상세하게 설명하고,
구성 요소도 최대한 기술해야 좋은 특허가 된다'라고 믿는 것이라고 말한 바 있다.
구성 요소를 많이 기술하면 '강한 기술'은 될 수 있어도 '강한 특허'는 될 수 없는데,
이는 구성 요소 전체를 포함해 실시할 때 비로소 침해가 된다는 '구성 요건 완비의 원칙' 때문이다.
A특허(총구+총신+방아쇠)와 B특허(총구+총신+방아쇠+3발 연속 기능)가 있다고 가정해 보자.
누군가 '총구+총신+방아쇠+레이저 기능'의 총을 실시할 경우 A특허에 대해서는 침해지만,
B특허에 대해서는 침해가 아니다. A특허의 구성 요건 전체를 포함해 실시했으므로 침해한 것이지만,
B특허의 구성 요건 중 일부는 생략되어 실시했으므로 이를 침해한 것이 아니다.
분명 기술적 측면에서는 A특허보다 B특허가 우수한 것이 사실이지만,
권리의 측면에서는 구성 요소가 적은 A특허가 '강한 특허'가 되는 것이다.
이러한 원리는 디자인 전체에도 적용되는데, 이미 '부분 디자인과 전체 디자인'과의 관계에서
살펴보았고, 이는 '부품 디자인과 전체 디자인'의 관계에서도 동일하게 적용된다.

| 하메드 코한의 '하트 모양 패턴이 새겨진 바퀴'(우) 특허와 마찬가지로 디자인도 부품 단위로 권리화하는 것이 바람직하다.

1. 부품 vs. 완성품

누군가 '자전거' 디자인 등록을 받아 두었는데, 그 부품인 '타이어'만을 디자인으로 등록받는 것이 가능할까? 불가능하다. 등록받고자 하는 '타이어'는 이미 공지되어 있기 때문에 신규성이 없어 등록받을 수 없다.

'타이어'를 별도로 디자인 등록을 받는 것이 불가능하다면, '타이어'를 제조해 판매하는 것이 불가능하다는 의미일까? 그렇지 않다. 비록 디자인 등록을 받는 것이 불가능하더라도, 실시하는 데에는 전혀 문제가 없다. 침해 판단은 '전체 대 전체'로 비교하는 것이 원칙인데, '자전거 대 타이어'를 비교해 보면 유사하다고 볼 수 없기 때문이다. 해당 자전거에밖에 쓸 수 없는 타이어라면 간접 침해를 주장해 볼 여지가 있으나, 기본적으로는 침해가 아닌 것이다.

역으로 누군가 '타이어' 디자인 등록을 받아 두었는데, 그 완성품인 자전거를 디자인으로 등록받는 것은 가능할까? 가능하다. 등록받고자 하는 자전거가 공지된 것이 아니기에 등록이 가능한 것이다.

'자전거'를 별도로 디자인 등록받는 것이 가능하니, '자전거'의 제조, 판매를 자유롭게 할 수 있는 것이 당연하지 않을까? 하지만 그렇지 않다. '전체 대 전체'로 비교해 보면 '타이어와 자전거'는 유사하다고 볼 수 없어 침해가 아니라고 판단할 여지가 높다. 하지만 나중에 등록받은 자전거는 앞서 등록받은 타이어를 이용한 것이니, 실시할 때에는 허락을 받고 실시해야 하며, 무단으로 사용하면 침해가 된다. 이와 같이 권리의 등록과 실시를 구분하는 이유는 추가된 창작에 대해 보상은 하되, 선행 디자인을 이용한 것이니 정당한 실시료를 내고 실시하게 함으로써 균형과 조화를 잡아가는 것이다.

가능하면 '전체'보다는 '부품' 단위로 세분화해 디자인권을 받아 두는 것이 유리하다. 그리고 '부품' 또한 특징 있는 부분이 있다면 '부분 디자인'을 고려해 '보다 강한 디자인권'을 확보하는 것이 필요하다. 다시 한 번 명심하자. Less is more.

2. 한 벌 물품 디자인

디자인 제도에는 '한 벌 물품 디자인'이라는 특수한 방법이 있다. 원칙적으로 하나의 디자인은 하나의 출원으로 이루어져야 하지만 한 벌의 나이프, 포크, 스푼, '한 벌의 장신구 세트' 등과 같이 2종 이상의 물품이 한 벌의 물품으로 동시에 사용되는 경우 당해 한 벌 물품의 디자인이 한 벌 전체로서 통일성이 있는 때에는 1디자인으로 디자인 등록을 받을 수 있다.

이러한 '한 벌 물품 디자인'은 장점과 단점을 모두 보유하고 있는데, 비용 절감이라는 장점을 가지고 있다. '목걸이, 귀고리, 팔찌, 반지'를 각각 디자인 권리화해야 하는데, 하나의 디자인 출원이 가능하니 비용이 절감된다.

하지만 '강한 권리'라는 측면에서는 취약하다. 누군가 한 벌 물품 중 일부만을 사용한다면 '전체 대 전체'로 판단하는 원칙으로 볼 때 침해가 안 될 확률이 높기 때문이다.

따라서 한 벌 물품 디자인은 '비용'과 '권리 강도' 중 어디에 주안점을 두느냐에 따라 의사 결정이 달라질 수 있다.

| 귀금속 세트를 묶어 '한 벌 물품 디자인'으로 등록받을 수 있으나, 각각 권리화하는 것이 강한 디자인이 된다.
[출처: http://www.swarovski.com/Web_US/en/5102233/product/Baron_Set.html]

★ 전체보다는 '부품'을, 부품보다는 '부분'을 디자인권으로 확보하는 것이 유리하다.

Q 055 부분 디자인
Portion Design

㈜백두전자의 공기 청정기는 홀 부분을 특징으로 한다.
소비자들도 '홀 부분'에 열광하는데,
공기 청정기의 일부분에 불과한 것을
디자인으로 등록받을 수 있을까?

우리가 말하는 '디자인'과 '보호 가능한 디자인'과는 상당한 차이가 있는데, 디자인권으로 보호 가능한
디자인은 기본적으로 '물품성'이 있어야 하고, '물품성'이란 '독립 거래가 가능한 유체 동산'을 의미한다.
독립적인 거래의 대상이 아닌 '물품의 부분'은 디자인이 될 수 없다. 예컨대 공기 청정기를 개발했는데
몸통에 홀을 만들어 공기가 신선하게 흐르는 느낌을 만들어 주는 독특한 형태로 창작한 경우,
'홀 부분'만을 대상으로 디자인권을 확보하는 것은 원칙적으로 불가능하다.
그런데 누군가 '홀'은 그대로 하고 나머지 부분의 형태에 변형을 많이 준다면, '전체 대 전체'를
비교하며 침해를 판단하기 때문에 디자인 침해에 해당하지 않는다. 비록 특징적인 부분을 모방했지만
'전체 대 전체'를 비교하면 유사하지 않다고 판단할 확률이 높은 것이다.
이것은 효율적인 디자인을 보호하는 데 치명적인 약점이 될 수 있다.
그래서 우리나라는 2001년도부터 '부분 디자인 제도'를 도입했다.
이는 디자인 보호에 대단히 파워풀한 힘을 발휘할 수 있는데 그 방법을 살펴보자.

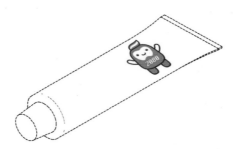

l 애경 치약 용기 부분 디자인(등록 디자인 0595338, 우) 및 이를 펌프식 치약으로 변형했을 경우의 예시(좌)

1. '전체 디자인'의 '부분 디자인'적 사용

'부분 디자인'과 '전체 디자인' 중 어떤 것이 디자인 보호에 유리할까? 두 가지 상황을 비교해 보면 정확히 판단할 수 있다. 첫 번째 상황은 본인이 '전체 디자인'을 등록받았는데 다른 사람이 '부분 디자인'을 권리화해 실시하려고 하는 경우이고, 두 번째 상황은 역으로, 본인이 '부분 디자인'을 등록받았는데, 다른 사람이 '전체 디자인'을 권리화해 실시하려는 상황이다.

먼저 첫 번째 상황을 살펴보자. 본인이 치약 전체에 대해 '디자인권'을 갖고 있는데, 누군가 그 디자인 중 '캐릭터'만을 부분디자인으로 권리화해 실시하려 한다. 별도의 '디자인' 등록이 가능할까? 불가능하다. 본인의 디자인이 이미 공지되어 있다면 '신규성'으로, 공개되어 있지 않은 상태라면 '확대된 선원주의'로 상대방은 디자인 등록을 받을 수 없다.

그럼 '전체 디자인'으로 출원한 것은 탁월한 선택인가? 그렇지 않다. 문제는 다른 사람이 그 '캐릭터'를 포함하되 형태에 변화를 주어 사용할 경우 '전체 대 전체'를 비교해 볼 때 유사하지 않기 때문에 침해가 아닌 것이다. 다른 사람의 등록을 차단할 수 있지만, 사용할 경우 침해가 되지도 않는 것이다.

2. '부분 디자인'의 '전체 디자인'적 사용

역으로 본인이 '캐릭터'만을 부분 디자인으로 확보하고 있는데, 누군가 그 캐릭터를 포함한 치약 전체 외관에 대한 '전체 디자인'으로 권리화할 수 있는가? 가능성이 높다. 권리화하려는 '전체 디자인'이 알려지지 않았기에 다른 사람이 먼저 출원된 것이 없다면 충분히 가능성이 있다.

다른 사람이 새로운 디자인권을 확보할 수 있게 됐으니 본인의 선택은 잘못된 판단인가? 그렇지 않다. 그 이유는 본인의 '부분 디자인'을 포함한 '전체 디자인'은 권리로서 등록을 받을 수는 있지만, 제품화와 같은 실시(사용)를 하게 되면 침해가 되기 때문이다. 본인의 '부분 디자인'을 이용했기 때문이다. 어떠한 치약 형태를 하든 캐릭터를 포함하기만 하면 침해가 성립된다.

정리하면, 다른 사람의 권리화는 가능할지 모르지만, 그럼에도 불구하고 실시는 침해가 성립되어, 결국 본인의 권리를 강하게 지킬 수 있게 된다.

두 가지 상황을 비교해 본 결과, '전체 디자인'보다는 '부분 디자인'을 확보하는 것이 대단히 유리한 방법임을 알 수 있다. 공기청정기의 홀 부분이 특징이라면 전체 공기 청정기보다는 홀부분에 대해 '부분 디자인'으로 권리화하는 것이 훨씬 더 유리한 것이다.

3. 화상 디자인(G.U.I)

부분 디자인이 활용되는 가장 대표적인 예로 그래픽 사용자 인터페이스 및 아이콘을 들 수 있는데, 물품의 액정 화면 등 표시부에 표시되는 도형 등(화상 디자인)이 물품에 일시적으로 구현되는 경우에도 디자인으로 보호할 수 있다.

주의할 점은 화상 디자인은 그 자체만으로 보호받지 못하고, 물품(휴대 전화기, PDA, 핸드폰, PC, 냉장고, ATM)에 화상 디자인을 표현해야 물품성이 인정되어 등록받을 수 있고, 등록이 필요한 부분을 실선(—) 또는 채색(Coloring)으로 표시하고, 그 외의 부분은 파선(----)으로 표시해야 한다.

만일 화상 디자인의 도형 자체가 변화 전후의 형태적 관련성이 있는 범위에서 일정하게 변하는 경우 '동적 화상 디자인'으로 권리화할 수도 있다.

| 화상 디자인이 표시된 이동 통신 기기 등록 디자인 제30-0538666호

Q 056 제품화
Merchandizing

㈜백두닷컴에서 창립 10주년을 기념해 새롭게 출시한
'백두 몬스터' 캐릭터를 보고, 다른 사람이
'백두 몬스터' 인형을 디자인으로 먼저 출원할 경우
등록받을 수 있을까?

필자는 2012년 WIPO(세계지식재산권기구) 총회에서 뽀로로 캐릭터를 이용한 애니매이션 'Getting Creative with PORORO'을 공식 론칭했다. 이는 총 3편으로 된 교육용 콘텐츠인데, 지금까지 WIPO 미디어실이 보유하고 있는 콘텐츠 전체 다운로드 건수보다도, 뽀로로 발명 콘텐츠 하나의 다운로드 건수가 많다고 한다.

뽀로로 콘텐츠 론칭 전에는 'IP Panorama'라는 이러닝 콘텐츠를 만들어 UN 공용어 버전 전체를 포함해 전 세계 20개 언어로 개발되며 폭발적인 인기를 누렸는데,

이런 추세라면 뽀로로 콘텐츠는 'IP Panorama'를 능가할 것으로 예측된다.

'발명 뽀로로'가 이토록 강력한 영향력을 행사할 수 있는 이유는 무엇일까?

단연코 '캐릭터의 힘'일 것이다. 세계 110개국에 수출하고 있는 뽀로로가 있기에

세계 시민들은 보다 친근하게 '발명 뽀로로' 콘텐츠에 다가갈 수 있는 것이다.

필자는 최근 게임을 만든 한 업체로부터 '라바' 캐릭터를 적용해 게임을 만들면, 게임 내용에 관계없이 다운로드 100만 건은 문제없다는 이야기를 들었는데, 이토록 강력한 힘을 발휘하는 '캐릭터'는 과연 디자인으로 보호를 받을 수 있을까?

l '백두몬스터' 캐릭터와 이를 제품화한 캐릭터 인형

1. 캐릭터, 디자인인가?

디자인보호법이 말하는 디자인은 우리가 통상적으로 말하는 디자인과 차이가 있음을 배웠다. 디자인권으로 보호받을 수 있는 디자인은 '물품성'이라는 전제 조건을 만족해야 하는데, '캐릭터'는 일단 물품성이 없다. 물품성이 '독립 거래가 가능한 유체 동산'을 의미하는데, 체화되지 못한 캐릭터는 물품성 조건을 만족하지 못해 디자인으로 보호받을 수 없는 것이다.

그렇다면 인형을 만드는 회사에서 다른 사람의 캐릭터를 적용해 캐릭터 인형을 만든다면 이것은 디자인권으로 보호가 가능한가?

일단 인형이라는 물품으로 체화한 것이기에 '물품성'은 확보하게 된다. 그렇다면 신규성, 창작성, 공업상 이용 가능성, 선원주의, 확대된 선원주의라는 5가지 관문을 통과할 경우 디자인권으로 보호받을 수 있을 것이다.

다른 사람의 캐릭터를 물품에 체화해 디자인 출원할 경우 '신규성'에는 문제가 없다. 신규성이란 동일 또는 유사한 물품 내에서 유사 여부를 판단하는 것인데, 캐릭터와 인형은 동일 또는 유사한 물품이 아니어서 문제가 없다.

다음 관문인 '창작성'을 살펴보자. 창작성은 해당 분야 통상의 지식을 가진 자가 용이하게 창작할 수 있는지를 판단하는 것인데, 일반적으로 이런 경우에 '창작성'에 문제가 없다. '앵그리 버드'처럼 국내외 널리 알려진 캐릭터라면 이는 용이하게 창작할 만한 수준이라고 판단해 '창작성'의 벽을 넘지 못하겠지만, 인형을 만드는 업자가 잘 알려지지 않은 '캐릭터'를 적용해 제품을 만드는 것은 용이하다고 판단하는 수준을 상회하는 것으로 보인다.

'공업상 이용 가능성'은 인형이 얼마든지 양산이 될 수 있으므로 문제될 것이 없을 것이다.

따라서 보통의 캐릭터를 인형으로 체화해 디자인을 출원할 경우, 다른 사람에 앞서 신청할 경우(선원주의), 얼마든지 디자인 등록이 가능한 것이다.

2. 제품화(Merchandizing)

이런 불편한 진실을 이야기하는 이유는 다른 사람(기업)의 캐릭터를 무단으로 권리화하라고 이야기하는 것이 아니다. 캐릭터 기업들이 이러한 피해를 받지 않도록 선제적 조치가 필요함을 말하고 싶은 것이다.

캐릭터 창작자(창작 기업)는 본인이 필수적으로 진출하고자 하는 분야의 물품에 체화한 디자인을 디자인권으로 권리화해야 한다. 이를 제품화(Merchandizing)라고 하는데, 잘 알려진 캐릭터는 대부분 제품화를 통해 권리를 튼튼하게 만들어 놓고 막대한 부를 창출하고 있다. 미키마우스, 헬로 키티, 앵그리 버드 등 웬만한 캐릭터들은 캐릭터를 대부분의 물품에 체화시켜 디자인권을 확보하고 있다.

캐릭터 라이선스는 통상 제품 매출액의 5~10% 정도에 이루어지기 때문에, 막대한 수익 창출원이 될 수 있다. 어렵게 개발한 특허가 통상 2~3% 정도의 로열티 조건임을 생각할 때 얼마나 잠재성이 큰지 짐작할 수 있을 것이다.

따라서 이러한 '황금알을 낳는 사업'이 불필요한 다툼으로 가로막히지 않도록 캐릭터 개발자(개발 기업)는 선제적 조치를 취해 권리의 안정성과 수익의 극대화를 추진해야 할 것이다.

한편 캐릭터는 저작권이나 디자인과 별도로 상표로도 보호가 가능하다. 자신의 상품이나 서비스를 타인의 것과 구별할 수 있는 '식별력'이 있기 때문에, 충분히 상표로도 보호가 가능하다.

| 캐릭터는 '상표'로도 보호가 가능하다. 라바 캐릭터 '레드(등록상표 40-1026608)'와 '옐로우(등록상표 40-1026604)'

확장적 사고

Convergence

최혜나 디자이너는 볼품없는 냄비가 식상해,
꽃무늬 디자인을 입힌 냄비를 개발했는데,
열효율도 향상되었다.
해당 디자인에 관한 아이디어를
특허로도 보호 받을 수 있을까?

미국의 건축가 루이스 설리번은 '형태는 기능을 따른다(Form Follows Function)'는 대표적 선언을
남겼다. 1871년 대화재로 몽땅 타 버린 시카고 재건을 위해 선언한 그의 아포리즘(Aphorism)은
건축 디자인을 넘어 디자인 전반에 걸쳐 강력한 영향을 주었다.
하지만 약 150년이 지난 지금 이 선언을 다시 한 번 생각해 보게 된다.
2012년도 현대모비스가 전국의 18개 대학교 총 850명 학생으로 설문 조사를 실시한 결과 31.6%가
차량 선택 시 최우선 고려 사항으로 '디자인'을 꼽았고, 기능은 12.7%를 차지하며 한참 후순위로
꼽혔다. 이제는 소비자가 기능보다 디자인을 우선시 하고 있음을 보여 주는 것이다.
이러한 시대 흐름은 일부 디자인 선도 기업들로 하여금 'Function Follows Form(기능은 형태를
따른다)'을 주창하도록 했는데, 먼저 소비자를 사로잡는 디자인을 완성하고 후에 기능적 요소를
구현하며 제품을 개발해야 함을 말하는 것이다.
이러한 변화는 어떤 것이 옳은지를 판단하는 것도 중요하지만 그것보다는 '기능과 형태' 즉 '특허와
디자인'은 분리되어 생각될 수 없음을 말해 주어,
지식재산의 통합적 사고가 요구됨을 웅변하고 있는 것이다.

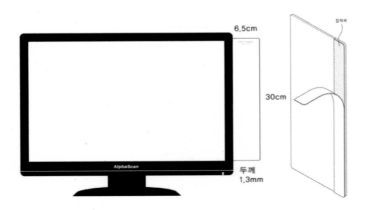

| 컴퓨터 모니터 부착용 메모지 부착 보드(등록 디자인 0596025, 좌) 및 이의 디자인 변형 제품(우)

1. 기능적 요소, '반드시' 특허로 확장

모니터 주위에 포스트잇을 붙여 본 경험이 있는가? 기억하기 좋아 사용하기는 하나, 약간 PC가 지저분해 보이는 단점이 있었다. 이러한 점에 착안해, 개발된 '모니터 메모 보드(Monitor Memo Board)'가 국내에서 선풍적인 인기를 끌며 해외 시장 개척에 박차를 가하고 있다. 그런데 누군가 제품의 외형을 변형해 새로운 디자인 제품을 만들면 어떨까? 무척이나 안타깝지만 뾰족하게 차단할 수 있는 방법이 없다. 분명 아이디어를 응용한 것이지만, '전체 대 전체'를 비교해 볼 때 디자인에 차이가 있으니 이를 막을 방법이 없다.

그런데 만일 모니터 메모 보드가 특허로도 보호되어 있다면 어떨까? 구성이 새롭고, 새로운 효율성을 만들어 내니 기능적 요소를 특허로도 권리화 해 봄 직하다. 만일 특허로도 보호받는다면, 특허는 '기술적 사상'을 보호하는 것이기에 동일 사상이 적용된 제품을 차단할 수 있는 권리를 갖게 된다. 즉, '전체 대 전체'로 보아 상이해 디자인으로 막을 수 없다 하더라도, 동일 사상이 적용된 만큼 특허로 이를 차단할 수 있는 것이다.

최근에 '무늬를 새긴 냄비'가 인기를 끌고 있는데, 이희연 셀리브레이트 대표는 냄비와 프라이팬에 꽃, 과일 등의 다양한 무늬를 새겨 디자인권을 확보했다. 해당 디자인은 열효율을 높이는 기능도 갖게 되어 이를 특허로도 권리화 추진을 하고 있다. 만일 특허로도 권리가 등록된다면, 디자인적 형태만 보호하는 것이 아니라, 기술적 사상도 보호받게 되어 폭넓은 지배력을 확보할 수 있을 것으로 보인다.

디자인을 개발해 디자인권 확보를 추진하는 기업은 한발 더 나아가 해당 디자인이 '기술적 사상'과 연계성은 없는지 살펴보고, 이를 특허로 확보하는 통합적 전략을 구사해야 한다. 디자인이 미처 방어하지 못하는 부분을 특허가 강력히 막아 줄 수 있기 때문이다.

2. 기능 구현에 필수불가결한 디자인

'형태'와 '기능'을 연계한 통합적 전략을 구사할 때, 한 가지 더 알아야 할 점은, 디자인이 기능 구현을 위해 필수불가결한 것이라면 디자인권으로 인정되지 않는다는 점이다. 이미 기능이 물품의 형상을 결정지어 디자이너가 창작할 여지가 없기 때문이다.

몇 해 전 '자동차 앞 유리'에 대해서 '해당 차종의 프레임 치수, 형상, 휘어짐, 두께, 높이, 넓이 끝단의 형상 등 다른 물리적 특성까지도 그대로 복제되지 않으면 차체에 접속이 불가능하거나 접속이 가능하더라도 불량해져 안전을 위협하는 등 그 본래의 기능을 수행할 수 없게 되어, 결국 가장 중요한 디자인 요소가 자동차 앞 유리의 창틀에 의해 결정되므로, 물품의 기능을 확보하는 데 불가결한 형상만으로 된 디자인'이라며 무효화된 사례가 있었다.

삼성이 애플 아이폰의 '둥근 모서리에 평평한 화면을 갖춘 직사각형 디자인'은 기능적 요소를 고려하면 당연한 것이기 때문에 무효화되어야 한다고 주장하는 근거이다. 직각은 그립감이 떨어져 모서리는 둥글어야 손에 잡기 쉬우며, 앞면이 평평하지 않고 볼록하다면 사용하기에 불편하기 때문에 불가결한 형상이라는 것이다.

| 이희연 대표가 특허 기술을 사용해 만든 주물 냄비. 바닥에 꽃무늬 모양의 홈을 새겨 열효율을 높였다. (사진 〈동아일보〉 2013. 10. 10. 셀리브레이트 제공)

★ 제품의 외형을 보호하는 디자인이 '기능 개선'과도 관련된다면 '특허'로도 보호해 튼튼한 보호망을 구축해야 한다.

저촉
Conflict

㈜백두전자는 '날개 없는 선풍기'의
독특한 외관을 보호받기 위해 디자인 출원했다.
이런 사실을 모른 채 ㈜한라전자는
한 달 뒤 동일 물건을 특허로 출원했다.
특허 등록이 가능할까?

디자인은 물품의 형상을 보호해 주는 제도이다. 그리고 물품의 형상이 '기능 개선'으로 이어진다면
특허로도 보호가 가능하다는 사실을 앞서 살펴보았다.
문제는 동일 기업이 '확장적 사고'에 기초한 디자인을 특허로 권리화하는 것이 아닌, 서로 다른 기업이
서로 다른 권리를 추진할 때 발생할 수 있다. 동일한 물품에 대해 어떤 기업은 디자인에 초점을 맞추어
디자인권을 추진하고, 다른 기업은 기능 개선에 초점을 맞추어 특허로 추진한다면, '특허'와 '디자인'
사이에서 충돌이 발생할 수 있는데, 여기에 대해 살펴보도록 하자.

| 날개 없는 선풍기로 선풍적 인기를 끌었던 다이슨.
독특한 외관으로 인하여 디자인권으로 보호받을
것 같은 제품이 특허(등록특허 10-1331486)로만
권리화되어 있다.

1. 특허 등록 가능

주어진 사례처럼, 한 가지 아이디어에
대해 두 기업이 전혀 다르게 반응할 수 있
다. '백두전자'는 '날개 없는 선풍기'의 독
특한 외관을 보호받기 위해 디자인 관점
에서 출원했는데, '한라전자'은 '공기 흐
름 생성 장치'라는 특허의 관점으로 출원
을 한 것이다. 디자인이 먼저 출원한 상태
에서, 나중에 다른 사람이 특허를 출원한
경우인데 특허 등록이 가능할까?

특허를 등록받기 위해서는 신규성(비공
지성), 진보성, 산업상 이용 가능성, (확대된)
선원주의를 통과해야 하는데, 기존 선풍
기에 비해 구성이 곤란해 보이고 어린아

이들의 손가락이 장난으로 사고날 확률도 없으므로 진보성은 전혀 문제가 없어 보인다. 또한 산업상 이용 가능성도 극히 예외적 분야 외에는 인정이 되므로 문제될 것이 없어 보인다. 따라서 신규성(비공지성)과 (확대된) 선원주의를 만족하는지 살펴보면 될 듯하다.

신규성이란 공지되지 않은 발명일 것을 요구하는 것인데, 만일 디자인으로 출원된 '날개 없는 선풍기'가 출시되어 널리 알려진 상태라면 문제가 되겠지만, 디자인 출원 후 아직 공지되지 않은 상태라면 신규성 확보에 문제가 없을 것이다.

(확대된) 선원주의를 살펴보면, 먼저 출원한 자에게 권리를 준다는 내용인데, 이는 동일 권리 내에서만 살펴보도록 되어 있다. 디자인이 먼저 출원되었다고 해서 특허가 등록받을 수 없다든지 특허가 먼저 출원되었으므로 디자인을 등록받을 수 없는 경우는 없다.

정리해 생각해 보면, 진보성과 산업상 이용 가능성은 전혀 문제가 없고, (확대된) 선원주의도 타권리에 대해 서로 영향을 주지 못하므로 문제가 없다. 결국 신규성(비공지성)만 확보되면 먼저 디자인이 출원된 상태에서, 특허로 출원되더라도 무난히 권리를 확보할 수 있다는 이야기이다.

2. 특허 실시는 디자인권자의 허락 필요

살펴본 바와 같이 디자인과 특허는 서로 다른 권리자 소유로 공존할 수 있다. 주어진 질문과 같은 상황에서 나중에 특허를 받은 사람은 권리를 획득했으니, 자유롭게 실시할 수 있을까?

그렇지는 않다. 특허로 등록받는 것과 별도로 실시할 때에는 먼저 출원한 디자인권자의 허락을 받아야 한다. 먼저 출원한 디자인이 등록을 받지 못했다면 고민할 필요도 없겠지만, 먼저 출원한 디자인이 권리를 획득할 경우, 디자인권자의 허락을 받은 후에야 특허를 실시할 수 있다.

이와 유사한 개념은 특허에서 살펴본 바 있다. 어떤 원천 특허에 기초해 기능을 개선해 개량된 발명을 한다면, 이를 독자적으로 특허로 등록받을 수는 있지만, 실시하기 위해서는 원천 특허 보유자의 허락을 받도록 해 전체적으로 균형을 잡아 주는 원리 말이다. 이를 '이용 관계'라 한다. (Q013 참조)

어느 한쪽이 다른 쪽의 권리를 일방적으로 사용하는 '이용 관계'와 달리, 쌍방 간에 다른 사람의 권리를 사용하는 것을 '저촉'이라 한다. 즉, 디자인 실시를 위해서는 특허를 실시할 수밖에 없고, 특허를 실시하기 위해서는 디자인을 실시할 수밖에 없는 경우를 말한다. 저촉의 경우도 '이용 관계'와 유사하게 나중에 출원한 사람은 먼저 출원해 권리를 확보한 자의 허락을 받고 실시해야 한다. 무단으로 사용할 경우 침해에 해당된다.

이런 '저촉 관계' 상황에서 나중에 특허로 권리를 획득하는 것이 의미가 있을까? 실시하기 위해서는 디자인권자의 허락이 필요하니 특허 자체가 무용지물 아닌가 의문이 들 수 있다. 하지만 물품의 형상을 회피하는 것은 쉬우나, 기술적 사상을 회피하는 것은 상대적으로 어려울 수 있음을 유의하자. 날개 없는 선풍기의 외관을 약간 변형해 디자인권을 회피하는 경우라도, 공기 흐름 방식에 수반되는 '기술적 사상'을 회피할 수 없을 확률이 있어, 이 경우 특허권을 행사할 수 있게 된다. 저촉 관계임에도 불구하고, 특허를 획득할 때의 유용함이다.

다이슨의 실제는 주어진 사례와 다소 다른데 회사는 디자인 등록은 생략한 채 특허 등록만 획득했다. 만일 누군가 다이슨 특허보다 먼저 디자인권을 획득해 보유하고 있다면, 다이슨은 날개 없는 선풍기 판매를 위해서 디자인 보유자의 허락을 받아야 한다.

★ 하나의 제품에 적용된 '특허'와 '디자인'은 서로 다른 사람의 권리로 공존할 수 있다. 실시를 위해서는 먼저 출원한 자의 허락을 받아야 한다.

미등록 디자인
Unregistered Design

㈜백두패션의 신규 디자인 핸드백이 선풍적 반응을 얻자
짝퉁 핸드백이 나와 저가에 팔리면서 고민이 많다.
미처 디자인권 확보를 하지 못한 경우
보호받을 수 있는 길이 없을까?

#1 디자인 침해란 등록 디자인이 있는 것을 전제로 한다. 제아무리 누군가 본인의 디자인을 무단
실시한다 하더라도 본인이 등록된 디자인을 갖고 있지 않다면 디자인 침해를 주장할 수 없다.

#2 한발 더 나아가 본인이 먼저 실시를 하고 있었음에도 또는 실시를 준비하고 있음에도 불구하고,
미처 디자인을 등록받아 두지 못한 상황이라면 누군가 나중에 디자인권을 획득해
디자인 침해를 주장한다면 꼼짝없이 디자인 침해 책임을 물어야 한다.

이러한 상황들에 대해 등록받지 않은 디자인까지 굳이 보호할 필요성은 없어 보이고,
먼저 창작한 자가 아닌 먼저 출원한 자를 보호하는 '선원주의' 제도 하에서 당연해 보일 수도 있다.
하지만 등록받지 못한 디자인을 보호해야 하는 필요성이 없을지라도 공정한 거래 질서 확립을 위해서
일정 부분 보완책이 필요하다고 생각될 수 있다. 특히나 모방이 용이한 디자인의 특징을 고려하면
더욱 공정거래를 생각하지 않을 수 없다. 아울러 '정의'라는 측면에서 살펴볼 때 먼저 창작한 자에게
최소한의 보장이 필요하다고 생각해 볼 수도 있다.

| 쿠론의 '스테파니 와니'(좌)와 피에르가르뎅의 'V4V'(우)
(출처 ichannela.com, 2013. 5. 15)

| 다이슨(Dyson)의 '날개 없는 선풍기'(출처: www.dyson.com)',
디자인권 확보 없이 대한민국 시장에 진출해 어려움을 겪고 있다.

1. 미등록 대 미등록(형태 모방)

디자인이 독특해 선풍적인 인기를 끌었던 다이슨 (Dyson)사의 '날개 없는 선풍기'가 대표적인 예가 될 수 있을 것이다. 충분히 디자인권의 중요성을 알고, 디자인 제도를 전략적으로 이용할 수 있을 법한데, 불행히도 다이슨사는 디자인 출원 없이 한국 시장에 진출했다. 어쩌면 이렇게까지 세계적 반향을 일으킬 줄 몰랐을지도 모른다. 여하튼 다이슨사는 유럽 디자인을 권리화했지만, 한국 시장에는 권리 없이 진출하게 되었고, 유사 디자인 제품이 저가에 엄청나게 팔리게 되었다.

또 한 사례는 국내 코오롱인더스트리의 쿠론 브랜드가 판매하는 '스테파니' 제품이다. 한 해에 5만 2천 개가 팔릴 정도로 엄청난 반응을 불러일으켰는데, 피에르가르뎅의 한국 라이선시인 '주영'이 모방해 가방을 판매한 것이다. 이 또한 코오롱인더스트리가 디자인을 권리화하지 못한 채 판매하던 가운데 발생한 사건이다.

이와 같이 디자인권 없는 제품에 대해 모방이 발생하면 어떻게 대처해야 할까? 디자인권으로 확보해 디자인 침해 책임을 묻는다면 가장 깔끔하겠지만, 디자인권으로 확보되어 있지 않았다면 '부정경쟁방지법'을 활용해야 한다.

특허의 경우는 등록받지 못한 발명을 다른 사람이 실시한다고 해 책임을 물을 수 있는 방법이 없지만, 디자인이나 상표는 일정 부분 책임을 물을 수 있다. 등록받지 않았으니 디자인 침해는 아니지만, '부정 경쟁 행위'라는 논리로 이를 저지하는 것이다. '디자인보호법'이 정규군이라면 '부정경쟁방지법'은 예비군으로서의 역할을 하는 것이다.

'부정경쟁방지법'에 따르면 본인 상품의 형태가 업계에서 실시하는 통상적인 디자인이 아닌 독특한 형태로 인정되면, 해당 상품의 형태가 갖추어진 날로부터 3년간 보호해 주고 있다. 출원일로부터 20년간 보호해 주고, 동일할 뿐만 아니라 유사한 범위까지 권리를 행사할 수 있는 디자인권에 비하면 턱없이 약한 권리 행사지만 보조적 수단으로 활용할 수 있을 것이다.

2. 미등록 선사용

'등록받지 못한 디자인'에서 또 한 가지 생각해 볼 수 있는 것이 있는데 바로 '선사용'이다. 본인이 디자인을 먼저 실시했거나 실시를 준비 중에 있을 때, 다른 사람이 해당 디자인에 대해 디자인권을 획득하고 이를 기초로 침해를 주장하는 경우이다.

본인이 이미 실시 중이라면, 상대방 디자인권이 신규성(비공지성)이 없음에도 불구하고 권리를 받은 것이므로 무효화시키는 것이 가능하겠지만, 아직 실시하지는 않았고 실시 준비 중이라면 어떻게 해야 하나?

이러한 상황에 먼저 디자인을 창작한 사람을 보호해 주기 위해, 먼저 실시했거나 실시를 준비 중에 있는 '선사용자'에게 무상의 통상실시권을 부여해 전체적인 균형을 꾀하는 것이다.

선사용에 따른 통상실시권은 비상수단으로서 훌륭한 역할을 할 수 있을 것이다. 하지만 온전한 권리가 아닌 통상실시권을 확보하는 수준이므로 본인의 권리를 행사하는 데 많은 제약이 있다. 따라서 디자인 개발 후에는 지체 없이 권리화를 추진해 안정적 권리 행사를 꾀해야 할 것이다.

★ 비록 등록받지 못한 디자인이라 할지라도 독특한 디자인이라면, 타인의 무단 복제로부터 3년간은 보호 받을 수 있다.

송수아 作 (2013년, 초등4년)

땡감

땡감아, 그렇게 아슬아슬

대롱대롱

주황 꽃이 필 때까지

매달려 있으면

어떡하니?

얼른 내 입속으로 오렴

배가 아우성이잖니

싫다고. 예끼 혼쭐 좀 나봐라

툭툭 투두툭

아 배불러

저작권
C o p y r i g h t

Q 060 아이디어와 표현의 구분*

Idea/Expression Dichotomy

'파라클레시스 피자'는 '미스터 피자'의 블로그에서
토마토 치즈 크러스트 피자를 만드는 법을 보고,
그 방법 그대로 피자를 만들어 판매했다.
이런 경우 저작권 침해일까?

필자에게는 두 딸이 있다. 큰딸은 '반듯한 나무'라는 의미로 수아(樹雅)이고, 작은딸은 '반듯한
길'이라는 의미로 노아(路雅)이다. 큰딸이 어느 날 동생이 자꾸만 따라 하는 것이 싫었는지,
동생을 야단쳤다. "노아야, 이것은 언니에게 저작권(copyright) 이 있으니까 함부로 베끼면 안 돼."
초등학교 4학년, 1학년 학생까지도 저작권을 이야기하는 세상이 된 것이다.
저작권은 본래 인쇄술과 깊은 연관이 있다. 인쇄술이 발달하기 전에는 복제가 상당히 어려워
저작자의 피해가 크지 않았다. 하지만 인쇄술이 발달하면서 저작자의 노력과 땀에 대해
보호해 줄 필요성이 대두되었고, 영국의 존 로크(1632~1704)는 저작권 보호를 주장하기 시작했다.
1710년 마침내 세계 최초의 저작권법인 '앤 여왕법'이 탄생하게 되었는데,
이전에는 책을 찍어 내는 인쇄업자가 가지고 있던 권리를 글을 쓴 창작자에게로 돌려주면서
현대 저작권의 기초를 마련한 것이다.

| 침팬지 콩고가 그린 작품이 경매 시장에서 2만 6천 달러에 팔렸다.
(출처: http://www.howarddavidjohnson.com/free2.htm)

1. 먼저 인간이 되어라

이렇게 오랜 역사를 가지고 있는 저작권은 아무것에 나 주어지는 것이 아니고 '저작물'이어야 하는데, 저작물 은 인간의 사상이나 감정에 관한 것이어야 한다. 인간의 사상이나 감정으로 유래되지 아니한 것들은 저작권으 로 보호받을 수 없다. 제아무리 탁월한 작품이라 할지라 도 사람이 아닌 동물이나 기계(컴퓨터)에 의한 작품은 저작물이 될 수 없다.

이와 관련해 '콩고'라는 이름의 침팬지가 그린 그림을 살펴보자. 2005년도 6월 20일 영국 런던의 경매 회사 인 본햄스는 '콩고'가 그린 그림 3점을 경매에 부쳤다. 경 매가 이루어지던 날 앤디 워홀과 르누아르의 작품들도 선보였지만 세인들의 관심은 단연 침팬지가 그린 그림 에 모아졌다.

'콩고'는 1954년 태어나 2~4살 무렵 약 400점의 유 화와 데생을 남겼고, 그 작품은 런던의 현대미술연구소 (ICA)에서 전시회를 갖기도 했으며, 많은 전문가의 조롱 에도 불구하고 화가 피카소는 자신의 스튜디오 벽면에 선물받은 콩고의 그림 한 점을 붙여 놓기도 했다.

이렇게 세인의 관심과 사랑을 받았던 '콩고'의 작품은 경매에서 2만 6천 달러에 팔리며 다시 한 번 놀라움을 불러일으켰는데, 이렇게 인정받았던 그의 작품이 과연 '저작물'로 보호받을 수 있을까? 그렇지 않다. 인간의 사 상과 감정에 기초한 것이 아니므로 이것은 '저작물'이 될 수 없고, 따라서 '저작권'으로 보호 받을 수 없다.

앞으로는 '기계'와 '컴퓨터'에 의한 창작물도 많은 논 란이 있을 것으로 보인다. 등장 인물과 기본 주제만 넣어 도 시놉시스가 만들어지는 세상이니 인공 지능이 조금 만 더 발달되면 얼마든지 컴퓨터에 의한 창작물로 소설 과 노래가 만들어질 수 있을 것이다. 현재 제도에 의하면 이것은 저작물이 될 수 없고, 그래서 저작권이 생길 수 도 없는 것이다.

2. 아이디어/표현의 구분(Idea/Expression Dichotomy)

저작권의 보호를 받을 수 있는 '저작물'은 표현해야 한다. 인간의 사상이나 감정 자체는 저작권으로 보호받 을 수 없으며, 그 사상이나 감정이 표현되었을 때 비로소 '저작권'으로 보호받을 수 있다.

예컨대 아인슈타인의 '상대성 이론'이 저작물이 될 수 있을까? 그렇지 않다. '상대성 이론'은 인간의 사상으로 서 '아이디어'에 해당해 '표현'을 보호하는 '저작물'이 될 수 없다. 이와 같은 원리로 독창적인 학습 방법이나 법칙 과 같은 것들은 '저작권'의 대상이 아니다.

고려 시대 사대부를 풍자한 임춘의 〈국순전〉을 읽고 감동을 받아 이규보가 〈국선생전〉을 썼다면, 허락 없이 쓴 저작권 침해로 볼 수 있는가? 그렇지 않다. 술을 의인 화해 고려 시대 사대부를 풍자하겠다는 아이디어는 같 을지언정 표현 자체는 엄연히 다르기 때문에 이는 저작 권 침해라고 볼 수 없는 것이다. 저작권을 생각할 때에는 '표현'이라는 단어에 주목해야 한다.

주어진 질문을 생각해 보자. 누군가의 블로그에 올라 온 요리 방법을 허락 없이 사용해 동일한 피자를 만든 다면 이를 저작권 침해라고 말할 수 있을까? 그렇지 않 다. 요리 방법은 어디까지나 인간의 사상으로서 아이디 어의 영역에 있는 것이지, 표현은 아니기에 저작권 침해 가 아니다. 블로그에 게재된 표현을 무단으로 사용했을 때 비로소 저작권 침해가 된다. 참고로 요리 방법은 특 허 편에서 살펴본 것처럼 특허로 보호받는 방법이 가능 하다.

ㅣ 사상(Idea)은 특허로, 표현(Express)은 저작권으로 보호된다.

★ 무단 사용한 것이 블로그 글(표현)이라면 저작권 침해에 해당하지만, 요리 방법(아이디어)이라면 이는 특허의 영역이다.

Q 061 창작성*
Creativity

초등학교 4학년 송수아 학생이
여행을 가는 차 안에서 지루함을 달래기 위해
3분 만에 쓴 시 '비의 유언' 도
저작권으로 보호받을 수 있을까?

필자에게 두 딸이 있는데, 큰딸인 수아가 동생 노아에게 자신의 그림과 글을
베끼지 말 것을 종종 요구한다. 그렇다면 초등학교 4학년 학생의 작품에도 저작권이 있을까?
저작권의 대상이 되는 저작물은 '인간의 사상이나 감정의 표현'이어야 함을 전제로
'창작성'이 더해질 때 비로소 발생한다. 이 '창작성'은 저작권 전체를 이해하는 데 대단히 중요한데,
특허가 말하는 창작성과는 상이하다. 서로 비교해 이해한다면 큰 도움이 될 수 있을 것이다.

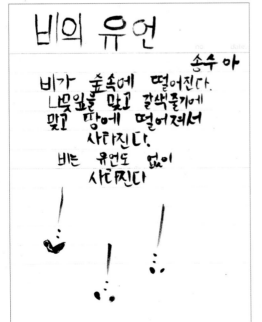

| 과천 청계초등학교 4학년 송수아 학생 작품.
'독자성'과 '최소한의 개성'이 충분히 표현되어 있다.

1. 특허 = 절대적 창작, 저작권 = 상대적 창작

특허와 저작권은 모두 창작성을 요구한다. 특허는 발명을 심사해 권리를 부여하게 되는데, 발명이란 '자연 법칙을 이용한 기술적 사상의 창작으로서 고도(高度)한 것'을 의미한다. 그리고 저작권은 저작물에 대해 발생하는 권리인데, 저작물이란 '인간의 사상감정을 표현한 창작물'을 의미한다. 두 권리 모두 창작성을 공통으로 요구하는데, 그 창작성의 의미는 각각 다르다.

특허가 말하는 창작은 매우 엄격하다. 기본적으로 특허는 심사를 통해 권리를 부여하는데, 신규성, 진보성, 산업상 이용 가능성, (확대된) 선원 요건이라는 절대적 기준을 만족시켜야 권리로서 인정을 받을 수 있다.

반면 저작권이 말하는 창작은 상대적 기준으로 기존의 다른 저작물을 베끼지 않았고 독자적인 정신 활동의 결과물(Origin)이면 족하다. 특허처럼 '기존의 것과 다른 새로운 것'을 의미하지 않고, '베끼지 않고 스스로 저작한 것'을 의미한다. 따라서 초등학교 4학년 학생이 그린 그림이라 할지라도, 누군가의 작품을 베낀 것이 아닌 독자성만 있다면 충분히 저작물이 될 수 있다.

그렇다면 모든 독자성을 갖는 작품은 다 저작권으로 보호받을 수 있을까? 예컨대 누군가 다른 사람의 작품을 보지 않고 직사각형을 열심히 그렸다면 여기에도 저작권이 발생하는가? 여기에 대해 저작권은 창작을 위한 땀에 대한 대가이므로 보호해 주어야 한다고 말하는 사람과, 저작권으로 보호받기 위해서는 문화 발전에 도움을 주는 대가이기 때문에 '최소한의 개성'이 있어야 한다는 생각이 대립하는데, 우리나라는 '최소한의 개성'을 요구하고 있다.

정리하면 저작권의 대상이 되는 저작물은 '독자성'과 '최소한의 개성'이 있을 때 창작성이 인정되는데, 이는 상대적 기준이다. 절대적 창작 기준을 갖고 기존의 모든 작품과 다를 것을 요구하는 특허와 달리, 저작권은 기존의 일반적인 작품과 구별할 수 있을 정도의 상대적 창작 기준을 갖고 있는 것이다.

2. 편집 저작물

저작물은 '독자성'과 '최소한의 개성'을 요구하는데, 사실의 전달에 불과한 시사보도나 누가 작성하더라도 비슷할 수밖에 없는 성질이라면 저작물로 인정받을 수 없다. 이즈음에서 하나 생각해 볼만한 것이 편집 저작물인데, 소재 자체에는 개성이 없지만 전체적으로 집합물을 만드는 과정에서 창작성이 발휘된다면 어떠할까?

예를 들어, 법원게시판이나 일간신문을 통해 공고된 경매정보에 대하여 경매사건번호, 소재지, 종별, 면적, 최저경매가로 구분해 수록하고, 여기에 목적물의 주요현황 등을 읽는 사람들이 알아보기 쉽게 필요한 부분을 발췌·요약하여 담았다면 저작물로 인정할 수 있느냐는 점이다. 비록 사실적인 정보들의 집합이지만 이를 편집하는 과정에서 창작성을 발휘한 부분이 있으므로 충분히 저작물로 인정할 수 있을 것이다. 이와 같은 사례를 편집 저작물이라 하는데, 저작물이나 부호·문자·음·영상 등의 자료를 소재로 하여 선택·배열 또는 구성하는 과정에 창작성이 발휘된 것을 말한다.

기출문제집, 백과사전, 요약집, 명작이나 명시선집, 여러 소설가의 단편을 모아 한 권으로 발행한 단편집, 신문, 잡지 등이 편집 저작물로 고려될 수 있는데, 중요한 점은 선택·배열·구성에 창작적 개성이 포함되어 있느냐는 점이다. 누가 하더라도 동일 또는 유사한 결과에 도달할 수밖에 없다면 편집 저작물로 인정받기 어렵다.

편집 저작물과 관련하여 오랫동안 논란이 있었던 분야는 방송포맷이다. 방송포맷이란 연출자가 프로그램의 시작부터 종료까지 지시할 내용을 구성해 놓은 것을 말하는데, 2017년 11월 대법원이 이를 인정하는 판단을 하며 시장의 혼선을 정리했다. SBS의 '짝'이 CJ E&M과의 다툼이 있었는데, 방송포맷은 프로그램을 구성하는 개별요소들이 일정한 제작의도나 편집 방침에 따라 선택되고 배열되므로 다른 프로그램과 구별되는 창작적 개성을 지니고 있어 저작권으로 보호대상이라고 판단됐다. 이는 한류 프로그램 포맷의 해외 수출이 증가되고 있고, 여러 나라에서 한류 예능 프로그램이 표절되고 있는 상황에서 의미 있는 판단으로 평가 받고 있다.

★ 저작권은 독자적으로 창작하고, 최소한의 개성만 있으면 인정받을 수 있다.

Q 062 안무 및 사진
Choreography and photogragh

WIPO 세계 총회에 참석한 송상엽 씨는
싸이의 파리 공연에서 강남 스타일 '말춤'을 녹화했다.
아내가 운영하는 무용 학원 교재로 사용하고자 하는데,
대중가요 안무도 저작물이 될 수 있을까?

필자가 2012년 제네바 출장 중 한 중국 음식점에서 싸이의 〈강남 스타일〉 음악이 흘러 나왔다.
궁금증에 종업원에게 '이 곡을 아느냐?'고 물었더니, 잘 안다고 대답하며 며칠 뒤 파리에서 공연이 있고,
오늘은 서울 잠실에서 공연이 있다고 말하며 오히려 필자보다 싸이에 대해 훨씬 더 잘 알고 있었다.
싸이의 〈강남 스타일〉의 세계적 인기를 실감할 수 있는 순간이었는데,
무엇이 〈강남 스타일〉을 빌보드차트 2위까지 올리는 힘이 되었을까?
여러 요인이 있겠지만 '말춤'이 그중 하나일 것이다.
파리 공연에서 2만 명이 넘는 관중이 '말춤'을 추며 장관을 이루었는데,
이런 '영향력'이 있는 대중음악의 안무도 저작물로 인정받을 수 있을지 살펴보자.

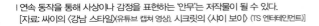

I 연속 동작을 통해 사상이나 감정을 표현하는 '안무'는 저작물이 될 수 있다.
[자료: 싸이의 〈강남 스타일〉(유튜브 캡처 영상), 시크릿의 〈샤이 보이〉 (TS 엔터테인먼트)]

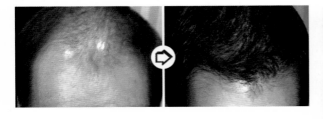

I 저작물로 인정받기 어려운 사진 작품과 저작물로 인정될 수 있는 사진 작품
[자료: 모발 이식 수술 전후 비교 사진(좌), 찰스 오리어(Charles O'Rear)의 사진 작품 'Bliss'(우)]

1. 무용

대중음악 댄스도 저작물이 될 수 있을까? 이 질문과 관련해 실제 발생했던 사례를 살펴보자. 걸그룹 '시크릿'의 히트곡 〈샤이 보이〉 안무를 댄스 학원에서 일반인을 상대로 가르치며 무단으로 사용한 것에 대한 다툼이 있었다.

이에 대해, '저작권을 보호하기 위한 창작성은 완전한 의미의 독창성이 아니라 자신의 독자적인 사상이나 감정 표현을 담고 있으면 된다'면서 '〈샤이 보이〉 안무는 귀엽게 어깨를 들썩들썩거리는 동작, 가슴에 손을 모으는 두근두근 하는 동작 등 가사와 멤버에게 적합한 몸짓을 조합해 사상 또는 감정을 표현한 창작물'이라고 보고 484만 원을 배상하도록 했다.

대중음악의 댄스도 충분히 '저작물'이 될 수 있음을 말해 주는 사례이다. 단순한 몸동작 하나하나가 무용 저작물로 보호받기는 어렵겠지만 연속 동작을 통해 사상이나 감정이 표현되어 있다면 전체로서 보호받을 수 있을 것이다. 유명 아이돌의 댄스를 따라 하며 춤추는 것까지 문제가 되지는 않겠지만 안무 학원에서 교습비를 받고 사용한다면 충분히 문제가 될 소지가 높다.

이런 무용 등은 '연극 저작물'의 하나로 예시되고 있으며, 이에 대한 인식은 점차 높아지고 있다. 그런 와중에 싸이가 브아걸의 '시건방춤' 저작권을 공식 구입하며 업계에 귀감이 되었다. 싸이는 〈젠틀맨〉 안무에서 시건방춤을 재해석했는데, 싸이의 〈젠틀맨〉뿐만 아니라 시건방춤을 통해 '브아걸'까지 해외에서 주목받는 등 많은 긍정적인 반응을 불러일으키고 있다.

2. 사진 = 저작물(?)

저작권법에 소개된 저작물 예시에는 사진 저작물을 포함하고 있다. 하지만 사진이 저작물이 되기 위해서는 독자성과 최소한의 개성이 있어야 되는 바, 피사체의 선정, 구도의 설정, 빛의 방향과 양의 조절, 카메라 각도의 설정, 셔터의 속도, 셔터 기회의 포착, 기타 촬영 방법, 현상 및 인화 등의 과정에서 촬영자의 개성과 창조성이 인정되는 경우에만 저작물로서 보호를 받을 수 있다.

예컨대 병원을 공동으로 운영하던 당시 본인 명의로 여성 모델과 계약해 촬영한 '성형 전후 비교 사진'을 다른 의사가 독립하면서 사용할 수 있을까? 또는 온라인 쇼핑몰을 운영하는 기업이 제조 회사의 제품 사진을 올릴 수 있을까? 이러한 경우들은 대개의 경우 기계적 작용에 의존하는 바가 크고 정신적 조작의 여지가 적어 촬영자의 창작성을 인정받기 어렵다. 누가 찍더라도 같을 수밖에 없기 때문이다.

하지만 독자적인 개성이 표현된 사진 저작물은 얼마든지 저작물로 보호된다. 마이크로소프트 사가 운영 체계 윈도우 XP 배경으로 채택하면서 세상에서 가장 유명한 사진 중 하나가 된 〈블리스(희열)〉 사용을 위해 천문학적 저작권료를 사진작가인 찰스 오리어에게 지불하고 있음을 보면, 사진이 얼마나 훌륭한 저작물이 될 수 있는지를 알 수 있다. 사진은 천편일률적으로 저작물이 될 수 있다, 없다를 판단할 수 없다. 독자적인 개성이 표현되었는지가 핵심적 판단 요소가 되어 사례별로 살펴보아야 할 것이다.

3. 음란한 저작물, 음란한 특허

음란물도 저작물이 될 수 있을까? 얼핏 보아 음란물은 당연히 저작물이 될 수 없을 것 같은데 세계적 동향뿐만 아니라 우리나라도 '저작물이라 함은 사상 또는 감정을 창작적으로 표현한 것으로서 문학·학술 또는 예술의 범위에 속하는 것이면 되고 윤리성 여하는 문제되지 아니하므로 설사 그 내용 중 부도덕하거나 위법한 부분이 포함되어 있다 하더라도 저작물로 보호된다'고 판단하고 있다.

이러한 음란물에 대한 저작권의 태도는 특허나 상표와 크게 다르다. 공공질서와 선량한 풍속에 반하는 발명이나 상표는 권리로서 인정받을 수 없음에 반해, 저작권은 '윤리성'을 문제 삼지 않는다.

★ 대중음악의 '댄스'와 같은 무용도 '연극 저작물'로 보호받을 수 있다.

Q063 기능적 저작물
Functional Work

㈜백두건설은 세종시 지하철 내 통신 설비 설치 공사
참여를 준비하며 구조가 비슷한
서울시 지하철의 화상 전송 설비 도면을 사용했다.
다른 기업이 상당한 노력으로 만든 설계 도면인데,
저작물에 해당할까?

국내 주요 건설사들이 저작권 등록에 심취해 있다. 아파트의 외관뿐 아니라, 평면 배치도, 공간 배치 등에 저작권이 있음을 홍보하며, 자사 아파트의 우수함을 알리고 있는데, 이러한 도면들이 저작물로 인정받을 수 있을까? 도면은 아파트와 같은 건축뿐만 아니라, 토목, 통신 설비 등에서 폭넓게 작성되는데, 저작물로 인정받을 수 있을지 살펴보자.

1. 설계도면

기술적 구현을 주된 목적으로 작성된 저작물을 '기능 저작물'이라 부르는데, 설계 도면은 그중에서도 지도·도표·약도·모형과 같은 도형 저작물로 분류된다. 설계도면을 기능 저작물, 그중에서도 도형 저작물로 본다는 의미는, '설계도면=저작물'을 의미하지 않는다. 다만 저작물이 될 수 있는 '가능성'을 이야기하는 것이다. 사진이 저작물의

| '예술의 전당' 화재 복구 과정에서 '무대 장치 설계도면'이 저작물이 될 수 있는지 다툼이 있었다.
[자료: 파이낸셜뉴스, 2007. 12. 21]

| 재일 동포 건축가 이타미준(한국 이름 유동룡)이 설계한 타워(좌)와 경주세계문화 엑스포공원의 경주타워(우) (자료: 중앙일보 2007. 9. 19)

일종이지만 저작권으로 보호받을 수 있는 사진이 있고, 보호받을 수 없는 사진이 있는 것처럼, 설계도면도 보호받을 수 있는 저작물인지에 대해서는 역시 또 다른 판단이 요구된다.

저작권은 '표현'을 보호해 주는 제도인데, 설계도면은 태생적으로 '아이디어(사상)'와 밀접한 관계를 갖게 되어, '표현'이 상당히 제약적일 수밖에 없다. 그래서 설계도면의 표현을 보호할 경우 '아이디어'까지 보호하게 될 수도 있는데, 이는 '저작권의 보호가 '아이디어'에까지 미쳐서는 안 된다'는 대원칙을 무너뜨릴 수도 있다. 이런 이유로, 설계도면은 저작물로 인정받기가 쉽지 않다.

저작물로 인정받기 위해 요구되는 창작은 '최소한의 창작'으로서, 절대적 창작 기준을 요구하는 특허와 분명 다르지만, 저작권으로 보호해 줄 경우 '아이디어'까지 보호하게 만든다면, 특허 제도가 무력화될 수 있어 신중함이 필요한 것이다.

'예술의 전당' 사례가 대표적인데, 화재로 인해 소멸된 오페라 극장의 무대 설치에 대한 복구 공사 과정에서 발생했다. 공사 총괄을 맡은 기업이 일정 부분을 다른 기업에게 도급을 맡겼는데, 도급을 맡은 기업이 공사 총괄을 맡은 기업의 설계도면을 허락 없이 무단으로 사용해 다툼이 발생한 것이다.

해당 사례에서, 설계도면과 같은 도형 저작물은 기능적 성격이 강해 창조적 개성이 발휘될 수 있는 부분이 매우 적으며, 표현 방법이 기술적 사상에 의해 대폭 제한받을 수밖에 없다고 판단되어 저작물로 인정받지 못했다. 질문에서 주어진 '지하철 화상 전송 설비 도면'도 같은 맥락에서 이해되어, 저작물로 보호받지 못할 확률이 높다.

기능적 저작물을 창작한 사람이라면 기능성 이외에 창작적 표현이 있음을 주장하되, 동시에 '특허'나 '영업비밀'로 보호하는 것도 전략적으로 고려해 보아야 한다.

2. 건축 설계도면

'건축 설계도면'도 '기능 저작물'의 일종이지만, 도형 저작물로 보는 일반 설계도면과 구분해 건축 저작물이라 부른다. 전반적으로 도형 저작물과 유사하고 일부 차이점도 있는데 공통점과 차이점을 살펴보자.

아파트 설계도면이나 단지 배치도와 같은 것들이 대표적인 건축 설계도면에 해당하는데, 기능이나 실용적 사상이 표현을 제한하는 경우가 많아 창조적 개성이 드러나지 않을 가능성이 높아 대체적으로 저작물로 인정받기 어렵다. 아파트의 경우 건축 관련 법령에 따라 건축 조건이 이미 결정되어 있는 부분이 많아 일부 표현 방식이 독특하게 되어 있더라도 이미 존재하는 평면도, 배치도 형식을 다소 변용한 것에 불과해 창작성을 인정받기 어려운 것이다.

건축 설계도면이 대체로 저작물로 인정받기 어려운 점이 있지만, 반드시 그런 것은 아니다. 경주세계문화엑스포 상징 건축물의 설계도면은 창작성이 인정되어 저작물로 판단되었다. 상징 건축물의 건축 디자인을 공모를 통해 정했는데, 탈락한 작품이 제안했던 '탑 모양의 타워'를 당선작에 포함시켜 건축한 것이다. 이로 인해 다툼이 발생했는데, 탈락한 설계도면이 저작물로서 인정을 받았던 것이다.

건축 설계도면이 일반 설계도면과 다른 독특한 점 하나는 건축 설계도면만을 보고 건축을 하는 경우에도 건축물의 복제로 보고 침해를 인정한다는 것이다. 일반 설계도면의 경우 설계도면을 보고 물건이나 장치를 제작할 경우 저작권 침해가 성립되지 않지만, 건축 설계도면은 설계도면에 따라 시공하는 것도 건축 저작물 침해로 보는 것이다.

참고로 건축 디자인을 디자인권으로 보호하는 것은 불가능하다. 디자인권으로 보호받는 디자인은 물품성이 있어야 하는데, 이는 독립 거래가 되는 유체 동산을 의미한다. 따라서 부동산에 해당되는 건축 디자인은 디자인으로 보호가 불가능하다.

★ 건축이나 장치, 통신 등에 사용되는 설계도면은 저작물로 인정받는 것이 가능은 하지만, 인정받기 쉽지 않다.

Q064 저작자*

Author

밤마다 잠을 자기 전 아빠에게서 들은 이야기에서
영감을 얻은 큰딸 수아는 소설을 썼다.
출판사로부터 《동물 호텔》이라는 제목으로
출판하고 싶다는 제의를 받았는데
모티브를 제공한 아빠도 저작자에 해당할까?

우리는 말 안 하고 살 수는 없나 날으는 솔개처럼….
가수 이태원의 〈솔개〉의 첫 구절이다. 소음과도 같이 내뱉는 주위 사람들에게 지친 영혼이 하늘 위의
솔개처럼 의연한 모습을 부러워하는 내용인데, 우리가 과연 말 안 하고 살 수 있을까?
불가능할 것이다.
우리 인간은 태생적으로 관계의 동물이고, 누군가와 관계를 하다 보면
필연적으로 많은 이야기를 나누고 공유하기 마련이다.
아침이면 가족과 사랑의 대화를 나누고, 직장에 오면 동료들과 업무와 관련된 비전을 나누고,
퇴근 후에는 지인들과 관심사들을 나누며 이야기꽃을 피운다.
충무로에서 영화를 만드는 사람들도 예외는 아니어서, 저녁이 되면 작가나 동료 감독들과 소주 한잔
기울이며 삶도 나누고 영화 이야기를 나눌 터인데, 사실 대화 속에서 많은 힌트를 얻기도 하고,
그 힌트가 작품의 모티브가 되기도 한다.

I 최란 작가는 SBS 〈야왕〉 측이 본인의 시놉시스를 침해했다고 주장하고 있고,
SBS측은 만화 《대물 야왕전》(박인권 글·그림)이 원작이라고 주장하고 있다.
[자료: 만화 '대물 야왕전'(좌, book.naver.com), 드라마 〈야왕〉(우, SBS 홈페이지)]

1. 모티브 제공자도 창작자?

이러한 인간의 '대화하는 속성' 때문에, 우리는 가끔씩 드라마나 영화, 다른 소설을 보면서 '어, 그것 많이 듣던 이야기인데?' 또는 '어, 그 이야기 내가 해 주었던 내용 아닌가?'라는 생각을 하게 된다. 종종 작품이 흥행에 성공하고 막대한 수익을 창출하게 되면, 모티브를 제공한 본인도 창작자로서 보상받아야 되는 것이 아닌가 하는 생각이 들 수 있다.

어떠한 저작물에서 누가 저작자인가는 대단히 중요하다. 기본적으로 저작물에 대한 권리는 저작자로부터 나오기 때문에, 저작권과 관련된 복잡한 관계를 이해하는 데 그 정점에는 누가 저작자인가가 자리 잡게 되는 것이다.

저작자는 저작물을 창작한 자를 말하는데, 어느 정도를 창작에 참여한 것으로 보느냐가 관건이 된다. 관련해 다음과 같은 사건이 있었다. 어느 교수가 시간 강사와 공동으로 저술하려 했다. 시간 강사가 이를 거절하고 단독으로 책을 출판하자, 자신이 자료를 제공한 사실에 기초해 다툼이 생겼다.

여기에 대해 '2인 이상이 저작물 작성에 관여한 경우 창작적인 표현 형식 자체에 기여한 자만이 저작자이며, 비록 작성 과정에 아이디어나 소재 또는 필요한 자료를 제공했다고 하더라도 저작자가 되는 것은 아니며, 공동 저서로 표시하기로 합의했다고 해서 공동 저작자가 되는 것은 아니다'라고 판시했다.

앞서 살펴본 사례는 시간강사가 대학교수를 공동저자로 인정하지 않고 출판한 경우인데, 만약에 시간강사가 이를 허락한 경우라면 어떠할까? 대한민국 사회에 관행적으로 공동저자에 이름을 올리는 경우가 만연한데, 실제로 집필하지 않으면서 표지에 공동저자로 이름을 표시해 저서를 출간하고 이를 교원 연구실적으로 제시한 사건에 대하여, 대법원은 저작자가 아닌 자를 저작자로 표시해 저작물을 공표한 것은 저작권법 위반으로 판단하였다.

창작에 자금만 지원한다든지, 아이디어나 소재만 제공한 경우, 단순 보조의 역할, 일반적인 감수나 교열자는 저작자가 될 수 없다. 주어진 질문에서와 같이 아빠가 밤마다 재미있는 이야기를 들려주어 창작의 모티브를 제공하는 것은 실질적 창작 행위로 볼 수 없기 때문에 아빠는 저작자가 될 수 없고 딸만 단독 저작자가 되는 것이다.

2. 줄거리 제공자도 창작자?

단순 소재나 모티브를 제공한 사람은 창작에 실질적으로 참여한 사람이 아니기에 저작자가 될 수 없음을 살펴보았는데, 모티브 제공보다 한발 더 나아가 줄거리를 제공한 경우에는 어떻게 보아야 하는가?

영화나 드라마를 제작하기 위해서는 시나리오 작가가 시놉시스를 작성하게 되는데, 이 경우에 시놉시스 제공자는 저작자가 될 수 없는가? 여기에 대해서는 제공되는 시놉시스의 개발 정도에 따라 달라진다고 보아야 할 것이다.

SBS 드라마 〈야왕〉에 대해 저작권 다툼이 있었다. 드라마 〈야왕〉의 이희명 작가는 박인권 화백의 〈대물〉을 기초로 드라마 대본을 작성했다고 주장하는 반면, 최란 작가는 본인의 시놉시스를 침해했다고 주장했다. 박인권 화백은 '이희명 작가'의 손을 들어주었고 작가협회는 '최란 작가'의 손을 들어주었는데, 다툼의 결과에 관계없이 분명한 점은 '시놉시스도 충분히 저작물로 주장할 여지가 있다는 점이다.

영화나 드라마 등에 있어서 추상적인 인물의 유형 혹은 어떤 주제를 다루는 데 있어 전형적으로 수반되는 사건이나 배경 등은 아이디어에 해당되어 저작물로서 인정받을 수 없고, 시놉시스가 단순한 아이디어 차원을 넘어 각 등장 인물들의 성격과 그들 상호 간의 상관관계, 대략적인 줄거리, 에피소드 등을 포함하는 경우에야 그 자체로 독자적인 완성된 저작물로 볼 수 있는 것이다. 구체적 표현이나 특이한 사건, 대화, 어투 등은 충분히 저작권으로 보호받을 여지가 있다.

★ 단순 모티브를 제공한 사람은 저작자가 아니고, 실제 창작에 참여한 사람만이 저작자가 된다.

Q065 업무상 저작물*

Works Made for Hire

㈜백두웍스의 소속디자이너인 최혜나 씨는
애니메이션 〈동물 호텔〉에 등장하는 캐릭터를 그렸다.
애니메이션은 대박이 터졌고,
캐릭터는 각종 게임에도 활용되고 있는데,
저작자는 당연히 캐릭터를 그린 최혜나 씨가 아닐까?

특허 편에서 우리는 직원이 직무와 관련해 이루어 낸 발명은 기본적으로 발명자인 직원의 몫이고
회사는 통상실시권을 갖게 될 뿐이라고 배웠다. 만일 회사가 통상실시권이 아닌 권리 전체를
양도받으려면 직원에게 정당한 보상을 해야 한다. 따라서 기업을 운영하는 경영자는 제아무리 고액의
연봉을 주고 직원을 고용했다 하더라도, 직원이 자신의 직무와 관련해 개발한 발명은 직원의 것임을
주의해야 한다. 디자인 및 실용신안도 특허와 마찬가지다.
상표는 실상 창작의 노력이 수반되는 것이 사실이나 우리 제도는 상표를 창작이 아닌 선택만으로도
인정한다. 그래서 특허는 특허권자와 발명자가 분리되어 있고, 디자인은 창작자와 디자인권자가
분리되어 있으나, 상표는 창작자(발명자)가 없이 바로 상표권자만 존재하게 되는 것이다.
영업비밀은 직무상 개발된 경우 특별한 사정이 없는 한 영업비밀 개발자에게 일차적으로 귀속된다.
그래서 발명을 특허가 아닌 영업비밀로 유지하기로 결정되더라도 이에 준하는 보상을 직원에게 해
주도록 하고 있다.
그렇다면 직무 저작물은 어떠할까? 저작물도 특허나 디자인과 마찬가지로 창작의 결과이므로, 창작에
실제 참여한 직원이 저작자가 될까? 아니면 특허와 상이한 태도를 취해 기업이 저작자가 될까?
업무상 저작물로 불리는 직무 저작물에 대해 살펴보자.

l 인하우스 인력에 의한 업무상 저작물은, 직무발명과 달리
원칙적으로 기업이 저작자가 되어 권리를 소유하게 된다.

1. 직무발명 vs. 직무 저작물(업무상 저작물)

업무상 저작물은 특허와 완전히 상이하다. 특허는 발명자주의를 채택하고 있어서 종업원의 권리이고 기업이 승계하는 것뿐이지만 저작권은 업무상 저작물에 대해 기업이 저작자가 된다.

업무상 저작물이 되기 위해서는 일정한 요건이 있어야 하는데, 법인 등이 저작물을 기획했어야 하고, 법인 등의 업무에 종사하는 사람에 의해 작성되었어야 하며, 업무상 작성하는 것이어야 하고, 법인 등의 명의로 공표되는 것이어야 한다. 그리고 계약 또는 근무 규칙에 다른 정함이 없어야 한다.

이중 하나라도 조건을 충족시키지 못한다면, 예컨대 회사가 기획해 회사 명의로 공표한 것이 아니라든지, 회사 직원이 아닌 외부 전문가를 통해 집필한 책이라든지, 아니면 직원의 담당 업무가 집필이 아닌 경우라면 이는 회사의 저작물일 수 없다. 그리고 업무상 저작물의 모든 조건을 충족한다 할지라도 회사와 직원 사이에 실제 작성자를 저작자로 한다는 특약이 있다면 작성자가 저작자가 된다.

예를 들어 보자. 지식재산 교육 사업을 펼치고 있는 한국발명진흥회에서 출판 사업을 기획했고, 소속 직원인 송상엽 실장이 업무상 책을 집필했으며, 한국발명진흥회의 이름으로 책이 공표되었다면 특별한 계약이나 근무 규칙이 없는 한 이는 한국발명진흥회 소유의 저작물이 되는 것이다.

'업무상 저작물'과 관련된 실제 사례를 살펴보자. 몬테소리연합회에서 유치원생 교육을 위한 표준 교재를 만드는 과정에서 사람을 채용해 매월 50만 원의 월급과 학습지 판매 수입의 10%를 지급하기로 했는데, 실제에 있어서는 50만 급여 이외에 별도의 비용을 수령함이 없었다. 이로 인해 다툼이 발생했는데 채용된 사람의 급여 수준으로 볼 때 순수하게 회사 직원으로서 저작 활동을 했다고 볼 수 없기에 '업무상 저작물'로 볼 수 없고, 이에 따라 저작권은 채용된 사람에게 있다고 판단되었다.

한 가지 예를 더 살펴보자. 방송국 ABS에서 보도를 위해 촬영한 100장의 사진 중에 실제 보도를 위해 1장을 썼다면 나머지 99장의 사진은 누구의 저작물인가? 사진기자의 저작물인가, ABS 방송국의 저작물인가? 이는 ABS 방송국의 업무상 저작물에 해당한다. 법인 등의 명의로 공표되지 않았다 할지라도 업무상 저작물에 해당한다.

2. 파견 근로자의 저작물

업무상 저작물은 회사의 권리가 되는데, 한 가지 더 살펴보아야 할 사항이 바로 파견 근로자의 저작물이다. 업무상 저작물이 되기 위해서는 법인 등의 업무에 종사하는 사람에 의하여 작성되어야 하는데, 회사 직원이 아닌 파견 근로자의 저작물에 대하여 어떻게 이해해야 하는가가 관건이다.

여기에 대해서는 의견 대립이 있는데, 반드시 고용관계가 있어야 한다고 주장하는 견해도 있으나, 실질적인 지휘·감독 관계가 있으면 가능하다는 견해가 우세하다. 이렇게 의견이 나누어져 있으니 파견을 보내는 회사와 파견을 받는 회사 간에 약정을 통하여 권리 관계를 정확히 해 두는 것이 바람직하다.

★ 업무상 저작물의 저작권은 회사에 있다. 직무발명의 권리가 원칙적으로 발명자에게 있는 특허 제도와 상이하다.

Q 066 저작재산권과 저작인접권 *
Economic Rights and Neighboring Rights

가왕 조용필은 〈바운스〉를 부르며
다시 한 번 식지 않은 열정을 세상에 뿜어냈다.
〈바운스〉의 저작자는 당연히 노래를 부른
가수 조용필 씨가 아닐까?

누군가에게 '무슨 노래를 좋아하세요?'라고 물어본다면 이문세의 〈붉은 노을〉, 이승철의 〈희야〉,
김건모의 〈잘못된 만남〉 등등 각자 좋아하는 곡을 이야기할 것이다. 이때 보통 사람들은 가수를
먼저 이야기하고 곡 제목을 이야기하는데, 그럼 노래의 저작자는 가수일까?
그렇게 생각하는 사람이 많을 것이다. 이영훈 작사·작곡의 〈붉은 노을〉이라 말하지 않고
이문세의 〈붉은 노을〉이라 말하기 때문이다. 그러나 정말 그럴까?

| 세월이 흘러도 한결같은 열정을 보여 주는 가왕 조용필 공연 장면 (자료: 조용필 공식 홈페이지)
시나위 신대철 씨는 "조용필 선배님은 계약을 잘못하면서 〈고추잠자리〉, 〈촛불〉, 〈단발머리〉 등
조용필 씨가 작사 또는 작곡한 3곡에 대한 저작권이 지구레코드로 넘어갔다."고 밝혔다.

1. 저작재산권

누가 저작자인지는 대단히 중요하다. 왜냐하면 저작권은 저작자로부터 발생하기 때문이다.

우리는 앞서 모티브나 아이디어를 제공한 사람이 저작자가 아니며 실제 창작에 기여한 창작자가 저작자임을 살펴보았고, 회사 기획 하에 업무상 개발되어 회사 이름으로 공표된 업무상 저작물은 회사가 저작자가 됨을 살펴보았는데, 다시금 가수의 노래에서 누가 저작자인지를 살펴보고 있다.

조용필의 〈바운스〉는 조용필이 저작자가 아니다. 실연을 하는 가수는 저작자가 아니며, 이 곡의 작사를 한 최유미 씨와 작곡·편곡을 담당한 마르티 돕슨(Marty Dodson)이 저작자이다. 그렇다면, '실연을 하는 가수에게는 아무런 권리도 없단 말인가?'라는 질문이 생기겠지만 일단 저작자에게 생기는 저작권부터 먼저 알아보자.

저작자에게는 기본적으로 '저작재산권'을 갖게 된다. 저작재산권은 복제권, 공연권, 공중송신권, 전시권, 배포권, 대여권, 2차적 저작물 작성권을 포함하는 저작권의 근간이 되는 권리이다.

세부적으로 한 가지씩 살펴보면, **복제권**은 저작권의 가장 근본 권리로서 인쇄·사진·복사·녹음·녹화 그 밖의 방법으로 매체에 고정하거나 매체에 다시 제작하는 것을 의미하며, **공연권**은 저작물을 상연·연주·가창·연술·상영 그 밖의 방법으로 공중에게 공개하는 것을 말한다. 판매용 음반이나 DVD를 틀어 주는 것도 공연에 해당한다.

공중송신권은 방송과 전송, 디지털 음성 송신을 모두 포함한다. 방송은 일반 공중이 동시 수신하는 것을 말하고, 전송은 공중 구성원이 개별적으로 접근할 수 있도록 저작물의 이용을 제공하는 것(예: 스트리밍 서비스)을 말하며, 디지털 음성 송신은 공중으로 하여금 동시에 수신하게 할 목적으로 공중의 구성원의 요청에 의해 개시되는 디지털 방식의 '음'의 송신(예: 인터넷 방송 , Web Casting)을 말하며, 전송을 제외한다.

전시권은 미술 저작물 등의 원작품이나 그 복제물을 전시할 배타적 권리를 말하며, **배포권**은 저작물의 원작품이나 그 복제품을 배포할 권리를 의미하고, **대여권**은 저작자가 상업용 음반이나 상업용 프로그램을 영리 목적으로 대여할 권리를 갖는 것을 의미한다.

2차적 저작물(Derivative work) 작성권은 번역·편곡·각색·영상 제작 등 다양한 변형으로 기존의 저작물에 새롭게 창작성을 부여해 독자적인 저작물을 작성할 권리를 말한다.

2. 저작인접권

작사·작곡자가 저작자라면, 실연을 하는 가수에게는 어떠한 권리도 주어지지 않는가? 그렇지 않다. '저작인접권'이라는 권리가 부여된다. 창작에 직접적 기여를 한 창작자는 아니지만, 실연을 한다든지, 음반 제작 또는 방송 사업을 하면서 저작물의 예술적 부가 가치를 키우는 역할을 하게 되므로, 저작권에 준하는 '저작인접권'이라는 권리가 부여된다. 참고로 실연자는 연기, 무용, 연주, 가창, 구연, 낭독뿐만 아니라 실연을 지휘, 연출 또는 감독하는 자를 포함한다.

한 가지 유의할 점은 실연자, 음반 제작자, 방송 사업자에게 저작인접권이 발생해도 원 저작자의 권리는 그대로 존재한다는 점이다. 예컨대 가수의 실연을 홍보물에 사용하고 싶은 경우를 생각해 보자. 당연히 실연자인 가수의 허락을 받아야 하겠지만, 음악의 저작자에 해당되는 작사, 작곡자에게도 허락을 받아야 하고, 연주자나 음원 제작자들에게도 허락을 받아야 하는 것이다.

노래 한 곡을 이용하기 위해 이렇게 많은 사람에게 허락을 받아야 한다면 불편함이 이만저만 아닐 것이다. 따라서 이러한 불편을 해소하기 위해서 각종 신탁 관리 단체가 있어서 그들을 통해 한 번에 이용 허락을 받을 수 있다. 신탁 관리 단체에 이용 허락에 대한 비용을 내고 사용을 하면 되고, 신탁 관리 단체는 그 수익을 다시 여러 명의 저작자 및 저작인접권자에게 배분해 준다. 우리가 노래방에서 노래 한 곡 불러도, 여기에 대한 사용료가 자동적으로 신탁 관리 단체에 지불되게 된다.

★ 작사·작곡과 같이 저작물을 창작한 자가 저작자가 되며, 실연자 등에게는 '저작인접권'이 생긴다.

Q 067 2차적 저작물 작성권 *
Secondary Authorship

㈜백두웍스는 애니메이션 개발을 위해
㈜흑장미에 30억 원을 주고 외주 의뢰를 했다.
예산을 투자한 ㈜백두웍스가 애니메이션 '캐릭터'를
이용해 웹툰을 만드는 것은 가능할까?

저작권과 관련해 가장 빈번한 다툼이 생기는 이슈가 바로 도급 계약과 관련된 내용일 것이다. 회사의
기획 하에 직원이 업무로 개발해 회사가 공표하는 저작물이라면 업무상 저작물이 되어 회사가
저작자가 되는데, 오늘날과 같이 세분화·분업화된 경제 시스템 속에서 기업이 인소싱(insourcing)으로
모든 일을 해 나가는 것은 어렵기도 하고 비효율적이기도 하다. 그래서 많은 기업이 업무 효율화를
위해 아웃소싱(outsourcing) 비율을 점점 늘려 가게 되는데, 이때 위탁 계약에 따라 개발된 저작물의
저작권은 누구에게 속할까?
회사의 입장에서 보면 위탁 계약을 통해 창작의 대가를 치렀으니 당연히 결과로 발생한 저작물에
대해서는 회사가 저작권을 갖는다고 생각이 들겠지만, 그렇게 간단하지 않다.

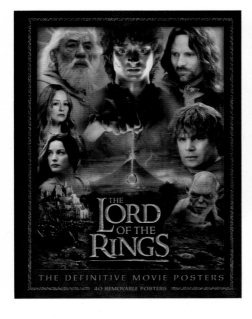

| 소설 《반지의 제왕》과 《해리 포터》는 영화, 관광, 쇼핑몰로 무한 확장된 사례로,
2차적 저작물 작성권의 중요성을 말하고 있다.
[출처: 반지의 제왕 포스터(좌), 반스앤노블스(우)]

1. 도급 계약의 저작자

명시적인 규정의 바탕 위에 위탁도급 계약이 이루어진다면 문제가 발생하지 않겠지만, 계약 없이 위탁 업무가 진행되거나, 또는 계약 내용에 '용역 계약의 결과물은 갑의 소유로 한다'는 식의 불분명한 계약으로 업무가 추진된 경우 후에 분쟁으로 이어지는 안타까운 상황이 발생한다. 명시적 규정이 없는 경우에 누가 저작권을 갖게 될까?

저작자에 대해서는 위탁을 맡긴 회사가 아닌 창작자가 해당한다고 보고 있다. 회사를 저작자로 인정하는 '업무상 저작물'은 예외적 인정이며, 이러한 예외적 인정을 도급 계약에까지 유추 해석해 적용할 수는 없다고 보고 있다. 기본적으로 '창작자가 저작가'가 되는 것이다.

그럼, 저작자가 원시적으로 갖고 있는 저작권을 양도받을 수는 없는가? 얼마든지 계약을 통해 양도받을 수 있다. 따라서 발주 기업은 '저작물' 개발과 관련한 계약에서 명쾌한 저작권 관계를 설정해 두는 것이 바람직하다. 명시적 규정이 없을 경우 권리 행사에 많은 제약을 받을 수 있다.

2. 2차적 저작물 작성권

저작물에 대한 권리를 '발주 기업'이 갖는다는 약정이 되어 있으면, 발주 기업은 자유롭게 이를 이용하고, 변형해 새로운 창작물을 만들 수 있을까? 예컨대 애니메이션 개발을 외주를 주고 '저작권'을 확보하면, 결과물인 애니메이션을 기초로 영화나 드라마, 만화를 만들 수 있을까 하는 문제이다. 얼핏 보아 당연해 보이지만 불가능하다.

'2차적 저작물 작성권'에 대한 별도 약정이 없으면 어디까지나 계약의 목적물인 '저작물' 자체에 대해서만 사용이 가능하지, 이를 통해 '2차적 저작물'을 만들 수는 없다.

'2차적 저작물'이란 번역·편곡·각색·영상 제작 등 다양한 변형으로 기존의 저작물에 새롭게 창작성을 부여한 저작물을 의미한다. 이러한 '2차적 저작물 작성권'을 확보하지 못한 상태에서, 납품 받은 브로슈어를 기초로 CF를 만든다든지, 납품받은 만화로 애니메이션을 만드는 것은 모두 저작권 침해에 해당한다.

이는 대단히 중요한 지식인데, 저작권의 폭발적 힘의 근원은 바로 '2차적 저작물'에서 나올 수 있기 때문이다. 오늘날 많이 사용하고 있는 OSMU(One Source Multi Use), 말 그대로 하나의 기초가 되는 소스를 다양한 목적으로 사용하면서 부가 가치를 키우는 것, 그것이 바로 '2차적 저작물'을 의미하는 것이다.

OSMU는 오늘날 상상을 초월할 정도의 부가 가치를 만들어 내고 있다. 《반지의 제왕》을 생각해 보자. 북유럽 게르만족의 설화에 기초한 스토리를 바탕으로 소설이 만들어지고, 이에 기초해 영화·음악·게임·공연·애니메이션·관광 등 산업·문화 전반에 영향을 미치며 엄청난 부가 가치를 창출하고, 평온하기만 했던 뉴질랜드 산업의 전반을 바꾸어 놓지 않았는가? 《해리 포터》는 또 어떠한가? 무명의 작가 조앤 롤링이 아동용 도서로 집필한 《해리 포터》 시리즈가 1997년 발표된 이후 2017년도까지 20년 동안, 79개 언어로 번역되어 4억 5천만 권이 팔렸고, 영화, 뮤지컬, 연극, 기타 장르의 기초가 되며 경제적 파급 효과가 308조 원에 이른다고 한다.

핸드폰이나 자동차, 조선이나 반도체를 수년 동안 판매하는 것보다 '저작물' 하나가 세상을 움직이고 막대한 부와 가치를 창출할 수 있음은 이제 상식이 되어 버린 지 오래다. 저작물과 관련된 '분쟁의 씨앗'이 자라지 않도록 권리 관계를 분명히 하도록 하자. '일체의 저작권은 발주 회사가 갖는다'라는 내용으로 2차적 저작물 작성권까지 갖게 되는 것은 아니다. 반드시 '2차적 저작물 작성권'을 포함한 일체의 저작권이 있음을 주장해야 결과물의 가치를 OSMU를 통해 확장해 나가는 데 어려움이 없을 것이다.

도급받은 창작자의 입장이라면 가능한 '2차적 저작물 작성권'이 계약 내용에 포함되지 않도록 해야 할 것이다. 저작자 자신도 그 저작물의 가치가 어디까지 뻗어 나갈 수 있을지 알 수 없기 때문이다.

★ 도급 계약에서 별도 약정이 없으면 원칙적으로 창작자가 저작자가 되어 2차 저작물 작성권을 갖는다.

Q068 공표권·성명표시권 *

Right of Publication and Name Recognition

㈜백두전자는 공모를 통하여
최혜나 씨의 냉장고 디자인 패턴을 채택하였다.
해당 저작권은 회사로 귀속된다고
명시적으로 규정된 경우, 홍보 카탈로그나 제품 광고에
디자이너 이름을 표시할 의무는 없을까?

'디자인은 제품의 영혼'이라고 주장한 스티브 잡스. 대부분의 사람들은 디자인이 겉모습과 포장이라 인식했지만 그는 인간이 만든 창조물의 영혼이 디자인이라 말했다. 디자인을 향한 그의 특별한 열정을 엿볼 수 있는 표현인데, 정말 디자인이 영혼이 될 수 있을까? 안타깝게도 그렇게 이야기하기는 힘들 것 같다. 영혼이라면 '인격'이 있어야 하는데, 지식재산은 디자인을 재산권으로만 바라볼 뿐, 인격에 대해서는 이야기하지 않는다.

이와 달리 저작권은 특허권이나 상표권, 디자인권과 다르게 인격권이 존재한다. 인간의 사상·감정의 창작적 표현인 저작물에는 저작재산권과 더불어 저작인격권이 함께 발생한다. 굳이 말한다면, 저작권이 영혼이 될 수 있다는 말이다. 적어도 '지식재산의 관점'에서는 말이다.

저작인격권은 저작권 영역에서만 존재하는 대단히 독특한 제도인데, 이는 사고팔 수 있는 대상이 아니다. 마치 사람의 인격을 사고팔 수 없는 것처럼 말이다. 제아무리 저작권을 양도하고, 2차적 저작물 작성권을 양도한다 할지라도 저작인격권은 양도할 수 있는 성질이 아니다. 따라서 저작권을 양도받거나 이용 허락을 받을 때에는 여전히 저작자에게 양도받을 수 없는 '저작인격권'이 존재하고 있음을 유의해야 한다. 저작인격권에는 공표권, 성명표시권, 동일성 유지권이 있는데 한 가지씩 살펴보자.

I '섀튼은 특허를 노렸나'(가제) 방송 여부를 놓고 KBS와 담당 PD 사이에 다툼이 있었다.
  [사진: 〈추적 60분〉(좌, KBS), 섀튼과 대화하는 황우석 교수(우, SBS)]

1. 공표권

저작권 파트에서 소개된 시(땡감, 비의 유언)를 본 큰딸 수아는 "아빠, 너무 창피하고 시가 마음에 들지 않아. 책에 싣지 마"라고 말했다. 이러한 저작자의 의견을 무시하고 책에 게재하여 저작물을 공표할 수 있을까?

저작자는 저작물을 공표할 것인지, 만약 공표한다면 언제 어떠한 방법으로 공표할 것인지를 결정할 수 있는 권리를 갖게 된다. 미공표 저작물에 대해 무단으로 공표하는 것은 공표권 침해이며, 어떠한 이유에서든 일단 공표가 되면 공표권은 사라지게 된다.

KBS 〈추적 60분〉과 관련해 2006년도에 공표권 논란이 있었다. 담당 PD가 '섀튼은 특허를 노렸나(가제)' 편을 제작하던 중, KBS 측은 방송 불가 결정을 했고, 담당 PD는 제작자의 자율성이 침해되었다고 주장하며 KBS와 연락을 끊은 채 외부에서 프로그램 마무리 작업을 진행했다. 결국 제작본은 방송할 수 없었는데, 〈추적 60분〉은 KBS의 업무상 저작물에 해당해 저작권을 KBS가 갖게 되고 그에 따른 '공표권'도 KBS가 갖고 있기 때문이다.

토플 시험과 관련해서도 공표권 이슈가 불거졌다. 토플 시험 후 시험지를 회수하게 되는데, 이후 시험 문제를 복원해 기출 문제로 파는 것이 공표권 침해냐는 문제였다. 공표권은 미공표 저작물일 경우에만 발생하는 것이지 일단 공표가 되면 사라지게 되는데, 제한된 범위를 대상으로 시험을 치른 후 문제지를 회수하는 경우도 공표로 볼 수 있는가가 논란이 되었다. 이는 공표가 아닌 것으로 판단되었고, 결국 공표권 침해가 인정되었다.

공표권과 관련해 이런 의문이 생길 수 있다. '출판사가 출판 계약을 체결했는데 책을 공표할 수 있는 권리를 저자가 계속 가지고 있다는 것이 아이러니하지 않은가?' 이런 불합리함 때문에 저작물을 양도하거나 이용 허락을 한 경우에는 저작자가 공표를 동의한 것으로 추정한다. 따라서 별도로 공표하지 않을 것이 약정되어 있지 않다면 공표를 동의한 것이 된다.

2. 성명표시권

저작자는 저작물에 실명 또는 이명을 표시할 권리를 갖는다. 이를 '성명표시권'이라 하는데, 이는 저작인격권 중 하나이기 때문에 양도의 대상이 아니다. 따라서 저작물을 이용하는 자는 저작자의 특별한 의사 표시가 없는 때에는 저작자의 실명 또는 이명을 표시해야 한다.

홍은영 작가의 《만화로 보는 그리스 로마 신화》를 SBS가 〈올림포스 가디언〉이라는 만화 영화로 만들면서, 원 저작자의 성명을 생략한 채 방송했고, 이것이 성명표시권 침해 문제가 되었다. 또한 삼성전자의 김치 냉장고 패턴도 성명표시권을 침해한 사례가 있는데, 대학원생의 작품을 가공해 디자인을 개발했음에도 불구하고 카탈로그, 광고에 성명을 표시하지 않아 디자이너로서 자존심에 큰 상처를 주었다고 판단한 것이다.

가수나 음반 제작사의 성명, 명칭은 표시하면서도 적정한 방법으로 작사, 작곡자의 성명을 표하지 아니하는 경우도 성명표시권 침해에 해당하는데, 기업 경영에 저작물을 이용하는 곳은 특히나 세심한 주의가 요구된다.

저작권과 함께 2차적 저작물 작성권을 양도받았다 할지라도, 이는 어디까지나 저작재산권을 양도받은 것이지 '저작인격권'을 양도받은 것은 아니기에, 성명을 표시하지 않고자 한다면 저작자의 동의 절차를 반드시 거쳐야 한다.

| 《만화로 보는 그리스 로마 신화》의 작가 홍은영 씨의 성명표시권이 문제가 된 SBS 만화 영화 〈올림포스 가디언〉.
[사진: 그리스 로마 신화(좌, ingbook.co.kr), 올림포스 가디언(우, 유튜브 영상 캡처)]

Q 069 동일성 유지권 *
Right of Integrity

송상엽 씨는 누드 작품을 1억 원에 구입했다.
하지만 아이들이 자라면서 거실에 걸린 작품이 민망해
친구 화가를 불러 덧칠했다.
송상엽 씨 소유이니 자유롭게 작품을 변경할 수 있지 않을까?

앞서 살펴본 '공표권'과 '성명표시권'에 이어 저작인격권 중 마지막에 해당되는 '동일성 유지권'을
살펴보자. 저작인격권은 지식재산 중 특허나 상표, 디자인에 없는 저작권에만 있는 독특한 권리이기
때문에, 많은 사람들이 이해하지 못하거나 오해하기 쉽고, 그중에서도 '동일성 유지권'은 가장 많은
논쟁이 벌어지는 분야이다.

'동일성 유지권'이란 저작물의 내용, 형식, 제호에 동일성을 유지할 권리를 의미한다. 저작재산권을
양도했어도 저작자의 사상·감정이 표현된 창작물에 대한 예우를 통해 저작자의 인격을 보호해
주고자 하는 취지이다. 참고로 저작인격권은 '일신 전속권(一身專屬權)'이기 때문에 저작자가
생존하는 기간에만 존재하게 되고 상속의 대상이 될 수 없다.

| 그림을 구입해도 '저작인격권'은 구입할 수 없다.
거실에 걸린 누드 작품에 마음대로 덧칠할 수 없다.

1. 동일성 유지권

흑백영화를 컬러로 제작하는 경우를 생각해 보자. 이도 '동일성 유지권'에 대해 문제가 생길까? 실제로 발생했던 문제로, 1950년도 미국 영화 〈아스팔트 정글(Asphalt Jungle)〉을 터너 컴퍼니(Turner Company)가 동의 없이 컬러 작업을 해 프랑스 TV에 방영했고, 프랑스 법원은 이를 저작인격권 침해라고 판단했다.

| 흑백영화 〈아스팔트 정글〉의 무단 컬러화가 '동일성 유지권' 침해로 판단됐다.

'미리 듣기'도 '동일성 유지권'이 문제될 소지가 있다. 대부분의 음원 제공 서비스를 하는 곳은 1분 내외의 미리 듣기 서비스를 맛보기 개념으로 무상 서비스하고, 전체 듣기에 대해서는 유상으로 서비스를 제공한다. 이와 관련해 미국의 유명 록밴드 이글스는 자신들의 음악이 허락 없이 일부 발췌되어 미리 듣기 서비스한 것을 문제 삼았고, 이는 동일성 유지권 침해로 판단되었다.

이와 같은 사례들에 견주어 볼 때 주어진 질문과 같이 '누드 그림'을 산 후에 아이들이 성장함에 따른 교육 목적으로 덧칠을 가하는 것은 당연히, 동일성 유지권을 침해하는 경우에 해당할 것이다.

이렇게 저작자에게 엄격하게 주어지는 '동일성 유지권'이 때때로 불가피하게 지켜질 수 없는 경우가 있다. 예컨대 '음치'인 필자가 〈붉은 노을〉을 노래방에서 부른다면 분명 음정, 박자를 무시한 해괴한 노래를 부를 것인데, '음치'이기 때문에 '동일성 유지권'을 지킬 수 없다. 이와 같이 기술상의 한계나 실연자 능력상의 한계 등으로 변경해 이용하는 것이 불가피한 경우에는 예외가 인정된다.

아울러 단순히 오탈자를 수정하거나 문법에 맞지 않는 부분을 교정하는 정도나 학교 교육상 부득이하다고 인정되는 범위 안에서의 표현의 변경은 가능하다. 또한 건축물의 증축·개축 그 밖의 변경, 프로그램의 호환을 위한 필요한 범위에서의 변경, 프로그램을 특정한 컴퓨터에 좀 더 효과적으로 이용할 수 있도록 하기 위해 필요한 범위에서의 변경 등은 본질적인 내용의 변경이 아닌 경우에 가능하다.

'저작물의 철거'에서도 동일성 유지권이 제한된다. 경의선 도라산역에 설치되었던 이반(1940-)의 대형 벽화를 철거하는 과정에서 '동일성 유지권' 침해에 대한 논란이 있었으나, 이는 저작인격권 침해에 해당되지 않는다고 판단되었다.

'동일성 유지권'과 관련해 마지막으로 유의해야 할 부분이 '제호'이다. 책이나 영화의 제목 같은 '제호'는 저작물이 아니지만, 이에 대한 무단 변경은 저작권 침해에 해당한다. 소설가 손장순 씨가 《불타는 빙벽》이라는 본인의 제호를 사용한 소설가 고원정 씨와 해냄 출판사를 상대로 다투었지만, 결국 제호는 저작물로 인정받지 못했다. 제호가 저작물이 될 수 없으니, 해냄 출판사가 고원정 씨의 허락 없이 일방적으로 제호를 변경할 수 있을까? 그렇지 않다. '제호'는 저작물로 인정받지 못했지만, 저작자 허락 없이 변경할 경우 '동일성 유지권 침해'에 해당한다.

2. 2차적 저작물 작성권과 충돌

'동일성 유지권'은 '2차적 저작물 작성권'과 충돌할 가능성이 높다. 한쪽은 동일하게 유지할 수 있는 권리를, 다른 한쪽은 변형할 수 있는 권리를 갖다 보니 부딪칠 수 있는 것이다.

이와 관련해, '만화로 보는 그리스 로마 신화' 사례를 살펴볼 필요성이 있는데, 이를 〈올림포스 가디언〉이라는 만화 영화(2차적 저작물)를 만들면서 원 작가는 자신이 의도했던 신들의 특징 등이 왜곡되었다며 동일성 유지권 침해를 주장한 것이다.

이에 대해, "2차적 저작물은 원 저작물에 수정을 가해 작성되는 새로운 저작물로 실질적 유사성이 인정되면서도 창작성이 부여된 작품이므로 원칙적으로 원 저작자의 동일성을 침해했다고 볼 수 없고, 다만 원저작자의 명예와 명성을 해하는 방법으로 변경될 경우에만 동일성 유지권 침해로 볼 수 있다"라고 판단되었다.

★ 저작권을 양도해도 저작자는 여전히 자신의 저작물에 대한 '동일성 유지권'을 갖게 된다.

Q 070 소유권 ≠ 저작권*
Ownership ≠ Copyright

㈜백두닷컴 송상엽 대표는 연세대학교 미대
졸업 전시회에 들렀다가 조형물 하나를 3억 원에 구입했다.
고가에 구입한 작품을
테헤란로 본사 외부에 항시 전시할 수 있을까?

에리히 프롬(Erich Fromm)의 명저 《소유냐 존재냐》를 읽어 보았는가? 인간은 끊임없이 탐심에
사로잡혀 소유를 추구하지만, 인간의 행복은 궁극적으로 소유로부터 발생하지 않고 존재로부터
나온다는 내용이다. 하나님이 한 사람의 생명을 창조하셨으므로, 세상을 다 소유하여도
그것이 인간을 만족시킬 수 없다는 내용이 배경 철학이다. 소유와 존재의 차이 속에서
그 정체성을 밝혀주었는데, 저작권의 정체성을 분명하게 이해하기 위해서는
소유권과의 관계성 속에서 차이를 발견하면 많은 도움이 된다.

1. 소유권 ≠ 저작권

우리의 머릿속에는 '소유권'에 대한 인식이 강하게 자리 잡고 있어서 소유권이 있
으면 모든 권리를 다 가지고 있다고 확신한다. 하지만 이것은 오해일 뿐 소유권의 확
보가 곧 지식재산의 확보를 의미하는 것은 아니다.

| '소유권'이 '저작권'을 의미하지 않는다.
소유권은 저작권의 '빙산의 일각'에 불과하다.

우리가 특허받은 에어컨을 한 대 구입했다고 생각해 보자. 우리가 그 에어컨을 자유롭게 사용할 수 있을지언정 에어컨에 적용된 특허까지 가지고 있는 것은 아니다. '특허받은 에어컨'을 구입한 것이지 '특허'를 구입한 것이 아니다. 마찬가지로 우리가 저작물에 대한 소유권을 획득했다 해서, 저작물에 대한 저작권까지 획득한 것은 아니다. 특허 제품인 에어컨이나 미술품을 훔치면 절도이지 특허권 침해나 저작권 침해가 아닌 것을 생각해 보면 쉽게 이해할 수 있을 것이다. 특허는 대량생산을 전제로 부여되는 권리이기에 '특허권'과 '소유권' 사이에 혼동이 적지만, 저작권은 대부분 순수예술에 해당되는 권리이기에 적지 않은 혼동이 있다.

한 가지 예를 더 생각해 보자. 누군가 조정래의 장편소설《정글만리》를 구매한 경우, 정당한 비용을 주고 구입했으니 자유롭게 복사도 하고, 스캔해 블로그에도 올릴 수 있을까? 그렇지 않다. 저작물인 소설책을 구입한 것이지, 저작권을 구입한 것은 아니다. 그래서 물리적인 소설책에 대한 소유권은 넘어갔지만, 보이지 않는 지식재산인 저작권은 여전히 저작자가 갖게 되는 것이다.

2. 미술 저작물 '전시권'

소유권과 저작권은 상이함을 인식한 바탕 위에 '미술 저작물'을 생각해 보자. 주어진 사례와 같이 졸업 작품 전시회를 관람하던 중 상당한 비용을 지불하고 그림을 산 경우, 그 그림을 회사 기념품과 달력에 사용할 수 있을까? 얼핏 보아 지극히 당연해 보인다. 권한 없이 그림을 획득한 것이 아니라 정당한 비용을 주고 정당한 절차에 의해 구입했는데, 자유롭게 사용할 수 있는 것이 당연해 보이지 않는가?

그러나 그렇지 않다. 그림에 대한 소유권은 이전되었지만 그림을 복제할 수 있는 저작권은 여전히 저작자에게 남아 있어서, 저작자만이 복제할 수 있고 그 복제품에 대한 배포도 저작자만이 할 수 있다. 사진 저작물이나 판화를 생각하면 쉽게 이해할 수 있는데, 사진이나 판화 그림을 산 사람이 복제·배포할 수 있는 것이 아니라, 사진을 촬영했거나 판화를 제작한 화가가 복제·배포할 수 있는 권리가 있는 것이다.

그런데 여기에 한 가지 예외가 있다. 그것이 바로 '전시권'이다. 마음에 드는 그림을 샀는데, 그 그림을 전시할 수조차 없고, 저작자의 허락을 받아야만 전시할 수 있다면 이는 지나치다는 느낌을 받지 않을 수 없다. 그래서 여전히 저작권이 저작자에게 남아 있음에도 불구하고 미술 저작물 원본에 대한 전시는 소유자가 자유롭게 할 수 있도록 인정된다. 판매를 위해 제작되는 해설이나 소개 목적으로 목록 형태의 책자에 복제해 배포하는 정도 또한 가능하다. 이는 소유자이기 때문에 주어지는 권리가 아니라, 저작자가 당연히 갖고 있는 미술품에 대한 '전시권'을 예외적으로 인정해 주는 것이다.

하지만 이러한 전시는 실내에서, 또는 외부에서의 일시적 전시만 인정된다. 가로 공원, 건축물의 외벽 그 밖에 공중에게 개방된 장소에 항시 전시하는 경우에는 여전히 저작자의 허락을 받아야 가능하다. 미술품의 자유로운 활용을 원하는 구매자라면 단순히 미술품뿐만 아니라 저작재산권을 함께 양도받는 약정을 체결해야 한다.

이제 미술 저작물을 전시하는 입장이 아닌, 전시된 미술품을 감상하고 촬영하고자 하는 자의 입장에서 미술 저작물을 바라보자. 예컨대 회사 홍보 CF를 제작하는 과정에서 건축물과 조형물들이 자연스럽게 찍힐 수 있는데, 이에 대해 일일이 허락을 받아야 사용할 수 있을까? 건축 저작물이니 복제를 위해서는 당연히 저작자의 허락이 필요하지 않을까? 하지만 그렇지 않다. 개방된 장소에 항시 전시된 미술 저작물은 자유롭게 복제해 이용할 수 있는데 이를 '파노라마의 자유'라 말한다.

하지만 여기에도 유의할 점이 있는데, 오크우드 호텔 내에 전시된 미술품이 벽산건설 CF 촬영에 이용된 경우나 골프존이 유명 골프장을 항공 촬영하여 실내 스크린골프에 이용한 건에 대하여 개방된 장소에서 항시 전시된 것으로 인정받지 못하였다는 사실이다. 아울러 건축물을 건축물로, 조각을 조각으로, 회화를 회화로 복제하는 경우 또는, 기념품, 엽서, 달력, 포스터 등을 위해 판매목적으로 촬영되는 경우에도 이용 허락이 필요함을 명심하자.

★ 소유권과 저작권은 상이한 개념이어서, 미술품을 구입해도 항시 공개된 외부 전시는 저작권자 허락이 필요하다.

Q 071 상업용 음반
Commercial Record

㈜미래백화점에서는 매장의 매출을 높이기 위해,
편안한 느낌의 음원을 구매하여 활용하고 있다.
음원을 정상적인 비용을 지불하고 사용한 것이므로
추가적인 저작권료는 발생하지 않을까?

음악을 전공한 송상엽 씨는 역삼동에 있는 한 카페에 들러 깜짝 놀랐다.
자신이 작곡한 노래가 흘러 나오는 것이 아닌가. 잠깐 들뜬 마음도 있었지만,
저작권료를 전혀 받지 못하고 있는 자신의 모습을 떠올리곤, 커피값을 지불하지 않고 가게를 나섰다.
화가 난 카페 사장이 왜 커피값을 내고 가지 않냐고 묻자,
'당신도 내 노래에 저작료를 지불하지 않고 카페 매장에서 음악을 사용하지 않았냐'고 항변했다.
결국 이 다툼은 법정으로 옮겨졌고, 최종적으로 송상엽 씨의 행위는 정당한 것으로 판단됐다.
비화된 면은 있지만, 예술이 일찌감치 발달한 프랑스에서 있었던 실화이다.
배고픈 작곡·작사가가 자신의 음악이 카페에서 흘러 나오는 것을 보고 울분을 참지 못해
카페 사장과 다투어 법의 판단을 받게 되었는데, 프랑스 법원은 작곡가의 행위를 정당하다고 보았다.
저작료 개념이 탄생한 배경이다.
오늘날 우리 일상까지 깊게 파고든 저작료 이슈가 때로는 우리를 당황스럽게 만들기도 하지만,
'저작권'이야말로 '비일상(非日常) 일상화(日常化)'가 이루어진 영역이 아닌가 싶다.
특히나 카페나 헬스클럽 등의 매장을 운영하는 소상공인의 입장에서는 저작권에 대한 기초지식이
필수적으로 요구되기에 여기에 대해 살펴볼 필요가 있다.

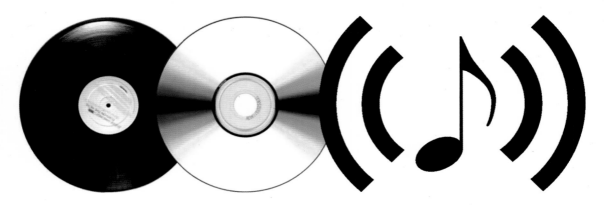

| 음반 또는 스트리밍 방식의 음원 구입을 한 경우 커피숍, 헬스클럽 등의 매장에서 자유롭게 틀어줄 수 있을지 명확한 이해가 필요하다.

1. 상업용 음반

스타벅스는 카페 매장에서 음악을 사용하기 위하여 별도의 저작료를 지불해야 하지 않을까 고민했지만, 지불할 필요가 없다고 생각했다. 공연에 대한 반대급부 없이 판매용 음반을 사용할 경우 저작료를 지불하지 않아도 된다고 저작권법이 규정하고 있었기 때문이다. 스타벅스는 자신들의 매장에서만 재생이 가능한 CD를 플레이네트워크라는 미국의 배경음악 서비스업체에서 공급받아 사용하는데 이를 판매용 음반으로 해석한 것이다. 하지만 법원은 '판매용 음반'이란 음악이 고정된 CD와 같은 '시판용 음반'을 의미한다고 보았고, 스타벅스의 음악은 판매용 음반이 아니므로 저작료를 내야 한다고 판단했다.

스타벅스 사례를 보고 용기를 얻은 현대백화점은 매장에 KT뮤직에서 음원을 구입하여 스트리밍 방식의 음악을 틀었다. 판매용 음반을 사용할 때는 실연자나 음반제작자에게 공연보상금을 지불하도록 되어 있으나, 스타벅스에서 보듯이 판매용 음반이란 '시판용 음반'을 의미하므로 스트리밍 방식으로 음악을 제공할 때에는 공연보상금을 지불할 필요가 없다고 생각한 것이다. 더군다나, 현대백화점은 KT뮤직으로부터 정당한 공연사용료를 지불하고 구입한 것이므로 문제될 것은 없다고 판단한 것이다. 하지만 법원의 판단은 달랐다. 공연보상금 지불을 위한 '판매용 음반'은 스트리밍 방식을 포함한다고 판결한 것이다.

저작재산권(공연사용료)을 면제해 주는 규정에서는 '판매용 음반'을 시판용 음반만을 인정하는 최소한도로 해석하고, 저작인접권(공연보상금)을 지불해야 하는 규정에서는 '판매용 음반'을 스트리밍 방식의 음원을 포함하여 폭넓게 해석한 것이다. 얼핏보아 저작권의 행사를 제한할 때에는 최소한도로 해석해야 하는 것이 당연하지 않을까 생각할 수 있지만, 동일 용어에 대한 이중잣대는 시장의 안정성을 해친다는 비판을 피할 수 없었다. 이에, 문화체육관광부는 '판매용 음반'을 '상업용 음반'으로 명칭을 바꾸면서 디지털 스트리밍 서비스를 '상업용 음반'에 포함시켜서 통일화된 기준을 마련하였다.

2. 균형을 찾아서

상업용 음반에 대한 명확한 기준으로 인하여 공연보상금이 명확히 징수될 수 있게 되었으나, 공연사용료에 대한 면제 기준이 폭넓게 인정되어 창작자의 이익이 지나치게 제한될 수 있다는 우려가 형성되었다. 이에, 창작자와 이용자의 이익에 균형을 잡는 설계 노력이 필요해졌다. 2018년 8월 23일부터는 단란·유흥주점, 호텔·백화점, 대형마트·복합쇼핑몰 뿐만 아니라 커피전문점, 생맥주 전문점, 체력단련장(헬스장, 스키장, 골프장) 등 음악 사용률이 높고 영업에서 음악 중요도가 높은 곳에서도 공연에 대한 반대급부가 없더라도 저작료(공연사용료 및 공연보상금)를 지불하도록 제도가 변경되었다. 매장의 면적과 업종에 따라 차등 지불하도록 되어 있는데 최저 저작료는 월 4천 원이다. 위에 언급된 곳이라 할지라도, 50m^2 미만의 소규모 영업장과 전통시장은 제외된다.

상업용 음반에 관한 저작권 규정은 상업적 목적으로 공표된 영상저작물에도 동일하게 적용된다. 공연에 대한 반대급부가 없는 무료 영화 상영의 경우 자유로운 이용이 가능하다. 병원에서 대기시간에 틀어주거나 지역주민의 복지차원에서 상영하는 영화는 반대급부만 없다면 저작료에서 자유롭다. 다만 상업적 목적으로 공표된 영상저작물과 관련하여 주의할 점은 박물관, 미술관, 도서관, 공연장, 사회복지관, 청소년수련원 등에서 공연할 때에는 발행일로부터 6개월이 지난 영상저작물을 이용해야 한다.

★ 공연 사용료를 지불하고 상업용 음반을 구입한 경우에도, 실연자나 음반제작사에게 '공연보상금'이 지불되어야 한다.

Q 072 권리 소진과 대여 ___
First Sale Doctrine & Rent

5권으로 구성된 김진명 작가의 《고구려》를 읽었다.
2권은 교보문고에서 구입해서 읽고 나머지 3권은
아마존닷컴에서 전자책으로 구입해서 읽었다.
읽은 후 중고시장을 통해 되팔면 저작권 문제는 없을까?

큰딸은 1년에 두 번 정도 '벼룩시장'에 참가해 자기가 사용하던 물건들을 판매한다. 학교에서 학생들이 주말을 이용해 중고 시장을 여는데 환경 보존에 대한 의미 있는 교육이라 생각한다. 오늘날 중고 시장은 점점 확산되고 있는 추세인데, 지속 발전(Sustainable Development) 가능성을 중시하는 사회적 기류와 맞물려 그러한 현상은 더욱 심화될 것으로 보인다.

중고 시장에서는 차, 전자제품, 명품 의류 등 다양한 제품이 거래되는데, 그중 저작물에 해당하는 것들을 살펴볼 필요가 있다. 이는 며칠 전 구입한 소설책을 다 읽은 후에 다시 재판매할 수 있을까 하는 문제인데, 지극히 당연해 보이지만, 저작권 관점에서 살펴보면 그리 간단하지 않다.

앞서 누차 강조되었던 것처럼, 저작권은 소유권과 분리되어 있다. 저작물을 구입해 소유권을 획득했다 할지라도 이는 어디까지나 '소유권'이지 '저작권'을 획득한 것은 아니다. 대학에서 교재를 한 권 구입해서, 이를 복사해 친구들에게 나누어 줄 수 없는 논리이다.

그런데 이와 같은 논리라면 저작권의 하나인 '배포권(양도 또는 대여할 수 있는 권리)'도 저작자가 가지고 있으니, 배포할 수 있는 사람도 저작자가 되어야지, 책을 구입한 소유자가 될 수 없다는 이야기다. 소유권과 저작권과의 관계, 그중에서도 특별히 소유권과 배포권의 관계를 살펴보자.

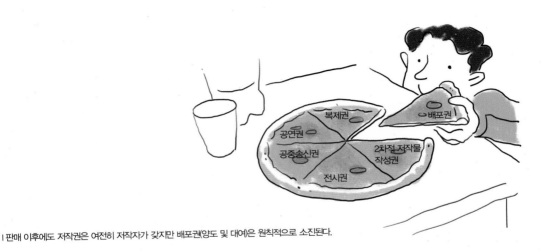

| 판매 이후에도 저작권은 여전히 저작자가 갖지만 배포권(양도 및 대여)은 원칙적으로 소진된다.

1. 권리 소진은 '배포권' 소진

저작권은 소위 '권리 다발'이라고 부른다. 하나의 저작물에 저작재산권, 저작인격권, 저작인접권이 존재하게 되고, 각 권리는 다시 여러 종류의 권리를 포함하고 있어 복잡한 권리 관계를 형성하고 있다.

이렇게 다층적으로 구성된 저작권은 원칙적으로 '저작자'가 갖게 된다. 소유자가 저작권을 갖는 것이 아니다. 다만 부분적으로 예외적인 상황들을 인정해 전체적으로 균형을 잡아 주는 것이다. 미술품을 구입해도 전시할 수 있는 권리가 원칙적으로 저작자에게 있음에도 불구하고 원본에 한해 소유자가 전시할 수 있는 권리를 주고 있다. 음원에 대해 비용을 주고 정상적으로 구입했다 할지라도 공연할 수 있는 권리는 여전히 저작자가 갖고 있으나 반대급부가 없는 경우라면 공중에게 공연할 수 있는 권리를 구매자에게 주고 있는 것(음악이 중요한 50㎡ 이상의 매장 제외)이 대표적인 예일 것이다.

판매 후에도 저작권은 원칙적으로 저작자가 갖는데, 여기에 한 가지 예외적인 것이 '배포권'이다. 판매 등의 방법으로 저작물을 거래에 제공한 경우에 저작자의 '배포권'은 소진된 것으로 본다. 전시, 공연, 복제권 등이 여전히 저작자에게 유지되는 것과 비교하며 '배포권'은 확연히 다르다. 저작자의 배포권이 소진되었으니, 구입자가 배포권을 갖게 되는데, 배포란 대가를 받거나 받지 아니하고 양도 또는 대여하는 것을 말한다. 따라서 책이나 그림을 구입한 경우에는 '배포권'을 갖게 되므로 이를 재판매하거나 대여하는 것이 얼마든지 가능하다.

2. 권리 소진 예외

권리 소진에는 예외적인 부분이 존재하는데, 배포권 중 일부인 '대여할 권리'가 '상업용 음반'이나 '상업용 프로그램'에 대해서는 소진되지 않는 것이다. 소진되지 않았으니 최초 구입한 사람(소유자)이 대여를 할 수 있는 것이 아니라, 저작자가 대여를 할 수 있는 것이다. 이는 대여 사업으로 인해 저작자의 기대 이익이 크게 훼손되는 것을 방지하기 위한 것이다. 하지만 만화나 비디오 대여 등도 저작자의 이익을 훼손할 우려가 있는데 굳이 '상업

용 음반'과 '상업용 프로그램'에 대해서만 예외 조치한 것이 쉽게 납득 가지는 않지만 현행 제도는 그러하다.

권리 소진과 관련해 또 한 가지 짚어 보아야 하는 것이 바로 '디지털 콘텐츠'이다. 서점을 통한 서적 구매보다는 온라인을 통한 전자책 구매가 폭발적으로 증가하고 있는데, 전자책에 대해서도 일반 책과 같이 구입한 것을 재판매 또는 대여할 수 있는지가 의문이다.

'애플'이나 '아마존닷컴'이 '중고디지털콘텐츠' 플랫폼 관련 특허를 꾸준히 확보하려고 노력하고 있는데, 여기에 대한 '저작권' 관점은 나라마다 다르다. 유럽은 디지털 콘텐츠의 권리 소진을 인정하는 추세이나, 미국이나 우리나라는 아직 전자책을 포함한 '중고 디지털 콘텐츠'에 대해 권리 소진을 인정하지 않고 있다. 디지털 콘텐츠의 특성상 중고라 해도 원제품에 비해 결코 질이 떨어지지 않아 원제품 수요를 축소시킬 우려가 있고, 판매 후에도 계속 사용할 수 있다는 우려가 있기 때문에 선뜻 '디지털 콘텐츠'의 권리 소진을 인정하지 못하고 있는 것이다. 따라서 디지털 콘텐츠는 정상적인 판매 절차를 통하여 구입한 경우라도 자유롭게 재판매하거나 대여할 수 없다.

| 책, 음악 등의 중고 시장을 철저히 준비하고 있는 아마존닷컴
(자료: litreactor.com, 2013. 2. 8)

★ 한 번 저작물이 판매되고 나면 오프라인 상의 '배포권(양도 및 대여)'은 소진되어 자유롭게 재판매가 가능하다.

Q073 등록*
Registration

㈜백두닷컴은 창립 10주년을 맞아 기업 홍보 강화를 위해
'백두 몬스터' 캐릭터를 개발했다.
캐릭터가 저작권으로 보호 받기 위해서는
저작권 등록을 받아야 할까?

서울대병원이 암 관련 지식과 정보를 제공하기 위해 제작한 콘텐츠에 대해 저작권 등록을 마쳤다고
밝혔다. 또한 코레일도 선진국 수준의 열차 안전을 위한 《전기 철도 유지 보수 매뉴얼》을 개정해
저작권을 등록했다. 삼성물산 또한 '동서남북 테라스 하우스'라는 아파트 디자인을 래미안에
적용하면서 총 9개의 저작권 등록을 마쳤다고 밝혔다.
콘텐츠, 매뉴얼, 아파트 디자인 등 다양한 분야에서 저작권 등록이 이루어지는데, 저작권 등록이
어떠한 의미를 갖는지 특허와 비교해 이해해 보도록 하자.

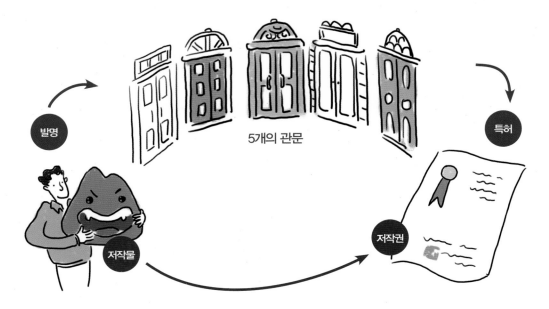

| 발명은 5개의 관문(신규성, 진보성, 산업상 이용 가능성, 선원주의, 확대된 선원주의)을 통과해야 특허가 되지만,
저작물은 창작과 동시에 저작권이 발생한다.

1. 등록해야 저작권(?)

저작물도 특허와 같이 심사를 통해 등록 결정을 받아야만 저작권이 발생하지 않을까? 그렇지 않다. 저작권은 저작물의 창작과 동시에 발생하며 방식에 관계없이 저작권은 발생한다. 발명(자연 법칙을 이용한 기술적 사상의 창작으로서 고도한 것)은 반드시 심사를 통해야만 특허가 되지만, 저작물(인간의 사상, 감정의 창작의 표현)은 심사 없이도 저작권이 발생한다. 특허는 일단 발명으로 인정이 되더라도 신규성, 진보성, 산업상 이용 가능성 등의 심사를 통과해야 권리가 부여되지만, 저작권은 저작물로 인정만 되면 별도의 심사 없이 창작과 동시에 권리가 발생하는 것이다.

그렇다면 우리는 각종 홈페이지나 브로슈어, 캐릭터 등에 ⓒ마크와 함께 저작권자의 성명, 저작물의 최초 생성 연도와 'All Right Reserved'라는 표시를 하는데, 이러한 표시는 왜 하는 것일까? 별도 등록 절차 없이도 저작권은 발생하는데, ⓒ 마크는 어떠한 의미를 갖는 것일까? 사실 요즘에는 그런 표시에 큰 의미가 없다.

예전에는 저작권이 창작과 동시에 생성된다고 보는 무방식주의와, 저작권을 등록해야만 권리가 발생한다고 보는 방식주의가 국가별로 혼재되어 혼선과 충돌이 있었고, 이러한 문제점을 해소하기 위해 ⓒ라는 기호를 저작물에 표기하면 방식주의 국가에서도 그 저작권을 그대로 인정해 주었던 것이다. 하지만 방식주의를 채택했던 대표적 국가인 미국이 1989년 방식주의를 포기함으로써 이제는 이러한 저작권 표시 형식은 특별한 의미를 가지지 않는다.

2. 그래도 등록해야

그러면 저작권을 등록받을 필요가 없을까? 어떠한 절차나 형식이 없이도 저작물의 창작과 완성이 있으면 저작권은 발생하니까 말이다. 그렇게 생각이 들 수 있지만 저작권을 등록받아 두면 여러 면에서 유리하다.

일반적으로 다툼이 생겨 손해배상을 청구하려면 상대방에게 과실이 있음을 입증해야 하는데, 생각처럼 쉽지가 않다. 특허는 침해에 대해 일단 과실이 있다고 추정하지만 저작권은 과실을 입증해야 하는 어려움이 있기 때문이다. 특허는 심사 단계를 거치고, 특허 정보를 공개하기 때문에 사업을 하는 사람이라면 마땅히 이를 살펴보아야 할 책임이 있어서 과실을 추정하지만 저작권은 등록 없이도 창작과 동시에 발생되는 권리이므로 다른 사람의 저작권 보유 현황을 파악하는 것은 불가능에 가깝다. 이러한 이유로 침해에 과실을 추정하기 곤란하다.

이와 같은 저작권 보호의 어려움을 극복하기 위해 저작권 등록을 해 두면 큰 도움이 될 수 있다. 저작권이 등록되어 있으면 침해 문제가 발생했을 때에 특허처럼 상대방에게 과실이 있다고 추정을 해 주기 때문이다.

저작권의 권리 관계가 변동될 때에도 해당 사항을 등록해 두는 것이 좋다. 저작권의 변동 사실에 대해 등록 없이도 당사자 간에는 아무런 문제 없이 효력을 주장할 수 있지만, 당사자가 아닌 제3자와의 관계에서는 이러한 변동 관계를 주장할 수 없다. 하지만 변동 관계를 등록해 두면 제3자에게도 다툴 수 있는 대항력이 생기게 된다.

예컨대 ㈜도전이라는 회사가 보유하고 있는 저작물을 ㈜성계라는 회사로 양도하고, 다시 ㈜인임출판사에 출판권을 허락한 경우 ㈜성계는 정당한 권리자임에도 불구하고 ㈜인임출판사와 다툴 수 없다. 하지만 저작권 변동 관계를 등록해 두었다면 제3자에게까지 변동 사실을 주장할 수 있으므로 ㈜인임출판사와 다툴 수 있다.

이와 같이 저작권 등록은 여러 가지 유리한 점을 주게 되는데, 저작권 등록을 받기 위해서는 '한국저작권위원회'에 등록을 하면 된다. 참고로 미국에서 저작권 침해 소송을 제기하려면 반드시 저작권이 등록되어 있어야 한다. 창작과 동시에 저작권은 발생하지만 침해 소송은 등록된 저작권일 때에만 가능하다.

★ 저작권은 '등록' 없이도 권리가 발생한다. 다만 등록을 받아 두면 다툼에서 유리하다.

보호 기간*
Copyright Period

㈜백두닷컴은 창립 10주년을 맞아 제작하는
홍보 영상 배경 음악으로 역동적 힘을 상징하는
베토벤의 〈열정〉 3악장을 편곡해 사용하고자 한다.
베토벤 후손에게 저작권 사용료를 지불해야 할까?

베토벤, 모차르트, 쇼팽의 곡들을 생각해 보고, 피카소, 고흐, 모네의 작품들을 생각해 보자.
소위 '명곡', '명화'로 불리는 작품들은 세대를 초월해 사랑을 받고 빛을 발하게 되며,
시간이 지날수록 오히려 축적된 힘을 바탕으로 더욱 큰 영향력을 주고 있다.
기업의 입장에서 보면 이러한 작품들의 특성을 활용해 기업의 이미지를 부각하고자 광고 영상이나
홍보물에 사용하고 싶어 한다. 하지만 오늘날 저작권 이슈들이 부각되면서 자유롭게 사용해도 되는지
한 번쯤 머뭇거리게 되는데 저작권 관점에서 한번 살펴보자.

| 악성(樂聖) 베토벤과 피아노 소나타 〈열정〉을 연주하는 발렌티나 리시차(Valentina Lisitsa)
[자료 : www.enallaxnews.gr , 2014. 6. 6(좌), 유튜브 영상 캡쳐(우)]

| 루부탱(Louboutin)이 고흐와 모네의 명화를 광고에 활용하고 있다.
포토그래퍼 피터 리프만(Peter Lippmann) 작품.
(자료: centmagazine.co.uk, 2014. 1. 30)

1. 저작권 보호 기간

필자는 베토벤의 음악을 사랑한다. 특히 그중에서도 피아노 소나타 〈열정(Appasionata)〉 3악장을 무엇보다도 사랑한다. 청력을 잃었으면서도 불굴의 정신과 음악에 대한 집념을 느낄 수 있기 때문이다. 이토록 사랑하는 베토벤 음악을 기업 광고 음악으로 사용할 수 있을까?

정답은 가능하다. 베토벤의 저작물의 보호 기간이 종료되었기 때문이다. 저작권의 보호 기간은 사후 70년까지 보호가 되기 때문에, 1827년 운명한 그의 작품들은 1828년부터 1870년간 보호받고 1898년부터는 자유롭게 사용할 수 있다.

최근 프랑스의 럭셔리 브랜드인 크리스천 루부탱(Christian Louboutin)이 구두 광고를 위해 빈센트 반 고흐(1853~1890)와 클로드 모네(1853~1926)의 작품을 이용했는데, 모두 저작권 보호 기간을 지난 상태여서 자유롭게 기업 광고에 활용할 수 있었다.

1790년 영국의 '앤여왕법(Statute of Anne)'으로 저작권이 처음 만들어질 당시에는 보호 기간이 14년이었고, 추가로 14년 연장이 가능해 28년까지 보호받을 수 있었다. 그러다가 《톰 소여의 모험》, 《허클베리 핀의 모험》으로 잘 알려진 마크 트웨인의 촉구를 시작으로 사후 50년까지 보호해야 한다는 주장이 나왔고, 1976년 사후 50년까지 저작권 보호 기간이 확장되었다.

이후에도 저작권 보호 기간을 연장하려는 노력은 지속되었고, '미키마우스법'으로 더 잘 알려진 '소니보노 법안'에 의해 사후 70년으로 연장되었다. 당시 팝 밴드 멤버 출신의 하원의원인 소니보노는 사후 70년을 주장했고, 미국 영화 협회 회장이던 잭 발렌티는 '영원에서 하루 적은(Forever Less One Day)' 보호 기간을 주장하기도 했다. 디즈니사는 미키마우스의 저작권 보호 기간 만료가 가까워짐에 따라, 강력한 로비를 했고, 결국 1998년 미국 의회는 사후 70년으로 기간을 연장했다.

원래 우리나라는 사후 50년이 보호 기간이었으나 미국과의 FTA 체결에 따라 후속 조치로 저작권법이 바뀌게 되어 2013년 7월 1일부터 사후 70년으로 연장되었다. 저작자가 법인인 '업무상 저작물'은 공표한 날로부터 70년간 보호받고, 창작 후 50년 이내에 공표하지 않을 경우에는 창작 후 70년간 보호받게 된다.

저작권의 보호 기간과 관련해 재미있는 것은 바로 공동저작물의 경우이다. **공동저작물의 경우에는 맨 마지막으로 사망한 저작자의 사후 70년간 존속하게 되는데**, 유태인들은 이러한 규정 때문에 부모와 자녀가 공동으로 저작하는 경우가 많다 한다.

베토벤의 음악이 저작권이 만료되었으니, 수년 전 내한 공연한 발렌티나 리시차(Valentina Lisitsa)의 연주 장면도 자유롭게 사용할 수 있을까? 그렇지 않다. 베토벤의 저작권은 종료되었지만 발렌티나의 저작인접권이 살아 있기 때문이다. 실연이나 음반은 발행 후 70년, 방송은 50년간 보호받을 수 있다. 베토벤 음악에 대한 편곡도 2차적 저작물에 해당되어 별도의 새로운 저작물로 인정되기 때문에 2차적 저작물 작성자의 사후 70년까지는 무단으로 사용해서는 안 된다.

2. 특허는 속지주의, 저작권은 상호주의

특허는 속지주의 원칙을 가지고 있다. 보호받으려는 나라에서 각각의 권리를 취득해야 한다. 이와 달리, 저작권은 베른협약에 가입한 나라 상호 간에는 저작권을 인정해 **한 나라에서 발생한 저작권은 별도의 절차 없이 해외에서도 권리가 발생하게 된다.**

이러한 저작권의 시간적, 공간적 보호 범위와 관련해 한 가지 발생할 수 있는 문제가 바로 국가마다 보호 기간이 다른 경우에 발생한다. 예컨대 중국 저작물을 국내에 가져왔는데 중국은 사후 50년, 우리나라는 사후 70년이라고 가정하자. 어떤 기준에 따라야 할까? 이러한 경우에는 '내국민 대우의 원칙'을 적용하지만 국가마다 보호 기간이 다를 때에는 '최소 보호의 원칙'이 적용된다. 따라서 중국에서 저작권이 소멸되면 국내에서도 소멸되게 되는 것이다.

Q 075 저작권 침해 *
Copyright Infringement

(주)백두캐릭터는 자체 개발한 '백두몬스터'와
매우 흡사한 캐릭터가 시중에 유통되는 것을 발견했다.
조사 결과, 본인 회사보다 먼저 시장에 출시된 것인데,
우연의 일치도 저작권 침해인가?

카카오톡, 이모티콘, 카카오 프랜즈 캐릭터 등으로 우리 삶 깊숙이 들어온 카카오.
코리아 대표 문화기업으로서 자리매김 한 카카오가 이모티콘 '무시무시하게 무시하는 무시맨'의
일본 유명 애니메이션 〈데스노트〉 표절 시비로 판매를 중단하였다. 코리아 대표 문화기업으로서의
이미지에 심각한 타격을 입은 것이다. 2012년도 출시 이후 일일 사용자 1,000만 명의 대기록을
보유하고 있는 〈애니팡〉도 2014년도 후속작 〈애니팡2〉가 표절 논란에 빠지면서 선풍적 인기가 한풀
꺾이는 양상을 보였다. 저작권 침해 이슈는 최종 결론이 나기도 전에 언론에 노출되면서
기업 이미지에 치명적 손실을 주게 되는데, 저작권 침해에 대한 정확한 이해가 필요하다.

1. 의거

　　누군가의 저작권을 침해했느냐 하지 않았느냐를 판단하는 데는 두 가지 기준이 적
용된다. 첫 번째는 '의거' 기준이고, 두 번째는 '실질적 유사성' 기준이다.

| 영국 사진작가 마이클 케냐의 〈솔섬〉 (좌)과 대한항공 공모작인 김성필 작가의 〈아침을 기다리며〉(우)

| SK텔레콤의 T링(김연정 작곡). 정풍송 씨와 저작권 침해 다툼이 있었다.

| 〈내 남자에게〉(김신일 작곡)와 〈섬데이 (someday)〉(박진영 작곡)의 비교 악보
[자료: 중앙일보, 2012. 2. 11]

'의거' 기준은, 보고 했어야 된다는 것을 의미하기 때문에, 역으로 생각해 보면 보지 않았으면 괜찮다는 뜻이다. 앞서 살펴본 바와 같이 저작물로 인정받기 위한 기본 전제 조건이 '독자성'인데, 침해했는지 여부를 판단하는 가장 기본적인 출발점 역시 독자적으로 창작한 것인지를 판단하는 '의거 관계'인 것이다.

SK텔레콤의 T링 케이스를 한번 살펴보자. '생각대로 T'로 대대적으로 광고된 T링은 '솔미파라솔'로 구성된 SK텔레콤의 연결음인데, 조용필의 히트곡 〈허공〉의 작곡자로 널리 알려진 정풍송 씨로부터 저작권 침해라는 문제 제기를 받았다. 이에 대해 '멜로디가 같고 리듬도 비슷하지만 정 씨 음악은 대중적으로 유통되지 않았고 국내 방송 매체를 통해 소개된 적도 없어 김연정(T ring 작곡자) 씨가 정 씨 음악을 알고 사용했다고 볼 수 없다'고 결론지어졌다. 즉, 정풍송 씨 작품에 의거해 T링을 만든 것이 아니니 저작권 침해가 아니라는 것이다. 의거하지 않은 우연의 일치는 저작권 침해가 아니므로, 동일한 저작물이 공존할 수도 있는 것이다.

이와 같이 저작권 침해는 타인의 저작물을 이용해 만드는 '의거성'이 있어야 하지만 두 저작물 사이에 '현저한 유사성(Striking Similarity)'이 인정되는 경우에는 의거 관계를 추정할 수 있다. 작가 김수현 씨가 MBC(〈여우와 솜사탕〉)와 해당 작가를 대상으로 벌인 다툼에서 "두 드라마 대본 사이에는 유사한 상황에서 '우연의 일치'라고 하기에는 너무나 일치하는 미적 특수 표현으로서의 대사들이 공통으로 분포돼 있어 그 '현저한 유사성'이 인정된다"고 판단했다. 이러한 '현저한 유사성'은 '의거'를 추정하게 만들어 주는데, 이를 위해 저작자는 의도적으로 오류를 창작물에 숨겨 두는 경우도 있다. 일부러 오탈자 같은 것을 두어, 나중에 침해가 되었을 때 오류나 오타의 동일함을 근거로 '의거 관계'를 주장하기도 하는데 이를 '공통의 오류(Common Error)'라 한다.

2. 실질적 유사성

저작권 침해는 '의거' 관계와 함께 '실질적 유사성'이 있어야 한다. 실질적 유사성의 판단은 '전체 대 전체'를 비교하는 전체적 판단방법과, 창작적 표현 부분만 분리 대비해 보는 '분해식 접근방식', 추상화 여과 비교 테스트(abstraction-filtration-comparison test) 방법이 사례별로 적용되고 있다.

현재는 '추상화 여과 비교 테스트'가 폭넓게 적용되고 있는데, 1단계 추상화 단계에서 아이디어와 표현을 구별해 내고, 2단계 여과 단계에서 아이디어에 필연적으로 동반되거나 외부의 요구에 의하여 발생될 수밖에 없는 부분과 공중의 영역을 제하고, 3단계 비교 단계에서 보호받는 표현 부분을 전체 저작물과 비교하여 어느 정도 중요한지를 가지고 판단하는 방법이다.

〈썸데이〉(박진영 작곡, 아이유 노래)의 〈내 남자친구에게〉(김신일 작곡, 애쉬 노래) 표절 사건 판결에서, 창작성이 없는 부분을 제하고, 가장 구체적이고 독창적인 가락(melody)을 중심으로 리듬(rhythm), 화음(harmony)을 종합적으로 고려하여 실질적 유사성을 인정했다. 다만, 〈내 남자친구에게〉 또한 미국에서 널리 알려진 복음 가스펠인 커크 프랭클린의 〈호산나〉 유사해 결국 저작권 침해는 인정되지 않았다.

영국 출신 사진작가인 마이클 케냐의 〈솔섬〉과 대한항공의 공모작 〈아침을 기다리며〉의 다툼에서도, 아이디어 부분을 빼고 창작적인 표현만을 가지고 실질적 유사성을 판단했다. 자연물이나 풍경은 어느 장소에서 어떠한 앵글로 촬영하느냐 하는 일종의 선택으로서 아이디어에 해당되고, 전체적인 컨셉트나 느낌이 유사하다 하더라도 자연경관은 만인에게 공유되는 부분이어서 촬영자가 피사체에게 어떠한 변경을 가하는 것이 사실상 불가능하다고 보았다. 창작적인 표현을 비교할 때에도 〈솔섬〉은 마치 수묵화처럼 담담하게 표현한데 반하여, 대한항공 공모작은 새벽녘 일출 직전의 다양한 빛과 구름의 모습, 그리고 이와 조화를 이루는 역동적인 모습이어서 표현하고자 하는 바가 상이하다고 판단했다.

이와 같이 '의거'와 '실질적 유사성'을 검토하여 침해라고 판단되면, 손해배상과 금지청구와 같은 민사책임뿐만 아니라 형사책임도 지게 된다.

★ 실질적으로 유사해도 '의거'하지 않은 우연의 일치는 저작권 침해가 아니다.

Q 076 저작권과 디자인[*]
Copyright and Design

㈜한라모직은 넥타이 디자인을 자체 개발해 제품을 판매하고 있다. ㈜백두모직의 등록받은 넥타이 디자인과 우연히 일치하는데, 모방하지 않은 ㈜한라모직 넥타이는 디자인 침해인가?

앞서 저작권 침해를 이야기하면서, 저작물이 실질적으로 유사하다 할지라도, '의거 관계'가 있어야만 침해가 된다고 했다. 창작자 입장에서는 대단히 가슴 아프지만, 현실적으로 의거 관계 없이 저작권 침해를 인정하는 것은 불가능하고 바람직하지도 않다. 의거 관계 없이 유사하다는 이유만으로 저작권 침해를 인정한다면, 하루에도 무수히 생성되는 저작물 사이에 엄청난 수의 저작권 침해 사건이 발생하게 될 것이고, 순식간에 사회는 큰 혼란에 빠질 것이다.

이러한 '의거 관계' 요건으로 인해 저작물을 효율적으로 보호받는 것이 어려운데, 창작자 입장이라면 좀 더 강력히 보호받을 수 있는 방법은 없을까 하는 목마름이 있을 것이다. 비록 모든 저작물에 적용할 수는 없지만, 저작권과 디자인 제도를 비교하면 힌트를 얻을 수 있을 것이다.

I 히딩크의 '태극문양 넥타이'가 저작물이 될 수 있는지 논란이 있었다.
(자료: 조선일보, 2012. 6. 21)

I 기아차 '로체 이노베이션'의 라디에이터 그릴(위)과 백모 디자이너가 현대차에 제안한 디자인(아래) (자료: 동아일보, 2010. 5. 26)

1. 저작권 vs. 디자인

기아차는 '디자인 경영'으로 유명하다. 정체 중인 기업에 활력을 주고 세계 시장 공략을 위해 세계적인 디자이너인 '피터 슈라이어'를 부사장으로 영입하고 디자인 경영에 박차를 가했다. 기아차는 패밀리룩을 개발해 여러 차에 적용해 시장에서 뜨거운 반응을 받던 중 '라디에이터 디자인' 표절 의혹에 휩싸였다.

다툼을 제기했던 백모 디자이너는 "나비넥타이와 무한대 기호(∞)에서 영감을 얻어 개발한 자동차 라디에이터 그릴 디자인을 2005년 8월 현대자동차 홈페이지 게시판을 통해 제안했는데, 기아차가 2008년 5월 아무런 동의도 없이 패밀리룩을 발표하면서 중형차 '로체 이노베이션'에 처음 적용했다"고 주장했다.

한편 기아차는 현대차와 별개의 독립 회사임을 주장하면서 기아차의 패밀리룩은 자체 디자인팀에서 독립적으로 개발한 결과임을 주장했는데, 결국 기아차의 의견이 받아들여졌다. 두 디자인의 실질적 유사성을 판단하기에 앞서 '의거 관계'가 인정되지 않아 더 살펴볼 필요 없이 기아차의 주장이 인정된 것이다.

여기서 한번 고민해 볼 사항은 만일 본 다툼이 '저작권 소송'이 아닌 '디자인 소송'으로 진행되었으면 어떠했을까 하는 점이다. 백모 디자이너가 디자인 등록을 받아 두지 못했기 때문에 저작권 침해 소송으로 진행된 것으로 이해되는데, 만일 디자인권을 받아 두고 디자인 소송으로 진행되었다면 상반된 결과가 나올 수도 있다.

물론 실제 다툼이 있어 봐야 알겠지만 디자인은 저작권과 근본적으로 상이하다. 디자인은 '의거 관계'를 논하지 않고, 유사하기만 하면 바로 침해를 인정한다. 제아무리 모방하지 않고 독립적으로 개발했다 할지라도, 유사하면 바로 디자인 침해가 인정되는 것이다. 이게 바로 디자인과 저작권의 큰 차이이다.

2. 응용 미술 저작물

이와 같이 디자인권은 저작권에 비해 창작자 보호에 유리한 면이 있다. 하지만 비용이나 보호 기간 측면에서는 저작권이 훨씬 유리하다. 그럼, 디자인과 저작권 둘 다 보호받으면 되지 않나 생각할 수 있지만, 산업 발전을 목적으로 하는 디자인권과 문화 발전을 주목적으로 하는 저작권은 대부분 보호 영역이 다르다. 하지만 공통 영역에 교집합 부분이 있는데, 이게 바로 '응용 미술 저작물'이다. 문화 발전과 산업 발전을 모두 이룰 수 있기 때문에 인정이 되는 부분이며, 물품에 동일한 형상으로 복제될 수 있는 미술 저작물 중 물품과 구분되어 독자성을 인정할 수 있으면 저작권을 인정해 주는 것이다.

가장 대표적인 사례가 '히딩크 넥타이' 사건이다. 2002년 월드컵 4강을 견인했던 히딩크 감독이 골 세러모니로 하늘을 향해 어퍼컷을 날렸는데, 그때 같이 휘날리던 넥타이가 주목을 받았다. 히딩크 넥타이는 누브티스의 이경순 대표가 태극 모양 및 8괘를 모티브로 디자인한 것인데, 한국관광공사에서 외부 선물로 제공한 넥타이 도안이 유사해 다툼이 된 것이다.

넥타이라는 물품에 반영된 디자인이기에 디자인권으로 보호받을 수 있었는데 디자이너가 미처 디자인 등록을 받아 두지 못한 것이다. 이에 저작권으로 보호가 가능한지 다툼이 벌어졌고, 디자인이 넥타이와 구분될 수 있는지 해석이 분분했다. 넥타이와 구분될 수 있다면 저작권으로 보호가 가능하겠지만, 분리될 수 없다면 저작권으로 보호받을 수 없기 때문이다. 이에 대한 판단이 엎치락뒤치락하다가, 최종적으로 판단하기를 물리적인 분리뿐만 아니라 관념적 분리까지도 인정해 저작권으로 보호받을 수 있게 되었다.

생각건대 저작권으로 보호되는 '응용 미술 저작물'에 대해서는 '디자인'으로도 동시에 권리를 획득해 디자인과 저작권, 양 제도의 장점을 충분히 활용하도록 설계하는 것이 바람직해 보인다.

★ 디자인은 저작권과 달리 '우연의 일치'도 침해에 해당한다.

Q 077 공정 이용*
Fair Use

5살짜리 딸이 손담비의 〈미쳤어〉를
흥얼거리며 춤을 추고 있다.
귀여운 모습을 촬영해 블로그에 올리고 싶은데,
저작자와 실연자의 허락이 필요할까?

백두닷컴(www.bakdoo.com)을 운영하는 필자의 가장 큰 기쁨 중 하나는 인터넷에 두 딸의
예쁜 모습들을 올리고, 지인들과 이를 나누는 것이다. 이와 같은 기쁨은 비단 필자만 누리고 있는
것이 아니고, 블로그를 운영하는 많은 사람들이 향유하고 있는 즐거움일 텐데, 요즘 이와 같은 일들에
심심치 않게 저작권 문제가 불거지면서 활동을 위축시키는 경향이 있다.
저작권은 기본적으로 '창작자 보호'와 '이용자 보호'의 균형점을 찾아가는 것이 방향인데, 지나치게
창작자를 보호하면 이용자의 문화 예술을 향유하는 것이 위축될 것이고, 지나치게 이용자를 보호하면
창작자의 창작 의지가 위축될 수 있어 균형점을 잡아 가는 것은 매우 중요하다.
그래서 창작자의 저작물에 대해서는 정당한 대가를 지불하고 이용하는 문화를 만들어 가되, 동시에
일정한 범위 내에서는 자유롭게 이용 허락 없이도 사용할 수 있도록 해 주어야 하는데,
이와 관련된 것이 '공정 이용(fair use)'이다.

저작권을 바라보는 두 개의 눈,
Copyright와 Copyleft

1. 공정 이용

'공정 이용'이란 일정한 범위 내에서는 저작권자의 이용 허락 없이 자유롭게 사용할 수 있도록 하는 것을 말한다. '공정 이용'에 해당되기 위해서는 저작물의 통상적인 이용방법과 충돌하지 아니하고 저작자의 정당한 이익을 부당하게 해치지 않아야 하는데 **저작물의 이용 목적, 성질, 이용된 부분의 양과 질의 비중, 시장에 미치는 영향**을 기본적으로 검토하게 된다. 저작물의 이용목적이 교육이나 비영리목적인 경우 상업적 목적에 비해 공정 이용일 가능성이 높고, 저작물의 성질이 사실에 의거한 경우 예술적 작품보다 공정 이용일 확률이 높다. 이용 부분이 전체에서 차지하는 비중이 크다거나, 저작물의 시장 가치를 대체 또는 축소시킨다면 공정 이용에 해당되기 곤란하다.

2009년도의 '미쳤어 사건'이 공정 이용 관련 대표 사례이다. 다섯 살 된 딸이 손담비의 〈미쳤어〉를 부르면서 춤을 추는 것을 촬영한 53초 분량의 동영상을 네이버 블로그에 게시했는데, 저작물을 신탁 관리하는 한국음악저작권협회는 저작권 침해를 주장하며 네이버에 게시 중단을 요청했다. 이에 네이버는 게시를 중단했고, 이에 블로거는 NHN을 상대로 항의하면서 구두로 재게시를 수차례 요구했으나 거절당했다. 이에 NHN 및 한국음악저작권협회를 상대로 다툼을 벌였다.

이에 대해 동영상으로 만드는 것은 '복제'에 해당하고, 블로그에 올리는 것은 '전송'에 해당하지만, 딸이 가족 여행 중 가수 손담비의 춤을 흉내 내면서 반주 없이 불완전한 가창의 방법으로 인용한 점, 전체 74마디 중 7~8마디에 불과한 점, 음정, 박자, 가사를 상당히 부정확하게 가창한 점을 비추어 볼 때 시장의 수요를 대체하거나 저작물의 가치를 훼손한다고 볼 수 없어 '정당한 범위'와 '공정한 관행'에 해당한다고 판단됐다.

한편 SBS 〈신동엽의 있다! 없다〉에서 배우 이순재가 〈대괴수 용가리〉에 출연한 사실이 있는지 확인하는 내용의 방송을 내보내면서 영화 〈대괴수 용가리〉의 영화 일부분을 편집해 3분간 방송했는데, 이 다툼에서는 이용의 성격이 상업적·영리적이라는 점과 SBS가 인터넷 홈페이지를 통해 유료로 프로그램을 방송한 점, 영화 인용에 대한 동의가 어렵지 않았던 점에 기초해 공정 이용을 인정받지 못했다. 공정 이용이 반드시 비영리적인 목적일 때만 인정되는 것은 아니지만, 영리적 목적일 경우 비영리적 목적에 비해 공정 이용이 허용되는 범위가 상당히 좁혀진다.

2. 구글 북스

'공정 이용'은 원래 미국에서 정착된 개념으로, 자유무역협정(FTA)을 통해 우리에게 도입된 것이기에 우리에게 역사가 길지 않아 미국의 개념을 살펴보는 것이 의미가 있다. 지난 8년간 미국에서 최고 집중 관심을 받았던 것이 바로 '구글 북스'와 관련된 '공정 이용' 사건이다.

'구글 북스'는 2004년도부터 진행된 프로젝트로 전세계에 있는 책을 디지털화하겠다는 야심찬 계획인데, 2005년도에 작가 단체인 작가 길드(US Author Guild)로부터 제소를 받았다. 작가 조합은 구글이 영리 기업이어서 순수성을 인정하기 힘들다고 주장했고, 구글은 '공정 이용'을 주장했는데, 법원은 구글 북스가 **비영리적이고, 주로 비소설적인 서적이 대상이며, 그 내용 중 일부만 제공하고, 나아가 책의 구매를 유도해 오히려 책 판매를 촉진할 것이라고 판단해** '공정 이용'을 인정했다. 이에 반발한 작가 조합은 즉시 항소했고 11년 동안 치열한 다툼이 지속되었는데, 2016년 4월 18일 연방대법원이 공정 이용을 지지하며 사건이 마무리 되었다. 이는 공정 이용과 관련된 기념비적인 사건으로서, 창작과 기술, 오프라인과 온라인의 경계가 무너지고 융복합되는 오늘날의 현상 속에서 시사하는 바가 매우 크다 할 것이다.

| 전 세계의 책을 디지털화하겠다는 구글북스 프로젝트

★ 공정 이용에 해당하는 저작물 이용은 저작권자 허락 없이 사용할 수 있다.

Q078 패러디*
Parody

공군 비행장에서의 제설작업으로
여자친구와의 면회조차 어려운 고충을 표현하고 싶다.
영화 〈레미제라블〉의 장발장–자베르의 갈등구조를
희화하여 패러디로 만든다면 저작권 침해에 해당될까?

하루는 차 안에서 큰딸이 "아빠, 학교에서 아이들이 온통 '겨울왕떡국' 노래를 부르는데,
저작권 문제는 없어?"라고 물어 왔다. 딸아이 질문에 나는 어떻게 하면 가장 쉽고 정확히
설명해 줄 수 있을까 고민하게 되었다.
〈Let It Go〉음악과 함께 한국 영화 시장을 강타한 〈겨울왕국〉과 관련한 패러디 질문이었는데,
인기 있는 노래나 영화, 드라마가 되고 나면 여지없이 엄청난 물량의 패러디가 유튜브에 올라와
우리의 실생활과 깊은 관계가 있음을 알 수 있는데, 패러디에 대한 개념을 정확히 살펴보자.

Ⅰ 디즈니 애니메이션 〈겨울왕국〉의 패러디 〈겨울왕떡국〉 (자료: 유튜브 영상 캡처)

제설 제설 삽을 들고서
dig down dig down, raise your shovels high

하늘의 문이 닫힐 때까지 눈 쓸어야지
until the heavens close, you must clear the snow

오 코젯, 나 너무 괴로워
Oh Cosette, I am in pain

저 눈이 나보다 중요하니
is snow more important than me?

Ⅰ 영화 〈레미제라블〉을 패러디한 공군의 '레밀리터리블' (자료: 유튜브 영상 캡처)

1. 패러디(Parody)

패러디의 사전적 의미를 위키피디아에서 찾아보면, "패러디란 문학, 음악 등의 작품에 다른 사람이 만들어 놓은 어떤 특징적인 부분을 모방해서 자신의 작품에 집어넣는 기법을 의미한다. 주로 익살 또는 풍자를 목적으로 하기 때문에 '희인(戱引)'이라고도 한다"라고 적혀 있다. 즉, 풍자를 목적으로 모방해 사용하는 것을 말하는데, 모방 행위가 따르기 때문에 필연적으로 저작권 문제와 연관되지 않을 수 없다.

저작권자는 '2차적 저작물 작성권' 및 '동일성 유지권'을 가지고 있기 때문에, 저작권자의 허락 없이 무단으로 변형하여 사용하면 '침해'에 해당할 소지가 크다. 하지만 일정 경우에는 '공정 이용'에 해당해 저작재산권을 제한하고, 목적 및 형태에 비추어 부득이한 범위 안에서는 '동일성 유지권'을 제한하기 때문에, 침해 문제에 대해 자유로울 수 있다.

패러디는 원 저작물의 경제적 가치를 훼손할 가능성이 거의 없고, 원저작자로부터 이용 허락을 받을 수 있을 가능성이 적으며, 논평 또는 풍자라는 새로운 창작을 통해 결국 문화 발전에 이바지한다고 볼 수 있기 때문에, 저작권 문제에서 자유로울 여지가 있다. 하지만 일정 조건과 범위 내에서 예외적으로 인정이 되는 것인 만큼 한계를 명확히 아는 것이 필요하다.

2. Direct Parody vs. Vehicle Parody

패러디를 공정 이용의 관점에서 볼 때, 저작물의 성격, 이용 목적, 이용 분량, 잠재적 시장 가치에 미치는 영향을 기본적으로 따져 봐야겠지만, 여기에 한 가지 더 조건이 따른다. 그것은 반드시 원작에 대한 비평 또는 논평이 따라야 한다는 점이다.

'비평 또는 논평'이 뒷받침되지 아니하고 단지 웃음만을 자아내는 것은 공정 이용으로 보지 않으며, 또한 '비평 또는 논평의 대상'도 원작이어야 한다는 점을 명심해야 한다. **원작 자체를 비평하거나 논평하는 것**(Direct Parody)이 **아닌 사회를 풍자하기 위해 도구로 사용하는 것**(Vehicle Parody) **은 패러디로 인정받을 수 없다**고 보는 의견이 우세해 가능

하면 회피하는 것이 바람직하다.

국내에서는 대표적 사례가 〈컴배콤〉 사례이다. 서태지의 〈컴백홈〉을 음치 가수로 불리는 이재수가 〈컴배콤〉으로 개사해 음반과 뮤직 비디오를 만든 것인데, 여기에 대해 단순히 웃음을 자아내는 정도에 그칠 뿐 비평적 내용을 부가해 새로운 가치를 창출하지 못했다고 판단되어 침해로 인정되었다.

공군에서 제설 작업의 어려움을 표현하기 위해 제작된 〈레밀리터리블〉은 패러디의 성공 사례로 볼 수 있다. 영화 〈레미제라블〉을 패러디한 것인데, 원작에 등장하는 자베르의 무정함을 비평하면서 면회조차 할 수 없는 군생활의 고충을 희화화해 멋지게 패러디를 소화해 냈다. 유튜브 조회 수 518만 건을 상회한 것을 보면 얼마나 큰 인기와 사랑을 받았는지 알 수 있다.

패러디가 유명인의 마음을 상하게 할 때가 많지만, 패러디에 대해 너그러움을 통해 오히려 인기몰이를 한 경우도 있다. 싸이의 〈강남 스타일〉이 여기에 해당하는데, 비평이나 논평을 한다기보다는 싸이를 희화화하는 데 그친 경우가 대다수여서 다툼의 대상이 될 수 있었다. 하지만 전략적으로 이를 관대하게 방임했고, 결과적으로 경찰 스타일, 교회 스타일, 건담 스타일 등 수많은 패러디와 함께 빌보드 차트 2위까지 오르는 기염을 토해 냈다.

패러디에 대해 문제를 삼을지에 대한 여부는 저작권자가 결정하겠지만, 사용자 관점에서 바라보면 다툼의 소지를 최소화시켜야 한다. 공정 이용의 기준을 따르고, 원작 자체에 대한 비평과 논평을 부가하며, 합리적 방법으로 출처를 명시해 불필요한 다툼을 미연에 방지해야 한다.

★ 원작 자체를 비평하거나 논평하는 내용을 포함하는 패러디는 저작권 문제에서 자유로울 확률이 높다.

Q 079 사적 이용*
Reproduction for Private Use

송상엽 씨는 《지식재산 스타트》를 집필하면서,
사용자 테스트를 위해 연세대학교에서 강의를 했다.
일부 학생이 허락 없이 강의를 몰래 녹음해
복습에 활용했는데 저작권 침해일까?

2008년도 농업기술원에서 농민들을 위한 지식재산을 강의해 달라는 요청을 받고 강의한 적이 있다.
강원도 농민 50명 정도가 모였었는데, 한 분이 강의하는 내용을 녹음해도 되느냐고 물어보았다.
그래서 그 이유를 물어보았더니, 한 번 들으면 잊어버릴 것 같아 집에 돌아가서 다시 반복 학습하고
싶다는 것이었다.
강의 경력이 길지 않았던 시절이었는데, 뿌듯한 마음에 흔쾌히 허락했다. 질의한 농부께서는 허락을
받고 녹음을 해 사용했기에 전혀 문제가 없는데, 누군가 허락 없이 강의를 녹음하고 그것을 복습에
활용했다면 어떠할까? 저작권 관점에서 문제를 바라보고 이해해 보자.

I 개인적 이용을 위한 녹음은 저작권 침해가 아니다.

1. 사적 이용은 괜찮아요

강의 내용을 녹음 또는 녹화하는 것은 '복제'에 해당한다. 따라서 저작자인 강사의 허락을 득하지 않고 복제하는 것은 원칙적으로 저작권 침해에 해당한다. 하지만 영리를 목적으로 하는 것이 아니라 개인적 학습을 위해서 복제하는 것까지 저작권 침해로 판단하는 것은 과하다고 볼 수 있다. 그래서 우리 제도는 개인적 이용을 위한 사적 복제에는 저작권을 제한하고 있다.

어느 날 친구가 강의 녹음한 것을 이메일로 보내 달라고 하면 어떠할까? 강의 콘텐츠를 개인적으로 사용하는 것은 저작권 관점에서 문제될 것이 없다고 말했는데 이메일로 전송해 주는 것은 어떨까? 왠지 마음이 불편해진다. 하지만 이 또한 문제되지 아니한다. 전송이 되었다고 해서 무조건적으로 문제가 되는 것이 아니라 공중이 이용하도록 할 때 문제가 되는 것이다. 개인이 사용하거나 가정 또는 한정된 범위 안에서 사용하는 것은 사적 이용을 위한 복제의 범위에 해당이 되고 저작권의 행사를 제한하는 영역에 있는 것이다.

그렇다면 녹음 또는 녹화한 내용을 블로그에 올리면 어떠할까? 이것은 명백히 저작권 침해에 해당한다. CD 음악을 MP3 파일로 변환해 블로그에 올린다거나, 녹음된 강의 내용을 허락 없이 카페에 올리는 행위는 공중에게 이용할 수 있도록 하는 것이기에 저작권 침해에 해당이 되는 것이다.

사적 이용과 관련하여 이런 의문도 생길 수 있다. MS 오피스 프로그램의 해적판을 다운로드 받아 집에서 사적 이용 하는 것은 괜찮지 않을까 하는 생각이다. 회사가 아닌 집에서의 개인적 이용이니 괜찮다고 생각할 수 있지만, 사적 이용은 공표된 저작물을 비영리 목적으로 활용할 때만 허락되는 것이다. MS 오피스와 같은 비공표 저작물까지 사적 이용에 포함하는 것은 아니다.

2. 여기까지는 괜찮아요

지금까지 살펴본 '공정 이용'이나 '사적 복제'에 이어 우리 제도는 여러 가지 저작권을 제한하는 경우를 열거하고 있다.

가장 대표적인 것이 '비영리 목적의 공연'을 들 수 있다. 기업에서 사내 직원들의 회식이나 체육 대회에서 부르는 노래나 연주가 여기에 해당한다. 영리를 목적으로 하지 아니하고, 실연자에게 통상의 보수를 지급하지 않으며, 청중이나 관중 또는 제3자로부터 어떤 명목으로든지 반대급부를 받지 않는다면 공표된 저작물을 허락 없이 사용할 수 있다.

이런 방식으로 저작물을 이용하는 경우에는 그 저작물을 번역·편곡 또는 개작하여 이용할 수 있다. 자선공연을 통하여 후원금을 모은다든지 또는 기업으로부터 후원을 받는다든지, 또는 고객사은행사를 통해 일정 규모 이상의 상품을 구매한 사람에게 주는 무료티켓 등은 반대급부에 해당되어 이용허락을 받고 저작물을 이용해야 한다.

교육을 위해서도 여러 분야에 저작재산권은 제한되는데, 고등학교 이하의 학교를 제외한 모든 경우에 한국복제전송권협회에 수업 목적 보상금을 지급해야 한다. 대학교에서 강의를 위해 10분짜리 영상물을 보는 경우, 수업 목적 보상금을 지급해야 하는 것이다. 통상 대학이 학생 1인당 일정 금액을 일괄적으로 지불한다.

교과용 도서(초중고등학교의 교과서와 지도서) 개발을 위해 저작물을 이용할 때에는 한국복제전송권협회에 보상금 지급 후 이용하면 되고, 참고서나 문제집, 대학 교재는 개별적인 이용 허락을 받은 후에 사용해야 한다.

또한 공개적으로 행한 정치적 연설, 국가 또는 지방 자치 단체가 업무상 작성해 공표한 저작물, 사실 전달에 불과한 시사 보도는 허락 없이 이용할 수 있으며, 재판 절차 또는 입법·행정을 위한 내부 자료로 필요한 경우에도 허락 없이 이용이 가능하다. 다만, 사적 이용이나 비영리 목적의 공연과 같이 출처를 명시하는 것이 곤란한 경우를 제외하고는 저작물을 허락 없이 이용할 때에 그 출처를 명시하여야 함을 명심하자. 공정 이용이라 할지라도 출처를 명시하여야 한다.

★ 가정 또는 한정된 범위 안에서 이용하기 위한 '사적 복제'는 저작권자 허락 없이 이용이 가능하다.

Q 080 권리사슬
Chain of Title

허영만의 만화 〈각시탈〉을 기초로
KBS는 드라마 〈각시탈〉을 만들었는데,
드라마가 시청률 30%를 상회하며 대박을 터트렸다.
㈜백두웍스는 KBS 드라마를 영화로 만들고 싶은데,
드라마 제작사인 KBS 허락만 있으면 가능할까?

〈각시탈〉은 2013년 방송계에서 큰 화두를 모았던 드라마가 아닐까 싶다.
독립 60주년이 되던 해에 역사를 다시금 살펴보고,
딱딱한 교과서적인 설명보다 더욱 크게 웅변했던 것으로 기억된다.
안타까웠던 점은 많은 연기자들이 〈각시탈〉 역 맡기를 거부했고,
그 이유는 '한류 스타'인 그들의 인기가 일본에서 추락하면 어떡하나? 하는 우려로 거부한 것인데,
주원(본명: 문준원)이 각시탈 역을 매우 훌륭하게 연기를 소화하며 우리의 가슴을 시원하게 해 주었다.
국가를 지켜야 한다는 절박한 심정과 함께 한 여인 '오목단(진세연)'을 가운데 두고 다투는 '기무라
순지'와 '이강토'의 고뇌와 대결은 더욱 가슴 깊이 파고들며 뇌리에 남았는데, 이를 영화화하려는
노력이 있었다. 〈각시탈〉을 영화로 만들기 위해서는 어떠한 점들이 고민해야 할까?

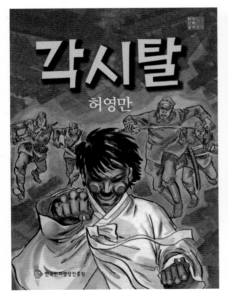

l 허영만 글 그림의 〈각시탈〉을 기초로 만든 KBS 특별 기획 드라마 〈각시탈〉
[자료 : 한국만화영상진흥원 디지털만화규장각(좌), KBS 각시탈 홈페이지(우)]

1. 권리사슬(Chain of title)

드라마를 영화로 만드는 것은 2차적 저작물 작성에 해당한다. 원작의 실질적 유사성을 유지하면서 변형, 가공을 통해 새로운 창작성이 부가되기 때문에 2차적 저작물로 볼 수 있다. 이러한 2차적 저작물을 만들 때 반드시 살펴보아야 될 것 중 하나가 원작이 있는지에 대한 검토이다. 드라마를 영화로 만들 때 드라마가 원작이라면 드라마 저작권자로부터만 허락을 받으면 되지만, 드라마가 또 다른 원작을 통해 만들어진 작품이라면 근원이 되는 원작으로부터도 허락을 받아야 되는데 이를 '권리사슬(Chain of Title)'이라 한다.

만화 〈각시탈〉 → 드라마 〈각시탈〉
→ 영화 〈각시탈〉

드라마 〈각시탈〉의 경우 허영만의 만화 〈각시탈〉을 원작으로 만든 것이다. 드라마 〈각시탈〉을 기초로 해 영화를 만들 경우 원작인 만화 〈각시탈〉 저작권자의 허락도 받아야 한다. 만화 〈각시탈〉을 기초로 바로 영화를 만들 계획이라면, 드라마 〈각시탈〉 저작권자의 허락을 받을 필요는 없이 만화 〈각시탈〉의 저작자로부터만 허락을 받으면 된다.

만화 각시탈은 글과 그림 모두 허영만 씨 작품이기에 허영만 씨가 저작권자이지만, 만일 허영만 씨가 누군가의 원작 '글'을 '만화화'한 것이라고 가정한다면 원작에 해당하는 '글'을 작성한 저작권자의 허락을 다시 받아야 한다. 이와 같이 꼬리에 꼬리는 무는 권리사슬 관계를 정확히 파악하고 이용 허락을 받아야 다툼을 미연에 방지할 수 있다.

권리사슬이 길면 길수록 많은 사람으로부터 허락을 받아야 하는 복잡함과 이에 수반되는 비용으로 인해, 이용하고자 하는 사람이라면 권리사슬을 최소화하려는 경향이 있다.

예컨대 《지식재산 스타트》를 누군가 애니메이션으로 만들었는데, 다른 사람이 이를 게임으로 만들고자 할 경우, 게임을 만들려 하는 사람은 애니메이션을 기초로 하지 않고 바로 원작을 기초로 게임을 만들었음을 주장할 수도 있다. 하지만 이러한 시도는, 원작에서는 보이지 않고 애니메이션에만 활용되었던 창작적 요소가 드러나는 순간 인정되기 힘들 것이다.

2. 〈올드보이〉 사건

2004년도 칸 영화제에서 심사위원 대상을 받은 〈올드보이〉 사건을 살펴보자. 스티븐 스필버그(드림윅스)가 본 영화를 할리우드 버전으로 만들고 싶어서, 〈올드보이〉의 제작사인 '쇼이스트'와 협상을 진행하던 중, 영화 〈올드보이〉의 원작에 해당하는 만화 〈올드보이〉의 저작권 보유 기업인 후타바샤와 분쟁이 생긴 것이다. 분쟁의 자세한 내용을 알 수는 없지만, 원작을 이용한 영화 〈올드보이〉의 허락만 가지고서는 또 다른 영화로 리메이크할 수 없고, 원작에 해당하는 만화 〈올드보이〉의 허락도 있어야 한다고 주장하는 것이 아닐까 싶다. 즉, 권리사슬이 다툼의 중심에 있었던 것으로 보인다.

영화 〈엽기적인 그녀〉도 유사한 다툼이 있었다. 차태현, 전지현이 출연하여 490만 명의 관람객을 동원하며 선풍적 인기몰이를 했는데, 이를 드림윅스에 리메이크 권한을 허락하는 과정에서 다툼이 생긴 것이다. 계약을 추진하던 미로비전은, 드림윅스로부터 권리사슬 요청을 받고 김호식 작가를 포함한 권리사슬 일체의 서명을 받아 진행했다고 주장했고, 김호식 작가 측은 동의서의 존재에 대해서 사전에 알지 못했으며, 자신의 영문 사인(KIM)이 위조된 것으로 추정된다고 말하며 다툼이 심화되었다. 최종적으로 드림윅스에 75만 달러 및 흥행 수익의 4%로 리메이크 판권 계약이 되고 〈My Sassy Girl〉이란 제목으로 영화화된 것을 보면 원만하게 다툼이 해결됐음을 알 수 있지만, 2차적 저작물을 만들 때에 권리사슬을 꼼꼼히 살펴보는 것이 얼마나 중요한지를 알 수 있는 대목이다.

★ 2차적 저작물을 이용하고자 할 경우에는 반드시 원저작자의 동의도 얻어야 한다.

Q081 공동저작물 vs. 결합저작물
Joint Works vs. Composite

KBS 드라마 〈각시탈〉을 보고, ㈜백두웍스는 이를
영화로 만들어 다음 세대에 민족정신을 알리고자 한다.
제작사 KBS의 동의 외에
별도로 출연진까지 동의를 구해야 할까?

앞서 살펴본 권리사슬이 수직적 관점이라면, 저작물 이용을 위해서는, 수평적 관점의 권리 관계도
고려해야 한다. 하나의 작품 속에 여러 명의 권리자가 존재할 수 있기 때문이다

I KBS 특별 기획 드라마 〈각시탈〉과 주요 출연진들 (자료: KBS 〈각시탈〉 홈페이지)

1. 공동저작물 vs. 결합저작물

뮤지컬을 예로 들어 생각해 보자. 하나의 뮤지컬을 만들기 위해 얼마나 많은
사람들이 창작 활동에 참여하고 있는가? 각본, 악보, 가사, 안무, 음향, 무대 미술
등 수많은 사람의 창작적 노력이 결합되어 하나의 작품이 만들어지는데, 이러한
뮤지컬을 기초로 해 누군가 영화를 만들고 싶다면 어떻게 해야 할까? 뮤지컬 제
작사의 허락만 받으면 될까, 아니면 창작에 참여한 개개인의 허락을 모두 받아야
야 할까?

뮤지컬 〈사랑은 비를 타고〉에서 제작자(설도윤, 김용현)와 극작가(오은희)·작곡자
(최귀섭) 사이에 다툼이 있었다. 극작가, 작곡자가 제작자와 결별하고 또 다른 제
작사(엠뮤지컬 컴퍼니)와 공연을 준비하면서 다툼이 생겼던 것이다. 뮤지컬은 외관
상 하나의 저작물이기는 하지만 각자의 이바지한 부분이 분리돼 이용할 수 있

기 때문에 〈사랑은 비를 타고〉의 극작가, 작곡자는 독자적으로 자신이 창작한 저작물을 이용할 수 있다고 판단됐다.

이렇게 여러 명이 이바지한 부분을 분리 이용 가능한 것을 '결합저작물'이라 말한다. 음악 저작물이 가장 대표적인데, 가사 없이 연주만 한다든지, 악곡 없이 가사집을 만드는 것이 얼마든지 가능하므로 '결합저작물'에 해당한다. 결합저작물은 저작자 각각 자신의 창작 부분에 대해 개별적으로 이용할 수 있다.

'결합저작물'과 달리, 분리 이용이 불가능해 저작자 전원의 허락이 있을 때만 이용이 가능한 경우도 있는데 이를 '공동저작물'이라 한다. 공동 제작한 조각이나 미술 작품, 영화 등을 '공동저작물'로 이해하고 있다. 따라서 영화를 이용하고자 하는 경우 원칙적으로 영화에 참여한 저작자 전원의 허락을 받아야 한다. 이는 영상저작물의 활용을 극도로 제한할 수 있는데, 이런 어려움을 극복하기 위해 '영상저작물'에 대해서는 특례규정을 두어 '영상 제작자'에게 이용에 필요한 권리를 양도한 것으로 추정하고 있다. 따라서 영상저작물을 이용하고자 하는 사람은 '영상 제작자'로부터만 허락을 받으면 된다.

여기에서 한 가지 질문이 생기게 되는데, 뮤지컬은 결합저작물로, 영화는 공동저작물로 보아 다르게 이해하는 이유가 무엇인가이다. 영화나 영상저작물은 동일한 내용이 반복, 공개되는 것임에 반해, 뮤지컬과 같은 연극 저작물은 공연할 때마다 새로울 수밖에 없는 라이브성을 특징으로 하고 있기 때문에 그때그때마다 다르게 표현되는 차이가 있다.

결합저작물과 공동저작물을 구분하는 것이 때로는 명쾌하지 않을 때도 있다. 대표적인 예로, 공저(公著)인 책을 살펴보자. 공동저작물로 볼 것인가 결합저작물로 볼 것인가? 각자 맡은 부분을 단순 결합했다면 결합저작물일 테고, 공동의 창작 의지를 갖고 공동으로 집필해 분리가 불가능하다면 공동저작물에 해당한다. 예컨대 미국 편은 송상엽 씨, 유럽 편은 송수아 씨, 아프리카 편은 송노아 씨가 각자 맡아 창작한 글을 단순 결합했다면 결합저작물이 되고, 미국 편, 유럽 편, 아시아 편을 함께 공동으로 집필했다면 공동저작물에 해당한다.

'결합저작물'인지 '공동저작물'인지의 구분은 업무상 저작물이 아닌 경우를 전제로 하는 것이다. 법인이 기획·공표하고 고용 관계에 있는 직원이 창작한 업무상 저작물은 법인이 저작권을 갖게 된다.

2. 공동저작물 vs. 2차적 저작물

공동저작물이냐, 결합저작물이냐를 판단하는 것처럼 어려운 것이 '공동저작물이냐 2차적 저작물이냐'를 판단하는 것이다. 즉, 원작이 있는데 이에 의존해 새로운 창작을 한 것인지, 아니면 둘이 공동으로 하나의 창작물을 만들어 냈는지를 판단하는 것이다.

만화를 만들어 내는 과정에서 여기에 대한 다툼이 자주 있는데, 만화 〈각시탈〉처럼 글과 그림이 모두 동일한 저작자라면 권리 관계가 간단하지만 '글'과 '그림'이 다른 경우에는 복잡한 상황이 될 수 있다. 만화가가 독립된 '글'을 만화화하는 방법으로 만화를 만들 수도 있고, '스토리 작가'와 '만화가'가 함께 공동 작품을 만들 수도 있다. 전자의 경우는 2차적 저작물에 해당하고, 후자는 '공동저작물'에 해당한다.

글과 그림이 2차적 저작물 관계라면, 원작인 '글'만 독립적으로 이용하는 것이 가능하겠지만, '공동저작물'이라면 저작자 모두의 허락을 받아야 이용이 가능하다.

★ 영상저작물은 '공동저작물'로서 이용을 위해서는 창작자 전원의 허락이 필요하지만, 별도의 계약이 없는 한, 특례 규정으로 '제작사' 허락만으로 이용이 가능하다.

Q 082 오픈소스
Open Source

㈜백두닷컴은 학습용 게임을 개발하고 있다.
개발 비용을 최소화하기 위해
오픈소스인 '무들'을 이용하고 있는데,
무료로 배포된 오픈소스이니
제약 없이 자유롭게 사용할 수 있을까?

산업 경제 시대에는 '하드웨어' 중심의 경쟁이 치열했다. 하지만 전문가들이 예측하기로 앞으로의
시대는 '소프트웨어'가 경쟁력의 중심에 설 것으로 보고 있다. IBM, HP가 PC제조업 사업을 정리하고,
구글이 모토롤라를 M&A하는 것을 보면 이미 소프트웨어가 시장의 주도권을 잡아가는 것으로
보이는데, 아직도 우리는 제조업 중심의 틀을 벗어나지 못한 느낌이다.
다행인 것은 삼성전자 이건희 회장이 소프트웨어의 인재를 계속 주문하는 것이나
네이버가 소프트웨어 사관 학교를 운영하겠다고 선포하는 것들을 보면 우리 사회에서도 조금씩이지만
미래의 트렌드에 부합한 경영 궤도를 구축하고 있는 것으로 보인다. 앞으로의 모든 제품과 서비스는
'소프트웨어'와 결합되고 '소프트웨어'가 이끌어 갈 텐데, 이를 '지식재산 관점'으로 바라보자.

| 남자와 여자가 결합하여 한 몸을 이루듯.
아이디어(→특허)와 표현(→저작권)이 결합하여 S/W를 이룬다.

| 소스 코드를 공개하는 오픈소스나, 알약과 같이 개인 사용자의 무료 사용을 허락하는
프리웨어에도 많은 제약이 숨겨져 있음을 명심하자.

1. 소프트웨어: 저작권인가, 특허인가?

전통적으로 소프트웨어(Software)는 '저작권'으로 보호해 왔다. 소프트웨어란 컴퓨터, 통신, 자동화 등의 장비와 그 주변 장치에 대한 명령, 제어, 입력, 처리, 저장, 출력, 상호 작용이 가능하도록 하는 지시, 명령을 의미하는데, 지시·명령을 위한 창작적 표현인 소스코드를 저작권으로 보호해 왔던 것이다.

'소프트웨어'가 '특허'로도 보호가 가능한가에 대해서는 적지 않은 논란이 있고, 국가별로도 약간은 상이한 기준을 가지고 있지만, 현재 우리나라는 소프트웨어를 '특허'로도 보호해 주고 있다. 저작권법에서도 프로그램의 해법(지시·명령의 조합방법: 알고리즘)은 보호대상이 아님을 분명히 하고 있다. 프로그램을 통해 무엇인가 유용한 방식(Method)을 도출해 낼 수 있다면 이는 '기술적 사상'으로 보아 '특허'로도 보호를 해 주는 것이다.

MS사의 파워포인트를 예로 들어 생각해 보자. 파워포인트의 프로그램 소스 코드는 창작적 표현에 해당해 '저작권'으로 보호가 가능할 텐데, '그림·이미지를 불러오는 방식'이나 '슬라이드 쇼를 구동시키는 방식' 등은 기술적 사상에 해당해 얼마든지 '특허'로 보호가 가능하다. 아이디어와 표현의 분리(Idea/Expression Dichotomy)'에서 살펴본 바와 같이 아이디어는 특허로, 표현은 저작권으로 보호한다.

특허와 저작권, 두 가지 방법을 비교해 보면 통상은 기술적 사상(아이디어)에 해당되는 특허가 구체적 표현에 해당되는 저작권보다 훨씬 포괄적이고 강력한 보호 수단이 된다. 동일한 기술적 사상(아이디어)을 구현함에 있어서 두 기업이 서로 다른 프로그래밍 언어나 소스 코드로 표현할 경우, 프로그래밍 언어나 소스 코드 사이에 실질적 유사성이 없어 저작권 침해는 아니지만 기술적 사상은 유사하므로 특허권 침해가 된다.

이런 원리로 인해, MS 아웃룩의 일정 관리 기능은 통신 인프라 기업인 알카텔-루슨트(Alcatel-Lucent)의 특허 침해로 2,630만 달러를 물어 주도록 판결된 바 있으며, 2011년도에는 MS 워드가 다른 프로그램에서도 문서 파일을 읽을 수 있도록 하는 기술을 가지고 있는 캐나다 중소업체 i4i의 특허를 침해해 3억 달러를 물어주기도 했다.

2. 오픈소스

앞으로 세상에서 소프트웨어가 더욱 주목을 받겠지만, 문제는 가격이 만만치 않다는 데 있다. 이런 부담 때문에 대기업을 포함한 많은 중소기업은 소프트웨어를 개발할 때 '오픈소스'를 사용하게 되는데, 이와 관련해 '잠재적 위험성'이 도사리고 있어서 유의해야 한다.

"누군가 나의 등잔의 심지에서 불을 붙여 가도 내 등잔의 불은 여전히 빛나고 있습니다." 미국 3대 대통령인 토마스 제퍼슨의 말로, 오픈소스 운동의 모티브가 된 말이다. 오픈소스는 소프트웨어의 사용, 복제, 배포, 수정의 자유를 부여함과 아울러 일정한 의무를 부과하고 있는데, '저작권 관련 문구 유지', '제품명 중복 방지', '서로 다른 라이선스의 소프트웨어 조합 시 조합 가능 여부 확인' 등의 공통적 의무 사항이 부과되고 선택적으로 '소스 코드 공개', '특허 관련 사항 준수' 등이 부여되기도 한다.

요구하는 준수 사항을 이행하지 않으면 저작권 위반으로 침해에 해당하는데, 배포가 중지될 뿐만 아니라 이미 배포한 소프트웨어에 대한 손해배상 등의 막대한 책임을 질 수 있고 특히 임베디드 소프트웨어의 경우 이를 내장한 제품까지 판매하지 못하거나 리콜을 해야 하는 경우도 발생할 수 있다.

셋톱박스 오픈소스인 비지박스(BusyBox) 개발자들은 오픈소스 공개 조건을 지키지 않은 글로벌 기업들을 대상으로 수백억 원의 합의금을 이끌어 냈고, 여기에는 삼성전자와 휴맥스 등 국내 기업도 포함되어 있었다. 아울러 V3 Lite/알약 같은 프리웨어는 개인이 사용할 경우에는 무료지만 기업이 사용할 때는 라이선스 계약을 요구해 세심한 주의가 요구된다.

★ 무료 배포되는 '오픈소스'에도 일정한 조건이 있는데, 이를 지키지 않으면 저작권 침해가 된다.

Q083 폰트 파일
Font File

㈜백두닷컴은 외주를 통해 홈페이지를 리뉴얼했는데,
㈜스티그마로부터 자신들의 폰트가
무단 사용되었다는 경고 서신을 받았다.
㈜백두닷컴에게 저작권 침해 책임이 있을까?

글자체, 폰트와 관련된 다툼이 언론을 통해 종종 소개되고 있다. 폰트 파일 회사로 부터 위임을 받은 법무법인들의 공격적인 내용 증명 요구는 경고를 받은 개인이나 기업을 무척 당황스럽게 만들고, 특히, '5년 이하의 징역이나 5천만 원 이하의 벌금' 가능성이 언급되기라도 하면, 서둘러 합의를 하는데, 과연 누가 어디까지 '폰트'와 관련된 책임을 지게 되는지 살펴보자.

폰트 파일 ➡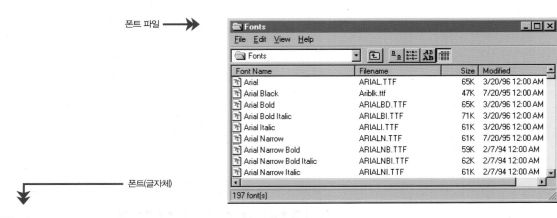

폰트(글자체)
⬇

BD.C 백두닷컴

ㅣ 폰트(글자체)는 디자인으로, 폰트 파일은 저작권으로 보호받는다.

1. 폰트 vs. 폰트 파일

글자체(typeface)와 폰트(font)는 본래 상이한 개념인데, 오늘날 동의어로 사용되고 있다. 글자체(폰트)는 앞서 '디자인' 편에서 살펴 본 것처럼 '디자인'으로 보호된다. 폰트(글자체) 사용과 관련해 저작권 침해를 문제 삼는 경우가 많지만, 폰트 자체는 저작권으로 보호 받을 수 없다. 다만 폰트를 디지털화해 화면에 표시·출력할 수 있도록 하는 '폰트 파일'은 저작권으로 보호를 한다. 즉, 폰트는 디자인으로 폰트 파일은 저작권으로 보호하는 것이다.

개념이 약간 혼동스러울 수 있는데, 본문에서 주어진 사례를 살펴보면 쉽게 이해할 수 있을 것이다. 외주로 홈페이지를 만들었는데, 거기에 다른 사람이 개발한 폰트가 사용되었다면, 발주 기업에게 저작권 책임이 있을까? 그렇지 않다.

발주 기업은 '폰트 파일'을 복제하거나, 전송, 배포 등을 하지 않았기 때문에 일단 저작권 침해에 해당하지 않는다. 저작권자로부터 경고를 받게 될 경우, 해당 폰트의 사용을 중지하기만 하면 된다. 하지만 저작권과는 별개로 디자인으로 보호되는 글자체(폰트) '디자인' 침해는 생각해 볼 필요가 있다. 디자인도 특허와 같이 '실시 행위 독립의 원칙'에 따르므로 등록받은 글자체 디자인을 허락 없이 생산, 유통, 사용했다면 '디자인 침해'에 응당 해당할 것처럼 보인다.

하지만 글자체는 누구나 보편적으로 사용해야 할 인류 문화유산이라는 특수성이 있기에 일정한 범위를 정해 글자체의 자유로운 사용을 허용하고 있다. 타자·조판 또는 인쇄 등의 통상적인 과정에서 글자체를 사용하는 경우나 그 결과물에 대해서는 글자체 디자인 침해를 면해 주고 있다.

이는 글자체의 통상적 사용에 대해서 디자인 침해를 묻지 않지만, 글자체의 생산, 유통 등에는 여전히 침해가 성립됨을 의미한다. 질문의 사례처럼 외주를 통해 홈페이지나 현수막에 사용하는 것은 글자체를 생산하거나 유통하는 경우가 아니므로 통상적 사용으로 볼 수 있어 '디자인' 침해 문제에 대해서 자유로울 수 있다.

결국 발주 기업은 폰트 파일에 대한 복제 행위가 없으니 저작권 침해가 아니고, 글자체에 대한 통상적 사용이어서 디자인 침해도 아닌 것이다. 무작정 현수막이나 홈페이지의 해당 내용을 삭제하거나 불필요한 합의에 응해 피해를 보지 않도록 유의하자.

폰트 파일 문제와 관련해 발주 기업은 비교적 안전한데,

외주를 받아 현수막이나 홈페이지를 제작한 기업은 어떠한가? 글자체를 무단으로 다운받아 사용했다면 이는 '폰트 파일'을 복제한 것이므로 '저작권 침해'에 해당할 것이다. 그런데 폰트 파일을 다운받아 사용한 것이 아니라, 폰트 파일 자체를 개발해 현수막을 만든 경우라면 어떠할까? 일단, 복제 행위가 없으니 저작권 침해는 아닐 것이다. 다만 누군가 등록받은 디자인에 해당하는 글자체를 개발, 생산한 것이라면 '디자인 침해'에 해당할 것이다.

2. 폰트 파일 사용 범위

외주에 의한 폰트 파일 사용 사례와 더불어 한 가지 빈번하게 생기는 경우를 하나 더 살펴보자. '폰트 파일'을 정당한 비용을 주고 구입해 게임 등을 개발하는 데 사용할 경우에 저작권 문제는 없을까 하는 문제다. 정당한 비용을 주고 구입한 것이니 문제가 없어 보일 수 있다. 하지만 '폰트 파일'을 구매하는 것은 어디까지나 '이용'을 허락받은 것이지 '저작권'을 양도받은 것은 아님을 주의해야 한다. 돈 주고 책을 사면 책에 대한 소유권을 받은 것이지, 책을 복제할 수 있는 저작권을 양도받은 것이 아님과 비슷한 원리이다.

구입한 폰트 파일을 이용하여 사적으로 게임 등을 만드는 데는 문제가 없겠지만, 폰트 파일이 임베디드된 상태로 CD나 인터넷을 통해 게임을 출시하는 것은 복제, 배포, 공중송신권 등의 저작권 침해 문제가 발생할 수 있다.

3. 양벌 규정

회사의 직원이 업무와 관련해 저작권 침해 행위를 한 경우 직원뿐만 아니라 회사도 처벌을 받게 되는데 이를 '양벌 규정'이라고 한다. 다만 회사가 직원의 저작권 침해 방지를 위해 상당한 주의와 감독을 다했다면 처벌받지 않게 되므로, 합법적 프로그램 사용과 불법 프로그램 억제를 위해 적극적이고 지속적인 노력을 기울여야 한다.

★ 발주 기업은 불법으로 '폰트 파일'을 사용할 것을 지시한 경우만 아니라면 저작권 책임이 없다.

Q 084 온라인 서비스 제공자 [★]
OSP: Online Service Provider

최혜나 씨는 EXO 음원을 구매해
포털 '백두닷컴'의 블로그에 업로드했고,
기동찬 씨는 이를 다운로드 받아 듣고 있다.
최혜나, 기동찬, 백두닷컴 모두 저작권 책임이 있을까?

한류(韓流)의 바람이 거세다. 일본이나 중국, 동남아시아에 여행을 가 보면 더욱 실감할 수 있는데,
드라마, 영화, 게임, K-POP 등의 한류 콘텐츠는 우리의 문화를 세계에 전파하는 데 일등공신 역할을
하고 있다. 하지만 여기에 안타까운 점이 하나 있는데, 한류가 세계에 강력한 임팩트를 주고 있음에도
콘텐츠 산업의 매출 및 고용은 정체되어 있다는 점이다. 드라마 〈별에서 온 그대〉는 중국 내 조회 수가
40억 건을 돌파했고, 베트남에서는 드라마 시청 시간의 63%를 한국 드라마가 차지하고 있는 등
우리 콘텐츠의 영향력은 날로 강해져 가고 있는데, 왜 고용과 매출은 정체되어 있을까?
많은 요인이 있겠지만, 가장 큰 요인은 '불법 복제' 때문일 것이다. 해외는 차치하고 국내에서조차
콘텐츠 저작권은 제대로 보호받지 못하고 있는데, IMD(국제 경영 개발원)에서 발표한 2017년
지식재산 보호 순위에 따르면 우리나라는 44위를 기록했다.
근본적인 인식 전환이 필요해 보이는데, 콘텐츠 문제를 먼저 살펴보도록 하자.

| 웹하드, 토렌트 등 기술의 발전으로 자기도 모르는 사이 저작권 침해를 하기 쉽다.

1. 업로드(Upload) & 다운로드(Download)

'업로드는 불법이지만, 다운로드는 괜찮다'는 인식을 보편적으로 갖고 있는 듯하다. 과연 그러한지 저작권의 관점에서 조명해 보자.

음원을 구매하면 음원 이용 권리를 획득한 것이지, 저작권을 구매한 것은 아니기에 음원을 복제하거나 블로그 등에 전송할 수는 없다. 이는 음원의 저작권자가 할 수 있는 것이다. 개인적으로 이메일을 주고받는 정도는 전송권 침해를 피할 수 있겠지만, 질문의 사례처럼 카페나 블로그, 공유 폴더 등 공중이 접근 가능하도록 업로드하는 일체의 행위는 저작권(전송권) 침해에 해당한다.

'다운로드'는 약간의 오해가 있다. 그 이유는 '사적 복제'가 허용되기 때문이다. 공개되어 있는 저작물을 허락 없이 다운로드 받았다 할지라도 사적 이용에만 활용한다면 책임을 지우지 않는데, 이러한 규정 때문에 많은 사람이 다운로드는 문제가 되지 않는다는 인식을 가지고 있는 것이다.

하지만 이는 공개된 저작물을 개인이나 가정에 준하는 범위 안에서의 이용에 해당하며, 정상적인 콘텐츠나 파일일 때 해당하는 이야기이다.

질문의 사례(기동찬)처럼 정상적인 콘텐츠를 개인적으로 이용하는 것은 문제가 없으나, '불법 콘텐츠'나 '불법 파일'은 다운로드에 저작권 책임이 따른다. P2P나 웹하드, 토렌트 등이 문제가 되는 것은 이용되는 콘텐츠 대부분이 이용 허락 없이 사용되는 불법 콘텐츠라는 점이며, 다운로드를 통한 복제와 동시에 전송이 이루어지는 구조여서 더욱 위험성이 크다 말할 수 있다.

2. 온라인 서비스 제공자(Online Service Provider)

업로드와 다운로드에 직접적인 관여를 하는 것과 달리, 단지 인터넷 상에서 이용자들이 활동할 수 있도록 환경만을 조성해 주는 경우에는 어떠할까? 네이버나 다음과 같은 포털 사이트나 P2P, 토렌트 같은 경우가 여기에 해당될 텐데, 직접적 복제, 전송 행위를 하지 않았으니 저작권 책임에 대해 자유로울 수 있을까?

포털과 같은 일반 온라인 서비스 제공자(OSP) 같은 경우에는 일정 요건 하에 책임을 감경 또는 면제(Safe Harbor)받고 있다. 저작권 침해에 직접적으로 활동한 것이 아니고 천문학적인 저작물을 일일이 검토하는 것이 현실적으로 불가능하기 때문이다. 저작권 침해를 인식한 후에 즉각적 삭제 또는 접근 금지 등의 조치를 취했거나 기술적 조치가 불가능한 경우에는 책임을 면제해 주고 있다. 또한 이들은 저작권 침해를 모니터링하거나 적극적으로 조사할 의무가 없다. 다만 저작물에 대한 권리자라 주장하는 자가 권리 침해를 주장 시 복제·전송을 중지하면 되고, 게시자가 반박해 정당한 권리임을 소명하면 서비스를 재개하면 된다.

그러나 P2P와 같은 특수한 유형의 온라인 서비스 제공자에게는 일반 온라인 서비스 제공자에게 없는 '기술적 조치' 의무가 부과되어 있다. 저작물을 인식하는 장치를 두고, 불법 송신을 차단하기 위한 검색 및 송신을 제한하고, 불법 전송자를 확인할 수 있는 경우에는 침해 금지 등을 경고하는 '기술적 조치'를 해야 하는 것이다. 일반 온라인 서비스 제공자는 사후적 조치만 하면 되지만, 특수한 유형의 OSP는 권리자의 요청이 있는 경우 사전적 조치가 필요한데, P2P나 웹하드, 토렌트 등이 워낙 불법 저작물 유통의 온상이 되다 보니 책임을 강화시켜 저작권 침해를 억제하려는 것이다.

이는 특수한 유형의 온라인 서비스 제공자를 포함한 온라인 서비스 제공자가 필요한 조치를 하지 않을 경우에는 방조 책임이 따른다. 대표적 무료 음악 공유 사이트 '소리바다'와 '한국음반산업협회'의 치열한 다툼 이후에 확립된 태도이다.

★ 콘텐츠의 업로드, 불법 콘텐츠의 다운로드는 저작권 침해에 해당한다. 포털의 경우는 사후 조치를 하면 책임을 면할 수 있다.

Q 085 퍼블리시티권*
Right of Publicity

드라마 〈해신〉, 〈주몽〉이 연이어 히트하면서
국민 배우로 떠오른 송일국 씨는
최근 강남에 소재한 한 스튜디오에서 화보를 찍었다.
화보에 대한 저작권은 송일국 씨가 가지고 있을까?

스타들은 앞다투어 화보를 찍는다. 전성기 때의 화려한 모습을 남기고 싶은 마음도 있겠지만,
적극적으로 본인을 홍보하기 위한 수단으로 활용하기 위해 촬영을 많이 한다.
요즘은 유명 연예인뿐만 아니라 일반인들도 아이의 100일이나 돌 사진이 아니더라도,
결혼 10주년이나 20주년 또는 친한 친구들과의 우정을 추억하기 위해서 화보 촬영을 많이 한다.
이렇게 화보를 촬영할 때 이에 대한 저작권은 누가 가지게 되는 것일까? 주어진 질문처럼
송일국 씨가 화보를 찍으면 해당 화보에 대한 저작권은 송일국 씨가 갖게 될까?

I 모델이 저작권을 갖는 것이 아니고 촬영자가 저작권을 갖는다.

I 퍼블리시티권이 인정된 '마구마구' 게임과 초상권으로 인정된 '푸딩' 앱
 [사진 넷마블 홈페이지(좌), http://ani2life.egloos.com/4790566(우)]

1. 초상권(Portrait Rights)

송일국 씨 화보에 대한 저작권은 송일국 씨가 갖는 것이 아니다. 원칙적으로 사진에 대한 저작권은 촬영자가 가지고 있다. 촬영의 대상이 된 사람은 저작권이 아니라 '초상권'을 갖게 되는 것이다. 위탁 사진의 경우, 촬영자는 위탁자의 동의가 있어야 사진을 이용할 수 있지만 저작권은 분명 촬영자에게 있고, 위탁자는 '초상권'을 갖게 된다.

'초상권'이란 자기의 얼굴 등 특정인임을 식별할 수 있는 신체적 특징에 관해 함부로 촬영되어 공표되지 아니하며 광고 등에 영리적으로 이용되지 아니하는 법적 보장을 말하는데, 일반인이라면 자신의 얼굴이 함부로 촬영되고 묘사되어 알려지는 것을 꺼릴 수 있기에 충분히 '초상권'을 주장할 수 있다. 하지만 연예인이나 유명인은 어떠한가? 자신의 얼굴과 이름을 적극적으로 알려야 하는 입장인데, 일반인과 똑같은 기준을 적용하는 것은 무리가 있어 보인다.

대우그룹을 세계 굴지의 기업으로 성장시키며 '세계 경영'으로 널리 이름을 떨친 김우중 씨를 소재로 다른 사람이 《김우중, 신화는 있다》라는 평전을 썼고, 그 이름과 사진을 허락 없이 사용했다 하여 다툼이 있었는데, 이미 공인이 된 김우중 씨는 모델로 사용해 명예를 훼손시키는 내용이 아닌 한 허용해야 한다고 판단하며 초상권을 부정했다.

한편 초상권을 인정한 사건도 있는데 '푸딩 사건'이 대표적이다. 스마트폰으로 얼굴 사진을 찍으면 닮은 연예인을 찾아 주는 어플리케이션 '푸딩'에 대해 영화배우 장동건, 수지, 김수현 등 60명이 손해배상을 청구했는데, 초상권 침해가 인정되어 1인당 300만 원씩 배상토록 결정되었다. 비록 공개된 사진이지만 연예인들이 예상했던 이용 범위를 벗어나 정신적 고통에 대한 위자료를 지급해야 한다고 결정한 것이다.

초상권은 인격권에 가까운 권리이다. 따라서 초상권을 침해했는지 여부는 정신적 고통을 받았는지가 핵심 고려 사항인데, 유명인의 경우 특별한 사정이 없는 한 정신적 손해는 부정되고, 정신적 손해가 인정되어도 통상 수백만 원 수준의 위자료가 손해배상으로 결정된다.

2. 퍼블리시티권(Right of Publicity)

이러한 초상권의 한계로 인해 뜨거운 감자로 떠오르는 주제가 바로 '퍼블리시티권'이다. 초상권이 인격권으로 이해되는데 반해, 퍼블리시티권은 재산권으로 인식되므로 손해배상도 정신적 고통에 대한 위자료 개념이 아닌 재산상 손해에 대한 배상하는 방식으로 처리된다.

예컨대 공식적으로 연예인을 모델로 사용할 경우 수억 원의 비용이 들었을 텐데, 무단으로 사용했기 때문에 해당 연예인에게 끼친 손해는 수억 원이 된다는 것이다.

이러한 퍼블리시티권에 대해서는 명시적인 규정이 우리나라에 없으며, 그때그때의 사안마다 다르게 판단되고 있는 현실이다. 위에서 언급되었던 '푸딩 사건'도 사실은 초상권뿐만 아니라 퍼블리시티권도 주장되었던 사건인데, 초상권만 인정되고, 퍼블리시티권은 부정된 것이다. 유사하게 소녀시대 제시카와 배우 수애가 강남의 한 치과를 상대로 한 다툼에서도 퍼블리시티권은 인정받지 못하고 초상권 침해만 인정되어 정신적 고통에 대한 위자료로 각각 500만을 결정했다.

반면 가수 백지영 씨의 비키니 사진을 무단으로 게재한 성형외과와 다툰 사건이나, 게임 '마구마구'에 은퇴 야구 선수의 성명이나 이니셜을 사용한 사건, 〈메밀꽃 필 무렵〉의 작가 이효석을 배경으로 한 상품권 사건에서는 퍼블리시티권이 인정되기도 했다. 제도적 뒷받침이 없기에 고액의 배상이 결정되지는 않았지만 퍼블리시티권이 인정될 가능성을 충분히 보여 준 것이다.

예전에 로펌을 통해 1만 5천 곳의 점포에 퍼블리시티권 침해에 따른 경고 행위가 이뤄졌다는 기사를 본 적이 있다. 사업가나 경영인은 불필요한 '불확실성'에 노출할 필요는 없다고 본다.

★ 사진의 저작자는 촬영자가 된다. 촬영의 대상이 된 사람에게는 초상권과 퍼블리시티권이 있다.

I love you because you are you.

자기다움 :
상표의 출발점이자 종착역

PART
5

상표
T r a d e m a r k

Q086 창작 or 선택?★

Creation or Choice?

㈜백두모터스 송상엽 대표는
베스트셀러였던 《블랙 스완(Black Swan)》을 읽고 심취해
신차 브랜드로 'Black Swan'을 사용하고자 한다.
상표로 등록받을 수 있을까?

태초에 천지창조가 있은 후 아담은 하나의 특권을 가지게 되었다. 그것은 창조된 모든 것들의 이름을
지을 수 있는 권리였다. 아담이 '코끼리'라 정한 것이 '코끼리'가 되었고, '기린'이라 부른 것은 '기린'이
되었다. 아담은 코끼리를 창조한 것이 아니라 '코끼리'란 이름을 선택한 것이다.
'꽃'도 마찬가지다. 본래 들에 피어 있는 무언가였고, 의미 없는 하나의 작은 몸짓에 불과했지만,
'꽃'이라고 불러 주었을 때 비로소 '꽃'이 된 것이다. 이미 창조된 '무언가'가 있었는데,
시인 '김춘수'가 '꽃'이라는 이름을 선택해 부르니 '꽃'이 된 것이다.
'상표'는 이와 같은 것이다. 적어도 우리의 제도에서 이해하고 바라보는 상표는 이와 같은 것이다.
우리 제도는 '상표'를 '창작'으로 한정하지 않고 하나의 '선택'으로 바라본다.

I 하마터면 '이경규 꼬꼬면'으로 만족해야 할 뻔했던 꼬꼬면. (자료 : 팔도 홈페이지)

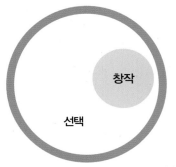

I 상표는 창작이 아닐 수 있다. 선택이어도 족하다.

I 상표 획득 없이 사업 먼저 시작한 '티켓몬스터'.
티몬을 구해 달라고 처절히 외쳤다.
(자료: 티켓몬스터 홈페이지)

1. 상표는 창작인가?

'상표'에는 어디에도 '창작'이라는 말이 없다. '특허'가 될 수 있는 '발명'은 '기술적 사상의 창작'이라 정의되고 있고, 디자인이 '디자인권'으로 권리화되기 위해서는 '창작성'이 필요하고, '저작권'은 '표현의 창작'인 저작물에 대하여 권리가 발생하는 것이어서 모두가 '창작'을 필요로 한다. 하지만, '상표'에는 어디에도 '창작'이라는 말이 없다. 이러한 배경으로 인하여 '상표는 창작이 아니고 선택이다'라고 일컫는다.

이는 상표 개발을 위해 수많은 수고의 땀을 흘리는 현장과 이질적이라는 느낌을 지울 수 없다. 왜 이런 현상이 발생하는지 곰곰이 생각해 보면 관행적으로 해오던 상표의 정의가 오류를 주고 있음을 알 수 있다. '상표는 창작이 아닌 선택이라'라는 말은 창작이면 안 되고 선택은 된다는 뜻인데, 상표는 창작을 배제하는 것이 아니고 창작을 포함하는 보다 넓은 개념이기에 **상표는 창작이 아닐 수도 있다**'라고 정의하는 것이 좀 더 정확한 표현이다. 창작이라면 식별력을 인정받기 수월하겠지만, 창작이 아니라도 '식별력'만 확보할 수 있다면 상표로서 인정받을 수 있을 것이다.

예를 들어 생각해 보자. ㈜백두모터스 송상엽 대표가 나심 탈레브의 작품 《블랙 스완(Black Swan)》을 읽고 감동을 받은 나머지, 'Black Swan'을 신차 모델명으로 사용하고 싶은데, 이를 상표로 보호받을 수 있을까? 분명 'Black Swan'이라는 표지는 창작이 아닌 선택이지만, 다른 기업의 자동차와 구별된 식별표지로서 역할을 충분히 할 수 있기 때문에 상표로서 인정받을 수 있을 것이다.

2. 신규성 요구하지 않아

상표는 창작성(진보성)을 요구하지 않는 데어서 한발 더 나아가, 식별력만 확보할 수 있다면 신규성(비공지성)도 요구하지 않는다. 특허는 국내뿐만 아니라 해외에서라도 공지된 경우라면 신규성이 없다고 판단하여 등록받을 수 없지만, 상표는 선택이면 족하기 때문에 굳이 신규성을 요구하지 않는다.

'꼬꼬면' 사례를 살펴보자. KBS2 〈해피선데이-남자의 자격〉에서 코미디언 이경규는 자신이 개발한 레시피를 소개하면서 '꼬꼬면'이라는 이름을 지었다. 방송이 나가고 난 다음 날 전혀 상관없는 일반인이 '꼬꼬면'을 먼저 출원했고, 안타깝게도 라면 회사인 팔도와 '꼬꼬면'으로 신상품을 개발하려던 이경규 씨는 '이경규 꼬꼬면'으로 상표를 내야 하는 상황이 되었다. 다행히 '꼬꼬면'을 먼저 출원한 일반인이 상표 출원을 취하하면서 이경규 씨가 '꼬꼬면' 상표를 확보할 수 있었지만, 사업 준비까지 진행된 과정을 살펴보면 아쉬움이 많이 남는다.

'티켓몬스터' 사례에서도 '티켓몬스터'라는 이름과 함께 '캐릭터'를 타인이 먼저 출원해서 더 이상 그 이름을 쓸 수 없게 되자, '티몬을 구해 주세요'라는 공지를 통해 새 이름을 공모해야 했던 안타까운 일이 있었다. 세계 최고의 경영 대학원인 와튼스쿨을 졸업하고 맥킨지에서 활동하던 신현성 대표지만, 창업 과정에서 '브랜드 관리'에서 저지른 작은 실수가 큰 어려움으로 이어진 것이다. 나중에 '티켓몬스터' 상표를 이전받았지만, 다툼으로 인한 시간적·정신적 고충은 말로 다할 수 없었으리라.

MBC 드라마 〈대장금〉이 나왔을 때 '웅진식품'은 이를 식품류에 대한 훌륭한 브랜드가 될 수 있다고 생각하고 이를 선택해, 상표로 출원해 권리를 획득했다. MBC로서는 가슴 아픈 현실이지만 권리 위에 잠자는 자를 법은 보호하지 않는다. 2015년도에 국내 심사기준이 강화되어 방송프로그램에 대하여 권리자 이외의 자는 해당 명칭을 상표로 쓸 수 없게 되었지만, 해외에서의 한류 브랜드 보호를 위해서는 발빠른 출원이 매우 중요함을 인식해야 한다.

참고로, 동일자 상표 출원의 경우에 협의절차를 거치되 협의가 되지 않으면 '추첨'에 의해 한 사람에게만 권리가 부여된다. 동일자 출원에 대해서 상호 협의하고 협의가 되지 않으면 누구도 권리를 받을 수 없는 특허와는 다르다.

★ 상표는 '신규성'을 요구하지 않는다. 이미 사용 중인 것도 먼저 출원하면 '상표'로 보호받을 수 있다.

Q087 식별력[*]
Distinctiveness

'한국상업은행'은 세계 수준의 금융 서비스 제공을 위해
'한일은행'과 '평화은행'을 차례로 M&A(기업 합병)하고,
새 술을 새 부대에 담기 위해
'우리은행'으로 명칭을 바꾸었다. 상표 등록이 가능할까?

브랜드를 개발하기 위해서는 많은 수고와 땀이 들어간다. 그런데 애써 개발한 브랜드가 '독점
배타권'으로 보호받을 수 없어 누구나 사용할 수 있게 된다면 공든 탑이 무너지는 경우가 아닌가?
브랜드를 개발함에 있어서는 지나치게 마케팅 관점으로 치우치면, 강력한 임팩트로 소비자의 뇌리에
남기는 것은 가능하겠지만, 권리 획득에 실패해 '안정성'을 확보하지 못하는 우를 범할 수 있다.
브랜드 개발자는 반드시 '상표'에 대한 정확한 이해를 바탕으로 해,
'안정성'과 '파급력'을 동시에 확보하도록 해야 할 것이다.

1. '식별력'이 관건

브랜드가 상표로 보호받을 수 있으려면, '식별력'이 있어야 하는데, 브랜드로 개발
되는 표장은 식별력의 강도(强度)에 따라 5단계로 구분할 수 있다. 조어 표장, 임의 선
택 표장, 암시 표장, 기술 표장, 일반 명칭 표장이 바로 5개 단계인데, 조어 표장, 임의
선택 표장, 암시 표장은 식별력이 있다고 인정받지만, 기술 표장이나 일반 명칭 표장은
식별력이 부인되어 상표로 보호받기 힘들다.

➤ 식별력

일반 명칭 표장 Generic	기술 표장 Descriptive	암시 표장 Suggestive	임의 선택 표장 Arbitrary	조어 표장 Fanciful

l 식별력이 높은 표장일수록 상표로서 등록 가능성이 높다.

서 울 대 학 교   우리은행

l 서울대학교는 되고 우리은행은 안 되는 이유: 식별력

조어 표장(Coined or Fanciful Mark)이란 말 그대로 새로운 말을 만들어 내는 경우를 말한다. 사전에 없는 단어를 사용해 만드는 경우인데 식별력이 매우 강하다. 예를 들어, 코닥(KODAK)을 생각해 보자. '필름'이라는 상품과 'KODAK'이라는 단어 사이에는 어떠한 관계도 없으며, KODAK은 단지 새롭게 만들어진 표장이다. 이런 경우는 식별력이 매우 강하다고 본다.

임의 선택 표장(Arbitrary Mark)은 사전에 있는 단어이지만 상품과는 전혀 관계가 없는 경우를 말한다. '노루표'라는 표장을 생각해 보자. '노루표'라는 단어가 사전에 나오기는 하지만 페인트와는 전혀 무관하다. 이런 경우 임의로 연결해 상표를 만들었다 해 '임의 표장'이라 하는데 충분히 식별력을 인정받을 수 있다. '애플(APPLE)'이 스마트폰이나 태플릿PC에 상표로서 인정받을 수 있는 이유이다.

암시 표장(Suggestive Mark)은 상품이나 서비스와 연계성이 있기는 하지만 직접적으로 설명하는 것은 아니며 '간접적인 뉘앙스' 정도를 표현하는 표장을 말하며, 식별력이 있다고 인정이 된다. **Nokstop®**에 대해서, 영어 'NOK'이 한글 '녹'을 영어화했다고 생각하기 힘들고, '녹' 자체가 여러 의미가 있어(녹봉, 녹다, 녹색, 녹슬다), 산화 작용으로 발생하는 '녹'을 방지한다는 것을 직접적으로 설명한다고 볼 수 없으므로 암시 표장에 해당했다. 'Sun Kissed Orange'를 연상시키는 'SUNKIST'는 훌륭한 암시 상표에 해당한다.

기술 표장(Descriptive Mark)은 상품의 산지·품질·원재료·효능·용도·수량·형상·가격·생산 방법·가공 방법·사용 방법 또는 시기를 직접적으로 표현한 표장을 말하며, 식별력이 없다고 판단된다. '더블샷'이라는 표장에 대해 스타벅스와 남양유업 사이에 다툼이 있었는데, 더블샷은 2배 농도를 지닌 커피를 의미하는 기술 표장이어서, 2002년도부터 더블샷을 판매해 온 스타벅스는 2012년도에 더블샷을 출시한 남양유업에 권리를 주장할 수 없었다. '글라스락'도 글라스를 원재료로 하는 밀폐용기를 의미하는 기술표장이라 판단되었다.

일반 명칭 표장(Generic Mark)은 현실적으로 거래계에서 일반명칭으로 사용하는 보통명사 또는 관용적 표장을 의미하며 여기에 대해는 식별력이 있음을 주장할 수 없다. '핸드폰'에 '핸드폰'이라는 보통명사를 표장으로 사용할 수 없다는 뜻이며, 스낵 종류의 과자에 '깡'이라는 표현을 동종업계에서 관용적으로 사용하고 있어 식별력이 있다고 볼 수 없다.

2. '결합'으로 '식별력' 만들면 가능

기술표장이나 일반 명칭표장만으로는 식별력을 인정받을 수 없는 것처럼, 현저한 지리적 명칭만으로, 흔한 성(姓)만으로, 간단하고 흔히 있는 표장만으로는 '식별력'을 인정받지 못한다.

하지만, 문자와 문자를 결합하거나, 다른 로고나 캐릭터, 기호, 문자, 도형과 결합하여 새로운 '식별력'을 만들어 낸다면 얼마든지 '상표 등록'이 가능하다.

'서울대학교'의 경우 '서울'이라는 현저한 지리적 명칭과 '대학교'라는 보통명사로 구성되어 있지만 서로 결합하여 관악구에 위치한 고유한 관념이 형성된 것으로 보아 식별력을 인정받았다. 서울대학교처럼 '문자+문자'로 결합하여 식별력을 확보하기도 하지만, 문자의 결합만으로 식별력을 확보할 수 없는 경우에는, 대개 로고나 캐릭터, 도형등과 결합하여 식별력을 확보하게 된다. '김가네' 결합상표를 보면 쉽게 이해할 수 있다.

'우리은행' 사례도 살펴볼 필요가 있는데, 우리은행 측에서는, '은행'이라는 일반명칭표장에 '우리'라는 임의 선택표장을 결합하여 새로운 식별력이 있다고 주장하였다. 하지만 생각해 보자. 국민은행 직원이 매장에서 "우리은행에서 새로운 펀드상품이 출시 되었어요"라고 말한다면, 여기서 말하는 우리은행은 어느 은행을 말하는가? 결합을 하였다는 사실이 중요한 것이 아니라, 이를 통해 고유한 식별력을 확보하였는지가 관건이다. 결국 '우리은행' 상표는 국민·신한·외환은행 등 8개 은행과 다툼 끝에 무효가 되었고, 로고와 결합한 새로운 상표로 등록을 받게 되었다.

우리은행

★ 우리은행은 식별력이 없지만, 로고와 결합하면 식별력이 발생하여 상표 등록이 가능하다.

상품 분류 · 유사군 코드

Classification

㈜백두사이클 송상엽 대표는 한적한 시골 가게에서
'기동찬' 상표가 부착된 볼펜을 보고
본인 제품도 훌륭한 브랜드가 될 수 있겠다고 생각했다.
이를 상표 출원하면 등록받을 수 있을까?

어느 시골 마을의 기념품 가게에 '기동찬'이란 브랜드의 볼펜이 있었다. 곰곰이 생각해 보니
참 브랜딩을 잘했다는 생각이 들었다. 그래서 '기동찬' 브랜드를 본인이 판매하는 자전거에 상표를
부착해 팔고 싶어졌다. 사실 본인이 판매하는 자전거는 자동 변속 40기어를 장착한 발명품이기에
'기동찬'이라는 상표가 너무나 잘 어울린다고 생각하고 가슴까지 벅차올랐다.
앞서 살펴본 것처럼 상표는 '신규성'을 요구하지 않으니 세상에 이미 알려진 표장이라도 먼저
출원하면 상표 등록을 받을 수 있을 것이다. 그런데 이게 웬일인가? 촌구석 선물 가게라고 무시할
것이 아니다. 등록 상표를 조사해 보니 이미 '기동찬' 상표가 등록이 되어 있었다. 본인 상품에 딱 맞는
'기똥찬' 브랜드라 생각했는데, 마음이 답답해지기 시작했다. '기동찬'이라는 볼펜 상표를 자전거에
사용할 수 있는 방법은 없을까?

| 바바라(BABARA) 상표와 바바라(BARBARA) 상표가 공존하고 있다.
[자료: www.babaraflat.co.kr(좌), www.barbara.fr(우)]

| 다방은 'DABANG' 상표를 인터넷광고업(35류)에 지정했고,
직방은 '다방' 상표를 스마트폰용앱(9류)에 지정했는데,
유사군 코드가 달라 둘 다 상표 등록이 가능했다.

1. 유사군 코드

상표는 상품의 출처 표시를 나타내 주는 것이 고유 기능이다. 이 말은 상표는 상품과의 관계 속에서 그 역할을 하는 것이어서, 상품과 떼려야 뗄 수 없는 관계를 말한다. 그래서 상표를 등록받을 때에는 지정 상품이라는 것을 정하게 되는데, 해당 지정 상품에 대해서만 상표를 사용하겠다는 뜻이다. 상표 하나를 등록받았다고 해서 모든 상품에 사용할 수 있는 것이 아니라 지정한 상품에 대해서만 사용할 수 있는 것이다. 따라서 '지정 상품'을 달리해 '상표'를 사용하는 것은 기본적으로 문제가 없고, 별도로 '상표' 출원을 하면 등록까지 가능하다.

'Babara'라는 국내 플랫슈즈 브랜드가 '바바라'라는 상표(40-0756151)를 가지고 있음에도, 'Barbara'라는 프랑스 여성 속옷 브랜드가 동일하게 '바바라'를 상표(40-0930238)로 획득할 수 있는 이유이다.

이처럼 전혀 다른 상품을 지정해 상표를 등록받으면 문제가 없다. 그런데 지정 상품과 동일하지는 않지만 유사한 상품에 대해 상표를 등록받는다면 어떨까? 예컨대 본인이 '볼펜'을 지정해 상표 등록을 받았는데 다른 사람이 '만년필'을 지정해 동일 상표를 등록받아 사용한다면, 출처 표시에 혼동이 생겨 고객들은 혼란스러울 것이다. 이런 혼란과 혼동을 피하기 위해 지정 상품이 다르다 하더라도 유사한 범위까지 상표의 효력을 인정해 준다.

흔히들 상표 등록중에 나오는 '상품 분류'를 '유사 범위'라고 생각하는데, 그것은 '오해'이다. 총 45류로 구분되어 있는 '상품 분류(상품: 1~34류, 서비스업: 35~45류)'는 국제적 통일성을 기하기 위해 따르고 있는 '니스 분류(NICE Classification)' 체계일 뿐 그 자체가 유사 판단의 기준은 아니다. 상표를 등록받기 위한 특허청의 심사 단계에서는 '유사군 코드'라는 기준을 따르고 있다. 유사군 코드는 특허청 홈페이지에서 확인할 수 있다.

특허청(www.kipo.go.kr)→분류 코드 조회→상품 분류 코드 조회→유사군 코드

2. 유명 상표

지정 상품이 다르면 상표를 등록받을 수 있다는 데 힌트를 얻어 '그럼, 유명 상표를 지정 상품을 달리해 등록을 받아야 되겠다'고 생각하는 사람이 있을 수도 있다. 예컨대 나이키(NIKE)가 '의류'를 지정해 상표 등록을 받았는데, 지정 상품을 달리해 '이불'로 상표 등록을 받고 'NIKE 이불'을 판매해야겠다고 생각할 수 있다는 이야기다.

하지만 유명 상표의 경우는 조금 다르다. 일반적인 상표들은 지정 상품을 달리하면 얼마든지 새로운 상표로 등록받고 사용할 수 있지만, 유명 상표의 경우에는 지정 상품의 영역을 뛰어넘어 폭넓게 보호를 받을 수 있다. 수요자 간에 현저하게 인식되어 있어 '상품'이나 '영업 주체'의 혼동이 올 수 있기 때문이다. NIKE 의류가 있는데, 다른 사람이 NIKE 이불을 판매한다면, 비록 지정 상품이 다르지만 'NIKE가 이불도 만드는구나'라고 소비자가 혼동할 수 있기 때문에 NIKE 이불은 상표 등록을 받을 수 없는 것이다.

이렇게 '유명 상표'는 지정 상품의 범위를 뛰어넘어 보호를 받을 수 있지만, 이는 예외적인 경우이고, 일반적인 상표에는 해당하지 않는다. 따라서 지정상품은 정확하고, 전략적으로 선택하여야 한다. 그렇지 못할 경우, 다툼의 불씨가 되기도 하는데, 부동산 중개 O2O(Online-to-Offline) 사업에서 경쟁하고 있는 '다방'과 '직방'의 다툼 사례가 시사하는 바가 크다.

다방이 'DABANG' 상표를 인터넷광고업(35류)을 지정하여 확보한 상태에서, 직방이 '다방' 상표를 스마트폰용앱(9류)을 지정하여 등록을 받았던 것이다. 지정상품이 상이하여 각각 등록 받을 수 있었는데, 직방은 다방의 모바일 영업은 상표 침해라고 주장하였다. 치열한 다툼 끝에 직방의 '다방' 상표가 무효가 되었지만, 2년 간 다툼에 소요된 다방의 심적, 재정적 압박은 말로 다할 수 없었을 것이다. 애초에 다방이 '스마트폰용앱(9류)도 지정하였다면 이런 불필요한 다툼에 휘말리지 않고 사업에 전념할 수 있었을 것이다.

★ 지정 상품만 다르면 상표가 동일 또는 유사하다 하더라도 원칙적으로 상표 등록을 받을 수 있다.

Q089 지리적 명칭
Geographical Name

㈜백두식품은 '포천일동막걸리' 브랜드로
상당한 매출을 올렸다. 국내 성공을 발판으로
일본 시장을 집중적으로 개척하고자 하는데,
국내와 일본에 상표 출원을 할 경우에 등록 가능성은?

상표는 굴지의 브랜드만의 문제가 아니다. 모든 상품이 해당될 수 있다.

수년 전 '포천막걸리' 관련 빅이슈가 국내에 있었다. '포천막걸리', '일동막걸리'와 같은 상표 출원이
있었는데, 현저한 지리적 명칭과 막걸리라는 보통명사가 합쳐진 것에 불과해
식별력을 인정받을 수 없어서 등록을 받을 수 없었다.

문제는 국내에서 등록받을 수 없는 상표를 누군가 일본에 출원하는
경우인데, 해당 상표를 일본에서도 등록받을 수 없을까? 그렇지 않다.

'포천'이나 '일동'은 우리에게 현저한 지리적 명칭에 해당되지만, 일본에게는 전혀 현저한 지리적
명칭이 아니어서 상표로 등록받는 데 문제가 없다.

당시 언론과 국회는 앞다투어 일본에 우리의 '포천막걸리'를 빼앗겼다고 알렸는데, 실상은 일본에서
사업하고 있는 우리나라 사람이 상표 등록을 받아둔 것이었고, 국내 기업들과 다툴 의사가 없음을
밝혀 여간 다행이 아니었다. 그런데 만일 일본 기업이 상표를 확보하고 있다면 어땠을까?
상상만 해도 아찔하지 않은가?

국내에서는 현저한 지리적 명칭에 해당되어 등록받지 못하더라도, 해외에서는 식별력을 인정받아
상표로 등록받을 수 있는 경우가 있기 때문에 전략적으로 활용할 필요가 있다.

| 국내에서 상표 등록을 받지 못한 포천일동막걸리.
일본에서 상표를 선점 당해 어려움을 겪었다.

지리적 표시	지리적 표시 단체표장	증명표장
자신의 농수산물 또는 농수산 가공품	자신의 모든 상품	타인의 모든 상품 또는 서비스
생산, 제조, 가공이 모두 한 지역에서 이루어짐	생산·제조와 가공이 분리되어도 가능	생산·제조와 가공이 분리되어도 가능
국립농산물품질관리원에서 권리 부여	특허청에서 권리 부여	특허청에서 권리 부여
제3자의 부당 사용에 대해 국립농산물품질관리원을 통해 권리 행사	제3자의 부당 사용에 대해 권리자(단체·조합)가 직접 권리 행사 가능	제3자 부당 사용에 대해 권리자(객관적 위치에 있을 수 있는 기관)가 직접 권리 행사 가능

1. 지리적 표시 단체표장

원칙적으로 현저한 지리적 명칭만으로 구성된 상표는 등록받을 수 없다. 이는 누구나 자유롭게 사용해야 할 지리적 표시에 대해 독점 배타권을 부여한다는 것은 공익에 심각하게 반하기 때문이다. 하지만 지리적 표시가 지역 특산물과 같이 특정 지역과의 본질적 연관성으로 인한 품질이나 명성과 연계된 경우 지역 브랜드를 위할 뿐만 아니라 소비자 보호를 위해서라도 일정 부분 보호 필요성이 인정될 수 있다.

물론 지리적 명칭과 관련된 상표를 개인이나 개별 기업에까지 무작정 인정할 경우 현저한 지리적 명칭에 대한 공익성이 크게 훼손될 가능성이 있다. 그래서 개인이나 개별 기업이 아닌 단체나 조합에게 인정되는 단체표장의 형식을 빌려서 지리적 표시를 인정해 주는데 그것이 바로 '지리적 표시 단체표장'이다.

지리적 표시 단체표장은 3차 산업에 해당하는 서비스표에는 인정되지 않고 상품에만 인정되는데, 농수산품 및 가공품 공산품, 수공예품(예: 전주 한지, 한산 모시 등)도 대상이 될 수 있다. 지리적 표시의 대상 지역이 정해져야 하고, 해당 지역에서 생산, 제조 또는 가공되어야 하며, 상품의 특정 품질, 명성, 그 밖의 특성이 존재하고 이는 지리적 환경과 본질적 연관성이 존재해야 한다.

이러한 조건을 만족할 경우 생산자 등으로 구성된 법인격을 가진 단체가 지리적 표시 단체표장을 획득할 수 있게 된다.

2. 유사 제도 : 지리적 표시 및 증명표장

'지리적 표시 단체표장'과 유사한 제도로 농산물품질관리법에 의한 '지리적 표시' 제도가 있다. 두 제도 모두 세계무역기구(WTO) 트립스(TRIPs) 협정에 기초해 원산지를 표시한다는 점에서 공통점이 있다.

하지만 '지리적 표시'가 농수산물이나 농수산 가공품으로 한정되어 있는 반면 '지리적 표시 단체표장'은 모든 상품을 대상으로 폭넓게 심사한다. 또한 '지리적 표시'가 생산, 제조 및 가공이 특정 지역에서 모두 이루어져야 하지만, '지리적 표시 단체표장'은 생산, 제조 또는 가공으로 규정되어 타지역에서 생산·제조된 상품에 대해 가공된 상품에 대해서도 인정이 된다. 그리고 사후 관리에 있어서도 '지리적 표시'는 국립농산물품질관리원을 통해서 허위 표시 단속이 이루어지지만, '지리적표시 단체표장'은 권리를 보유하고 있는 조합이 직접 다툴 수 있다.

한-유럽 FTA에 의해 대한민국 정부와 EU 정부가 보호하기로 상호 합의한 목록의 경우 동일·유사 상표가 등록될 수 없도록 되어 있어, 실질적으로 유럽에까지 그 효력이 확장되는 효과가 있다.

'지리적 표시 단체표장'과 유사한 또 하나의 제도로 '증명표장(Certification Marks)'이 있다. 상품에 한정되지 않고 서비스업까지 포함되며, 타인의 상품이나 서비스업이 일정한 기준에 따라 제조되거나 서비스되고 있다는 것을 증명해 주는 것이어서 본인이 속한 단체 구성원 보호를 목적으로 하는 지리적표시 단체표장과 구별된다.

★ 국내에서 '현저한 지리적 명칭'에 해당되어 식별력을 인정받지 못한 경우라도, 해외에서는 식별력을 인정받을 가능성이 있다.

Q090 성명 상표
Name

LA다저스 박찬호 선수의 팬클럽 멤버인 송상엽 씨는
최근 야구 용품점을 개업하면서
'박찬호 야구 클럽'이라는 상표를 출원했는데,
등록이 가능할까?

'호랑이는 죽으면 가죽을 남기고 사람은 죽으면 이름을 남긴다'고 한다. 이는 사람에게 '이름'이
얼마나 큰 의미를 갖는지 극명하게 보여 주는 속담이다. 성명은 자신의 '정체성'과 관련된 것으로서
'내 이름 석 자를 걸고' 말한다는 것은 곧 책임과 신뢰를 의미한다. 이는 소비자에게 신뢰와 품질 보증
효과를 갖는 상표와 일맥상통한데, 성명을 상표로 활용할 수도 있을까? 이에 대해 살펴보자.

1. 자기 성명 상표

　기본적으로 자기의 이름을 기초로 상표로 등록받는 것은 얼마든지 가능하다. 이
름이라는 것은 식별력이 강하기 때문에 비교적 상표로 권리화하는 것도 쉽다. 1955
년 '이명래 고약'을 시작으로 정철어학원, 한경희생활과학, 김정문알로에 등 다양한 분
야에 성명 상표가 활용되고 있는데, 2010년도 별세한 디자이너 앙드레김의 성명상
표 상속이 이슈화 되었던 적이 있는데, 국세청은 상표권 가액을 46억 3천만원으로
판단하고 상속세를 부과하였다.

2. 타인의 성명 상표

　자기 이름이 아닌 타인의 성명으로 상표를 받는 것은 가능할까? 기본적으로 문제
가 없다. 잘 알려지지 않은 다른 사람의 이름을 기초로 한 성명 상표는 얼마든지 가

Ⅰ 타인의 성명, 뜨기 전에는 상표로 등록받을 수 있다.
뜬 후에는 허락을 받아야 한다.

능하다. 하지만 저명한 사람의 성명을 사용해 상표를 등록받고자 할 때에는 반드시 그 저명한 사람의 승낙을 얻어야 한다. 즉 '저명성'이 관건이다.

'효리'라는 이름으로 다른 사람이 상표 등록을 받을 수 있을까? 지금이라면 저명인이라 볼 수 있어 상표 등록이 불가능하겠지만, 예전에 효리는 '핑클'이라는 걸그룹 멤버 중 하나였을 뿐 존재감이 그다지 강하지 못해 저명하다고 인정받을 수 없었던 것이다.

세계적인 비디오 아티스트인 '백남준' 씨의 경우에는 '저명성'을 인정받았다. 경기도문화재단이 '백남준 아트센터'를 개관하자, 김천대학 한은미 교수가 본인이 보유하고 있는 '백남준 미술관' 상표를 침해하지 말 것을 요청해 분쟁이 생겼다. 한은미 씨는 "한은미가 대구에 백남준 미술관을 건설하는 것을 허가한다. 백남준"이라는 메모지를 제시하면서 승낙을 받았다고 주장했지만 '이는 미술관 건립을 허락한 것이지 상표권을 허락했다고 볼 수 없다'고 판단되어 '백남준 미술관' 상표가 도리어 무효가 되었다.

셔틀콕의 황제 '박주봉' 씨와 관련된 '주봉' 상표는 시사하는 바가 크다. 지에프스포츠는 박주봉 선수로부터 성명을 사용하기로 계약을 체결하고, 박주봉 선수는 지에프스포츠의 '주봉' 상표 등록을 묵인했다. 계약 기간이 끝나고 재계약에 실패하자 '박주봉' 선수는 지에프스포츠의 '주봉' 상표가 무효라고 주장했다. 하지만 법원은 '박주봉' 성명은 저명하다고 볼 수 없고 승낙이 필요 없으므로 무효가 아니라고 판단했다. 만일 박주봉 선수가 지에프스포츠에 상표 등록을 묵인할 것이 아니라, 본인이 직접 상표를 등록받고 이에 대한 라이선스를 허락했으면 어땠을까? 저명성 여부에 관계없이 충분히 본인의

성명 상표를 지킬 수 있었을 텐데 매우 아쉽다.

본인의 이름이 저명한 타인의 성명과 동일한 경우에는 어떠할까? 이 경우에도 승낙이 필요하다. 미국의 디자이너 '알프레도 베르사체'가 자신의 성명을 기초로 국내에 상표 등록을 받고 문구에 사용해 왔으나, 세계적인 이탈리아 '지아니 베르사체'와 다툼 끝에 상표가 무효가 된 사례가 있다.

저명인의 경우에는 성명뿐 아니라 예명과 서명까지도 승낙을 받아야 상표 등록이 가능하다. 이노디자인이 김영세 대표의 사인을 상표 출원했다가 '대표 동의가 없다'는 이유로 거절된 경우가 있다.

3. 저명한 고인의 성명 상표

저명한 성명은 동의가 필요한데, 고인의 경우는 어떠할까? 유족 재단 같은 곳의 동의가 필요할까? 그렇지 않다. 저명한 고인과의 관계를 허위로 표시하거나 비방 또는 모욕하거나 나쁜 평판을 받게 할 염려만 없다면 상표로 등록받을 수 있다.

연예인 출신 사업가인 '주병진' 씨가 '㈜좋은사람들'이란 회사를 창업하고, '제임스딘'이라는 속옷 전문 브랜드를 론칭하면서, 제임스딘 유족과 상표 관리 회사인 '커티스'가 '제임스딘' 성명의 무단 사용이라고 주장했지만, 허위 표시나 비방, 모욕이 없으므로 결국 주병진 씨의 승리로 종결되었다.

최근에는 저명한 고인의 성명 상표를 제한하기 시작해, 고인의 기념 사업회, 기념 재단, 후원 연구소 등이 있는 경우에는 동의를 요구하고 있다. 하지만 확인할 수 없거나 존재할 가능성이 없을 정도로 오래된 경우에는 여전히 동의 없이 상표 등록이 가능하다.

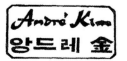

ㅣ본인 이름은 훌륭한 상표가 될 수 있다.

★ 타인의 성명을 상표로 등록받을 수 있으나, 저명한 사람의 성명은 허락이 필요하다.

Q091 사용에 의한 식별력 *____

Secondary Meaning

40년간 국민 스낵으로 사랑을 받아 온 '새우깡.'
'새우'는 스낵의 성질을 나타내는 보통명사이고,
'깡'은 스낵에 대한 관용적 표현에 불과한데,
'새우깡'이 상표로서 등록 가능할까?

평생 갈색 구두 끝에 검은색 구두약을 칠하고 다니던 사나이가 있었다. 모두 그를 이상하게 보았지만, 그는 다름 아닌 이태리가 낳은 세계적 패션 거장 리노 레루치(Lino Leluzzi)이다. 그는 명품 편집 매장 알바자(Al bazar)의 보유자이기도 한데, 그는 말했다.
"처음에 어색할지 몰라도, 이것이 오랫동안 계속되면 그 사람의 '스타일'이 된다."
지금은 검은색 구두약이 칠해져 있는 갈색 구두만 보면 모두가 리노 레루치를 생각하게 된다.
이와 같은 원리가 상표에서도 적용되는데, 처음에는 식별력을 인정받지 못했더라도, 오랜 기간 지속적으로 사용하게 되면 수요자나 거래계에서 대다수의 사람에게 출처 표시 기능을 하게 되는 경우 식별력이 인정되는데, 이를 '사용에 의한 식별력'이라 한다.

☐ 등록 **[4] GS**

상품분류 : 16 37 40 05 ...
출원(국제등록)번호 : 4520040003834
등록번호 : 4500173260000
공고번호 : 4520050073642
도형코드 : 270522 270907 270919

출원인 : **주식회사 지에스**
출원(국제등록)일자 : **2004. 11. 10**
등록일자 : **2006. 09. 05**
공고일자 : **2005. 12. 20**
대리인 : **정태영 위혜숙 양영준**

☐ 등록 **[7] GS**

상품분류 : 04
출원(국제등록)번호 : 4020110015241
등록번호 : 4009912550000
공고번호 : 4020130046589
도형코드 :

출원인 : **주식회사 지에스**
출원(국제등록)일자 : **2011. 03. 24**
등록일자 : **2013. 08. 27**
공고일자 : **2013. 05. 09**
대리인 : **특허법인무한**

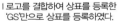

| 로고를 결합하여 상표를 등록한 **GS** 는, 사용에 의한 식별력을 획득한 후
'GS'만으로 상표를 등록하였다.

| '새우깡' 자체로는 식별력이 없으나, '사용에 의한 식별력'을 획득한 후에는 상표 등록이 가능하다.

1. 사용에 의한 식별력

브랜드 개발과 관련해 대부분의 기업에서 '마케팅팀'과 '법무팀' 사이에 갈등이 벌어지는데, '마케팅팀'은 고객에게 좀 더 손쉽게 인식되기 위해 간단 명료한 표장을 상표로 원하지만 '법무팀'은 법률적 관점으로 접근하기 때문에 상표 등록 가능성이 높은 '조어 표장'이나 '임의 표장'을 선호하고 마지노선으로 '암시 표장'을 생각하다 보니 갈등이 생기게 되는 것이다.

이런 관점의 차이에서 오는 갈등을 극복하기 위해 마케팅팀이 선호하는 '간단하고 흔한 표장'에 로고나 캐릭터 등을 결합해 결합 상표로 출원해 등록 가능성을 높이고, 지속적 사용으로 사용자에게 현저한 인식이 형성되어 식별력을 확보하면 '간단하고 흔한 표장'만을 별도로 상표로 권리화한다.

LG에서 분사한 GS를 예로 들어 보자. 'GS'라는 표장으로 상표 등록을 받을 수 있을까? 쉽지 않을 것이다. '간단하고 흔한 표장'만으로 구성되어 있기 때문이다. 그래서 GS는 로고를 앞에 결합해 상표권을 확보(2006.9.5)하고, 계속되는 광고와 마케팅 등으로 수요자 사이에 출처 표시 인식이 충분히 쌓였을 때 로고를 뺀 'GS'만을 별도로 출원해 상표권을 확보(2013.8.27)한 것이다.

'사용에 의한 식별력'을 이야기할 때 빼놓을 수 없는 사례가 바로 '새우깡'이다. 삼양식품이 농심 '새우깡'의 무효를 주장했는데, '새우깡'은 '새우(원재료를 나타내는 기술 표장)'와 '깡(관용적으로 사용되는 일반 명칭 표장)'의 결합으로 식별력이 없다는 논리다. 이에 대해 법원은 '새우깡'이 1973년부터 계속 사용해 오며 소비자 사이에 농심의 상표로 널리 알려졌기 때문에 '사용에 의한 식별력'을 확보했다고 판단하며 농심의 손을 들어 주었다.

'사용에 의한 식별력'과 관련해 최근 전향적인 사례가 하나 더 나왔는데 그것이 바로 **아디다스의 삼선 줄무늬 '위치 상표'**이다. 삼선 줄무늬에 대한 운동화, 재킷, 팬츠는 상표로 등록되었으나, 셔츠에 대해 상표가 부정되어 "위치 상표는 비록 일정한 형상이나 모양 등이 그 자체로는 식별력을 가지지 않더라도 40년 동안 장기간에 걸쳐 지정 상품의 특정 위치에 부착돼 사용됨으로써 상품에 대

한 거래자와 수요자 대다수에게 특정인의 상품을 표시하는 것으로 인식되기에 이르렀다면, 사용에 의한 식별력을 취득한 것으로 인정받아 상표로 등록될 수 있다"라고 판단한 것이다.

2. 재해석을 통한 '사용에 의한 식별력'

앞에 살펴본 사례들처럼 통상은 '간단하고 흔한 표장'을 로고나 캐릭터와 연계해 '결합 상표'로 먼저 권리를 취득하고, 나중에 유명해지면 '사용에 의한 식별력'을 주장하며 별도로 '간단하고 흔한 표장'에 대해 상표로 권리화를 추진하게 된다.

이런 통상적인 유형과 약간 다른 경우가 뉴발란스(New Balance) 사건에서 생겼다. 사용에 의한 식별력이 생긴 후 별도로 '간단하고 흔한 표장'에 대해 상표 취득을 하지 않았음에도 불구하고, 기존 상표를 재해석해 이를 보호해 준 것이다.

뉴발란스는 'N'이라는 간단하고 흔한 표장으로 상표 등록을 받을 수 없어 2004년도에 패치에 'N'을 음각화해 결합 상표로 등록을 받은 후에 일관되게 판매·마케팅했다. 1984년 등록 시점에는 식별력을 인정받지 못한 ( ) 부분에 대해 다툼이 발생한 시점인 2009년도에는 인정받아, 유사한 상표( )의 사용을 금지시킬 수 있었다. 사용에 의한 식별력을 근거로 별도의 '상표 등록' 절차를 거친 것이 아니라, 바로 기존 보유 상표에 대한 재해석을 통해 '사용에 의한 식별력'이 생긴 시점 이후의 유사 상표를 금지시킨 것이다. 상표를 등록받은 시점에 고정해 해석하던 것을 시장의 상황에 따라 유동성 있게 해석한 의미 있는 결정으로 보인다.

하지만 기업의 브랜드 관리 입장에서는 '사용에 의한 식별력'을 취득한 시점에 별도로 '상표'를 등록해 권리의 안정성을 확보하는 것이 지혜로운 전략일 것이다.

★ 새우깡(보통명사와 관용 표장 결합)은 식별력이 없지만, 오랜 기간 지속적으로 사용해 출처 표시 기능을 갖게 되면 상표 등록이 가능하다.

Q092 색채 상표
Colors

루부탱(Louboutin)은 30년간 자신들이 만든
구두 밑창에 붉은색을 사용해 왔다.
그로 인해 이제는 붉은 밑창을 보면 루부탱이 떠오른다.
이 경우 색채 자체를 디자인으로 보호받을 수도 있을까?

필자가 MBA에서 학습하던 시기에는 팀 프로젝트가 많았다. 독일, 스웨덴, 프랑스 등 선진국에서
온 학생들과 인도, 가나, 파키스탄 등 개발도상국에서 온 학생들이 함께 어우러져 많은 토론과 발표
자료를 만들었다. 당시 한 가지 느꼈던 점은 선진국에서 온 학생들의 색감이 참으로 세련되다는
것이었다. 처음에는 한두 학생의 개인적 세련됨에 기초했다 생각했는데, 2년이라는 시간을 보내면서
선진국의 교육이나 환경이 영향을 주어 전반적인 색감이 세련되다는 것을 알 수 있었다.
발표 자료에서 골라내는 색깔 하나하나가 별것 아닌 것 같았지만, 실상은 전체적인 품격을 나타내는
중요한 요인이었다.
이러한 색채 선정은 마케팅에서도 활발히 이용되고 있는데 수년 전 모기업의 색깔 데이터베이스에서는
'흰색'에 대한 색상 종류가 2만 5천 종이 넘는다는 기사를 보았다. 흰색이라고 다 똑같은 흰색이
아닌 것이다. 이러한 요인으로 인해 어떤 파란색 옷은 더할 나위 없이 세련되지만, 어떤 파란색은
촌스럽기 그지없다.
'색깔'은 소비자의 구매 행동에도 강력한 영향을 주는데, 소비자의 상품 선택은 90초 안에 이루어지고,
컬러가 차지하는 비중은 60~90%까지 차지한다고 한다. 이토록 구매 행동에 막대한 영향을 주는
'색채'는 어떤 방식으로 보호받을 수 있을까? 지식재산의 관점에서 한번 생각해 보자.

| 세상에는 1,600만이 넘는 색이 존재한다.
색은 특정한 상품을 연상시킬 수 있다.

1. 색채, 디자인인가 상표인가?

'색채', '색깔' 하면 처음 먼저 떠오르는 지식재산은 '디자인'일 것이다. 디
자인이란 '물품의 형상, 모양, 색채 또는 이들이 결합하여 시각적으로 심미
성이 있는 것'을 의미하는데, 물품과 연계된 심미감을 보호하는 것이다.

디자인은 색채가 물품과 연계되어 심미감을 줄 경우에만 보호하는 것
인데, 만일 '색채' 자체를 보호받을 수 있다면 어떨까? 이는 비즈니스 관점
에서 강력한 힘을 발휘할 것인데, 색채를 '상표'로서 보호받을 수도 있다. 색
채가 '식별력'을 제공해, 어느 특정 색깔만 보면 어느 기업, 어느 상품 또는
어느 서비스가 생각날 수 있음을 생각하면 얼마든지 가능할 것이다.

2013년도 잡코리아 '좋은일연구소'에서 대학생과 구직자 남녀 1,011명
을 대상으로 조사한 결과, 특정 컬러를 생각하면 떠오르는 브랜드가 있느

냐는 질문에 86.4%가 '있다'고 대답을 했다. 이는 색채가 '식별력'을 충분히 줄 수 있음을 알 수 있다. 짙은 녹색을 연상하면 '네이버'가 생각나는 것을 보면 알 수 있다. 이럴 경우 색채는 '상표'로 보호가 가능한데, 상표는 출처 표시의 '식별력'을 보호하는 것이기 때문이다.

2. 색채, 상표로 인정되려면

'색채'도 식별력을 줄 수 있는데, 조금만 더 생각해 보면 '색채' 자체가 '식별력'을 주는 것이 아니라 오랜 기간 동안 해당 색채를 일관되게 사용했기 때문에 소비자들의 인식 속에 '색채'가 '식별력'으로 자리 잡은 것임을 알 수 있다. 이것을 '사용에 의한 식별력(Secondary Meaning)'이라고 하는데, 처음부터 색채를 선점해 상표로 권리를 획득할 수 있는 것이 아니라, 오랜 기간 동안 색채를 사용해 '색채'가 '식별력'으로 이어질 때 '상표'로서 권리가 가능한 것이다.

색채 자체가 '상표'가 되기 위해서는 필요한 또 한 가지 조건은 기능적이지 않아야 한다. 기능은 특허로 보호되기 때문이다. 그런데 여기서 말하는 '기능적(Functional)'이라는 의미는 '실용적 기능성(Utilitarian Functionality)'뿐만 아니라 마케팅에 도움을 주는 '미적 기능성(Aesthetic Functionality)'과 해당 제품에 일반적으로 사용되는 '일반적 제품(Generic Products)'을 포함한 개념이다. 다소 애매한 부분이 있으나, 공정한 경쟁을 위한 것으로서 것으로서 '일반 명칭 표장(보통명사나 관용적 표장)'이나 '기술 표장(상품의 특징을 직접적으로 표현한 표장)'이 상표로 보호받을 수 없음을 생각해 보면, 개념에 대한 느낌이 올 것이다.

크리스찬 루부탱(Christian Louboutin)은 1992년부터 일관되게 하이힐에 레드솔을 사용했고, 할리우드 배우들의 사용으로 패션 아이콘이 되며 더욱 식별력이 강해졌기에 '사용에 의한 식별력' 확보로 2007년도에 미국 상표를 획득했다. 한발 더 나아가 2011년도에는 빨간 밑창을 사용한 입생로랑(Yves Saint Laurent)을 상대로 상표법 위반을 근거로 다투게 되었다.

지방 법원에서는 빨간색이 섹시(Sexy)함과 마음을 끄는(Engaging) 기능이 있어 입생로랑 편을 들어주었으나, 항소 법원에서는 '미적 기능성'에 대해 '지방 법원이 잘못 이해했다'면서 이는 기능적이지 않고, 사용에 의한 식별력이 있으므로 색채 상표가 인정된다고 판단했다. 크리스찬 루부탱의 손을 들어 준 것인데, 본 사건은 거대 패션 기업 간 다툼으로 세계의 관심을 끌어모았던 기념비적 색채 상표 사례로 자리 잡게 되었다.

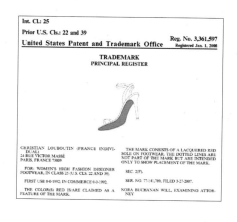

| 크리스찬 루부탱은 등록 상표를 기초로 입생로랑과 치열하게 다투어, 색채 상표의 한 획을 그었다.

★ '색채'로 식별력을 만들어 낼 수 있고 기능적이지 않다면 '상표'로 보호가 가능하다.

Q093 소리 상표 · 냄새 상표
Sound Marks & Olfactory Marks

㈜백두전자는 독특한 레몬향 토너를 만들어 판매해 왔다.
33년 간 영업을 하고 보니 이제 토너에서 레몬향이 나면
일반인들도 ㈜백두전자 토너로 인식하게 되었다.
냄새도 상표로 등록받을 수 있을까?

앞서 '색채 상표'에서 살펴보았듯이 상표는 자신의 상품이나 서비스에 대한 '식별력'을 보호하는
것이다. 그럼 이러한 '식별력'은 어디로부터 오는가? 아리스토텔레스는 '모든 인식은 눈에서
시작된다'고 말했는데, 소비자 구매 행동(Buying Behavior)을 분석해 보면, 시각적 요인이 전체 오감
중 압도적인 영향을 준다고 알려져 있다.

전통적인 상표의 보호 영역 또한 '시각'에 포커스가 맞추어져 있다.

상표란 상품의 생산, 가공 또는 판매하는 것을 업으로 영위하는 자가 관련된 상품이나 서비스업을
타인의 상품이나 서비스업과 식별할 수 있도록 사용하는 것을 말하는데, 기호, 문자, 도형, 입체적
형상 또는 이들의 결합을 의미한다. 여기에 색채를 결합하는 것이 1996년도에 허용되고, 앞서
살펴본 색채 자체에 대한 상표는 2007년도부터 허용되어 왔다. 이 모든 것이 '시각'에 의한 식별력을
보호하는 것이다.

그런데 마케팅이 고도화되면서 기업들은 시각적 요인뿐만 아니라 5감(시각, 청각, 후각, 촉각, 미각)
전체를 활용하고 있어서, 이와 관련된 '상표'로서의 보호 필요성이 꾸준히 제기되어 왔다.

이러한 시장의 요구 속에서 한미 FTA 체결은 '시각'에 국한된 상표의 보호 영역을 확대하는 계기가
되었는데, 과연 어디까지 확장되며 기업들은 어떻게 활용하고 있는지 살펴보자.

I MGM은 사자 울음소리를 등록 상표로 보유하고 있다.
(자료: MGM 홈페이지)

1. 소리 상표(Sound Marks)

'할리데이비슨'을 아는가? 할리데이비슨은 이동하기 위해 타는 것이 아니라, 타기 위해 이동한다는 오토바이로 야생마와도 같은 매력을 분출하며 100년 넘게 사랑과 존경을 받아 왔다. 할리데이비슨의 무엇이 가슴을 뛰게 하며, 그토록 열광하게 만드는가? 그것은 아마도 '두둥~ 두둥~' 하며 약간은 굵은 음을 내는 배기음이 아닐까 싶다. 시동을 걸 때 표출되는 무게감 있으면서도 독특한 소리로 남성들의 마음을 사로잡았는데, 그 소리를 상표로 보호받을 수 있을까?

가능성이 열려 있다. '소리'가 상표로서 '식별력'이 있고 기능적이지 않을 경우 등록이 가능한데, '할리데이비슨'의 오토바이 배기음은 오랜 기간 사용으로 높은 소비자 인지도를 갖게 되어 '사용에 의한 식별력'이 있고, 기능적이지 않다고 인정되어 미국 특허청으로부터 상표 등록을 받았다. 하지만 가와사키(KAWASAKI), 혼다(HONDA), 야마하(YAMAHA) 등 일본 모터사이클 연합군은 온몸으로 항전하며 이를 무효화시키는 데 성공했다. 배기음은 기능에 의해 나올 수밖에 없기(Dictated by Function) 때문에 독점 배타권을 부여할 수 없다는 논리였다. 연합군은 안도의 한숨을 쉴 수 있었는데, 무효화되지 않았으면 혼다나 가와사키 오토바이는 시동을 걸 때마다 상표 사용료를 내야 할 뻔했다.

'소리 상표'로 대표적인 사례는 MGM의 사자 울음소리나, NBC 방송국의 차임벨 소리, MS의 초기 시작음 등이며, 우리나라의 경우는 2012년 발효된 한미 FTA에 의해 소리 상표가 도입되어, 아직 많은 사례를 가지고 있지 못한 실정인데, ㈜대상의 '청정원' 소리 상표가 제1호로 등록되었다.

상표 견본을 보면 "이 상표는 단어 '청정원'의 소리로 미, 솔, 도 3개의 음계로 구성되고 각 음계에 청, 정, 원 3음절의 단어를 적용하며 그중 '청'을 강하게 발음해 리듬감을 표현하고 있다. 그 소리는 출원서에 '청정원로고음.mp3'라는 이름의 소리 파일로 만들어져 있다"라고 되어 있는데, 소리 상표를 받기 위해서는 이와 같이 **비시각적인 소리를 시각적으로 표현**해야 한다.

2. 냄새 상표(Olfactory Marks)

냄새도 상표로 등록받을 수 있는데, 소리 상표와 마찬가지로 '식별력'이 있고 '비기능적'이어야 한다. 식별력이 없는 냄새라 할지라도 일반 소비자가 상표로 현저히 인식할 만한 수준에 이르면 '사용에 의한 식별력'이 인정되며, 냄새가 상품 고유의 기능이나 특성과 관련되어 있으면 '기능적'이라 판단되어 상표를 받을 수 없다. 음식 자체에서 나는 냄새, 향수의 향 등은 기능적이어서 상표로 등록받을 수 없다. 미국에서 플루메리아(Plumeria) 꽃향기가 있는 자수용 실, 레몬향 프린터 토너 등이 냄새 상표로 인정받은 대표적인 사례라 할 수 있겠다.

아직 국내에 등록된 '냄새 상표'가 없는데, 냄새가 상표로 등록 받기 위해서는 아래 예시와 같이 **비시각적인 냄새를 시각적으로 표현**해야 한다.

예시: 이 냄새 상표는 첨부된 샘플과 같이 갓 깎은 풀냄새로 구성되는데, 여기서 말하는 풀은 골프장에서 주로 사용되는 크리핑 벤트그래스 잔디를 말하며, 갓 깎은 풀냄새란 잔디를 잔디 깎기 기계 또는 낫으로 깎자마자 발산되는 냄새로 깎은 지 한 시간이 지나지 않은 냄새를 말한다.

| 셀리아 클라크(Celia Clarke)는 플루메리아 꽃향기를 자수용 실에 포함하여 냄새 상표를 보유하고 있다. (미국 특허 제 1,736,128호, 1991. 3. 26 등록)

★ '소리'나 '냄새'도 식별력이 있고 기능적이지 않으면 상표로 보호받을 수 있다.

Q094 보통명사 vs. 고유명사 *_

Common Noun vs. Proper Noun

'아스피린'은 바이엘의 등록 상표인데,
일반 사람들은 두통 해열제를 '아스피린'이라고 불러
보통명사가 되어 버렸다.
경쟁사에서 '노엘 아스피린'이란 상표를 사용할 수 있을까?

브랜드가 상표로 등록되기 위해서는 '식별력'이 있어야 하는데, 시간이 흐르면서 소비자의 인식
정도가 높아감에 따라 식별력이 있는 정도의 수준을 넘어 유명 상표, 주지저명 상표로 성장해
나가고, 심지어 어떤 경우에는 보통명사처럼 사용되기도 한다. 우리는 머리가 아플 때에 약국에 가서
'아스피린'을 달라고 하는데 실상 두통 해열제의 종류가 무수히 많고
아스피린은 브랜드의 하나일 뿐인데 보통명사처럼 쓰이는 것이다.
이와 같이 기업의 브랜드가 유명함을 넘어, 아니 모두가 인식하는 수준인 주지저명한 단계를 넘어,
보통명사처럼 사용될 경우 마음이 어떠할까? 최고 수준의 유명성을 확보한 것이니 마냥 마음이
기쁠까? 일단 기쁠 것이다. 그리고 브랜드 관리자로서 자긍심도 갖게 될 것이다. 하지만 여기에
주의해야 할 함정이 도사리고 있으니 각별히 유의해야 한다.

ㅣ 초코파이는 보통명사, 코카콜라는 고유명사

ㅣ 요구르트는 보통명사, 야쿠르트는 고유명사

1. 보통명사화(Genericide)

'초코파이'는 1974년 오리온제과에서 개발해 보유하고 있던 '상표'이다. 그런데 초코파이의 시장 폭발력을 바라보고만 있을 수 없었던 경쟁사들이 '초코파이'라는 이름을 사용하기 시작했고, 1979년 롯데제과는 '롯데 초코파이'라는 이름으로 별도 상표 등록을 받게 되었다. 이후 '롯데 초코파이'는 강력한 라이벌이 되었고 국내 시장뿐만 아니라 해외 시장에서도 경쟁 구도를 형성하기에 이르렀다. 오리온제과는 1997년에 이르러서야 뒤늦게 위기 의식을 느끼고 '롯데 초코파이'와 다투기에 이르렀다. 하지만 대법원은 '초코파이'는 이미 보통명사화 되어 버렸기 때문에 상표로서의 식별력을 잃어버렸다고 판단했다.

앞서 살펴본 것처럼 '보통명사'나 '관용 표장'은 등록 상표가 될 수 없으니, 오리온제과에서는 하는 수 없이 새로운 브랜드를 개발해야 했고, '초코파이 情'을 새롭게 론칭했다. 이 얼마나 안타까운 사실인가? 오리온이 '초코파이' 상표를 지켜 낼 수 있었다면 지금보다도 훨씬 큰 매출과 수익을 만들어 낼 수 있었는데, 브랜드 관리의 실패가 큰 타격으로 이어진 것이다.

'에스컬레이터'도 식별력을 상실한 대표적 사례이다. 이는 원래 엘리베이터 기업인 오티스(OTIS)가 1900년도 파리만국박람회에 처음 소개했던 상품의 상표명이었으나, 오늘날 보통명사화되어 사용되고 있다. 라틴어로 계단을 뜻하는 스칼라(Scala)와 엘리베이터(Elevator)를 조합하여 만든 신조어인데 백화점, 할인 매장 등에서 일반화되어 사용되면서 보통명사화 된 것이다. '아스피린(Aspirin)', '챕스틱(Chapstick)', '지퍼(Zipper)', '호빵'도 보통명사화 된 대표적 사례들이다.

2. 고유명사로 남아야 한다

상표가 주지저명을 넘어 '보통명사화'되면 식별력을 잃게 되어 상표로서의 기능을 할 수 없으므로 기업의 브랜드 담당자는 상표의 보통명사화를 필사적으로 저지해야 한다.

'COKE' 사례를 보자. 미국 햄버거 가게에서 'COKE'를 주문하면 반드시 '코카콜라'를 주어야 한다. 코카콜라가 없을 때에는 'Is Pepsi ok?'라고 다시 고객에게 물어보아야 하는데, 이는 '코카콜라'가 '펩시콜라'와 치열하게 다툰 결과이다. 'COKE'는 코카콜라의 고유 상표이기 때문에 'COKE'를 주문할 때 펩시를 제공해서는 안된다고 강력히 경고하며 다툰 결과, 'COKE'를 고유 상표로 방어할 수 있었고 오늘날에도 세계 100대 브랜드 발표 시 매년 TOP 5 안에 들며 건재함을 자랑하고 있다.

'스카치테이프'도 마찬가지이다. 원래 '스카치테이프'는 3M에서 판매하는 투명 접착제에 대한 고유명사로서 등록 상표이다. 하지만 오늘날 '스카치테이프'는 '보통명사'처럼 쓰이고 있다. 누구도 문방구에서 '투명 접착제'를 달라고 말하지 않는다. '스카치테이프'를 달라고 할 뿐이다. 하지만 '스카치테이프'는 여전히 3M의 고유 상표로 유효하다. 3M은 모든 제품의 뒷면에 등록 상표임을 지칭하는 'ⓡ' 표시를 명시하고, 주기적인 광고를 통해 '스카치테이프'는 3M의 상표임을 주지시키고 있다. 아울러 다른 기업이 해당 상표를 사용할 때에 강력한 경고 행위와 다툼을 진행해 보통명사처럼 사용되는 것을 방지하고 있는데, 이러한 관리 능력 때문에 '스카치테이프'는 여전히 '고유명사'로 인정받고 상표로서 기능을 하고 있는 것이다.

'야쿠르트' 사례도 살펴보자. 이는 에스페란토어(만국 공용어)로 요구르트에 해당되는 Jahurto를 부르기 쉽게 새로 만든 단어(조어)이기 때문에 고유명사이고, '요쿠르트'는 Yoghurt라는 보통명사이다. 따라서 각종 요쿠르트는 많지만, 야쿠르트는 오직 '한국 야쿠르트'만 있다. 고유명사는 상표로서 강력한 힘을 발휘할 수 있지만, 보통명사는 누구나 사용할 수 있는 영역에 위치하게 되므로, '보통명사화'는 반드시 막아야 한다.

★ 고유명사는 강력한 상표로서의 힘을 갖게 되지만, 상표가 보통명사로 되어 버리면 식별력을 잃게 되어 누구나 사용할 수 있게 된다.

Q095 상품 *

Goods

카스(CASS)는 원래 의류 회사 상표인데,
5년 후 주류 회사에서 맥주 상표로 등록 받아 사용하고 있다.
주류 회사가 'CASS' 상표가 부착된 티셔츠를
판촉물로 무료 배포한다면 의류 상표 침해에 해당할까?

기업을 경영하다 보면 판촉 행사 또는 기념 행사를 치러야 할 때가 참 많다. 그때마다 판촉물
또는 기념품을 준비하면서, 기업 이름이나 상표를 판촉물에 부착해 배포할 때가 많은데,
한 번쯤은 이러한 것이 상표 침해 문제는 없을지 고민스러울 때가 있다. 예컨대 "판촉물로
유니클로 티셔츠를 대량 구입해, '백두닷컴' 로고를 부착해 주요 고객들에게 선물한다면
유니클로 상표를 침해한 것일까?" 하는 문제다.

'상표 침해'를 이해하려면, 먼저 '상표'의 개념을 정확히 이해해야 '침해'를 판단할 수 있다.
'상표'란 협의의 상표와 광의의 상표로 구분해 생각할 수 있는데,
협의의 상표란 '자기 상품(서비스 또는 서비스 제공에 관련된 물건 포함)을 타인 상품과 식별되도록
하기 위하여 사용하는 표장을 말한다.

'광의의 상표'란 단체표장, 업무표장, 증명표장 등을 포함한 의미이다. 단체표장이란 개별기업이 아닌
단체의 상품(서비스 포함)을 식별하기 위한 표장을 말하고, '업무표장'은 공공기관 등의 비영리업무를
식별하는 표장을 의미한다. 증명표장은 증명을 업으로 하는 자가 상품의 품질, 원산지, 생산방법 또는
그 밖의 특성을 충족한다는 것을 증명하는 데 사용하는 표장을 말한다.

'광의의 상표'는 개별기업이 아닌 단체, 비영리기관 또는 객관적 지위에서 증명하는 기관이
권리의 주체가 된다는 점이 다를 뿐 결국 서비스를 포함한 상품에 대한 식별 표장이라는
점에서 크게 다를 바가 없다.

| 함량 미달. 판촉물은 상품이 아니어서, 상표 침해로 보지 않는다.

1. 먼저 '상품'이 되어라

'협의의 상표'든 '광의의 상표'든 기본적으로 상표는 상품의 식별표장인데, 문제는 상품에 대한 정확한 개념 정의가 상표법에 없다는 점이다.

현재는 상품이 서비스를 포함하도록 규정하고 있지만, 예전에는 상품과 서비스를 구분하였는데 당시에 학설과 판례는 상품을 '그 자체가 교환 가치를 가지고 독립된 상거래의 목적물이 되는 유체 동산'으로 이해했다. 따라서 형체가 없는 전기나 열, 물 등은 상품이 될 수 없었고, 아파트와 같은 부동산도 상품이 될 수 없었다. 또한 음식점에서 제공되는 음식도 시장에서 양도될 수 있는지를 살펴보는 유통성이 없는 것들도 상품으로 인정되지 않았다.

다만 물이나 가스와 같은 무체물이라도 용기에 넣어 유통하면 상품이 될 수 있으며, 음식물도 음식점에서 판매하는 음식이 아니라 컵라면과 같이 유통성을 확보하면 상품이 될 수 있다. '아파트'와 같은 부동산은 동산이 아니므로 상품에 해당하지 않지만, 건축물 건축업이나 부동산업 같은 서비스업에 대한 서비스표 인정은 가능하다.

지금은 상품이 서비스를 포함하도록 규정되어 있으니 학설과 판례도 변화가 있을 것으로 생각되는데, '그 자체가 교환가치를 가지고 독립된 상거래의 목적물'에는 변함이 없을 것이다. 사례에서 주어진 '판촉물'을 한번 생각해 보자. 이는 그 자체가 교환 가치를 갖는 거래 대상이 되지 않는다. 회사나 회사 상품을 알리는 도구에 지나지 않을 뿐, 독립된 거래 대상이 되지 않기 때문에 '판촉물'을 '상품'으로 해석할 수 없다.

실제 개인의 'Cass' 상표가 수영복, 점퍼, 티셔츠, 반바지, 유니폼을 지정 상품으로 해 1992년 9월 22일 등록된 상태에서, 카스맥주주식회사는 1992년 12월 17일 맥주, 소주, 위스키 등을 지정해 'Cass' 상표를 출원해 1993년 11월 24일 등록을 받았다. 이후 카스맥주㈜는 판촉 활동에 사용할 목적으로 점퍼, 티셔츠 등에 'Cass' 상표를 표시 사용해 다툼이 생겼는데, '판촉물'은 독립된 상거래의 목적물인 상품이 아니고 단순한 광고 매체에 불과하므로 상표 침해가 아니라고 판단됐다.

유사한 사례가 하나 더 있다. 영화·음악·연예인 등에 관한 정보를 담은 〈로드쇼(Roadshow)〉는 월간 잡지의 독자들에게 보답하고 구매욕을 촉진시키기 위해 사은품으로 외국의 유명한 영화배우들의 사진을 모아 '윙크(WINK)'라는 제호의 책자를 발행해 독자들에게 배포했다. 이 사건에서, 그 자체가 독립된 가치를 가지고 거래 시장에서 유통될 가능성이 있는 독립된 상거래의 목적물이 될 수 없어 '상품'이 아니라 판단했다.

2. 업(業)으로 사용해야 침해

특허 침해가 생산, 제조, 판매 등 모든 단계를 실시 행위 독립의 원칙에 의해 각각의 침해를 인정하지만 업(業)으로 실시하지 않는 경우는 침해 책임을 묻지 않고, 저작권의 경우에도 사적 이용은 침해 책임을 묻지 않는 것처럼, 상표도 기본적으로 업으로 사용할 때에만 침해 문제가 발생한다.

상표가 '상품을 업으로 사용하는 자의 식별 표장'이기 때문에 업으로 사용하지 않는 경우에는 상표 침해 문제가 발생하지 않는다. 따라서 개인 블로그나 가정에서 사용할 경우 상표 침해가 아니다.

★ 먼저 '상품'에 해당해야 상표의 침해가 적용되는 바, 판촉물은 상품이 아니므로 침해에 해당되지 않는다.

상표 침해(1) *

Trademark Infringement(1)

설화(雪花)라는 화장품의 등록 상표를 보유하고
사업을 수행 중에 있던 중,
경쟁사가 한설화(韓雪花) 라는 향수를 판매하고 있다면
이에 대해 상표 침해를 주장할 수 있을까?

마케팅에서는 미투(Me too) 전략이 많이 사용된다. 비타500(광동제약)이 히트를 치니,
비타700, 비타800, 비타900, 비타1000, 비타2000 등이 연이어 출시되었는데, 하나의 히트 상품이
나오면 동종업계에서 유사 브랜드를 만들어 앞다투어 출시하는 미투 현상을 어떻게 이해해야 할까?
상표 침해로 인정될 확률이 있는데, 자사의 시장을 잠식할 수도 있지만, 어떤 경우에는 시장의 파이를
키우는 경우도 있어 오히려 매출을 증대시키는 효과를 만들 수도 있기 때문에
원조 상표 등록자는 고민이 많다.
미투 제품처럼 누군가 본인의 등록 상표를 무단으로 사용한 것으로 보일 경우, 일단 침해에
해당하는지를 판단하고, 거기에 맞는 대응 전략을 수립하게 되는데, 이는 상당히 어려운 작업이다.
사례별로 구체적으로 판단을 해야 하지만 원칙적 기준을 숙지할 필요가 있다.

| 상표 유사 여부의 다툼이 있었던 '스타벅스'와 '스타프레야'
서로 유사하지 않다고 판단되었다.

| '다이소'와 '다사소', 韓雪花(서아통상)와 雪花(아모레퍼시픽)'의 상표 다툼.
오인·혼동 가능성이 있다고 판단되었다.

1. 상품의 유사 판단

자녀를 데리고 장난감을 사러 갔을 때, 이탈리아 스포츠카 브랜드인 '페라리' 모형을 고른 적이 있다. 너무도 섬세하고 예쁘게 만들어진 미니어처(miniature)였는데, 순간 '상표 침해' 문제는 없을까 고민했었다. 생각건대, 등록상표의 침해여부 판단은, 우선 사용된 상품이 동일 또는 유사함을 전제로 하기 때문에, 상품이 등록상표와 전혀 다르다면 기본적으로 상표 침해에 해당되지 않는 다 할 수 있을 것이다.

상품의 유사 판단은 상표를 등록 받을 때와 침해문제로 인한 법정다툼에서 내려지는 판단은 상이할 수 있으므로 주의하여야 한다. 상표 등록을 위한 심사 단계에서의 상품 유사 판단은 유사군 코드를 활용해 기계적으로 수행하게 된다. 하지만 다툼이 발생했을 때에는 사례별로 살펴보아 **동일 업체에 의해 제조 또는 판매되는 상품으로 오인할 우려가 있는지 여부를 기준**으로 판단하게 된다.

그래서 유사군 코드가 상이해 상품이 유사하지 않다고 판단되어 상표 등록을 받았지만, 실제 다툼이 발생한 후 법원의 판단은 유사하다고 판단해 번복될 수 있는 것이다. 예컨대 부동산 임대업(유사군 코드 S1212)과 리조트업(유사군 코드 S1207)은 등록 단계에서는 비유사 상품으로 판단했지만, 다툼에 대한 판단은 유사로 보았고, 모뎀과 컴퓨터에 대해서도 등록 단계에서의 비유사 판단이 다툼에 대한 판단에서는 유사하다고 보았다.

2. 상표의 유사 판단

상품이 동일 또는 유사한 범주에 속한다면, 비로소 상표의 유사 여부를 판단하게 되는데, 이 경우도 상품의 유사판단과 마찬가지로 상표를 등록 받기 위한 심사단계와 다툼에서 바라보는 판단이 상이할 수 있음을 명심하자. 심사단계에서는 외관, 호칭, 관념의 유사여부를 판단하여 하나라도 유사하면 원칙적으로 유사하다고 판단되지만, 다툼의 상황에서는 사례별로 살펴보아 오인·혼동의 염려가 있는지를 기준으로 판단하게 된다.

질문에서 주어진 사례는 아모레퍼시픽에서 화장품을 지정 상품으로 해 **설화**(雪花)라는 등록 상표가 있는 가운데 서아통상에서 **한설화**(韓雪花)를 상표로 사용한 경우에, 두 상표가 외관이나 호칭에 차이가 있기는 하지만 한설화가 한국의 설화, 한국의 눈꽃을 연상할 가능성이 높아 일반수요자나 거래자로 하여금 상품출처에 오인, 혼동을 일으킬 염려가 있다고 판단됐다.

'**스타벅스**'의 다툼도 흥미롭다. 2017년 국내 매출1조원을 돌파한 커피공룡 스타벅스가 10년전 '**스타프레야**'와 다툼이 있었는데, 인어공주(스타벅스)와 여신(스타프레야)은 외관이 다르고, 스타벅스와 스타프레야의 공통부분이 '스타'는 상당히 식별력이 약하고 '스타'나 '벅스'로 '스타'나 '프레야'로 분리돼 불릴 것으로 보이지도 않아 호칭에 큰 차이가 있고, BUCKS(벅스)와 PREYA(프레야)가 특별한 의미를 가진 것이 아니어서 대비할 만한 관념이 없어서 서로 오인·혼동의 우려가 없다고 판단했다.

2013년도에 있었던 '**다이소**'와 '**다사소**' 사이에서의 다툼을 살펴보자. 다사소(DASASO)는 잡화점을 운영하며 상표 출원을 했지만, 다이소와 유사하다고 판단되어 상표 등록에 실패했다. 이는 법정 다툼으로 이어졌는데, 1심 법원에서는 두 상표가 글자체와 음영처리 부분에서 느낌이 달라 외관상 육안으로도 유사하지 않고, 호칭상으로도 두 상표의 음절 수가 같고 첫 음절과 마지막 음절이 같기는 하지만, 비교적 짧은 음절 수를 가진 단어에서 중간 음절인 '이'와 '사'는 그 듣는 느낌이 확연히 다르며, 다이소는 우리말의 '다 있소'를 연상시키거나 일본어 단어라는 느낌을 주는 반면, 다사소는 '다 사세요'의 경상도 방언 '다 사소'를 의미하는 것으로 관념상 달라 침해가 아니라고 판단했다. 상표를 등록 받을 수는 없지만, 상표 침해는 아니라는 결정이 나온 것이다.

'다이소 VS. 다사소' 다툼은 결국 대법원까지 이어졌고, 2017년도에 '다사소(DASASO)'의 첫째, 셋째 음절만으로도 '다이소(DAISO)'를 연상시킬 수 있어 수요자가 혼동할 가능성이 높다고 최종 판단됐다. 다툼의 결론이 심사결과와 일치하지만, 과정을 살펴보면 얼마든지 서로 상이할 수 있음을 보여주고 있다.

★ 상표의 '외관, 호칭, 관념'이 유사하여 오인·혼동의 우려가 있을 경우 침해로 판단된다.

상표 침해(2) *
Trademark Infringement(2)

광화문에 위치한 '자생한방병원'은 등록 상표를 갖고 있다.
강남에 신규 개업한 '자생초' 한의원이
서로 뜻과 청감이 다르다고 주장하고 있는데,
상표 침해를 주장할 수 있을까?

상표의 침해 여부 판단에 있어서, 무엇(what)을 비교해 볼 것인가에 못지않게 어떻게(how) 비교할
것인가 하는 관찰방법이 중요하다. 앞서 살펴본 것처럼, 상표의 침해는 상품이 서로 동일 또는 유사한
경우를 전제로, 상표의 '외관, 호칭, 관념'을 비교하여 오인 · 혼동의 우려가 있는지를 판단하는 것인데,
전체적 · 객관적 · 이격적으로 판단하게 된다.
'이격적'이란 같은 시간, 같은 장소에 서로 비교하지 말고 때와 장소를 분리하여 판단하라는 것이며,
'객관적'은 말 그대로 판단자의 주관적 기준이 아닌 거래 통념의 기준을 따를 것을 명시하는 것이다.
이 두가지 기준에 대해서는 이견이 많이 발생하지 않는데, '전체적'으로 판단해야 된다는 부분에
대해서는 많은 다툼이 발생한다. 이는 '전체 관찰'이 기준이 되면서도, 때에 따라 식별력 없는 부분을
빼고 요부(要部)만을 비교하여 판단하기도 하기 때문이다.

I 'Lock&Lock'과 'Bio Lock(바이오 락)'은 전체적으로 비교하여 유사하지 않다고 판단됐다.

I '비상(비유와상징)'과 '비상중국어' 사이의 다툼에서 '비상'을 요부로 판단하고
분리관찰을 통해 유사하다고 판단됐다.

자생 한방병원
JASENG HOSPITAL OF KOREAN MEDICINE

자생초

I '자생한방병원'과 '자생초'의 다툼에서 식별력이
강한 '자생'을 요부로 판단하고, 분리관찰 없이
요부만을 비교하여 유사로 판단됐다.

3. 전체관찰 vs. 요부·분리관찰

상표의 유사판단은 '전체 vs. 전체' 관찰을 하는 것이 기본 원칙이다. 구성부분 중 일부가 유사한 부분이 있더라도 전체적으로 보아 오인·혼동이 발생하지 않는다면 유사하지 않다고 판단하여 침해가 아니라는 것이다. '락앤락(Lock&Lock) vs. 바이오락(Bio Lock)' 다툼의 사례에서 보듯 일부 구성부분이 유사한 면이 있더라도 전체적으로 보아 오인·혼동이 발생하지 않은 경우 유사하지 않다고 판단된다. 앞서 살펴본 '스타벅스(Starbucks) vs. 스타프레야(starpreya)' 다툼 사례도 마찬가지다. 스타벅스가 '스타'나 '벅스'로, '스타'나 '프레야'로 분리하여 사용되지 않기 때문에 전체적으로 볼 때 유사하지 않다고 판단한 것이다.

여기에서 궁금한 점이 발생할 수 있다. 상표를 분리하여 약칭으로 불리지 않는 때에는 전체관찰이 당연한데, 사람들이 분리하여 약칭하는 경우에도 여전히 전체관찰을 하는 것이 합리적이냐는 것이다. 만약에 사람들이 '스타벅스'를 '스타'라도 약칭으로 단축하여 부르기 시작했고 어느 시점에 다다라서는 커피 소비자들 사이에 '스타'가 곧 '스타벅스'를 의미한다고 가정할 때, 이 경우에도 여전히 전체관찰을 통해 유사하지 않다고 판단하는 것이 합리적인지 생각해 볼 여지가 있다.

이러한 이슈는 주로 문자와 문자, 문자와 도형이 결합된 결합상표에서 발생한다. 전체관찰을 기본 원칙으로 하면서도, 상표 중에서 일반 수요자에게 그 상표에 관한 인상을 심어주거나 기억·연상을 하게 함으로써 그 부분만으로 독립하여 상품의 출처 표시 기능을 수행하는 부분, 즉 요부가 있는 경우 적절한 전체관찰의 결론을 유도하기 위하여 그 요부를 가지고 상표의 유사 여부를 대비·판단하는 것이 인정된다. 즉, 요부관찰을 전체관찰의 대립적 관계로 이해하는 것이 아니라, 전체관찰을 위한 필요방법으로서 병행할 수 있는 것이다.

요부관찰을 함에 있어서는 분리관찰하는 것이 자연스럽지 못할 정도가 아니라면, 상표의 구성부분 중 일부에 의하여 간략하게 호칭, 관념화 될 수 있을 것이기에 분리관찰할 수 있다.

'비상(비유와 상징) vs. 비상중국어' 다툼 사례를 살펴보자. 해당 사례에서 법원은 구성 부분을 분리해 관찰하는 것이 어색하지 않고, 한글 '비상' 부분은 일반 수요자나 거래자의 주의를 매우 강하게 끌도록 구성되어 있어 중심적인 식별력을 갖는 요부로 볼 수 있으므로, 두 상표 모두 '비상' 부분으로 간략하게 호칭·관념함으로써 인상을 형성하고 이를 기억·연상할 수 있다고 판단했다. 두 상표의 요부를 분리관찰해서 유사 판단에 이른 것이다.

이와 같이 요부가 존재하고 분리관찰하는 것이 어색하지 않을 때는 요부에 대한 분리관찰을 진행하게 된다. '메디팜 vs. 미래메디팜' 사이의 다툼에서도 미래메디팜의 '미래'는 식별력이 약해 '메디팜'으로 약칭이 가능해 요부를 분리하여 관찰한 결과 전체적으로 유사하다고 판단했다.

4. 요부관찰

분리관찰이 가능한 경우에만 요부관찰을 하고, 이를 전체관찰을 위해 필요방법으로 병행해 오던 법원의 태도에 변화가 생겼다.

2017년에 있었던 '자생한방병원 vs. 자생초' 다툼에서 자생한방병원은 식별력이 강한 요부인 '자생'과 식별력이 없는 없는 부분인 '한방병원'의 결합상표이며, 자생초는 식별력이 강한 요부인 '자생'과 식별력이 미약한 부분인 '초'의 결합상표로 판단하고, 분리관찰이 되는지 따져볼 필요도 없이 요부관찰을 통해 유사로 판단했다.

세계적 관점*
Global Angle

(주)백두패션은 'BakDoo' 브랜드로 인기몰이를 하고 있다.
국내 성공을 바탕으로, 중국시장 진출을 도모하고 있는데
상표는 유사 범위까지 보호가 가능하므로,
유사 발음 상표까지 획득할 필요는 없을까?

특허가 힘을 가지려면 국내 특허에만 머물러서는 안 되고 반드시 국제 특허의 길을 걸어야 한다.
특허의 가치는 시장의 크기에 비례할 수밖에 없는데, 해외에서 권리화를 하지 않고 국내 특허에만
머무를 경우, 18개월 후에 이루어지는 공개로 해외에서 누구든지 자유롭게 실시할 수 있어
합법적 기술유출이 될 수 있다.
상표는 특허보다 훨씬 더 큰 위험성을 가지고 있다. 특허는 본인이 해외에서 권리를 획득하지
못한다 할지라도 다른 사람도 그 권리를 특허화하는 것은 불가능하다. 본인의 특허가 공개된 이상
'신규성(비공지성)' 문제로 인해 다른 사람도 특허로 권리를 획득하는 것이 불가능하다. 하지만 상표는
상황이 다르다. 상표는 '신규성'을 요구하지 않기 때문에 상표 등록 없이 해외 시장에 진출했는데,
해당 국가에서 누군가 먼저 상표를 출원하면 그 사람이 등록받을 수 있다.
이는 아주 강력한 장애가 될 수 있는 것이다.

I 애플의 iPad(좌)는 중국의 IPAD 상표(우) 때문에 압류와 통관 금지 조치를 당했다.

I 대선 슬로건(Make America Great Again)과 2020년 재선을 대비한
슬로건(Keep America Great)을 상표 등록한
상표광인 미국 도널드 트럼프 대통령
[출처 : https://www.fitsnews.com/2015/12/29/donald-trump-invincible]

1. 사례1(iPad) – 해외 시장 진출은 상표와 함께

아이패드(iPad), 아이폰(iPhone)은 애플 사의 세계적인 히트 발명품인데, '애플'의 제품들은 상표 문제로 인해 적지 않은 맘고생을 했는데, 중국 시장에서의 사례는 적지 않은 시사점을 준다.

애플은 대만 프로뷰(PROVIEW) 사로부터 그들이 보유하고 있는 10개국의 아이패드 상표를 3만 5천 파운드(약 6천만 원)을 주고 매입했다. 애플 사가 상표 매입자라고 밝힐 경우 천문학적 금액을 요구할 수 있기 때문에, 애플은 영국에 IPAD(IP Application Development ltd.)라는 무명의 회사를 만들어 상표를 값싸게 매입했다.

하지만 문제가 발생했는데 매입한 10개국의 아이패드에 중국 본토가 포함되어 있지 않았던 것이다. 중국 상표는 대만 프로뷰 사가 아닌 선전 프로뷰 사가 보유하고 있었다. 대만 및 선전의 프로뷰 모두 홍콩 프로뷰 인터네셔널(PROVIEW INTERNATIONAL HOLDING INC.)의 자회사들인데, 상표에 대한 소유는 분리해 보유하고 있던 것이다. 당시 선전 프로뷰 사는 경영 상황이 극도로 좋지 않았는데, 이를 극복하기 위한 돌파구로 애플 사와의 상표 전쟁을 활용했다.

중국 법원은 프로뷰가 IPAD(Internet Personal Access Device)라는 데스크탑 PC의 제조, 판매를 위해 해당 상표(중국 상표 1590557)를 보유한 만큼 부정한 목적이 없는 정당한 권리 획득으로 보고 프로뷰의 손을 들어 주었고, 판매점과 온라인 쇼핑몰에서도 iPad 제품은 압류를 당해 사라지게 되었다. 프로뷰 사는 이에 만족하지 않고 더욱 공세를 강화해 세관을 통한 통관 금지 조치를 취하며 애플을 압박했다.

당시 세계 시장 점유율 60%에 달했던 애플 사로서는 중국이라는 거대 시장을 잃을 수 없는 절박한 처지에 몰렸고, 더욱이 iPad3 출시가 임박한 상황이어서 더욱 부담을 느끼지 않을 수 없었는데 결국 650억 원을 주고 중국 IPAD 상표를 매입했다. 20억 달러(약 2조 원)를 요구하던 프로뷰의 요구를 생각하면 다행이지만, 꼼꼼하지 못한 상표브랜드 전략이 아쉽다. 해외시장 개척을 위한 상표의 중요성은 아무리 강조해도 지나치지 않다.

2. 사례2(Trump) – 현지 언어를 고려한 브랜드 전략

미국의 45대 대통령 도널드 트럼프(Donald John Trump)는 상표광인으로 불릴만큼 상표에 대한 애착이 강하다. 미국뿐만 아니라, 중국, 캐나다, 유럽연합(EU), 멕시코, 인도네시아 등 28개국에 400개 가까운 해외 상표를 가지고 있다. 우리나라에도 '트럼프월드'라는 주상복합 아파트 상표를 가지고 있어, 대우건설로부터 상표 사용료로 600만 달러 이상을 받은 것으로 알려져 있다.

그의 상표 본능은 중국에서 유감없이 발휘되었는데, 트럼프라는 영어식 상표뿐만 아니라 '촨푸(川普)', '터랑푸(特朗普)'와 같은 중국식 발음 상표까지 확보하는 치밀함을 보여주고 있다. 상표가 비록 외관, 칭호, 관념이 유사한 범위까지 보호가 가능하지만, '유사'의 범위가 지극히 주관적일 수 있고 유동적이기 때문에 단단한 권리행사를 위해서는 현지어를 고려한 유사 상표까지 권리화하는 것이 바람직한 것이다.

아울러, 해당 상표가 해외시장의 현지어로 비어, 속어, 은어 등에 해당되지는 않는지 철저한 사전조사가 필요하다. 독일의 쿨름바흐(Kulmbach) 맥주가 아프리카에 진출하며 사용했던 '에쿠(EKU)' 브랜드가 아프리카어로 '똥'이라는 은어에 해당되어 시장에서 철수할 수밖에 없었고, 포드의 자동차 브랜드 '칼리엔트(Caliente)'는 스페인어로 '매춘부'를 연상시켰기 때문에 멕시코에서 형편없는 실적으로 쓴잔을 마셔야만 했다. 우리에게 친숙하고 호소력 있는 상표가 해외시장에서는 거부감을 줄 수도 있으니 세심한 현지화 전략이 필요하다.

★ 상표의 '유사' 판단은 주관적이고 유동적일 수 있다. 해외시장에서는 이 점에 더욱 유의해야 하는데, 철저하게 현지화 관점에서 고려해야 한다.

Q099 상품 vs. 서비스 *_

Product vs. Service

고급 원목 가구 제품에 'HERA'라는 등록 상표가 있는데,
가구 렌탈숍 이름으로 'HERA Rental'을 사용하고 싶다.
상표는 상품에만 등록되어 있으니,
임대업으로 사용하는 것은 괜찮을까?

상표의 침해는 '상표적 사용'을 통한 혼동 가능성의 염려가 있을 때 비로소 인정된다.
단순히 동일 또는 유사한 표장이 사용된 것만으로 침해를 인정하는 것이 아니다. 앞서서 상표와
디자인과의 관계를 통해 이를 살펴보았는데, 이러한 기준이 상품에 대한 상표와 서비스에 대한 상표,
상표와 상호, 상표와 도메인과의 관계에서는 어떠한지 순차적으로 살펴보자.

I 가구 제품 'HERA'와 가구 렌탈숍 'HERA Rental'을
각각 다른 사람이 운영하더라도 소비자는 같은 곳이라
오인·혼동할 것이다.

1. '상품에 대한 상표'와 '서비스에 대한 상표'

상표는 유형의 상품뿐만 아니라 무형의 용역인 서비스에 대한 식별 표장을 포함한다. 2016년도 9월 1일 이전에는 상표와 서비스표를 구분하여 유형의 상품에는 '상표'를, 무형의 용역인 서비스에는 '서비스표'를 부여하였으나, 현재는 상표로 통합되어 있다. 제도상 명칭의 통합은 이루어졌지만, 여전히 유형의 상품에 부여된 상표와 무형의 용역인 서비스에 대한 상표 사이에 충돌이 있을 가능성이 충분히 있다.

'상품에 대한 상표'와 '서비스에 대한 상표'는 각각 보호하고자 하는 대상이 명확히 구분되기에 상호 효력이 미치지 않음이 원칙이다. 하지만 ① 무형의 서비스(용역) 자체에 서비스표를 표지하는 것은 불가능해 상표를 사용하기 위해서는 유형화가 불가피하고, ② 소비자가 생각하기에 상품을 만드는 곳과 서비스를 제공하는 곳이 동일 업체라고 오인·혼동할 가능성이 충분히 있어서 상호 효력이 미치기도 하는데 사례를 통해 살펴보자.

먼저, '본죽 사례'를 살펴보자. '본죽'이 자신들의 서비스에 대한 등록 상표(구 서비스표)를 보유하고 있는 상태에서, 타업체가 죽용기, 젓가락, 냅킨, 죽용기 포장용 쇼핑백 등의 상품에 '본죽'을 사용하면서 다툼이 발생했다. 이 사건에서 본죽 서비스에 대한 상표를 사용하는 데에는 간판, 광고전단, 정가표 또는 거래서류뿐만 아니라, 수요자에게 제공되는 물건에 유형화가 불가피하므로, 타업체의 관련 상품에 대한 상표 사용은 침해로 결론이 났다.

질문의 사례를 살펴보면, '헤라(Hera)'라는 가구 제품에 대해 상표가 등록되어 있는데, '헤라 렌탈(Hera Rental)'이라는 가구 렌탈숍이 운영된다면 소비자는 충분히 'Hera' 가구를 임대 서비스하는 곳이 'Hera Rental'이라고 생각하지 않을까? 이처럼 상품과 서비스가 밀접한 관련이 있어 서로에게 오인·혼동을 야기할 수 있는 경우 서로 간에 효력이 미친다고 볼 수 있다. 상품과 서비스 사이에는 원칙적으로 상호 효력이 미치지 않음에도 불구하고, 실제에 있어서 서로 영향을 줄 수 있는 여지가 많기 때문에 상호 연관성이 있는 경우에는 확장적 개념의 권리화가 바람직하다.

2. 상표와 상호

'상표'와 '상호'의 차이를 이해하는 것도 기업 경영에 대단히 중요하다. 사람에게 이름이 있듯이, 기업도 이름을 갖고 있는데 그것을 우리는 '상호'라고 부른다. 그리고 해당 기업이 만드는 상품 및 서비스를 식별하기 위해 '상표(구 서비스표)'를 만들게 된다. '주식회사 비케이알'이라는 상호를 가진 기업이 패스트푸드 음식점이라는 서비스 분야에 '버거킹(Burger King)'이라는 서비스에 대한 상표와 '와퍼'라는 상품에 대한 상표를 사용하면서 사업을 영위하고 있는 것이다.

상표와 상호는 상이한 점이 많다. '상호'는 반드시 문자로 만들어져야 하나, '상표'는 기호, 문자, 도형, 색채 등 다양한 방법을 통해 만들어질 수 있다. 상호는 개인인 경우에는 세무서에 사업자 등록 신고를 할 때, 법인은 등기소에 법인 정관을 제출해 인가를 받을 때 사용하는 '이름'을 말하는데 그 효력이 동일 행정 구역(특별시, 광역시, 시, 군) 내에서만 발생하게 된다. 이에 반해, 상표는 특허청에 등록 절차를 밟아야 하고 그 효력은 대한민국 전체에 미친다. 다른 행정 구역이라도 동일 또는 유사한 상표를 동일하거나 유사한 분야에서 사용하면 침해에 해당이 되는 것이다.

예를 들어 살펴보자. '코리아고(Korea GO)'라는 상호를 가진 광화문에 있는 한정식집이 해운대에 있는 가게에 동일한 상호를 사용하지 말 것을 요청할 수 있을까? 그럴 수 없다. 동일 행정구역이 아니기 때문에, 얼마든지 같은 상호를 사용할 수 있다. 하지만 코리아고(Korea GO)가 상표로 등록되어 있다면 어떨까? 해운대에서 동일한 상표를 사용하는 가게에 사용을 제지할 수 있을 것이다.

등록 상표를 누군가 단지 상호로만 사용하는 경우 '보통의 사용'이라 해 상표 침해 책임을 지우지 않는다는 규정이 있기는 하나, '보통의 사용'이라고 인정받는 것은 극히 제한적이어서, 실질적으로 인정받기는 어렵다. 따라서 안전한 사업 영위를 위해서는 상호와 함께 반드시 필요한 상표를 등록받아 두자.

★ '상품에 대한 상표'와 '서비스에 대한 상표'가 서로 밀접한 관련이 있을 경우 서로 간에 효력이 미친다.

Q100 상표의 디자인적 사용★

TM and Design

아가타 디퓨전은 독특한 강아지 도형을
귀금속에 사용하기 위한 상표로 등록받아 두었는데,
스와로브스키에서 강아지 모양을 목걸이 팬던트의
디자인으로 사용한다면 상표 침해에 해당할까?

지식재산은 특허, 디자인, 상표·브랜드, 저작권 등 다양한 권리를 포괄하는 개념이다. 그 안에 있는
개별 권리는 각자 존재하는 목적이 있고 고유한 보호 영역이 존재한다. 특허는 기술적 사상을,
디자인은 물품의 심미감을, 상표·브랜드는 상품이나 서비스의 식별력을 보호하고,
저작권은 창작적 표현을 보호하기 위해 권리가 존재한다.
하지만 최근 서로의 고유 영역을 뛰어넘는 전방위적 융·복합화 현상이 생겨나고 있으며, 이러한
현상은 더욱 심화될 것으로 보인다. 특별히 브랜드와 디자인의 융·복합화 현상 추세가 뚜렷한데,
내용을 살펴보자.

| 버버리(좌)와 닥스제품을 라이센스한 LG패션(우)의 체크무늬 다툼.
버버리는 체크무늬를 상표(제0419946호)로 보호받고 있다.
(사진 중앙일보, 2013. 2. 8)

| 아가타 디퓨전(좌)은 상표(제0618084호, 제0774778호, 제0936774호)
침해를 주장했고, 스와로브스키(우)는 팬던트를 디자인으로만
사용해서 오인·혼동이 없다고 주장했다.

1. 디자인의 '상표화'

디자인은 물품의 형상, 모양, 색채를 통한 심미감을 보호하는 것이며, 상표는 상품의 기호, 문자, 도형, 입체적 형상, 색채 등을 통한 식별력을 보호하는 것이다. 꼼꼼히 두 권리를 비교해 살펴보면 알겠지만 상당히 중첩적으로 보호될 여지가 많음을 알 수 있다.

물품의 색채가 심미감을 주게 되면, 디자인으로 보호가 가능한데, 동시에 상품의 출처 표시에 대한 식별력을 주게 되면 상표로서도 보호가 가능하다. 여기에 대해서는 '색채 상표' 편에서 크리스찬 루부탱 하이힐 사례를 통해 살펴본 바 있다.

물품의 형상에 대해서도 심미감을 주는 수준을 넘어 식별력에까지 이르면 상표로 보호될 수 있음도 살펴보았다. '바나나 우유' 형체가 주는 심미감은 디자인으로 보호하지만 독특한 형체를 보면 빙그레라는 식별력을 주기에 충분하므로 상표로도 보호가 가능하다.

물품의 모양은 어떠할까? 물품의 표면에 입힌 모양(Pattern)이 심미감을 자아내면 디자인으로 보호를 받게 되는데, 이것이 식별력을 주게 되면 '상표'도 될 수 있다. 디자인에서 말하는 모양을 상표에서는 '도형'이라는 수단을 통해 보호할 여지가 충분히 있다는 것이다. '버버리'와 'LG패션' 간에 있었던 다툼을 생각해 보자. 합의로 마무리되기는 했지만, '버버리'에게 유리한 조건의 조정(LG패션이 3천만 원을 지급하고 버버리가 청구를 포기)이 될 수 있었던 이유는 '버버리'가 셔츠의 체크무늬 모양을 도형 상표로 등록받아 두었기 때문이다.

이상과 같이, 디자인이 보호하는 물품의 '형상', '모양', '색채'는 모두 출처 표시를 나타내는 '식별력'을 줄 수 있기 때문에, 상표로도 보호가 가능하다.

2. 상표의 '디자인'적 사용

디자인의 '상표화' 추세가 강한데, 역으로 상표를 디자인으로 활용하면 어떻게 될까? 침해에 해당할까? 상표와 디자인은 상호 간에 영역을 뛰어넘어 사용될 확률이 높은데, 기본적으로 상표를 '디자인'으로만 사용하면 상표 침해의 문제는 생기지 않는다. 하지만 소비자에게 출처 표시에 대한 오인·혼동을 주면 상표 침해에 대한 책임을 지게 된다. 최근에 발생했던 두 가지 사례를 살펴보자.

첫 번째 사례는 '아가타'와 '스와로브스키'의 다툼인데, 아가타의 '강아지' 상표와 스와로브스키의 '팬던트 디자인' 사이의 다툼이었다. 비록 호칭과 관념이 유사하지만 외관이 비유사하고, 스와로브스키는 순전히 디자인적으로만 사용했으며, 상품 출처의 혼동이 발생하지 않으므로 유사하지 않다고 판단되었다.

두 번째 사례는 '포트메리온'과 국내 한 기획 회사 사이의 다툼 사례이다. 영국 도자기 회사 '포트메리온'은 1972년 출시한 자신들의 대표 디자인인 '보타닉 가든(Botanic Garden)'을 도형 상표로 등록을 받아 두었는데, 국내 기획사가 해당 디자인을 사용하자 다툼을 벌인 것이다. 국내 기획사가 '포트메리★스타일', '포트메리온 st 접시' 등으로 판매한 것은 단순히 디자인적으로만 사용한 것이 아닌 출처 표시로 사용한 것이기에 상표 침해로 판단된 것이다. 국내 기획사가 제조·판매한 제품은 포트메리온 상표와 외관이 유사해 상품 출처의 오인 혼동을 줄 수 있다고 본 것이다.

재미있는 점은, 아가타 사례는 1심에서는 상표적 사용으로 보고 내린 판정이 2, 3심에서 번복이 되어 비침해가 되었고, 포트메리온 사례는 1, 2심에서는 디자인적 사용에 불과해 침해가 아니라고 한 것이 3심에서 번복되어 침해로 인정된 것이다. 이 두 사례를 보면 '상표적 사용'에 해당되는지를 판단하는 것이 얼마나 어려운지 알 수 있다. 하지만 원칙은 분명하다. '상표의 디자인적 사용'은 침해가 아니고, 출처 표시에 오인·혼동을 주는 '상표적 사용'에 해당될 때 비로소 침해이다.

★ 상표를 순전히 디자인으로만 사용해 오인 · 혼동이 생기지 않을 경우 상표 침해에 해당되지 않는다.

Q101 상표와 도메인*
TM and Domain

온라인 쇼핑몰(www.tiger9.com)을 통해
'coffeeking'이라는 캔커피를 판매하고 있는데,
'Tiger9'이라는 골프용품 브랜드가
등록 상표를 기초로 상표 침해를 주장할 수 있을까?

필자의 MBA 수학 시절 가장 영향을 준 사례는 '아마존닷컴'이다. 사이버 시장이 물리적 시장을
능가할 것이라는 강력한 영감과 함께 원클릭(One click)이라는 선도적 특허가 연계된 점도
흥미로웠지만, 무엇보다 최고 경영자인 제프 베조스의 경영 철학에 마음이 끌렸다. 그는 "무엇이
변화될 것인가에 주목하지 말고 무엇이 변하지 않을 것인가에 주목해야 한다"고 말했는데, 마음에
강한 울림이 전해졌다. 이 같은 울림과 영감은 필자로 하여금 도메인에 관심을 갖게 만들었고,
'백두닷컴(www.bakdoo.com)' 도메인을 구입해 운영하도록 영향을 준 것이다.
도메인과 상표의 권리자가 일치할 때에는 문제가 없지만, 권리자가 다를 경우 다툼의
여지가 매우 크다. 우리가 잘 아는 바와 같이 MBC의 도메인은 MBC가 아니고 imbc이며, 국민은행의
도메인도 Kookmin이 아닌 kbstar이다. 누군가 다른 사람이 도메인을 선점하고 있었기 때문인데,
도메인과 상표의 충돌 문제는 지금도 식지 않은 뜨거운 주제여서, 기업을 경영할 때 정확한
이해가 필요하다.

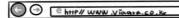

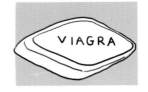

ⅼ www.viagra.co.kr 홈페이지를 통해 '산에 산에'라는 독립 브랜드가
부착된 생칡즙, 칡수를 판매하고 있다.
소비자는 발기부전제 '비아그라'와 오인·혼동하지 않는다.

1. 상표와 도메인

'도메인'이란 원래 IP 주소라 불리는 숫자로 된 주소에 불과한데, 이를 이용자가 쉽게 이용할 수 있도록 문자로 표기해 보이는 것이다. 예컨대 인터넷 주소창에 211.170.243.31이라는 IP 주소를 입력하면, 바로 www.kipa.org에 연결되는데, 이것이 '한국발명진흥회'의 도메인이다.

'도메인'이 '상표'와 구분되는 점은 가장 먼저 '효력 범위'를 생각해 볼 수 있다. 상표의 경우는 등록될 경우 동일한 것뿐만 아니라 유사한 표장에까지 범위가 미쳐 유사 상표를 차단할 수 있지만, 도메인은 동일한 것에만 해당한다. 그래서 adidas.com 도메인이 있지만 d가 하나 더 포함된 addidas.com도 등록이 될 수 있었던 것이다. addidas를 상표로 출원한다면 등록 상표인 adidas와 외관, 칭호, 관념이 유사해 상표로 등록받을 수 없었을 텐데, 도메인은 조금이라도 다르면 등록이 가능하다.

또 하나, 상표와 도메인이 다른 점은 상표는 속지주의를 택하고 있어 등록된 국가에서만 권리를 행사할 수 있는데, 도메인은 해당 IP 주소를 전 세계적으로 사용할 수 있다. 또한 상표는 지정 상품이라는 것을 정해 그 범위 내에서만 권리가 생기게 되지만, 도메인은 상품이나 서비스의 모든 범위에 아무런 제약이 없다.

살펴본 바와 같이, 등록받고자 하는 도메인이 등록된 도메인과 동일하지만 않으면 얼마든지 등록이 가능하고, 활용도와 확장성 면에서 매우 강한 특성을 가지고 있어, 오늘날 창업을 할 때에는 상호나 상표에 앞서 가장 먼저 도메인 등록 가능 여부를 확인해 보는 것이 현실이다.

2. 도메인의 상표적 사용

도메인과 등록된 상표의 관계는 어떠할까? 원칙적으로 도메인 자체를 상표적 사용이라고 보지는 않는다. 도메인 이름이란 원래 인터넷상에 서로 연결되어 존재하는 컴퓨터 및 통신 장비가 인식하도록 만들어진 인터넷 프로토콜 주소(IP 주소)를 사람들이 인식, 기억하기 쉽도록 숫자, 문자, 기호 또는 이들을 결합해 만든 것에 불과

하기 때문에 상표와는 무관하다.

특정한 도메인 이름으로 웹사이트를 개설해 제품을 판매하는 영업을 하면서 그 웹사이트에서 취급하는 제품에 독자적인 상표를 부착, 사용하고 있는 경우에는 특단의 사정이 없는 한 그 도메인 이름이 일반인들을 그 도메인 이름으로 운영하는 웹사이트로 유인하는 역할을 한다고 하더라도, 도메인 이름 자체가 곧바로 상품의 출처 표시로 기능한다고 할 수는 없다.

www.viagra.co.kr 사건을 살펴보자. 해당 도메인에서는 생칡즙과 칡수를 판매했는데 여기에는 '산에 산에'라는 독자적인 상표가 부착되어 있었다. 여기에 대해 발기 기능 장애 치료제 '비아그라'를 제조, 판매하는 화이저(PFIZER)는 문제 제기를 했고 다툼을 벌였으나 상표 침해가 아니라고 판단되었다. 생칡즙과 칡수에 별도의 독자 상표가 부착되어 있다는 것은 도메인(www.viagra.co.kr)을 단지 IP 주소로서만 사용한 것이고 상표적 사용을 한 것은 아니기에 발기 부전제 '비아그라'와 혼동 가능성이 없다고 판단한 것이다.

주어진 질문과 같이 'Tiger9'이라는 도메인을 구입해 'coffeeking'이라는 독립 브랜드를 부착, 판매한다면 특별한 사정이 없는 한 골프용품 관련 상표인 'Tiger9'과 동일하다는 이유만으로 상표 침해를 주장할 수는 없을 것이다. 그런데 만일 'Tiger9' 도메인 보유자가 홈페이지를 통해 'Tiger9' 골프용품을 판매한다면 이는 상표 침해 책임을 피할 수 없을 것이다.

★ 부정한 목적이 없이 도메인이 상표와 동일 또는 유사하다는 이유만으로는 침해라 볼 수 없다.

트레이드 드레스 _
Trade Dress

서울 강남에 있는 창고형 매장인 '자이언트마트'에 들른
송상엽 씨는 깜짝 놀랐다.
매장 배치와 인테리어가 코스트코와 너무도 흡사해
혼동이 생기는데 상표 침해에 해당할까?

2008년도부터 시작된 '삼성-애플'의 지식재산대전은 대한민국뿐만 아니라 세계적 관심을 끌었다.
미국에서의 손해배상액이 1.2조 원에 달하고, 다툼은 유럽, 일본 등 전 세계로 확전되었는데,
애플은 주로 '트레이드 드레스'를 중심으로 다툼을 벌이고 있다.
특허나 디자인은 우리에게 친숙하지만 트레이드 드레스는 생소하다.
하지만 미국이라는 핵심 시장에서 제2, 제3의 다툼을 방지하려면 이에 대한 철저한 이해가 필요하다.

1. 제1차 'Look and Feel' 대전

애플의 '지식재산 집착'은 실로 대단하고, 단기간의 경영 전략이 아닌 오랜 세월에
걸친 경험에 의해 체화된 것이다. 애플은 2008년 삼성과 다툼을 벌이기 꼭 20년 전
인 1998년도에도 맹렬한 '지식재산 전쟁'을 치렀다. 그때의 상대방은 오늘날 IT 거대
공룡인 'MS'였는데, 애플은 쓰디쓴 경험을 했다.

I '코카콜라 병'과 '바나나맛 우유 용기'는
트레이드 드레스의 대명사이다.

I 제품이나 서비스의 전체적인 느낌(Look and Feel)을 보호해 주는
트레이드 드레스(자료 : 국가지식재산교육포털 영상 캡처)

당시 애플은 매킨토시로 유명한 거대 기업이었고, MS는 DOS로 주목을 받기 시작한 신생 기업이었다. MS는 애플에 응용 소프트웨어를 판매하는 소규모 기업이었는데 '윈도우'를 개발하면서 출시하자 애플은 자신들의 GUI(Graphic User Interface)를 침해했다며 저작권 소송에 돌입하는데 이것이 유명한 'Look and Feel' 사례이다. 애플이 주장하기를 MS가 자신들의 GUI를 모방해 전체적으로 유사하다고 느껴지기 때문에 저작권 침해라고 주장을 한 것이다.

문제는 저작권을 핵심 쟁점으로 잡은 것인데 저작권은 '표현'을 보호하는 것으로서, '아이디어'에 해당하는 부분들을 모두 제외시키고 남은 부분을 비교해 침해 여부를 판단하기 때문에 법원은 MS의 GUI는 저작권 비침해라고 판단한 것이다. 이 사건 이후로 MS는 사업의 정당성을 확보하게 되었고 오늘날 MS로 도약하는 교두보를 확보하게 되었다.

2. 제2차 'Look and Feel' 대전

MS와 벌인 지식재산 전쟁에서 완패하며 쓰라린 경험을 한 애플은 20년 후 비슷한 'Look and Feel' 이슈를 저작권이 아닌 산업 재산권(특허, 디자인, 상표) 관점에서 공략하고 삼성을 상대로 천문학적 손해배상을 요구하고 있다. 그중에서도 '트레이드 드레스(Trade Dress)' 전략을 중점적으로 구사하고 있는데, 이는 미국에서 상표의 한 종류로 인정되는 영역이다.

트레이드 드레스란 2차원적 표장이 3차원적 표장으로 확장된 개념으로, 상품이나 서비스의 전체적 이미지(Overall Impression)를 보호하는 것이다. 예컨대 물품의 형상은 디자인으로 보호하는 것이지만, 이를 통해 어느 기업의 제품인지 출처 표시의 기능까지 할 수 있다면 이를 트레이드 드레스로 보호해 주는 것이다. 코카콜라 병이나 바나나맛 우유 용기를 생각하면 쉽게 이해할 수 있을 것이다.

트레이드 드레스는 상표의 한 영역이기 때문에 상표의 침해 여부를 판단할 때는 저작권과 달리 '전체 대 전체'로 보는 것이 원칙이다. 때에 따라서는 핵심적인 부분을 의미하는 '요

부 관찰'을 하기도 하나 원칙적인 침해 여부 판단은 '전체 대 전체' 관찰 방식을 따른다. 아이디어와 연관된 부분을 모두 빼고 '표현' 자체에 대해서만 판단하는 저작권과는 완전히 접근 방식이 다르다. 이러한 '전체 대 전체' 방식으로 비교하니 삼성의 갤럭시가 전체적으로 유사하다고 판단된 것이다.

트레이드 드레스로 보호받기 위해서는 사용에 의한 것이든 본질적인 것이든 식별력이 있어야 하고, 비기능적이어야 하며, 혼동 가능성이 있어야 한다. 애플은 삼성 갤럭시 출시 전에 사용에 의한 식별력을 획득한 상태이며, ▷모서리가 둥근 직사각형 형태 ▷화면 윗부분에 좌우로 긴 스피커 구멍 ▷앞면의 직사각형 모양 화면 ▷직사각형 모양을 둘러싼 테두리(Bezel)는 비기능적이고, 소비자들이 아이폰과 갤럭시폰을 혼동할 수 있다는 것이 애플 측 주장이었고 이는 인정됐다.

20년 전 제1차 'Look and Feel' 대전을 저작권 관점에서 접근해 아픈 추억을 간직한 애플이, 제2차 'Look and Feel' 대전에서는 트레이드 드레스라는 새로운 관점의 공략으로 다툼을 유리하게 이끌어 가고 있는 것이다.

우리나라는 '트레이드 드레스'와 관련하여 물품의 형상은 '입체상표'로 보호하고 있으며, 나머지 부분은 부정경쟁으로 이해하며 보호하고 있다. '서울연인 단팥빵'과 '누이애 단팥빵' 사이에 다툼이 있었는데, '단팥빵'이라는 식별력 없는 부분을 빼고, 표장의 외관·호칭·관념을 비교했을 때 상표 침해를 인정하기 어려웠다. 서울연인 단팥빵의 제빵사가 퇴사 후 누이애 단팥빵을 개업하였던 것이기에 영업비밀 이슈도 있었지만 전직금직계약이 없어 영업비밀 보호도 현실적으로 어려웠다. 하지만, 서울연인 단팥빵 매장의 전체적 이미지는 식별력, 비기능성, 출처혼동가능성을 모두 갖추었기 때문에 트레이드 드레스로 보호할 수 있었는데, 매장 인테리어에 대한 모방은 해당 사업자의 상당한 노력과 투자에 의하여 구축된 성과물에 대한 부정경쟁행위로 판단되었다.

Q103 희석화[*]

Dilution

버버리 브랜드를 유독 사랑하는 김 사장은
'버버리 노래방'을 개업하였다.
설마 고객들이 '버버리'가 노래방까지 차렸다고
생각하지는 않을 테니 상표 침해 문제는 없을까?

상표를 침해했느냐의 판단에서 '혼동 가능성'은 대단히 중요한 개념이다. 외관, 칭호, 관념의 유사
여부를 관찰하는 목표는 비교를 통해 오인·혼동의 염려가 있는지를 판단하는 것이며,
상표가 순수하게 디자인이나 도메인적으로만 사용했는지 아니면 등록 상표를 침해했는지의 여부도
결국에는 '혼동 가능성'으로 판단되기에 이는 대단히 중요한 개념이라 말할 수 있을 것이다.
그런데 때로는 혼동 가능성이 없지만 그럼에도 불구하고 상표를 보호해 줄 필요성이 있을 수 있다.
예를 들어, 나이스(Nice) 신발을 생각해 보자. 우리는 나이스 신발을 보고, 나이키(NIKE)라 생각하며
구입하지는 않을 것이다. 혼동 가능성이 없기 때문이다. 이런 경우에 '혼동 가능성'이 없다고 보고 상표
침해 책임을 묻지 않았다. 그러나 나이스 신발 판매가 계속된다면
결국 나이키의 명성이 타격을 입게 될 것인데, 이러한 이유로 '희석화'라는 개념이 발생하게 된 것이다.

| 미국 최대 란제리 회사 빅토리아 시크릿(Victoria's Secret)과
캔터키주 루이스빌의 빅터 시크릿(Victor's Secret)

| 버버리(Burberry)가 노래방을 운영한다고 오인·혼동하지는 않는다.
하지만 버버리노래방이 영업을 계속하면 낙숫물에 바위가 뚫리듯
저명 상표의 명성은 훼손되고 말 것이다.

1. 희석화(Dilution)

희석화란 유명한 상표가 광고나 노력으로 쌓아 놓은 신용에 무단으로 편승해 부당한 이득을 얻는 행위를 말한다. 무상 편승(Free Ride)을 하게 되면 결과적으로 유명 상표권자의 이미지나 고객 흡인력이 분산되고, 결국 명성에 타격을 입을 수 있는데 '물타기' 개념과 비슷하다.

'희석화'는 미국의 유명한 여성 속옷인 '빅토리아 시크릿(Victoria's Secret)'과 관련된 다툼으로 촉발되었다. 빅토리아 시크릿은 저명 상표로서 1998년도에 미국 전역에 750개 매장, 매출 15억 불을 올리며, 럭셔리한 이미지로 자리 잡고 있었다. 이런 환경 속에서 켄터키주 루이스빌에 빅터 시크릿(Victor's Secret)이라는 성인용품점이 생겨 적극적 홍보를 했던 것이다. 빅토리아 시크릿의 충성 고객이던 존 E. 베이커(John.E. Baker) 육군 대령은 빅터 시크릿의 홍보물에 몹시 불쾌함을 느끼고 해당 정보를 빅토리아 시크릿 본사에 보내 다툼이 촉발된 것이다.

빅터 시크릿은 빅토리아 시크릿의 저명함을 인정하지만 혼동 가능성이 없음을 주장했고, 빅토리아 시크릿은 오인·혼동이 없다 할지라도 저급한 성인용품 판매로 자사 브랜드 명성에 손상이 가고 결국 식별력이 희석화됨을 주장했다.

오인·혼동이 발생하지 않는 상태에서, 상표의 명성이나 식별력이 타격을 받는 것만으로도 보호를 해 주어야 되는지가 다툼의 핵심이었고, 또 한 가지는 '희석화 결과'가 없는 상태에서 '희석화 가능성'만을 가지고도 침해를 인정할 수 있는지가 쟁점이었다. 당시 제도는 '상표 희석화의 결과를 초래했느냐'를 보도록 되어 있었고, 속옷 회사 빅토리아 시크릿은 이를 입증하지 못해 성인용품점 빅터 시크릿이 승리하게 되었다.

이후 '희석화 결과가 발생했는지'를 증명하는 입증 책임이 너무 가혹하다'는 주장이 끊임없이 제기되어 **희석화 결과가 없더라도 '희석화 가능성'만 있으면 침해를 인정하도록** 제도가 변경되었다.

2. 미등록 주지저명 상표

우리나라에서는 '희석화'를 '부정 경쟁'으로 이해하고 있다. 부정한 목적이 있다고 보기 때문인데, 이러한 '희석화' 적용을 받기 위해서는 반드시, 주지저명성이 확보된 상표이어야 한다. 신생 브랜드나 일반 상표들에 대해서는 '희석화' 적용을 받는 것이 현실적으로 어렵다.

'희석화'는 일단 '주지저명성'만 확보되면 상표가 등록되었는지 여부는 따지지 않는다. 미등록 상표라 할지라도 식별력이나 명성을 손상시킬 염려만 있으면 '희석화' 논리로 보호받을 수 있다.

아울러 '희석화'에 대한 판단은 상품이나 서비스의 영역을 뛰어넘는다. 상표 침해는 동일 또는 유사한 상표를 동일 또는 유사한 상품(서비스)에 사용할 때만 발생하는 것이지만, 주지저명 상표에 대한 희석화는 상품이나 서비스에 관계없이 보호를 받을 수 있다.

영국의 명품 브랜드 버버리가 2010년도에 천안의 '버버리 노래방'을 상대로 벌인 다툼에서 '희석화' 논리가 적용되어 250만 원의 손해배상이 명령되었다. 버버리 코트 한 벌 값에 불과하지만 브랜드 관리 의지를 세상에 천명한 것이다. 2016년도에 있었던 '루이비통닭'과 '루이비통'의 다툼도 희석화 우려에 따른 것인데, 루이비통의 입장에서는 손해배상의 목적보다는 브랜드의 명성이 손상되는 것을 우려했을 것이다.

앞서 살펴본 비아그라 도메인 사건에서도 도메인인 www.viagra.co.kr은 비아그라와 전혀 관계없는 별도 브랜드의 생칡즙과 칡수를 판매해 혼동 가능성이 없고 상표 침해가 아니라 판단했다. 하지만 혼동 가능성과 별도로 '비아그라' 상표가 식별력과 명성에 손상을 입을 수 있으므로 '부정 경쟁' 행위에 해당한다고 판단되어, 결국 도메인은 말소하게 되었다.

참고로 정당한 도메인 등록을 방해하거나, 부당한 이익을 얻을 목적으로 선점하는 '사이버스쿼팅(Cybersquatting)'은 '인터넷 주소 자원에 관한 법률'로도 엄격히 금지되어 있다.

★ 주지저명 상표의 식별력과 명성에 타격을 주는 표장은 상표로 등록될 수 없을 뿐만 아니라, 사용시 부정 경쟁 행위에 해당된다.

Q104 선사용과 불사용 *

Prior Use and Non-use

1995년부터 '존 비어(John Beer)' 맥주를 판매하고있지만,
미처 상표 등록을 하지 못했다.
어떤 사람이 '아직 사용하고 있지는 않지만,
2010년도에 상표를 등록받아 두었다'면서
침해를 주장하는데, 해당 상표를 사용할 수 없을까?

특허는 먼저 발명한 사람이 아니라, 먼저 출원한 사람에게 권리가 부여되는데, 상표는 어떠할까?
미국의 경우 특허는 먼저 발명한 사람이 아닌 먼저 출원한 사람에게 권리를 부여하는 선출원주의로
전환했지만 상표는 여전히 선사용주의를 따르고 있다. 하지만 우리나라를 포함한 대다수의 국가는
특허와 마찬가지로 상표도 선출원주의(등록주의)를 따르고 있다.
먼저 사용한 사람에게 상표를 부여하는 선사용주의가 정의 측면에 더 부합하는 면이 있지만, 안정성과
예측 가능성 확보를 위해 '선출원주의(등록주의)'를 따르고 있는 것이다. 하지만 선사용으로
소비자에게 형성된 신뢰와 인식을 보호하는 것도 매우 중요하다 말할 수 있다. 그래서 우리나라는
기본적으로 선출원주의를 채택하고 있으면서도 일부 '선사용주의' 요소를 채택해 조화로운 운영을
도모하고 있다.

선사용자(상표 없이 사용)   선등록자(등록후 상표 불사용)

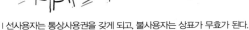

I 선사용자는 통상사용권을 갖게 되고, 불사용자는 상표가 무효가 된다.

I Ani-Pang 등록 상표가 3년 동안 사용되지 않아
애니팡은 완구 사업에 진출할 수 있었다.

1. 선사용

'선사용주의'적 요소의 대표적인 반영이 바로 '선사용자에 대한 통상사용권'을 인정하는 것이다. 이는 비록 상표 등록을 받아 두지는 않았지만 다른 사람의 상표 등록에 앞서 부정한 목적 없이 계속 사용하고 있었고, 이로 인해 특정인의 상품을 표시하는 것이라고 인식이 되면 '무상의 통상사용권'을 갖게 되는 것을 말한다.

특히 2013년도부터는 영세 상인을 보호하기 위해서 '선사용 상호'에 대해서는 부정한 목적 없이 앞서 계속 사용하기만 했으면 '상호의 선사용권'을 인정하고 있다. '선사용 상표'로 인정받기 위해 요구되는 주지성, 즉 '특정인의 서비스를 표시하는 것이라고 인식되어야 함'을 '선사용 상호'에서는 요구하지 않는 것이다. 이는 상표 브로커들의 무차별적이고 무분별한 공격으로부터 영세 상인을 보호하기 위한 것이다.

상표의 선사용자는 통상사용권을 확보한 데에서 그치지 않고, 한발 더 나아가 상표권자가 부당한 이익을 얻으려 하거나 그 특정인에게 손해를 가하려 하는 등 부정한 목적이 있음을 입증할 수 있을 때에는 등록 상표를 무효화시킬 수도 있다.

2. 불사용

'선사용권'과 함께 '선사용주의'적 요소가 반영된 것이 바로 '불사용'에 대한 상표 취소 제도이다. 본인이 사용하고자 하는 상표(서비스표)가 이미 등록되어 있더라도, 상표권자가 3년 동안 해당 상표(서비스표)를 정당한 이유 없이 사용하지 않을 경우 이를 취소시킬 수 있는 제도이다.

등록받은 특허를 3년 동안 실시하지 않았다고 해서 취소하는 경우를 보았는가? 없을 것이다. 3년이든 5년이든 등록 기간 내에 언제든지 시장 상황에 맞추어 사용하면 된다. 이는 디자인, 저작권 등 모든 제도가 마찬가지이다. 3년 동안 사용하지 않았다 해서 취소하는 제도는 상표만의 독특한 제도로서, 상표가 여타 제도보다 사용주의적 요소가 강함을 보여 주는 것이다.

대한민국 국민 게임인 '애니팡' 개발사인 '선데이토즈'

는 사업 영역 확장을 위해, 완구 등으로 상표를 등록 받고자 했으나, 해당 영역에 대해서는 '굿앤조이'가 이미 'Ani-pang' 상표를 확보하고 있었다. '선데이토즈'는 돌파 전략을 고심하던 중에 굿앤조이가 '애니팡'을 5년 동안 사용하고 있지 않았음에 착안해 이를 '불사용에 의한 취소 심판'을 통해 무력화시켰고 성공적으로 사업 영역을 확장할 수 있었다.

국내 신풍제약의 《디발탄(Divaltan)》도 노바티스와 '불사용'에 따른 다툼을 벌였다. 노바티스는 신풍제약이 3년 이상 연속해 사용되지 않은 상표를 정당한 이유 없이 선점하고 있다고 주장했는데, 신풍제약은 상표 등록 이후 식약청으로부터 품목 허가 절차를 진행하느라 상표를 사용할 수 없음을 주장했다. 상표권자에게 책임을 물을 수 없는 상황은 정당한 이유로 인정되어 《디발탄》은 계속 상표로서 역할을 하고 있다.

'한글+영문' 상표의 일부만을 사용한 경우 상표를 사용했다고 볼 수 있을까? 예컨대 '콘티넨탈(CONTINENTAL)'이란 상표를 등록받아 두고 실제는 'CONTINENTAL'이라고 영어만 사용한 경우 어떻게 해석해야 할까? 예전에는 이러한 경우 한결같이 '불사용'으로 판단했었다. 그런데 2012년도부터 변화가 생겼다. 영문과 국문 사이의 관계가 호칭, 관념에서 차이가 없을 때에는 '상표의 사용'으로 해석하기 시작한 것이다. CONTINENTAL '한글+영어 상표' 중 영어만 사용한 것은 상표를 사용한 것이라고 판단한 것이다.

특허의 무효심판이 전체 청구항 중 일부에 대하여 진행할 수 있는 것처럼, 상표의 '불사용 취소심판'도 지정상품 중 일부를 대상으로 할 수 있다. 심판대상 중 하나라도 사용실적이 있으면 취소되지 않지만, 심판대상이 아닌 다른 지정상품의 사용으로 인하여 취소를 피할 수는 없다.

★ 등록 후 3년 동안 정당한 이유 없이 사용하지 않는 상표는 취소시킬 수 있다.

Q105 부정 사용*

Unfair Use

'ANSONY'라는 카메라 상표를 등록받은 후
실제 사용할 때에는 AN은 옅은 색으로 SONY는
붉은색으로 구분해 사용했다.
등록받은 상표를 똑같지는 않더라도
유사하게 변형해 사용하는 것은 가능할까?

누군가 본인이 등록받은 상표와 유사한 상표를 사용하면 어떠할까? 똑같지는 않지만 유사하게
사용하는 것만으로도 기분 상하는 일이며 소비자에게는 오인·혼동이 생길 수 있을 것이다.
그래서 상표는 동일할 뿐만 아니라 유사한 범위까지 그 효력이 미치게 된다.
다른 사람의 유사 상표는 등록을 할 수 없고, 사용도 불가능한데, 그럼 본인은 유사하게 일부 변형해
사용하는 정도는 괜찮을까? 이 부분이 일반인들이 자주 오해하는 부분인데, 그렇지 않다.
다른 사람의 사용은 동일뿐만 아니라 유사한 범위까지 저지할 수 있지만,
본인이 사용할 때는 동일하게 사용해야 한다.
이것이 '디자인'과 다른 점인데, 디자인은 디자인권자가 유사하게 사용하는 것이 문제가 없지만,
상표는 유사하게 사용해서는 안 되고 동일한 범위 내에서 사용해야 한다.
그래야만 상표를 신뢰하고 의사 결정하는 소비자를 보호할 수 있기 때문이다.

| 크로커다일의 국내 통상사용권자는 상표의 글자 부분을 옷 색깔과 맞추어 사용하여, 라코스테와 오인·혼동을 유발하였다.

1. 부정 사용: ROOTS vs. ROOTSPORT

등록 상표와 실제 사용하는 상표가 동일하지 않고 유사하게 변형된 경우 문제가 될 수 있다. 앞서 살핀 것처럼 타인의 사용은 유사 범위까지 차단을 하지만 본인의 사용은 동일성의 범위 내에서 사용해야 한다. 고의로 변형해 수요자로 하여금 오인·혼동을 생기게 한 경우에는 '부정 사용'에 해당해 등록받은 상표가 취소될 수 있다.

예컨대 ROOTSPORT라는 상표를 등록 받았는데, 실제에 있어서는 'ROOTS SPORT'처럼 가운데 한 칸을 띄고 사용한다면, 캐주얼 브랜드인 'ROOTS'와의 오인·혼동이 생겨, '부정 사용'으로 판단되었다. '부정 사용'에 대한 '취소'는 어느 누구나 '특허심판원'에 제기할 수 있다.

2. 소비자 부정 사용: CHANEL vs. JINCHANELPLUS

'부정 사용'에 대해 상표 제도는 매우 엄격한 잣대를 가지고 있다. 그래서 본인이 직접 '부정 사용'한 것이 아니라 할지라도 소비자가 '부정 사용' 하도록 해서 실제 결과에 이르게 한다면 이 또한 '부정 사용'에 해당한다.

예컨대 누군가 'JINCHANELPLUS'라는 상표로 등록을 받았다면 동일성을 잃지 않는 범위 내에서 성실히 사용할 의무가 있는데, 소비자들이 'CHANEL'로 변형 사용할 것을 적극적으로 희망해, 상표의 일부분을 쉽게 제거할 수 있도록 제작, 부착하고 이를 판매상들에게 주지시키고, 상품 꼬리표에도 변형 사용 방법을 기재한다면, 이는 소비자에게 'CHANEL'로 호칭되고 유통될 수밖에 없기 때문에 '부정 사용'에 해당한다.

3. 사용권자 부정 사용: LACOSTE vs. CROCODILE

'부정 사용'과 관련해 빼놓을 수 없는 사례가 바로 '누가 진정한 악어인가?' 사건이다. 이는 프랑스 악어 '라코스테'와 싱가폴 악어 '크로커다일'의 분쟁이었는데, 크로커다일 상표를 사용함에 있어서 문자 부분(Crocodile)을 옷 색깔과 비슷한 색깔로 처리해 잘 드러나지 않게 해, 실질적으로는 악어 모양만 소비자들에게 인식이 된 것이다. 이러한 사용은 라코스테와 오인 혼동을 발생시킨

것으로 보아 '부정 사용'으로 판단되었다.

문제는 크로커다일 상표를 사용한 자는 상표권자가 아닌 라이선스를 받은 기업이라는 것이다. 프랜차이즈와 같은 계약에 의해 상표의 사용 허락을 받은 통상사용권자가 '부정 행위'를 한 경우에도 상표권자의 상표가 취소될 수 있을까? ROOTSPORT 사례나 JINCHANELPLUS와 같이, 직간접적인 상표권자의 부정 사용은 취소로 연결되는데, 사용 허락을 받은 사용권자의 부정행위도 취소에 영향을 줄 수 있는지가 생각해 볼 점이다.

생각건대, '부정 사용'에 의한 취소는 결국 소비자를 보호하기 위함인데 통상사용권자의 사용이라고 다르게 볼 여지는 없다. 다만 사용권자의 '부정 행위'를 무조건적인 '상표 취소'로 연계하는 것은 가혹하기에, 상표권자가 상당한 주의를 다했다면 취소를 면할 수 있게 해주고 있다. '상당한 주의'란 단순히 오인·혼동 행위를 하지 말라는 주의나 경고를 한 정도로는 부족하고, 사용실태를 정기적으로 감독하는 등의 방법으로 상표 사용에 관해 실질적으로 그 지배 하에 두고 있다고 평가할 수 있는 정도를 말한다.

따라서 상표권자는 프랜차이즈 가맹점 등에 상표의 사용 허락을 한 경우에는 철저히 감독 의무를 다해, 뜻하지 않는 상표의 취소를 방지해야 할 것이다.

| 상표(좌)의 점선 부분을 분리하면 샤넬(우)과 오인·혼동이 발생한다.

Q106 광고와 상표

PR and TM

㈜백두전자는 ㈜한라전자와의 냉장고 용량 비교를
자체적으로 실시한 결과,
자사가 우월하다는 결과를 얻었다.
이를 기초로 유튜브에 올려 광고하는 것은 가능할까?

기업은 소비자에게 기억되고 싶다. 이것은 '본능'과도 같은 것이다. 기업은 고객에게 강력히
기억되고자, 다양한 임팩트 있는 광고를 하는데, 이때 비교 광고, 패러디 광고, 키워드 광고 등을
사용한다. 이때 직접적이든 간접적이든 타사의 상품(서비스)이 사용될 수밖에 없어 다툼의 소지가
있다. 마케팅 전략 구사에 앞서 분쟁 방지를 위한 정확한 이해가 필요하다.

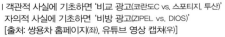

| 객관적 사실에 기초하면 '비교 광고(코란도C vs. 스포티지, 투싼)'
자의적 사실에 기초하면 '비방 광고(ZIPEL vs. DIOS)'
[출처: 쌍용차 홈페이지(좌), 유튜브 영상 캡쳐(우)]

1. 비교 광고 vs. 비방 광고

광고는 본질상 비교의 속성을 갖는데, 출처 표시의 오인·혼동을 초래하지 않는 한 비교 자체를 상표 침해로 보기는 어렵다. 다만, 공정거래위원회의 '비교·표시광고에 관한 심사지침'에 유의할 필요가 있는데, 비교 광고는 허용되지만 비방 광고는 금지되고 있다.

'비교 광고'는 합리적·객관적 근거가 뒷받침될 때 가능한데, 법령에 의한 조사 기관 내지 독립적으로 경영되는 조사 기관 등에서 학술적 또는 산업계에서 일반적으로 인정된 방법 등 객관적이고 타당한 방법으로 실시한 결과가 뒷받침되어야 인정이 된다. 왜곡될 가능성이 있는 특정한 조건 하에서 이뤄진 조사는 '비방 광고'에 해당되어 제재를 받게 된다.

쌍용차가 '스포티한 R씨, 섹시한 iv씨! SUV 뒷자리가 안 젖혀진다는 게 말이 돼? 코란도 C는 되는데'라는 광고를 했다. 비교당한 기아차 '스포티지R'이나 현대차 '투싼 iv'는 기분이 나쁘겠지만, 객관적 조사 기관에 의해 이루어진 객관적 데이터가 뒷받침되어 다툼으로 연결되지 않은 것으로 보인다.

하지만 삼성전자가 자사 지펠(ZIPEL)과 LG전자의 디오스(DIOS)를 비교해 유튜브에 올린 광고 영상은 다툼이 발생했다. 두 냉장고에 물, 커피 캔, 참치 캔을 채우며 비교한 내용은 법령에 의한 조사 기관이나 독립적으로 경영되는 조사 기관에 의해 이루어진 것이 아니고, 학계나 산업계에서 일반적으로 인정하는 객관적 비교도 아니기에 자의적 비교에 의한 '비방 방고'로 판단되어 광고가 중단된 것이다.

이와 같이 객관적 사실에 기초한 '비교 광고'는 인정이 되지만, 자의적 사실에 기초한 '비방 광고'는 왜곡된 정보로 인해 공정한 거래 질서를 저해할 수 있기 때문에 금지되고 있는 것이다.

앞서 살펴본 직접적 비교 방식과 달리, 어떤 경우에는 직접적인 비교 내용을 회피하고 경쟁 제품이 연상되도록만 설계한 '간접 비교 광고'가 사용되기도 한다. 이는 다툼의 가능성을 한결 줄여 주는 효과도 있다.

해지스(HAZZYS) 광고에서 사용되었던 '빈폴(BEAN POLE)', '폴로(POLO)'와의 비교 광고가 좋은 예인데, 비교 상품과의 직접적 비교를 회피한 채 경쟁 제품을 간접적으로 연상되도록 광고를 설계했다. 자전거를 탄 여인(BEAN POLE), 말을 탄 남성(POLO)이 해지스 매장에 들어가 옷을 산 후 '굿바이 폴'이라고 말하며 떠나는 광고인데, 해지스 브랜드의 대약진을 불러일으켰다.

이러한 간접 비교 광고에 때로는 '패러디'가 사용되기도 한다. 2012년 LG U+가 "새로운 세상에서는 가끔 즐기셔도 좋습니다"라는 광고를 했는데, 이는 1998년 SK텔레콤이 사용한 광고 "새로운 세상을 만날 때 잠시 꺼두셔도 좋습니다"를 패러디한 것이다. '상표가 사용된 광고'를 패러디한 것인데, 상표 자체에 대한 직접적 비교가 없어 '오인·혼동' 염려에 따른 상표 침해 문제는 희박해 보인다. 이렇게 '상표가 사용된 광고'의 패러디와 달리 '상표' 자체를 패러디하는 경우에는 '희석화' 문제로 '부정경쟁'이 될 수 있다. 아울러 우리나라는 '상표 패러디'에 엄격한 입장인 만큼 상당한 주의가 요구된다.

패러디는 저작권 침해 요소도 주의를 해야 하는데, 저작권 편에서 살펴본 것처럼, 반드시 원 작품에 대한 비평적 요소가 가미(Direct Parody)되어야 한다. 새로운 광고를 위해 원작품을 비평 없이 단순히 이용(Vehicle Parody)만 하는 것은 저작권 침해가 될 수 있다.

2. 키워드 광고

'광고'와 '상표' 사이의 또 하나의 뜨거운 감자는 '키워드 광고'이다. '구글(Google)'에서 '루이비통(Louis Vuitton)'을 검색했더니 엉뚱한 제품이 검색되더라는 이야기다. 이로 인해 분쟁이 있었고, 여기에 대해, 유럽사법재판소(ECJ)는 유명 상표 키워드를 구입한 광고주에게는 상표 침해 책임을 물었지만, 구글에는 책임을 지우지 않았다.

포털사에 대해서는 국가별, 사례별 엇갈린 판단이 이루어져 명확한 예측이 불가능하나, 광고주에게 책임을 지우는 것은 우리나라를 포함한 대부분 국가의 통일된 시각이다. 따라서 유명 상표 키워드 구입에는 보수적 접근이 필요하다.

★ 객관적 기관에 의한 객관적 비교가 뒷받침되는 '비교 광고'는 가능하지만, '비방 광고'는 문제가 된다.

Q107 병행 수입
Parallel Import

㈜리바이스코리아는 '리바이스'의 공식 수입 채널이다.
'코스트코'가 미국의 할인 매장인 '타겟(TARGET)'으로부터
리바이스 청바지를 수입해 국내 판매하는 것은
상표 침해일까?

우리나라만큼 명품에 대한 충성도가 높은 나라가 또 있을까? 비싸면 비쌀수록 더 잘 팔리는
소비 성향으로 인해 명품 브랜드들은 오히려 고가 전략을 구사하고 있다. 상황이 이렇다 보니,
많은 사람들이 밀라노나 파리로 명품 여행을 떠나는데, 비행기 표를 포함하더라도 이것이 훨씬 더
경제적이기 때문이다. 여기에 한발 더 나아가 대량으로 가져다가 팔면 막대한 수익이 되지 않을까
생각할 수도 있다. 국내에 독점 계약을 맺고 수입하는 곳이 있으니 해외 상표권자로부터 직접 구입할
수는 없겠지만, 해외에서 이미 판매된 제품을 구입해 국내에서 파는 것은 가능하지 않을까
하는 생각이다.
관세청 허락 없이 명품을 대량 반입하면 밀수에 해당하겠지만, 정식 수입 절차를 통해 들여오면
괜찮지 않을까? 이러한 고민이 바로 '병행 수입' 논쟁이다.

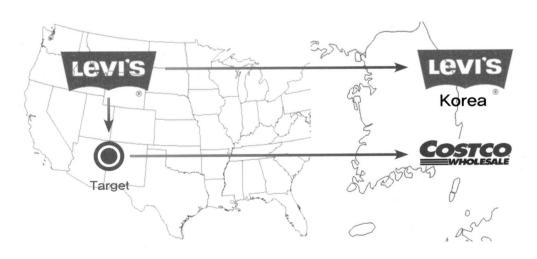

| 리바이스코리아 외에 코스트코가 리바이스 제품을 국내 판매했다.
제품이 동일하고, 양국 간 상표 권리자가 동일하면 병행 수입이 인정된다.

1. 병행 수입(Parallel Import)

병행 수입이란 독점 수입권자의 허락 없이 제3자가 다른 유통 경로를 통해 진정 상품을 수입하는 것을 말한다. 이는 진정 상품이므로 짝퉁을 판매하는 '위조 상품'과 구별되며, 정식 수입 절차를 통해 판매되므로 '밀수'와도 구별되는 개념이다.

우리나라에서는 1995년도에 '창고형 디스카운트 매장인 코스트코의 리바이스 청바지 수입'이 병행 수입 이슈의 기폭제가 되었다. 당시 우리나라에는 '리바이스 코리아'가 '리바이스'의 전용 사용권자였는데, 코스트코가 병행 수입을 실시하자 '리바이스코리아'는 이에 대해 관세 조치로 통관 보류시킴으로써 다툼이 발생한 것이다. 본 다툼으로 병행 수입에 대한 본격적 논의가 시작되었는데 일정 조건 하에서 병행 수입을 허락하는 것으로 결론 지어졌다.

병행 수입은 독점 수입하는 기업에게 큰 타격을 줄 수 있는데, 전체적으로 가격 횡포로부터 소비자를 보호하는 유익이 있어, 국제적으로도 인정의 폭이 점점 넓어지는 경향이 있다. 대한민국 정부도 병행 수입을 활성화시키겠다는 방향성을 가지고 있는데 병행 수입이 정당화되기 위한 조건을 살펴보자.

첫째, 수출국과 수입국의 상표권자가 동일인이어야 한다. 상표는 '속지주의' 원칙을 따르기 때문에 수출국과 수입국의 상표권자가 다를 수 있는데, 이 경우 수입을 실시하면 당연히 국내 상표권에 대한 침해가 성립된다. 예를 들어, '토토통(Totottong)'이라는 의류 브랜드가 미국에 등록되어 있는데, 국내에 다른 사람이 동일한 상표를 가지고 있다고 생각해 보자. 해외 유명 상표를 국내에서 등록받을 수는 없겠지만, 대부분의 경우 '국내 상표 등록'이 가능할 것이다. 이 경우 미국 상품을 국내 상표권자 허락 없이 수입하면 이는 명확한 상표 침해에 해당되는 것이다. 동일인의 범위에는 계열 회사 관계(주식 30% 이상을 소유한 최다 출자자인 경우-), 수입 대리점 관계를 포함한다.

둘째, 동일한 제품이어야 한다. 라이선스를 받은 기업이 수입을 하지 않고 국내에서 독자적으로 상품을 제조, 판매할 경우, 다른 사람이 현지 제품을 수입해 온다면, 제품이 동일하지 않아 소비자에게 동일한 '품질 보증'을 할 수 없게 된다. 이 경우 병행 수입은 금지된다. '폴로'의 국내 전용 사용권자가 국내에서 제조, 판매하고 있는 상황에서 다른 기업이 국외에서 수입해온 사건에서 침해로 판단되었다.

마지막으로 한 가지 더 유의할 점이 있는데, '병행 수입'한 상품을 광고 선전함에 있어서 공식 판매점이라는 인상을 주어서는 안 된다는 점이다. 우리 제도는 상품에 대한 혼동 가능성뿐만 아니라, 영업 주체에 대한 혼동 가능성도 '부정 경쟁'으로 보고 있기 때문이다. 실제 '버버리,' '나이키' 상표가 부착된 진정 상품 병행 수입에서 외부 간판이나 외부 현수막, 명함에 표장을 사용하는 것은 마치 공식 대리점인 것처럼 오인·혼동하게 할 염려가 있어서 허용될 수 없다고 판단되었다. 매장 내부 간판이나 포장지 및 쇼핑백은 문제가 되지 않았지만, 매장 외부의 광고 선전 행위는 영업 주체에 대한 혼동 가능성 염려로 '부정 경쟁'으로 보는 것이다.

2. 국경 조치(Customs)

정부는 병행 수입, 해외 직구 등 대안적 수입 경로를 활성화하려고 하는데, 허용되는 범위를 벗어나는 수입 행위에 대해서는 '국경 조치'를 하게 된다. 국경 조치는 현재 상표권, 저작권뿐만 아니라 특허권, 디자인권, 품종 보호권, 지리적표시권까지 확대되어 있는 상태이다.

지식재산권 보유 기업이라면 세관에 침해 우려가 있는 수출입 물품을 미리 신고해 두면, 수출입 현황을 세관으로부터 통보받을 수 있고, 담보를 제공한 후에는 해당 물품의 통관 보류를 요청할 수 있어서, 수출입 기업에게는 상당히 유용하고도 강력한 제도이다.

★ 해외와 국내의 '상표권자가 동일'하고 '제품이 동일'하면 병행 수입은 상표 침해가 아니다.

Q108 성장 사다리 *
Growth Ladder: OEM·ODM·OBM

전량 미국으로 수출하는 OEM 상품의 경우,
100% 미국 사용을 증명할 수 있다면,
국내 상표와는 유사해도 상표 침해에 해당되지 않을까?

세계에서 가장 부자는 누구일까? 대부분 빌 게이츠 또는 워런 버핏이라 생각하겠지만,
2016년도에 22년 동안 빌 게이츠가 유지해 온 자리를 제치고 세계 부호 1위가 된 사람이 있으니
바로 아만시오 오르테가(Amancio Ortega Gaona)이다. 패션브랜드 '자라(ZARA)'의 회장인 그는
보유자산이 100조가 넘는다고 한다.
자라가 창출하는 부(富)의 비결은 어디에 있을까? 여러 요인이 있겠지만 가장 강력한 기제 중 하나는
바로 OEM(주문자상표부착생산)일 것이다. 모든 과정을 다 직접 수행하는 것이 아니라, 세계에서 가장
저렴하고 좋은 품질로 자라의 설계 디자인을 소화할 수 있는 업체와 협력하여 수익 창출을 극대화하는
방식이다. 애플도 대만기업 팍스콘과의 OEM 방식 설정으로 비즈니스를 영위하여, 수직계열화를
기본 모델로 하는 삼성보다 몇 배 높은 스마트폰 영업 이익률을 확보하고 있다.

| 지식재산은 OEM기업의 '탯줄을 끊는 힘'이 되며,
지속적 경쟁력 확보를 위한 '성장 사다리'가 된다.

1. OEM의 상표 책임

자라, 애플처럼 해외소재 기업과 OEM(Original Equip-ment Manufacturing, 주문자상표부착생산)을 진행하는 경우 상표 이슈가 발생할 수 있다. 예컨대 'JOLIDA'라는 등록상표를 미국에서 보유한 기업이 대한민국의 특정 기업을 통해 OEM 방식으로 생산하여 전량 미국으로 수출하는데, 한국에 'JOLIDA'라는 상표를 보유하고 있는 기업의 경우를 생각해 볼 수 있다.

OEM 기업은 제조국가에서 유통이 되는 것이 아니므로 상표 침해가 아니라고 주장하겠지만, 상표제도는 수출을 명백하게 '상표 사용'의 한 형태로 보고 있어서 침해에 해당된다. 속지주의의 특성상 국가마다 권리자가 다를 수 있으므로, OEM 기업은 생산에 앞서 특허, 상표 문제가 없는지 살펴볼 필요가 있다.

2. 탯줄을 끊는 과정(OEM → ODM → OBM)

OEM은 달콤하다. 영속적인 기업의 운영을 위해서는 반드시 지속적인 매출이 필요한데, 발주기업의 구매를 조건으로 생산을 하는 것이니 얼마나 안정되고 달콤한 유혹인가? 하지만, 이러한 OEM 방식은 부가가치가 매우 낮고 기업의 운명 자체가 발주기업에 종속되어 있어서 일정 수준 이상의 성장과 수익 창출에는 한계가 있다.

이러한 이유로 많은 기업이 OEM으로 기틀을 닦은 후에는 독자적인 연구개발 능력을 갖추어 협상력을 키워 가는데, 이러한 기업의 생산방식을 ODM(Original Development Manufacturing, 생산자 개발방식)이라 한다. OEM과 ODM 모두 주문기업의 상표명을 부착한다는 공통점이 있지만, ODM 기업은 자체적인 연구개발 능력이 있어서 발주기업과 수평적 협력관계를 만들 수 있고, 한발 더 나아가 거래처도 다변화 할 수 있는 능력을 갖게 된다.

OEM 기업의 ODM으로의 변신이 주문기업으로서는 달갑지 않을 수 있다. 왜냐하면, ODM으로 성장한 기업은 언젠가 OBM(Original Brand Manufacturing, 독자브랜드기업)으로 성장할 잠재성을 보유하고 있기 때문이다. 이러한 이유로 OEM 기업이 ODM으로 전환될 때 많은 경우 주문기업의 견제를 받게 되는데, 가장 대표적인 견제수단이 바로 지식재산이다. 오로라월드가 캐릭터완구시장의 OEM에서 ODM으로 성장해 나갈 때 주문기업들의 침해 소송이 있었고, 코스맥스가 ODM으로 견고해져 가는 과정에서 아모레퍼시픽으로부터 특허 침해 문제를 제기 받았던 사례가 대표적이다.

그런데 여기서 눈 여겨 살펴볼 점이 있다. 발주기업이 OEM 기업의 변신을 저지하는 수단이 지식재산인 것처럼, OEM 기업이 발주기업의 탯줄을 끊는 힘 또한 지식재산이라는 점이다. 한국콜마가 ODM으로 우뚝 설 수 있는 원동력은 바로 503건에 달하는 특허에 있으며, 오로라월드도 발주기업을 상대로 지식재산 문제를 역으로 제기하여 승리하므로 탯줄을 끊을 수 있었다. 필자는 실제로 OEM 기업이 ODM으로 성장하는 과정에서 발주기업을 상대로 특허침해 소송을 제기하는 것을 본 적이 있는데, 발주기업의 특허담당부서는 승산이 있다고 판단한 것과 달리 경영진은 OEM 기업의 요구를 들어주는 것을 선택했다. 불필요하게 기업이미지에 타격 받을 필요가 없다고 판단한 것이다.

특허를 기초로 한 연구개발 역량으로 ODM에 올라선 기업은 자본의 축적 후에 다시 한번 OBM으로의 도약을 도모하게 되는데, 상표를 기초로 독자브랜드를 구축한 OBM의 시장지배력은 절대적이기 때문이다. 이처럼 지식재산은 기업의 성장을 위한 사다리와도 같다.

★ OEM 기업에도 상표 책임이 뒤따른다. OEM 기업이 탯줄을 끊고 ODM, OBM으로 성장하기 위해서는 지식재산이 필요하다.

Q109 힘과 균형*
Power and Balance

㈜백두닷컴은 '브랜드 경영'에 심혈을 기울이고 있다.
특허, 디자인, 저작권 모두 일정 기간이 지나면
권리가 만료되고 누구나 사용할 수 있듯이,
상표도 마찬가지일까?

1990년대 후반 외환 위기 직후 삼성제약의 에프킬라는 한국존슨앤존슨에 매각되었다. 당시 387억 원에 매각되었는데, 살충제 공장 가치 90억 원에 에프킬라 브랜드 가치 297억 원을 인정한 결과였다. 놀랍지 않은가? 브랜드가 그 큰 공장 부지보다 3배 이상의 가치를 인정받았던 사실이 당시 큰 충격이었다.

브랜드 컨설팅 전문회사인 '인터브랜드'는 매년 세계 100대 브랜드(Best Global Brands)를 발표한다. 구글, 애플, 코카콜라 등 세계 유수의 브랜드뿐만 아니라, 삼성전자, 현대차 등 국내 기업들도 당당히 자리매김하고 있어 뿌듯한데, 구글이나 애플의 브랜드 가치는 150조 원을 상회하는 것으로 평가받고 있다. 과연 이러한 브랜드들의 '힘의 원천'은 무엇일까?

Interbrand
Best
Global
Brands
2017

| 인터브랜드가 매년 발표하는 세계 100대 브랜드 (자료: www.interbrand.com)

| 에프킬라 공장 가치 90억 원,
브랜드 가치 297억 원

1. 진정한 에버그린

특허와 디자인은 등록이 되면 출원일로부터 20년간 권리를 행사할 수 있고, 실용신안은 10년간 권리를 보호받을 수 있다. 저작권은 저작자 사후 70년까지 보호가 된다. 상표는 어떠할까? 상표는 등록일로부터 10년간 보호받을 수 있다. 특허(실용신안)와 디자인은 출원일로부터 보호 기간이 계산되지만, 상표는 등록일로부터 계산되는 차이가 있다.

이러한 보호 기간의 차이 외에 상표가 여타 권리와 확연하게 구분되는 또 하나의 차이가 있는데 그것은 바로 '갱신'이 가능하다는 것이다. 즉 10년 단위로 보호 기간을 계속 갱신할 수 있는데, 이것이 브랜드의 힘을 키워주는 근간이 되고 있다. 영업비밀도 상표처럼 반영구적으로 보호받는 것이 가능하지만 스스로의 노력에 의해 지켜야 하는 것이기에, 제도적으로 '영속성'이 보장되는 상표와는 차이가 있다.

지식재산을 보유한 기업(사람)은 어느 누구나 할 것 없이 가장 오랫동안 권리를 행사하고 싶어 할 것이다. 그래서 일부 제약 회사들이 '에버그린' 전략을 구사하기도 한다. 에버그린 전략이란 '원천 특허를 보유한 제약사가 특허의 보호 기간이 끝나기 전에 원천 특허의 제형을 일부 변경해 후속 특허를 권리화해 실질적으로 특허 보호 기간을 연장'하는 것을 말한다. 특허는 이러한 고도의 전략을 통해서 보호 기간의 연장 효과를 누릴 수 있지만, 상표는 원천적으로 모든 등록 상표가 조건 없이 연장이 가능하기에 '진정한 에버그린'이 가능한 것이다.

특허는 출원일로부터 20년간 보호를 받을 수 있는데 시간이 흐를수록 '진부화'를 피할 수 없어 통상 특허의 가치는 시간이 흐르면 흐를수록 감소하게 된다. 하지만 상표는 어떠한가? 이와는 정반대이다. 시간이 흐르면 흐를수록 상표의 가치는 커져 간다. 상표는 시간이 흐름과 동시에 신용이 축적되게 되고, 이로 인해 가치는 더욱 커지게 되는 것이다. 10년 단위로 연장이 가능하고, 시간이 흐를수록 가치가 커져 가는 상표의 특징이 '막강한 브랜드 가치'의 원동력이 되는 것이다.

2. 소비자 보호

상표도 독점 배타권인데 이를 영구히 행사할 수 있도록 하는 것은 너무 과도한 보호가 아닌가 의문이 들 수 있다. 하지만 조금만 더 생각해 보면 이는 당연하다 말할 수 있다. 오늘까지 '나이키'라고 믿고 산 신발과, 내일의 '나이키'가 다른 것이라면 소비자는 얼마나 당황스러울까? 이것이 바로 상표의 권리 기간을 갱신할 수 있도록 제도화한 이유이다. 즉, 상표권자를 보호하기 위함이 아니라, 소비자를 보호하기 위함인 것이다.

상표는 여타 권리보다 소비자 보호에 무게 중심이 잡혀 있는데, '갱신'이 가능하다는 점과 함께 또 한 가지 언급할 수 있는 것이 '비친고죄'라는 점이다. '비친고죄'란 피해자의 고소가 없이도 수사 기관이 수사를 개시하고 처벌할 수 있는 것을 말하는데, 상표는 상표권자가 고소하지 않아도 검찰이나 특별 사법 경찰관이 수사를 통해 책임을 물을 수 있다. 특허나 디자인은 친고죄여서, 권리자의 고소가 있을 때만 처벌이 가능하지만 상표는 소비자 보호를 위해 상표권자의 고소가 없이도 소송을 진행해 처벌할 수 있다.

참고로 저작권의 경우 원칙적으로 '친고죄'나 영리 목적 또는 상습적인 경우 '비친고죄'로 운영된다. 일부 '비친고죄' 영역이 있으나, 상표와 취지가 다르다. 저작권의 '비친고죄'는 저작자 보호를 강화하기 위한 것이지만, 상표의 '비친고죄'는 소비자 보호를 중심 목적으로 삼고 있다.

| 상표권자 권리만큼이나 소비자 보호가 중요하다.

지금까지 총 109개의 사례를 통해 지식재산 전반에 걸친 '핵심 원리'를 모두 살펴보았다. 이제 우리 손에는 5개의 물맷돌이 있다. 특허, 영업비밀, 디자인, 저작권, 상표. 보잘것없어 보이지만 이 물맷돌 5개는 거인 골리앗을 쓰러뜨리는 큰 힘이 될 것이다. 어느 누구도 소년 다윗이 거인 골리앗을 쓰러뜨릴 것이라고 예상하지 못했다. 그러나 다윗은 물맷돌을 힘차게 돌리며 담대히 달렸다. 자, 우리도 거인 세상을 향해 담대히 달려 보자.

부록

supplement

지식재산 침해 상황을 가정하여
단계별 대응방법을 강구하는 시뮬레이션을 통해
지식재산 전반에 걸친 핵심 내용을 정리했다.

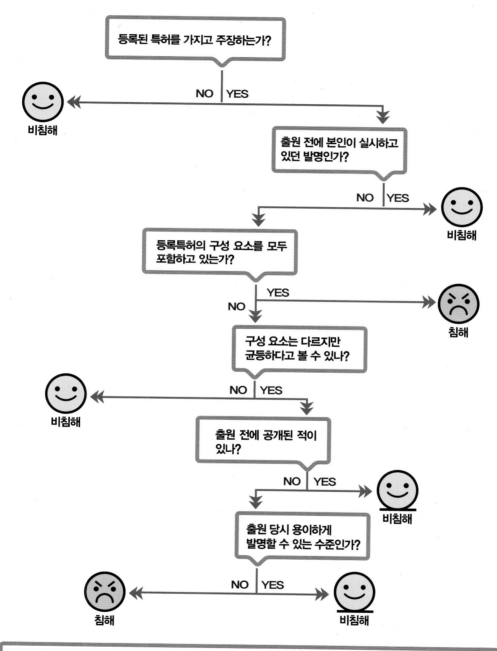

➤ 누군가 특허 침해를 주장한다면?

등록된 특허를 가지고 주장하는가?

NO | YES

비침해

출원 전에 본인이 실시하고 있던 발명인가?

NO | YES

비침해

등록특허의 구성 요소를 모두 포함하고 있는가?

YES

NO

침해

구성 요소는 다르지만 균등하다고 볼 수 있나?

NO | YES

비침해

출원 전에 공개된 적이 있나?

NO | YES

비침해

출원 당시 용이하게 발명할 수 있는 수준인가?

NO | YES

침해

비침해

 비침해는 특허권이 무효된 경우를 의미하며, 무효가 되지 않은 경우에는 침해이다.

➤ 누군가 영업비밀 침해를 주장한다면?

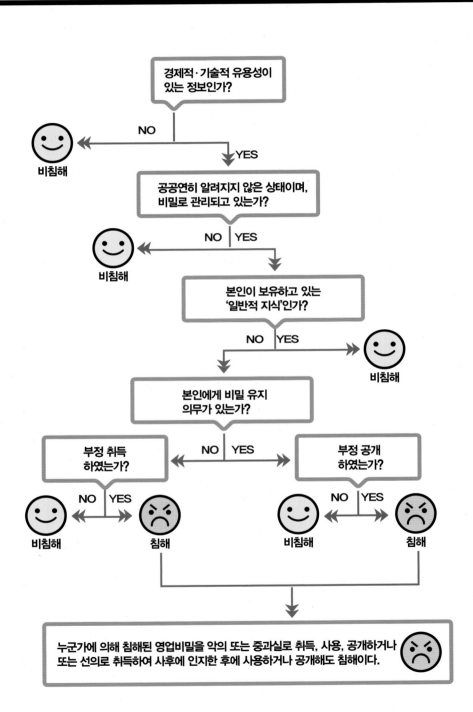

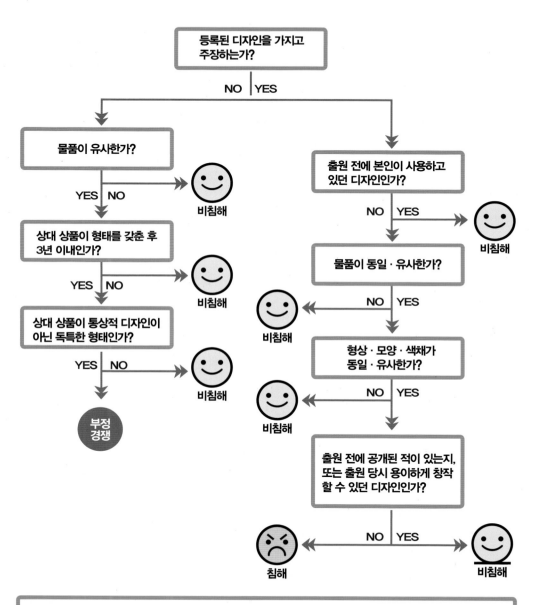

➤ 누군가 디자인 침해를 주장한다면?

등록된 디자인을 가지고 주장하는가?

NO │ YES

[NO 경로]

물품이 유사한가?

YES │ NO → ☺ 비침해

상대 상품이 형태를 갖춘 후 3년 이내인가?

YES │ NO → ☺ 비침해

상대 상품이 통상적 디자인이 아닌 독특한 형태인가?

YES │ NO → ☺ 비침해

부정 경쟁

[YES 경로]

출원 전에 본인이 사용하고 있던 디자인인가?

NO │ YES → ☺ 비침해

물품이 동일·유사한가?

☺ 비침해 ← NO │ YES

형상·모양·색채가 동일·유사한가?

☺ 비침해 ← NO │ YES

출원 전에 공개된 적이 있는지, 또는 출원 당시 용이하게 창작할 수 있던 디자인인가?

😠 침해 ← NO │ YES → ☺ 비침해

☺ 비침해는 디자인권이 무효된 경우를 의미하며, 무효가 되지 않은 경우에는 침해이다. 😠

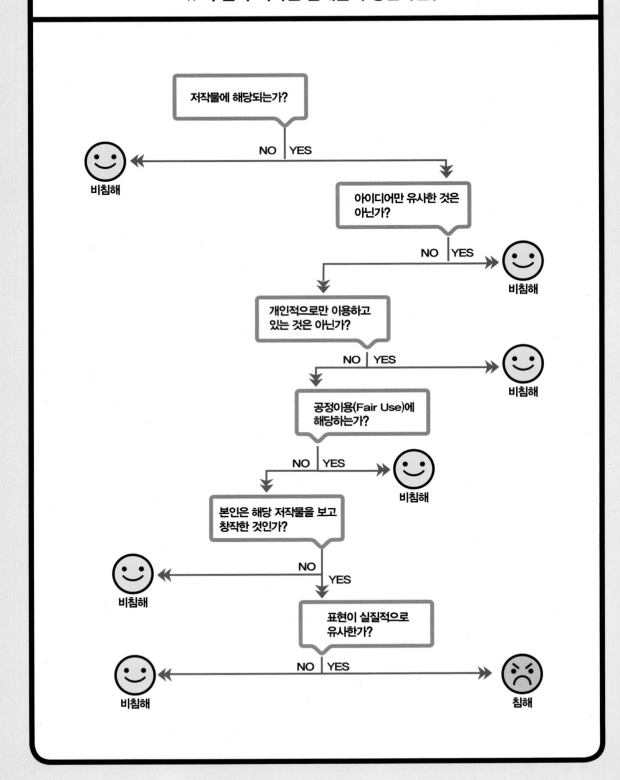

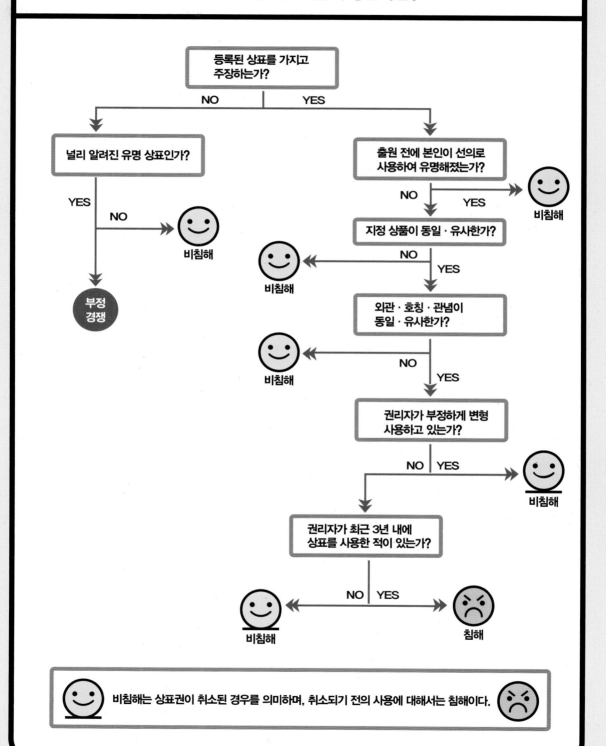

≫ 누군가 상표 침해를 주장한다면?

등록된 상표를 가지고 주장하는가?

NO / YES

널리 알려진 유명 상표인가?

YES / NO

비침해

부정 경쟁

출원 전에 본인이 선의로 사용하여 유명해졌는가?

NO / YES

비침해

지정 상품이 동일·유사한가?

NO / YES

비침해

외관·호칭·관념이 동일·유사한가?

NO / YES

비침해

권리자가 부정하게 변형 사용하고 있는가?

NO / YES

비침해

권리자가 최근 3년 내에 상표를 사용한 적이 있는가?

NO / YES

비침해 / 침해

비침해는 상표권이 취소된 경우를 의미하며, 취소되기 전의 사용에 대해서는 침해이다.

감사의 글

《지식재산 스타트》가 출생하고 개정판인 2.0이 만들어지기까지 많은 분들과 기관의 도움이 컸다.

가장 먼저 '한국발명진흥회'에게 감사를 표하고 싶다. 1997년 IMF 시절에 만나 만20년 동안 한결같이 성장할 수 있는 기회를 제공함에 감사하지 않을 수 없다. '특허사업화협의회'와 '지식재산전문인력육성추진기획단'을 담당하며 범부처 협력사업을 폭넓게 경험할 수 있었고, '지식재산 파노라마(IP Panorama)'와 '발명 뽀로로(Getting Creative with Pororo)'를 개발하며 세계적 시야를 가질 수 있었다.

'국가지식재산위원회'에도 감사를 표하고 싶다. 2013년 7월부터 2년여 기간 동안 근무하면서 너무도 많은 도전과 영감을 받았다. 여러 부처에서 파견된 전문가들과 함께 근무하며, 그리고 수많은 전문가회의와 포럼, 콘퍼런스를 통해 보다 넓은 시야로 지식재산을 이해할 수 있었다. 특히, 국가지식재산위원회가 위치한 정부과천청사는 대학 캠퍼스를 방불케 하는 아름다운 곳으로서, 관악산의 힘찬 모습과 아름다운 꽃들의 향기는 집필과정에서 생기는 고단함을 잊고 새 힘을 얻기에 최적의 환경이었다.

지식재산중개소장으로 섬기고 있는 3년의 경험은 개정판 2.0을 집필하는 중요한 자양분이 되었다. 지식재산중개소를 통해 이루어지는 연간 3,000건의 기술미팅, 500건 기술거래 계약은 막강한 경험과 노하우가 되어 개정판의 요소 요소에 녹아져 있다. 국내뿐만 아니라, 세계적으로도 이러한 경험을 할 수 있는 곳은 없을 것으로 보이는데, 초판이 비즈니스 현장을 침투하는 데 부족하였던 점을 극명하게 뛰어 넘을 수 있는 강력한 기회가 되었다.

본서의 초기 집필에는 산업통상자원부 신성주 과장님과 문화체육관광부 이해돈 과장님은 고객의 관점에서 집필이 진행되도록 정확한 방향을 제시해 주었다. 두 분 모두 연간 100권 이상의 독서량을 소화하는 분들이어서, 이분들의 반응에 상당히 예의주시했는데, 신성주 과장님은 본서가 중고등학생 교재로 활용해도 좋을 만큼 잘 작성되었다고 응원해 주었고, 이해돈 과장님은 특허와 저작권이 균형 있게 기술되도록 많은 가이드를 해 주셔서 큰 힘이 되었다. 두 분의 도움으로 본서가 한 단계 더 품격 있는 모습이 되었다고 생각한다.

본서의 사용자테스트에 적극적으로 동참하여 주신 두 분께도 진심으로 감사를 드린다. 한국벤처투자 박정서 본부장님은 본서의 도입부문에 '들어가며'를 작성하여 전체적인 개념을 갖고 독자가 책을 읽을 수 있도록 배려하면 좋겠다는 의견과 함께 본서가 대학교재와 창업기업에 큰 도움이 될 수 있겠다 말씀하며 격려해 주셨고, 한겨레신문사의 김영배 논설위원은 전체적인 맥락과 함께 독자가 편안히 읽을 수 있는 문체로 세심하게 다듬어 주셨다. 두 분의 의견을 통해《지식재산 스타트》가 보다 더 독자에게 친숙한 책이 되었다.

개정판 2.0의 감수는 이지혁 변리사님(특허법인 가산)이 수고해 주셨는데, 필자 눈에는 거의 천재급으로 보인다. 두 아이의 아빠로서 시간을 쪼개기가 쉽지 않았을 텐데, 구석구석 검토하고 의견 개진을 제공해 주어서 개정판은 한 단계 더 도약할 수 있었다. 초판 감수를 위해 수고해 주신 패튼월드의 이승훈 대표변리사(성균관대 겸임교수)님과 숙명여대 문선영 교수(변호사)님의 도움도 놓칠 수 없는 감사함인데, 두 분은 집필 이외에 평상시에도 필자에게 많은 인사이트를 제공해 주는 지식과 지혜의 통로이기도 하다.

본서를 추천해 주신 윤종용 전 국가지식재산위원회 위원장장님께도 마음 깊은 감사를 드리고 싶다. 지식재산계의 거장이며 살아있는 전설이신 위원장님께서 졸저를 흔쾌히 추천하여 주시고, '지식재산 사고(IP Thinking)'를 위해 큰 도움을 줄 수 있는 책이라고 칭찬까지 해 주시니, 몸 둘 바를 모를 정도로 감사한 마음이 든다.

'넥서스 출판사'에 대한 감사도 빼놓을 수 없다. 신인작가나 다름없는 필자의 책을 흔쾌히 수용하고, 필자가 마음 놓고 원고작성에 전념할 수 있도록 배려해 주심은 큰 감동이었다.《지식재산 스타트》의 가능성만 보고도 출판 결정을 내려준 넥서스 출판사는 열정적이고 진취적이며, 긍정의 눈을 가진 넉넉한 파트너다. 이토록 협조적인 파트너를 만난 것은 필자에게 큰 행운이라 생각한다.

마지막으로 나의 힘이 되신 여호와께 감사하고, 어질고 예쁜 아내(최현아, 崔賢娥)와 반듯한 나무 수아(樹雅), 반듯한 길 노아(路雅)에게 사랑의 감사를 표하고 싶다.

이 책을 읽는 모든 분들께, "GOD BLESS YOU".

2018년 8월
테헤란로에서
송상엽